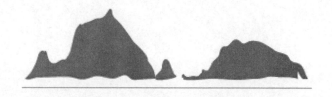

한국영토 독도의
'고유영토론'

-미국과 일본의 영토팽창론을 경계하다-

최 장 근

Publishing Company

프롤로그

한국은 역사적으로 대한제국 시기에 국난기를 맞이하여 1910년 제국주의국가로 성장한 일본에 의해 영토를 침략당하여 36년간 국가 없는 민족으로서 일본의 핍박을 받아야만 했다. 주변 민족과 국가에 대한 침략이 극에 달하여 급기야 중국의 구원 요청으로 미국을 중심으로 연합국이 형성되어 일본의 군국주의를 막을 수 있었다. 한국은 일본의 통치기간에 민족적 수난을 겪으면서도 국내는 물론이고 해외에서 민족독립을 위해 투쟁했다. 안중근 의사는 일본 초대총리로서 총리를 3번이나 역임한 추밀원장 이토 히로부미를 중국 하얼빈에서 처단하기에 이르렀다. 조선의 자주독립 의지가 세계만방에 울려 퍼져 제2차대전에서 일본이 항복하면 반드시 노예 상태에 있는 조선을 독립시켜야만 동양의 평화를 유지한다는 의미에서 조선의 독립을 보장했다.

연합국은 카이로선언과 포츠담선언으로 일본으로부터 무조건항복을 받아내고 1946년 1월 SCAPIN 677호로 제주도, 울릉도, 독도를 포함하는 한국영토의 범위를 결정했다. 그런데 일본은 냉전체제라는 국제정세를 악용하여 식민지 지배와 침략전쟁에 대한 반성 없이 대일평화조약을 체결하는 과정에서 미국을 비롯한 연합국에 로비하여, 일본제국이 침략한 독도에 대해 여전히 영토주권을 주장하고 있었다. 그러나 연합국은 법의 정의에 의거하여 해방 후 한국이 실효적으로 관할하고 통치하고 있는 독도에 대해 당연히 대일평화조약에서 영토주권을 일본 영토로 변경하지 않았다. 그러나 연합국은 종래의 입장을 변경하여 독도가 한국영토로서 명기되는 것을 회피했다. 그 이유는 소련을 중심으로 한 공산진영과 대립하고 있는 자유진영의 중심국가인 미국이 냉전체제에서 일본을 자유진영에 편입할 의도로 일본의 주장에 편승하여, 신생독립국이 된 한국의 권익을 전적으로 책임지지 않았던 것이다. 결국, 일본의 로비에 의해 미국이 법의 정의를 외면하고 정치적으로 판단하였기 때문에 독도문제가 발생하였다고 해도 과언이 아니다.

독도는 근대국제법에 의해 영토취득의 정당성의 논리가 존재하기 이전 시대, 즉 고대시대에 우산국이 신라에 정벌되어 신라의 영토가 된 이래 그 정통성을 이어받은 한국의 고유영토이다. 그런데 일본이나 미국은 근대시대에 군국주의에 의해 타국을 침략하여 지배했던 제국주의적인 영토팽창론을 갖고 있다. 미국과 일본은 한국과 같은 고유영토론을 가볍게 생각하는 경향이 있다. 한일간의 독도문제는 과거도 그랬지만 미래에도 고유영토론과 영토팽창론이라는 인식의 차이에서 생겨나는 문제이다. 한국이 독도를 고유영토로서 관리하기 위해서는 일본과 미국 같은 영토팽창론에 익숙한 국가를 경계해야만 한다. 그래서 미국은 일본과 의기투합할 수도 있는 경계대상의 국가라는 것을 간과해서는 안 된다.

본서는 이러한 문제의식을 갖고 한국의 고유영토론과 일본과 미국의 영토팽창론을 고찰하려는 목적으로 집필되었기에 「한국영토 독도의 '고유영토론' -미국과 일본의 '영토팽창론' 경계한다-」라는 제목을 붙이게 되었다.

독도는 역사적 권원에 의거하여 제2차대전에서 일본이 패망한 이후 연합국의 정책에 의해 줄곧 한국이 실효적으로 관할하고 있는 한국의 고유영토이다. 그런데 1999년 국제통화기금의 지원을 받고 있는 한국의 경제위기상황을 악용하여 일본정부가 한국의 김대중정부에 신한일어업협정을 강요한 이후 일본의 독도 영토주권에 대한 도발은 가속화되고 있다.

본서는 독도문제의 본질을 고찰하기 위해 한국영토 독도의 고유영토론과 일본과 미국의 제국주의적 방식에 의한 영토팽창론을 분석하는 것을 목적으로 하고 있다.

본서는 3부로 구성되었다. 제1부는 「독도의 고유영토론」이라는 제목 아래 「근대 한국의 독도 관할과 통감부의 독도 인식(제1장), 독도 명칭 「우산도·석도·독도」의 생성 배경(제2장), 「우산도=석도=독도」를 위한 고지도상의 「우산도」 명칭 연구(제3장), 독도 명칭; '우산도'가 '석도'로 전환되는 과정의 고찰(제4장)」을 논증했다. 제2부는 「일본의 영토팽창론」이라는 제목 아래 「일본의 영토 내셔널리즘과 독도 영토주권의 도발(제5장), 독도문제의 「발생시점·위치·크기·속도」에 대한 편견(제6장), 독도문제의 「가치·명칭·실효적 관리」에 대한 편견(제7장), 일본정부의 독도주권 도발의 재점화(제8장), 시마네현 죽도문제연구회의 「죽도=일본영토」 논리조작 방식(제9장)」에 관해 논증했다. 제3부는 「미국의 영토팽창론」이라는 제목 아래 「미국 건국으로 보는 영토 인식과 독도문제에 미칠 영향(제10장), '고유영토론과 상극하는 미국의 영토형성과 독도문제에 관한 인식(제11장)」에 관해 논증했다.

마지막으로 기존의 연구 패러다임에서 탈피하여 정치학적, 일본학적, 영토학적 측면에서 독도 연구를 진행하고 있는 대구대학교 독도영토학연구소의 총서 시리즈 제7권을 기꺼이 출간해주신 윤석현 사장님께 감사를 드린다. 본서가 미래 영토학의 발전과 독도문제를 비롯해 세계 도처에 산재하고 있는 영토분쟁의 해결에 다소나마 도움이 되기를 간절히 바란다.

2013년 12월 20일
독도영토학연구소에서 저자씀

제3부

미국의 영토팽창론

제1부
독도의
고유영토론

근대 한국의
독도 관할과
제1장 # 통감부의 독도 인식

1. 들어가면서

　강화도조약 이후 울릉도 독도 근해에 일본의 출몰이 잦아짐에 따라 울릉도와 독도에 대한 영유권 의식이 강하게 나타나면서 한국은 칙령 41호를 선언하여 독도가 울릉도와 더불어 한국영토임을 분명히 했다.

　본 연구는 상기 「칙령 41호」의 「울릉전도, 죽도, 석도」에서 「석도」가 오늘날의 「독도」임을 규명하는 것을 목적으로 한다. 석도가 독도임이 분명함에도 불구하고 일본영토론을 주장하는 일본 측에서는 아무런 논리적인 입증 없이 「석도=관음도」라고 주장하여, 1905년 시마네현의 죽도편입의 정당성을 주장하여 국제법상 독도가 합법한 일본영토라는 논리를 만들려고 한다.

선행연구에서는 칙령 41호의 석도가 독도라는 것을 제각기 다른 시
각으로 여러 연구자가 규명하려고 노력했다. 제각기 나름의 연구성과
를 발표하여 기여한 바가 크지만, 연구의 특성상 논증이 부족하여 쉽게
동의할 수 없는 부분이 있다.

본 연구에서는 선행연구에서 논증되지 않은 부분으로서 조선의 문
호개방과 더불어 한일 양국의 독도 영유권 인식을 살펴보면서 독도의
명칭 변천을 고찰하려고 한다. 특히 칙령 41호에서 조선시대에 독도의
명칭으로 상당히 정착되어 있던 「우산도」라는 명칭을 사용하지 않고
어떠한 이유로 새로운 명칭인 「석도」를 사용하였는가 하는 문제를 살
펴볼 것이다. 또한, 1905년 일본의 시마네현의 편입사실에 대해 조선
조정과 통감부 사이의 독도 영유권 인식은 어떠하였는지 고찰하기로
한다.

2. 중앙정부 관리로서 이규원의 울릉도/독도의 조사

2.1 이규원의 조사(1882년)

1876년 일본은 강화도사건을 빌미로 한일수호조규를 강제하여 3포
개항과 일본인들의 조선연안 측량과 어업을 가능하게 했다. 일본인들
은 울릉도에 침입하면서 울릉도의 길목에 있는 독도의 존재에 대해서
도 알게 되었다. 울릉도에 침입한 일본인들은 무단으로 벌목을 자행했
다. 울릉도에서의 이러한 벌목행위를 울릉도의 관할구역인 강원도가
알게 되어 1881년 5월, 강원감사가 이를 조선 조정에 보고했다.

고종황제는 일본인들의 울릉도 침입에 대해 통리기무아문[1]에서 대책을 논의하였고, 울릉도 도서를 관할하기 위해 1882년 4월 이규원이 관찰사로 파견되어 울릉도의 형세를 조사했다. 조선 조정에서는 수토정책의 일환으로 울릉도를 공도화하고 있었는데, 일본인들이 울릉도에 들어가는 상황에서는 더 이상 공도화가 수토의 방안이 아니라는 것을 인식하고 울릉도 개척을 논의하여 1882년 8월 울릉도 도장을 임명했다.

이때에 고문헌과 고지도에 의하면, 동해에는 울릉도, 우산도 두 섬이 있다는 기록이 있었다. 고종황제는 통리기무아문 관료들과 논의하여 조정의 사관에 따라 「(1) 울릉도에 밀입한 일본인들에 대한 검찰(檢察), (2) 울릉도 부근에 있는 송죽도(松竹島)와 우산도(芋[于]山島)의 서로 거리의 멀고 가까움(相距遠近) 또는 송도(松島), 죽도(竹島), 우산도(芋山島)의 3도를 합쳐서 울릉(鬱陵)이라고 통칭한다는 설도 있는데, 그 실제 형편과 설읍(設邑)하기에 적합한 농경처(農耕處)가 있는지를 조사하여 지도를 편찬하여 올릴 것」을 명했다.[2] 그런데 이규원은 「울릉도와 송죽도」두 섬만이 있다는 인식을 갖고 있었다. 이는 고문

---

1) 조선 말 정1품 아문의 관청. 1880년(고종 17년) 대외관계에 대응하기 위해 청(淸)나라 제도를 모방하여 설치, 군무 등 정치 일반을 총괄하였다. 장관은 총리대신으로 정승급이 겸임하였고, 총리대신의 밑에는 당상관 12명이 각 사를 분담하였는데, 12사는 사대사(事大司)·교린사(交隣司)·군물사(軍物司)·기계사(機械司)·변정사(邊政司)·통상사(通商司)·군무사(軍務司)·선함사(船艦司)·기연사·어학사(語學司)·전선사(典選司)·이용사(理用司)였다. 이듬해 11월 12사를 개편, 통합하여 동문사(同文司)·군무사·통상사·전선사·이용사·율례사(律例司)·감공사(監工司)등 7사로 하였다가, 1882년 6월 임오군란으로 대원군이 재집권함에 따라 폐지되고, 그 기능을 삼군부(三軍府)로 이관하였으나 대원군의 실각으로 후신인 기무처(機務處)가 설치되었다.」출처: http://kr.dictionary.search.yahoo.com/search/dictionaryp?p=%ED%86%B5%EB%A6%AC%EA%B8%B0%EB%AC%B4%EC%95%84%EB%AC%B8&subtype=enc&field=id&pk=19390900

2)『承政院日記』高宗19年 4月 7日條.

헌, 고지도에 의한 탁상공론에 의한 것이다.

실제로 1882년 이규원이 울릉도를 조사했을 때에는 울릉도의 거주
민으로 1882년 140명이 있었고, 그중에는 흥양(고흥) 94명, 낙안 21명
으로 모두 115명이었다고 한다. 140명의 거주민은 언제부터 이곳에 정
착하게 되었으며, 독도에 대한 인식은 없었을까? 이규원의 조사에 의하
면 이들 주민에게는 「교우(僑寓)하는 제인(諸人)이 방근(傍近)의 소도
를 이것에 해당시킨다」라는 부분으로 보아 독도에 대한 적극적인 인식
이 없었던 것으로 알 수 있다. 하지만 이들 주민들은 불법으로 체재
중이었으므로 그다지 오랫동안 체재한 것은 아니었을 것이다.

또한, 독도가 보이는 시기는 1년 중 약 50일뿐이라는데, 마침 독도가
보이지 않는 시기에 울릉도를 방문조사했던 것이다. 따라서 이규원은
독도가 존재하지 않는다는 전제하에 울릉도를 조사했고, 실제로 독도
를 확인하지 못했다. 이규원은 조사 직전에는 울릉도와 우산도를 동일
섬으로 보고, 죽서도를 송죽도라고 했다. 조사보고서에는 우산도에 대
해서는 언급하지 않았다. 이는 울릉도, 독도의 지리에 대해 제대로 알
지 못했던 일개 관리의 단기간 조사에 의한 결과이다. 실질적으로 울릉
도의 고지에 올라가면 독도가 보임에도 불구하고 보이지 않는다고 보
고했으므로 잘못된 정보라고 할 수 있으며, 신뢰성이 없는 정보이다.

이규원은 결국 섬 하나가 2개의 명칭을 갖고 있다고 결론짓고, 고종
이 말하는 「송죽도」에 대해, 「교우(僑寓)하는 제인(諸人)이 방근(傍近)
의 소도를 이것에 해당시킨다」라고 보고하여 「송죽도=죽도」라고 했다.
또한, 방근의 소도 즉 죽도(죽서, 부소우루암)를 본도와 합쳐서 복수의
섬이라고 고종에게 보고했다. 즉 「울릉도, 우산도」는 「울릉도, 죽도」
라고 하여 「우산도=죽도」라는 것이었다.[3] 이규원은 「울릉도외도」에
탁상공론에 의한 「송죽도」「우산도」「송도」「죽도」라는 명칭을 사용하

지 않고 현지인들이 사용하던 명칭인 죽도(竹島), 도항(島頂) 그 외의
암(巖)으로 표기했다.[4]

그리고 「날씨가 맑은 날 울릉도 성인봉에 올랐는데, 한 점의 섬도
볼 수 없었다」라고 보고했다. 실제로 독도가 일 년에 50일 정도 보임에
도 불구하고 보이지 않는다고 보고한 것은 잘못된 보고이다. 또한, 성
인봉에 올라서 다른 섬을 찾으려 했던 것은 조선 조정에 울릉도에서
날씨가 청명한 날 멀리 보이는 독도가 존재한다는 주장이 있었기 때문
일 것이다.

또 「탐라(耽羅)를 제주도(済州島)라고 하는 것처럼, 우산(于山)은
울릉도(鬱稜島)를 말한다」라고 했다. 이는 실제로 많은 사료에 우산을
죽도, 울릉도 이외의 섬, 동해에 2개의 섬이 있다는 인식이 존재함에도
불구하고, 종전의 역사인식을 전적으로 무시한 독자적인 해석이다.

2.2 고종황제의 독도인식

고종황제는 통리기무아문에서 동해에 대해 「울릉도 부근에 있는 송
죽도(松竹島)와 우산도(芋[于]山島)의 서로 멀고 가까움(相距遠近) 또
는 송도(松島), 죽도(竹島), 우산도(芋山島)의 3도를 합쳐서 울릉(鬱
陵)이라고 통칭한다는 설도 있는데, 그 실제 형편과 설읍(設邑)하기에
적합한 농사를 지을 곳(農耕處)이 있는지를 조사하여 지도를 편찬하여
올릴 것」이라고 한 것으로 보아, 동해안의 섬의 수나 명칭에 대해 명확
히 알지 못하고 있었던 것이다. 따라서 이를 명확히 할 것을 이규원
검찰사에게 명했던 것이다. 이에 대해 이규원은 조사하러 떠나기 전에
「울릉도와 송죽도」, 「2개도설」을 주장했던 것이다. 고종황제의 입장에

---

3) 大西輝男 저, 권오엽·권정 옮김, 『独島』, 제이앤씨, 2004, 86-87쪽.
4) 下條正男, 『竹島は日韓どちらのものか』, 文藝春秋, 2006, 109.

서는 「2개도설」과 「3개도설」을 보고받고, 이규원의 조사결과를 기다려야 했다. 섬의 명칭과 수에 대해서는 향후 조사결과에 따를 수밖에 없었다. 이규원은 조사를 위한 출발 전에 동해의 섬에 대해 「2개도설」을 지지하고 있었다.

조사 결과, 이규원은 「교우(僑寓)하는 제인(諸人)이 방근(傍近)의 소도를 이것에 해당시킨다」라고 보고한 것으로 보아 「울릉도와 죽도」만을 확인한 것이었다. 이는 청구도 계통의 울릉도 지도에 흔히 보이는 「울릉도-소위 우산도」와 같은 인식을 갖게 되었던 것이다. 현재 울릉도에서 보이는 거리에 있는 「독도」를 확인하지 못했다는 것을 알 수 있다. 독도는 날씨가 청명한 날에만 울릉도에서 관망할 수 있는데, 이규원이 울릉도를 조사한 시기는 독도를 바라볼 수 없는 맑은 날이 아니었다. 독도는 연중 울릉도에서 50일 정도밖에 보이지 않는다. 고종황제는 이규원의 보고를 받고 동해안의 2개도설 이외의 섬 「독도」의 존재에 대해 정확히 확인하지 못했다고 할 수 있다.

그러나 고종황제이 언급한 「송죽도」라는 명칭은 에도시대에 일본인들이 사용한 송도(독도)와 죽도(울릉도)라는 명칭과 관련되어 나온 것으로 판단된다.

3. 중앙정부의 관리로서 도감 배계주의 울릉도/독도의 관리

3.1 도감 배계주의 관리(1885-1900)

이규원의 조사를 토대로 배계주를 도감으로 하여 전라도, 경상도에서 이주민을 모집하여 울릉도에 이주시켰다. 배계주는 울릉도 내의 일본인들을 단속하고 동시에 동해에 울릉도와 죽도 이외에 독도가 존재한다는 지리적 사항을 파악했을 것이다.

1885년부터 울릉도에 개척민이 거주하기 시작했고, 개척 당시 중앙정부에서 파견된 도감 배계주가 있었다. 1897년 3월 당시 모두 12개 동리에 397호 1,134명(남자 662, 여자 472)이 거주했고, 개간된 농경지는 4,774두 9두락에 달했다. 배계주는 전라도 출신은 아니었지만, 개척민과 더불어 울릉도에서 수년 동안 거주하고 있었다. 십수 년 동안 울릉도와 독도의 정보에 대해 충분히 알고 있었던 것이다.

일본인들은 1895년의 청일전쟁 이후 울릉도에 불법 침입하여 삼림 채벌을 자행했고, 러시아 서리공사가 대한제국 외부에 외교문서로 일본의 벌채에 항의하여 외교문제로 비화되었다. 1896년 2월 고종이 아관파천으로 러시아공사관에 머무는 동안 제정 러시아가 두만강 유역 및 울릉도의 삼림 채벌권을 이권침탈했다.

조선 조정은 1898년 5월 26일, 칙령 12호 '지방 제도 중 울릉도 도감 설치건'을 명령하여 '도감을 판임관5) 대우로 한다'는 방침을 정하고, 1899년 5월 배계주를 재차 울릉도감으로 임명하여 부임되었다. 이때에 "일본인 수백 구가 촌락을 이루고 있었다."6)고 보고했다.

---

5) 8급 따위의 최하위관리.

대한제국정부는 1899년 9월 15일 대한제국이 성립(1897년)된 이후 일본인 쇄환을 요구했고,[7] 그해 10월 일본인과 합동으로 울릉도 조사단을 파견하여 합동조사를 시행했다. 그해 1899년 일본은 「수륙통상조약」을 요구하여 일본인들의 한국진출이 본격화하였다.

3.2 조선정부의 독도인식

배계주는 울릉도에서 도감으로 15년가량 근무하였다. 특히 일본인의 울릉도 침입에 대해 정부에 「일본인 수백 구가 촌락을 이루고 있었다.」라고 보고하고 있는 것으로 보아 울릉도를 비롯한 동해의 영토에 대한 영유권 의식이 강했다고 할 수 있다. 이 때문에 독도의 존재에 대해서도 확인하였을 뿐만 아니라 독도 주민들이 불렀던 독도의 명칭에 대해서도 알고 있었을 것으로 생각된다. 그러나 관련 사료가 발굴되지 않고 있는 실정이라서 단정할 수는 없다.

특히 울릉도를 15년간 관리하였던 배계주는 일본인들이 독도를 거쳐서 울릉도에 들어오고 있었기 때문에 울릉도와 독도를 일본인들이 죽도와 송도라고 부른다는 사실을 알고 있었을 것이다. 따라서 배계주는 조정에서 호칭하였던 조선의 울릉도, 죽도, 우산도, 즉 '우산도'라는 섬의 존재 알고 있었을 것이다. 배계주의 인식은 바로 울릉도민의 인식이고 이러한 인식은 후일 울릉도 주변의 섬을 조사하러 온 관리들에게 전해졌다고 하겠다.

---

6) 『내부래거안』(외부편) 제12책, 공무 3년(1899년) 9월 15일조, 「조회 제13호」, 신용하 186쪽 참조.
7) 신용하, 『독도의 민족영토사연구』, 186쪽.

4. 한·일·프 국제조사단의 울릉도/독도 파견

4.1 국제조사단의 울릉도/독도 조사

조선정부는 1899년 행정구역을 재정비하기 위해 우용정을 단장으로 하는 조사단을 울릉도에 파견했다. 1889년 이 조사단은 프랑스인 세관을 중재자로 일본인 관리를 대동하여 동해의 도서를 조사했다.[8] 우용정은 울릉도의 벌목 현황과 일본인에 의한 피해 현황, 개척 상태 등을 조사할 목적이었다.

시찰위원 우용정과 감리서 주사 김면수, 해관 세무사 프랑스인 라포르테(羅保得), 일본 부영사 아카쓰카 마사스케(赤塚正輔), 일본 경부(警部: 한국의 경위에 상당) 와타나베 다카지로(渡邊鷹治郎), 우리나라 보호순검 신태현, 김형욱, 일본보호 순검 두 사람과 함께 입도하였다.

우용정은 1900년 6월 1일부터 5일에 걸쳐 도감과 주민, 일본인을 상대로 심문 조사를 하였다. 조사 결과 우용정은 선박의 구입과 관제 개편을 가장 시급한 현안으로 보았다. 그 결과 조선 조정은 칙령 41호를 공포하여 행정개편을 단행했다. 동해의 도서에 대한 영유권 문제가 대두되었기 때문이다.

그 조사 결과는 황성신문에 보도되었다. 라포르테는 황성신문 1899년 9월 23일 자 「별보」에서 "울진의 동해에 한 섬이 있으니, 울릉이라 한다. 그 부속한 작은 여섯 개의 섬 중에 가장 눈에 띄는 것은 우산도와 죽도이니, 「대한지지」에 울릉도는 옛 우산국이라 하였다."라고 하였다.[9]

---

8) 『鬱島記』, 高麗大学 소장. 우용정은 독도에는 가지 않았다. 1882년 이규원도 독도에 가지 않았다.

9) 「大韓帝国発布の勅令41号にある石島は竹島(独島)か?(1900年(明治33年)

우용정은 독도를 보거나 실제로 답사하지는 못했지만, 15년간 울릉도에서 도감으로 근무했던 배계주를 통해서 독도에 대해서도 알 수 있었던 것이다.[10] 우용정의 이번 답사는 고문헌, 고지도에 의한 탁상공론이 아니고, 순수하게 현지답사를 토대로 조정에 보고했다. 또한, 이 시기는 일본인들이 오키도-독도를 거쳐 울릉도의 도항이 피크에 달했던 시기이므로 독도의 영유권문제가 불거지려고 했던 시기이기도 했다. 따라서 울릉도감 배계주 입장에서는 독도에 대한 행정구역 선포는 더욱 시급했을 것으로 판단된다.[11]

우용정은 그 후 일본인들의 침입이 본격화되어 재차 1899년 12월 15일 자로 임명되어 1900년 5월 25일 서울을 출발하여 인천항으로 향했다. 일본은 1900년 9월 초순 일본조사단의 보고에 의거하여 사실상 일본인 철수를 거부했다.

4.2 조선정부의 독도인식

일본인들의 울릉도 침입이 본격화되면서 조선 조정은 행정조치가 필요했다. 조선 조정은 일본의 침략적인 억지에 대항하여 라포르테를 이용해서 일본의 동해안 영토 침입을 막으려고 했던 것이다. 조사 결과 울릉전도, 죽도, 그리고 우산도의 존재를 확인했던 것이다. 여기서 말하는 우산도는 지도나 문헌상에 등장하는 우산도를 말한다.

이 조사는 황성신문에 「울진의 동해에 한 섬이 있으니, 울릉이라 한다. 그 부속한 작은 여섯 개의 섬 중에 가장 눈에 띄는 것은 우산도와

10月 25日)」, http://toron.pepper.jp/jp/take/hennyu/ishijima41.html.
10) 배계주 관련문서를 찾으면 칙령 41호와 관련되는 독도에 관한 자료가 나올 가능성이 있다.
11) 이 당시 울릉도에 도항했던 일본인들의 기록 속에 독도가 분쟁지역으로 대두되고 있었다는 사료를 발견할 수도 있다.

죽도이니, 「대한지지」에 울릉도는 옛 우산국이라 하였다.」라고 하여 섬의 수를 기록하고 있는 것으로 보아 조선의 행정구역을 개편하려는 의지에서 실시된 것이고, 일본의 영토침탈에 대비하여 영유권을 명확히 하기 위한 것임을 알 수 있을 것이다.

당시 프랑스에서 그려진 지도에 우산도가 한국영토로 표기되어 있다. 「1894년 9월 3일 자 일요판 별지 전면(全面)에 실은 삽화 형식의 프랑스 지도는 일간지 르 프티 주르날(Le Petit Journal)의 지도다. '한국과 일본, 동중국의 지도(Carte de la Corée du Japon et de la Chine Oriental)'란 제목으로 조선과 일본의 지형, 주요 도시, 도(道)의 경계와 해상로 등을 세밀하게 그린 이 지도는 한반도와 일본 사이엔 점선을 긋고 '일본의 해상 경계(Limite des eaux japonaises)'란 이름으로 바다 위의 국경선을 분명히 표시했다. 이 선은 동중국해에서 대한해협을 거쳐 북위 39도까지 이어져 있으며, '우산도'는 이 선에서 약 220~400㎞ 서쪽에 표시되어 있다.」[12] 라포르테가 이 지도를 확인하였는지는 알 수 없다.

현채의 지도에는 울릉도와 2개의 큰 부속도와 2개의 점으로 표시되어 있다. 라포르테는 울릉도와 두드러진 섬 「죽도, 우산도」를 포함하여 6개 섬이 있다고 하였으므로 현채의 지도를 참고하지 않았다고 할 수 있다.[13] 또한, 1899년의 「여재촬요(輿載撮要)」에도 우산도가 등장하였다.

라포르테는 국제법을 잘 알고 있는 사람으로서 울릉도와 우산도가

---

12) 「독도를 우산도(Ousan)로 표기한 프랑스 지도」, http://blog.naver.com/hbchung/50033683278.
13) 일본에서는 현채의 지도도 「우산=죽섬」이라는 증거로 들고 있다. 시모조도 이를 답습하여 강변하고 있다.

조선영토라는 인식을 바탕으로 프랑스 세관인 자격으로 조선 조정의 자문역을 맡고 행정구역 선포를 권고하였던 것으로 판단된다.

또한, 「1909년 광동서국 간행 초등학교용 교과서로서 '초등 대한지지(大韓地誌)'가 있는데, 그곳의 25쪽에 "우산도 기(其) 동남에 재(在)니라"라며 독도에 대해 기술하고 있다.」[14] 이 초등 대한지지는 1909년에 작성된 것으로 되어 있으나, 명칭상으로 보면 라포르테가 언급하고 있는 「대한지지」와 같은 계통일 것으로 판단된다. 대한지지에 등장하는 우산도는 울릉도의 동쪽에 있으므로 독도임이 분명하다.

5. 고종황제의 칙령 41호에 따른 울릉도/독도의 관리

5.1 고종황제의 칙령 41호

조사단이 울릉도를 조사[15]했을 때는 독도가 울릉도의 거주민들이 활용하는 영역의 일부로 확인되어서 고문서, 고지도의 우산도가 독도임이 분명해졌다. 그런데 조선 조정은 조사 결과 울릉도에 군을 설치해야 할 이유로서 (1)「호수가 400여 호, 간전이 10,000여 두락, 1년 농산이 감자 20,000여 포, 보리 20,000여 포, 콩 10,000만여 포, 밀 5,000포나 되어 내륙의 산군과 비교하여 큰 차이가 없으며」, (2)「외국인들이

---

14) 「독도를 우산도(Ousan)로 표기한 프랑스 지도」, http://blog.naver.com/hbchung/50033683278.
15) 호수는 400호 정도이고, 인구는 남녀 합쳐 1,700명이었고, 일본인 잠입체류자는 57일단으로 남녀 144명, 머물고 있는 선박 11척이었다. 신용하, 189쪽.

왕래하고 있어서 현행도감체제로서는 행정을 하는데 장애가 된다」는 것이다.[16] 여기서 중요한 것은 외국인이 왕래하기 때문이라는 것인데, 외국인이라면 일본인이 주를 이루므로 일본인이 이동경로인 독도를 경유하여 울릉도에 도착하므로 독도를 영역에 포함시킨 것은 당연하다.

일본인의 울릉도 침입이 심각해짐에 따라 대한제국 내부가 종래에 감무(監務)를 두기로 했던 관제를 개정하여 군(郡)을 설치하기로 결의했다. 울릉도의 관제를 개정하여 1900년 10월 22일 칙령 41호가 공포되었고, 10월 25일 고종황제의 재가를 받아 27일 관보에 실렸다.

제1조는 "울릉도를 울도라 개칭하여 강원도에 부속하고, 도감을 군수로 개정하여 관제 안에 편입하고 군등(郡等)은 5등으로 할 것", 제2조는 "군청의 위치는 태하동으로 정하고 구역은 울릉 전도와 죽도, 석도를 관할할 것"이라고 하여 직접 중앙이 관리를 파견하여 관리하는 편제에 편입했다.[17]

조선정부는 칙령 41호에 의거하여 1900년 11월 초대군수로 소임관 6등의 배계주를 임명했고,[18] 뒤이어 1901년 1월 사무관으로 최성린(崔聖麟)을 임명했다.[19]

---

16) 宋炳基, 『欝陵島와 獨島』, 단국대학교출판부, 116쪽.
17) 『韓国水産誌』(1907年頃~)는 일본관료들이 관여하여 만들어졌는데, 통감부시대에 죽도(죽섬)을 죽서(竹嶼)라고 불렀고, 관음도(観音島)를 「서항도(鼠項島)」라고 불렀다. 「大韓帝国発布の勅令41号にある石島は竹島(独島)か?(1900年(明治33年) 10月 25日)」, http://toron.pepper.jp/jp/take/hennyu/ishijima41.html.
18) 『舊韓國官報』제1744호, 光武4년 11월 29일 자, 「任鬱島郡守叙奏任官六等九品裵季周」. 1900년 군수부임 당시의 배계주 관련 기사를 찾으면 독도관련 기사가 나올 수도 있다.
19) 『皇城新聞』1901년 1월 18일 자 「雜報: 訓令鬱陵」. 1901년 부임 당시 최석린과 관련되는 기사를 찾으면 독도 관련 기사가 나올 가능성도 있다. 신용하, 『민족영토사연구』, 194쪽 참조.

여기서 울릉도를 「울릉도군」 혹은 「울릉군」이라고 하지 않고 「울도」라고 개칭한 것은 영토주권을 명확하게 하는 차원에서 울도군 아래 울릉전도, 죽도, 석도 등 여러 섬이 있다는 것을 명확히 구분하기 위한 것일 것이다.

5.2 조선정부의 독도 인식

「우산도」라는 명칭은 안용복이 활동했던 17세기를 전후하여 오늘날의 독도를 가리키는 전통적인 명칭이다. 안용복 사건 이후 울릉도 도항이 더욱 엄격했던 18세기 후반에 그려진 박석창의 울릉도 지도에는 죽도를 우산도로 비견한 지도가 등장하기 시작했다.[20] 그 후 1900년 칙령이 발령될 때까지 죽도를 우산도로 표기했다.

고종황제는 왜 울도군의 행정구역을 재편하면서 그렇게 흔하게 사용되었던 「우산도」라는 명칭을 왜 사용하지 않았을까? 하는 것이 문제이다.

1899년 국제조사단의 조사결과를 황성신문에 보도할 때도 라포르테는 독도를 「우산도」라고 표기했다. 한편, 1899년에 제작된 현채의 지도에는 울릉도 외에 부속섬 「우산」를 포함하여 5개를 그리고 있다. 그리고 1899년 대한제국 학부(學部) 편집국이 간행한 『대한전도(大韓全圖)』

---

20) 일본영토론자(시모조)가 지적하는 것처럼, 당시에는 1899년 간행된 현채의 『大韓地誌』에서도 동경 130도의 울릉도를 조선의 동쪽 한계로 하여 지금의 독도(동경 131도 55분)를 조선영역에서 제외하고 있다. 또한, 1899년 대한제국의 학부편집국에 제작한 『大韓全圖』나 1898년 제작한 『大韓輿地圖』에서도 울릉도의 속도를 우산도(죽서)까지로 하여 지금의 독도는 그려져 있지 않다. 게다가 『대한전도』에서는 『울릉도지도』(1831년 성립)에서 「소위 우산도」라고 했던 죽서(이규원은 죽도라고 함)를 우산도라고 명기하는 오류를 범한 경우가 있었다.[1] 그래서 칙령 41호에서 독도=석도를 명확히 한 이후에 「죽도=우산도」 표기는 사라졌다.

〈그림 1〉「대한전도」, 1899, 영남대   〈그림 2〉 현재의 울릉도 지도
　　　　학교 소장

에도 동해상 '울릉도' 동쪽에 작은 섬을 그리고 '우산'이라 표기하여 울릉도와 더불어 「우산도」가 표기되어 있는데,21) 이 우산도는 「죽섬」을 가리키고 있었고, 독도에 대해서는 아무런 표기를 하지 않았다.

　이처럼 라포르테가 독도를 「우산도」라고 표기했음에도 불구하고 칙령 41호에서 독도에 대해 「우산도」라는 명칭을 사용하지 않고 「석도」라고 한 것은 무슨 이유일까?

　첫째로, 박석창의 울릉도 지도 이후부터 1900년 고종황제 칙령 41호 이전의 「우산도」는 실제로 현지를 답사하여 제작된 것이 아니라 탁상공론에 의한 것이었다. 칙령 41호에서의 독도에 대한 인식은 실제 현지답사에 의한 인식이다. 박석창 이후 죽섬을 「우산도」로 표기한 것이 전통적인 「우산도=독도」 표기의 오류라는 것을 확인했기 때문일 것이다.

　둘째로, 역사적으로 볼 때 「우산도」는 시대에 따라 울릉도(우산국시대), 독도(우산국시대 이후부터 안용복의 영향을 받은 시기), 죽도(안용복의 영향이 사라진 시기부터 1988년까지) 순으로 혼동되어 사용되

---

21) 「독도를 우산도(Ousan)로 표기한 프랑스 지도」, http://blog.naver.com/
　　hbchung/50033683278.

는 경향이 있어서, 울릉도 현지민의 명칭이었던 「독도」를 사용하여 이를 한자음으로 표기하여 「석도」라고 표기했던 것이다.

셋째로, 당시 일본인들의 울릉도 침입이 본격화되었기 때문에 고종황제를 비롯한 대한제국정부에서는 영유권 의식이 강했던 것이다. 그래서 고종황제가 의도적, 전통적으로 독도를 일컬었던 「우산도」가 박석창 이후의 고문헌, 고지도상에 「죽섬」으로 잘못 표기된 것을 확인하고, 독도의 영유권을 명확히 하기 위해 혼동하여 사용되어온 「우산도」라는 명칭을 일부러 피하고 현지인들이 사용한 명칭이었던 독도와 돌섬을 한자어로 표기하여 「석도(石島)」라고 표기했던 것이다. 「석도」라는 것은 「돌이라는 성분으로 된 섬을 말하는 것」으로, 명칭으로서는 부적절하기 때문에 석도를 명칭으로 사용한 예는 거의 없다. 그래서 자연스럽게 울릉도 현지인들은 구전된 이름을 차자(借字)로 「독도(獨島)」라고 표기했던 것이다. 이 석도는 「독도(獨島)」라는 명칭이 현지에서 정착되기 이전 중앙정부가 행정구역을 설정하면서 임기응변식으로 「우산도」라는 명칭과 구분하기 위해 개발된 한자어로서, 일방적으로 표기한 명칭이었다.

넷째로, 울릉도 거주민은 「돌섬」을 전라도 사투리로 「독도」라고 부르고 있었다. 그런데 독도라고 부르고 있었지만 「독도」의 한자 표기는 명확하지 않았을 것이다. 새로이 행정구역을 지정하는 중앙정부 입장에서는 「돌섬」의 뜻을 가진 한자로 「석도」라는 새로운 이름을 만들었던 것이다. 중앙정부에 의해서 처음으로 지금의 독도가 「석도」라는 이름으로 칙령이 공포되었지만, 여전히 울릉도에서는 전라도 사투리로 「돌섬」을 뜻하는 「독도」라는 부르고 있었다.

독도의 특징은 너무나 분명하여, 형상을 봤을 때 누구나 「돌섬」이라고 부르기 쉽다. 1882년경부터 시작된 울릉도 개척민 중에 전라도 출신이 많았는데, 이들은 「돌섬」을 자신들의 방언으로 「독섬」 혹은 「독도」라고 불렀음이 분명하다. 이는 신용하가 지명사전을 동원하여 분석한 연구에서도 알 수 있다.

다섯째로, 독도의 한자표기에 관한 것인데, 주로 돌섬은 바다 가운데 있는 것이 일반적이고, 특히 지금의 독도는 동해 한가운데 있으므로 더욱 외딴 존재임이 분명하다. 따라서 「독도」라고 불리던 이 섬의 명칭을 한자로 표기할 때 의미적으로 봐도 「독도(獨島)」라는 표기보다 더 적절한 명칭은 없을 것이다. 그래서 자연스럽게 울릉도 거주민은 「독도」라고 불렀고, 울릉도의 지방장관인 울도군수는 문헌기록상으로 「독도(獨島)」라는 한자표기를 했음이 분명하다.

이상의 내용을 정리하여 「우산도」가 아닌 「석도」를 사용한 이유에 관해서 언급하면 다음과 같다.

우용정은 역사적으로 수많은 고문헌이나 고지도에 등장하는 「우산도」라는 명칭을 왜 사용하지 않고 「석도」라는 명칭을 사용했을까? 「우산도」라는 섬이 없었기 때문일까? 「우산도」는 신라의 「우산국」이라는 정치적인 명칭으로, 역사적인 과정을 거쳐서 중앙정부에서 고문헌의 기록으로 사용한 독도의 명칭이다. 한편, 1882년 울릉도 개척 이후 전라도 출신의 사람들이 사용한 명칭은 우산도가 절대로 아니다. 전라도 사람들은 섬의 형상에서 유래된 「독도」를 사용한 것이다. 고문헌의 기록상에는 도명의 혼란을 겪고 있는 것이 사실이다. 이 때문에 1900년을 전후해서 현지를 조사한 것을 토대로 섬의 명칭을 적을 것이 분명하다. 따라서 칙령 41호의 명칭은 고문헌의 명칭과는 전적으로 무관함을 알 수 있다. 사실 실제로 「울릉전도, 죽도, 석도」에는 고문헌을 참고로 한 흔적은 전혀 없다. 「죽도」의 명칭은 이규원의 조사에서 붙여진 명칭이다. 석도는 1899년 당시 조사에서 울릉도민들이 사용한 「독도」를 한자어로 표기하였던 것임이 분명하다. 따라서 우산도라는 명칭이 독도의 명칭으로 칙령에 사용되지 않은 것은 명확하다.

1900년 조선 조정은 칙령 41호로 울릉전도, 죽도, 석도를 행정구역으로 지정했다. 여기서 석도는 무슨 섬을 가리키고 있을까? 1906년 심흥택이 본군 소속인 독도를 일본이 영토로 편입한 것을 지적하고 있는 것으로 보아 1906년 이전에 독도가 울릉도 소속이었다는 것을 알 수 있다. 1906년 이전에 영토편입 조치를 한 것은 1900년뿐이기 때문이다.

또한, 조선 조정은 왜 울릉도 도감을 군수로 승격시켰으며, 울도군의 행정구역을 울릉전도, 죽도, 석도로 명확히 했을까? 분명히 세 섬을 조선영토로 명확히 할 이유가 있었을 것이다. 그 이유는 일본인들이 불법으로 도항하여 동해의 역사적 권원을 갖고 있는 조선영토에 침략하여 영토를 점령할 우려가 있었기 때문일 것이다. 일본인들이 불법 도항하여 벌목을 해갔기 때문에 1900년 우용정을 파견하여 조사했고, 개척사업을 시작했다. 그렇다면 울릉전도, 죽도, 독도는 분명히 일본이 선점할 만한 섬으로서의 가치가 있다.

일본이 석도라고 주장하는 관음도는 어떠했는가? 울릉전도의 일부분이라고 할 수 있을 정도로 근접해있고, 상륙할 수도 없는 바위섬이다. 울릉전도에 포함된다고 할 수 있겠다. 행정조치를 할 정도의 섬인가? 아니다. 그렇다면, 관음도는 석도와 무관하다고 할 수 있겠다.

1900년 조선 조정은 울도군의 행정구역을 선포하여 울도군 소속으로 울릉전도, 죽도, 석도를 관할 지역으로 지정했다. 행정관할 지역은 사람이 거주하는 섬이거나, 영유권을 명확히 해야 할 섬이 아니면 안된다. 여기서 석도는 지금의 독도로서, 영유권을 명확히 해야 할 필요에 의해서 지정된 곳이다.[22]

「죽도」를 우산도라고 표기한 여러 지도가 존재했지만, 고종황제는 이들 지도의 잘못을 지적하여 참고로 하지 않았다. 우산도는 죽도가 아님을 분명히 하여, 죽섬을 죽도로 표기하고 독도를 석도로 표기했던 것이다.

1882년 울릉도 검찰사 이규원은 울릉도를 답사하기 이전에 울릉전도 외에 울릉도 근방에 작은 섬으로 「송죽(松竹), 우산도(于山島)」가 있다고 주장했다. 그러나 실제로 조사 후의 보고서에서는 「울릉도외도」에 죽섬을 「죽도(竹島)」, 관음도를 「도항(島項)」이라고 했다.23) 조사 전과 조사 후에 전혀 다른 견해를 내놓은 것이다. 고종황제는 칙령 41호에서 「울릉전도, 죽도, 석도」라고 했으므로, 칙령과 「도항(관음도)」와는 무관하다는 것을 알 수 있다.

6. 시마네현의 독도편입과 한국정부의 항의

6.1 시마네현의 「죽도」 편입사실 통보와 조선 조정의 대응

1903년 심흥택은 울도군수로 부임해왔다. 일본인들은 이에 불복하여 재목의 발체를 일체 금지했다.24) 또한, 심흥택은 중앙정부가 일본공사에게 일본인들의 울릉도 침범을 항의하고 철수를 요구하도록 요청했다.25) 이처럼 심흥택은 일본인들의 울릉도 침입에 대해 철저했던 것으

---

22) 일본이 말하는 관음도는 사람이 올라갈 수 없는 섬으로서 어업이 불가능하고, 농사도 불가능한 섬이며, 일시 거주나 파도를 피할 수 있는 섬도 아니다. 지금도 이 섬의 가치는 없다. 따라서 석도는 관음도가 될 수 없다.

23) 松竹于山等島 僑寓諸人 皆以傍近小島當之 然旣無圖籍之可據 又無鄕導之指的 淸明之日 登高遠眺 則千里可窺 以更無一拳石一撮土 則于山指稱鬱陵 卽如耽羅指稱濟州

24) 日本外務省 기록, 欝陵島に於ける伐木關係雜件, 1903년 4월 28일조, 鬱陵島日本警察官駐在所警部有馬高孝報告書.

로 보아 주권회복과 더불어 강한 민족정신을 갖고 있었다.[26] 독도에 대한 영유권 의식도 마찬가지이다.

그런데 일본은 러일전쟁 중인 1905년 2월 22일, 독도를 일본영토에 편입하는 조치를 취했다. 독도는 주인이 없는 무주지이기 때문이라는 것이다.

1906년 3월 시마네현 관료들이 울릉도를 방문하여 독도를 일본영토로 편입한 사실을 전해 듣고 심흥택은「중앙정부에 대해 본군 소속 독도」에 대한 일본인들의 야욕을 긴급히 보고했다. 이를 전해들은 대한제국정부는 일본의 독도침탈 소식에 전적으로 부정했다. 즉 다시 말하면, 1906년3월 28일 시마네현의 오키도사(隱岐島司) 아즈미 후미호(東文輔), 사무관 간다 유타로(神西由太郎)가 울릉도를 방문하여 독도가 일본영토에 편입되었다는 사실을 전해 들었다. 심흥택 군수는 바로 이튿날 3월 29일 강원도 관찰사 이명래에게「본군 소속 독도(獨島)는 바깥바다 100여리 거리에 있다.」「일본인들이 스스로 말하기를 이제 일본영지가 되어서 시찰차 본섬에 왔다.」라고 하는 일본인들의 침략행위를 긴급히 보고했다. 강원감찰사 서리 춘천군수 이명래는 3월 29일「본군 소속 독도는 바깥바다 100여리 거리에 있다. (중략) 울도군수 심흥택 보고 내에 1906년 4월 4일 일본관리 일행이 와서 스스로 말하기를 독도가 지금 일본영지가 되었으므로 시찰하러 왔다.」고 하는 내용을 내부대신 이지용에게, 4월 29일에는 의정부 참정대신 박제순에게 보고했다.

이를 전해들은 대한제국 정부는 1906년 4월 29일 참정대신 박제순은「독도가 일본영지라른 설은 전혀 근거없는 말이므로 섬의 형편과

25) 皇城新聞, 1903년 7월 20일 자, 雜報(鬱陵形便).
26) 김병렬, 『독도냐, 다케시마냐』, 다다미어, 1996, 135쪽.

일본 사람들이 어떠한 행동을 하는지 조사하여 보고할 것」을 명했다. 또한 1906년 5월 1일 내부대신 이지용은 「독도를 일본 속지라고 칭하여 말하는 것은 전혀 이치에 맞지 않다. 지금와서 이런 보고를 하는 것은 아연실색할 일이다.」라고 했다. 이처럼 대한제국정부는 일본의 독도편입 사실에 대해 전적으로 부정했다. 이러한 사실은 「대한매일신보」가 대한제국 내부의 지령문을 인용하여 보도했다. 1906년 5월 9일 자 「황성신문」에서도 일본관리 일행이 울릉도를 방문하여 언급했던 독도 침탈행위를 그대로 상세히 보도했다. 또한 재야인사 황현도 일제의 독도침략을 비난했다.

6.2 한국정부의 통감부에 대한 항의

'황성신문'은 1906년 7월 13일 자로 통감부(統監府)가 대한제국 내부(內部)에 「울도군(鬱島郡)의 배치전말(配置顚末)」을 요구했다는 기사를 싣고 있다.

울도군(鬱島郡)의 배치전말(配置顚末)

통감부(統監府)에서 내부(內部)에 공함(公函)되 강원도 삼섭군 관하소재 울릉도(江原道 三涉郡 管下 所在 鬱陵島)에 소속 도서와 군청설시(郡廳設始) 년월일을 시명(示明)라 고(故)로 답함(答函)되 광무2년 5월 20일에 울릉도감(鬱陵島監)으로 설시(設始)하였다가 광무4년 10월25일에 정부회의(政府會議)를 경유(經由)야 군수(郡守)를 배치(配置)하니 군청(郡廳)은 태하동(台霞洞)에 재(在)하고 해군 소관도 죽도석도(該郡 所管島 竹島石島)오 동서(東西)가 60리오 남북(南北)이 40리니 합(合) 200여리라고 얏다더라.

이 기사는 분명히 일본의 독도침략에 대해 대한제국이 통감부에 이의를 제기했고, 이에 대해 통감부가 대한제국 내부에 「울릉도에 소속된 도서와 군청설치 연월일을 제시하라」고 요구하여 그 소속에 대한 사실관계를 확인하기 위한 것이었다. 여기서 울릉도에 소속된 연월일과 소속 섬을 보고하라고 한 것이 중요하다. 소속 섬 즉 1905년 2월 22일 일본이 편입했다고 하고 한국이 당치도 않는 일이라고 한 「독도조치」에 대해서 알고 싶었기 때문이다. 1905년 이전의 편입사실을 파악하고 싶었던 것이다.[27)]

이에 대해 내부는 「광무2년(1898년) 5월 20일 울릉도감[28)]을 두었다. 그리고 광무4년(1900년) 10월 25일 정부회의에서 군수를 배치하고, 군청을 태하동에 두었다. 울도군의 소속 섬은(울릉전도를 포함하여) 죽도, 석도이다. 그 울도군의 범위는 동서 60리, 남북 40리이고 합이 200리라고 했다. 이는 울릉도의 범위를 거리로 나타내어, 울릉도의 동쪽 끝에서 서쪽 끝까지는 60리이고, 남쪽 끝에서 북쪽 끝까지는 40리, 석도까지의 거리를 합하면 200리라는 것이었다. 즉 독도가 울릉도의 동남쪽에 위치하고 있으므로 울릉도에서 독도까지의 거리는 200리(울릉도 해안선에서 독도까지의 거리는 울릉도 총거리)에서 약 50리(울릉도의 동남방향의 거리)를 뺀 거리로서 150리가 된다. 울릉도에서 독도까지 150리가 떨어져 있다고 하여 독도가 석도라는 이름으로 1900년 칙령에 의해 관할구역에 포함되어 있다」고 통감부에 보고했다.

내부가 통감부의 지시에 따라 보고한 것이므로, 독도가 조선영토임을 정식으로 항의한 것이라고 할 수 있다. 통감부도 석도=독도를 인정

---

27) 통감부가 내부의 보고사실을 일본정부에 보고하였을 가능성이 크다. 통감부가 일본정부에 보낸 외교문서의 어딘가에 사료가 존재할 가능성이 크다.
28) 강원도 삼척군에 소속된 도서와 군 설치

했다고 할 수 있다.[29] 여기서 독도가 문제가 되었으므로 「석도」=「독도」임이 분명하다.

황성신문 기사는 단지 죽도와 석도(울릉도, 독도)를 관할하는 군수를 두었다는 사실관계가 중요한 것이 아니고, 통감부가 칙령 41호의 내용을 보고받고 있었다는 사실이다. 통감부는 한국정부가 칙령 41호를 들어 울릉도와 독도를 한국영토로 행정조치했다는 사실을 보고받고 있었고, 이에 대해 아무런 이의를 제기하지 않았다는 것이다. 즉 통감부가 울릉도와 독도가 한국영토임을 인정했다는 결과가 된다.

6.3 심흥택과 통감부의 「독도」인식

심흥택이 본군 소속 「독도(獨島)」라고 중앙정부에 보고한 것은 임기응변식으로 갑자기 만들어진 것이 아니다. 니이타카(新高)호의 군함일지에 「울릉도 사람들은 리안코도를 독도(獨島)라고 쓴다.」라고 되어 있는 것으로 봐서도 울도군수가 1904년경에 「독도」를 울도군 소속으로 관리하고 있었다는 사실을 알 수 있다.

니이타카(新高)호의 군함일지에서는 분명히 한자어로 「독도(獨島)」라고 쓰고 있고, 또한 「쓰다(書)」고 하여 「쓰다(書)」를 쓰고 있다는 점이다. 이미 울릉도에서는 1904년 시점에서 문서상에 「독도(獨島)」라는 용어가 사용되고 있었다는 것을 의미한다. 이를 증명할 수 있는 것은 심흥택 군수가 「본군 소속 '독도(獨島)'」라고 표기한 것으로도 충분히 알 수 있다. 1904년도 시점에서 「독도」라고 쓴다고 하였기에 다소 시대를 거슬러 올라가서 울릉도 사람들이 1900년경에 「독도」라고 불렀

---

29) 이에 대해 통감부가 어떠한 반응을 했는지에 관해서는 석도=독도를 부정하는 관련 자료가 발견되지 않는 한 통감부가 석도=독도를 인정했다고 할 수 있다.

고, 이를 「독도(獨島)」라고 표기하게 되었다고 할 수 있을 것이다.

울릉도 사람들이 독도를 인식하였다는 문헌은 있다. 예를 들면, 구즈 슈스케(葛生修亮)가 1901년 탈고한 『한어통어지침(韓海通漁指針)』에서 「한인 및 일본어부는 이 섬을 양코도라고 불렀다」라고 기록하고 있다.[30] 이것은 구즈 슈스케의 인식이지만, 한국해에 독도가 있다는 해석이 되므로 당시 일본어부와 조선인이 독도를 조선영토으로 인식하고 있었다고 할 수 있다.

울도군수 심흥택에 의해 「본군 소속 독도」에 대해 항의를 받고, 이에 대해 통감부가 한국정부의 칙령 41호를 확인하였으며, 「석도=독도」에 대해 아무런 이의도 제기하지 않았다. 1900년 칙령 41호의 「석도」가 「독도」라는 것을 인정하고 있었던 것이다. 이러한 인식을 바탕으로 통감 이토가 「칙령 41호에 의해 독도가 한국의 행정관할하에 있다」는 사실을 일본정부에 보고했을 가능성이 높다고 볼 수 있다. 이 사료는 앞으로 발굴될 가능성이 높다고 하겠다.

7. 나오면서

첫째로, 군함 니이타카(新高)호의 일지를 보면, 1904년 니이타카(新高)호가 「리안코르도암, 한인(韓人)은 이를 독도(獨島)라고 쓴다」고 행동일지에 기록하고 있다. 이를 보면, 이미 '독도'라는 발음이 1904년경에 한자어로 독도(獨島)로 고착되어 있었던 것을 보면 1904년 이전에 「독도」라는 명칭으로 울릉도 사람들이 부르고 있었음을 알 수 있다. 그 연유로 1900년 우용정의 조사 당시에 이미 독도라는 명칭이 통용되

---

30) 독도의 내용이 포함되어 있으므로 『韓海通漁指針』는 재검토의 여지가 있다.

고 있었다고 할 수 있겠다.

둘째로,「이규원의 조사보고와 우용정의 조사보고의 차이점」을 보면 다음과 같다. 이규원은 결국 섬 하나에 2개의 명칭이 있는 것으로 결론 짓고, 고종이 말하는「송죽도」에 대해,「교우(僑寓)하는 제인(諸人)이 방근(傍近)의 소도를 이것에 해당시킨다」라고 보고하여「송죽도=죽도」 라고 했다. 또한, 방근의 소도 즉 죽도(죽서, 부소우루암)를 본도와 합 쳐서 복수의 섬이라고 고종에게 보고했다. 즉「울릉도, 우산도」는「울 릉도, 죽도」라고 하여「우산도=죽도」라는 것이었다.[31]

이에 비해, 우용정을 단장으로 한 조사단은 라포르테의 황성신문 기 사를 따르면,「울릉도, 죽도, 우산도」가 있다고 보고했다. 이를 칙령 41 호에서는「울릉전도, 죽도, 석도」라고 하고 있다. 석도는 울릉도감 배 계주를 비롯한 울릉 거주민의 인식에 의한 것임이 분명하다. 우산도와 석도가 분명히 같은 섬인데 왜 라포르테는 조선사록의 기록인「우산도」 라고 했고, 칙령 41호에서는 문헌기록에 등장하지 않은 새로운 도명인 「석도」라고 했을까? 그 이유는 이미 울릉도에서 석도라는 이름이 상당 히 정착되었을 뿐만 아니라, 우산도라는 명칭은 고지도와 고문헌에서 다소 혼동된 기록도 있어서 기록에 혼란을 초래하고 있는 우산도는 죽 도가 아니라는 것을 명백히 하기 위한 것이었을 것이다. 따라서 이규원 의 잘못된 보고를 바로잡았다고 할 수 있겠다.[32]

독도의 명칭에는 많은 혼란이 있었다. 1899년경에 중앙정부가 탁상 공론으로 동해의 두 섬에 대해 울릉도와 죽도에 비견하여 우산도를 죽 도와 동일시하기도 했다. 이것이 1899년 우용정의 현지 주민들의 조사 에서 고래의 우산도가 석도임이 새로이 밝혀졌다.

---

31) 大西輝男 저, 권오엽·권정 옮김, 『独島』, 제이앤씨, 2004, 86-87쪽.
32) 大西輝男 저, 권오엽·권정 옮김, 『独島』, 제이앤씨, 2004, 86-89쪽.

셋째로, 「관음도」에 관해서 지적하면 다음과 같다. 관음도는 역사적으로 울릉전도에서 분리되어 개별적인 하나의 섬으로 구별된 적은 없었다. 지리상으로 관음도는 울릉전도의 일부로서 울릉도 주변의 다른 바위섬과 차이가 없는 섬이다. 관음도가 처음 지도에 등장하는 것은 이규원의 울릉도 조사에서 다른 바위섬들과 같이 지도에 나온 것이다. 관음도가 울릉전도에서 따로 분리된 적이 없으며, 이규원도 울릉전도의 일부로서 취급하고 있다. 우용정의 조사에서는 관음도에 관해서 전혀 언급하지 않고 있다. 실제로 관음도는 사람이 오를 수도 없고, 배를 선착할 수도 없어서 섬의 가치가 전혀 없는 섬이다. 독도는 오를 수도 있고, 선착할 수도 있으며 경우에 따라서는 예로부터 며칠간 피신지로 활용되었던, 사람의 거주가 가능한 섬이다. 칙령 41호의 석도를 관음도라고 하는 일본의 주장은 아무런 근거도 없고, 있을 수 없는 일이다.

넷째로, 역사지리적으로 보면 독도는 울릉도에서 보이는 거리에 있고, 세종실록 지리지를 비롯한 관찬 고문헌에 동해에 울릉도와 우산도 2개의 섬이 있다고 한다. 그렇다면, 칙령 41호의 「울릉전도, 죽도, 석도」에 독도가 누락될 수가 없다. 역사적 사료해석상 우산도=독도이다. 울릉전도=울릉도, 죽도=죽섬이다. 한편, 일본에서도 명치시대에 이르러 1871년 조선국정을 조사했다. 이때에 울릉도는 조선영토, 독도는 소속 미정의 영역으로 결론을 내렸다. 그 후 1877년 태정관(太政官)에서도 독도를 한국영토로 인정했다. 일본에서 독도의 존재가 무소속이라고 했지만, 이미 조선에서는 조선영토로 인식하고 있었던 것이다.

독도 명칭 「우산도 · 석도 · 독도」의 생성 배경

제2장

1. 들어가면서

시대적으로 보면 오늘날 독도에 대해 시대별로 다양한 명칭이 존재했다. 그 시대별로 생성된 명칭에는 그 시대의 환경이 반영되어 있다. 그 대표적인 명칭이 바로 우산도, 석도, 독도이다.

본 연구의 목적은 이러한 시대별 다양한 명칭이 생성될 수밖에 없었다는 필연성을 고찰함과 동시에 칙령 41호에 등장하는 「석도」라는 명칭이 오늘날의 독도임을 규명하기 위한 것이다. 왜냐하면 한국의 독도 영유권을 부정하는 일본영토론자들 중에서는 칙령 41호의 「석도」가 오늘날의 독도가 아니라고 주장하고 있기 때문이다.

연구방법으로서는 먼저 시대에 따라 다양하게 명명된 독도에 대한 명칭의 생성에 미치는 요인을 분석하여 시대별 새로운 명칭이 등장할 수밖에 없었던 필연성을 규명한다. 다음으로는 시기별로 각 명칭의 생성 환경을 분석한다. 첫째로, 울릉도 거주민이 있던 시기와 그 이후의 시기를 분석한다. 둘째로, 공도정책을 위해 행해졌던 울릉도, 독도의 수토 시기와 그 이후의 시기를 분석한다. 셋째로, 2번에 걸친 전근대와 근대의 한일 국경분쟁 시기와 그 이후의 시기를 분석한다. 마지막으로는 조선 초기와 중기에 주로 호칭되었던 「우산도」가 폐기되고 새로운 명칭인 「석도」와 「독도」가 탄생할 수밖에 없었던 필연성을 고찰한다. 이런 과정을 거쳐 칙령 41호의 「석도」가 오늘날의 「독도」임을 규명한다.

선행연구에서는 역사적으로 독도가 다양한 명칭으로 불리었다는 것을 규명하였다. 그러나 일본영토론자들은 이를 인정하지 않으려고 하는 경향이 있다. 그 이유는 논리성이 부족하다는 점이다. 그래서 본 연구에서는 다양하게 등장하는 독도 명칭의 생성 요인과 배경, 그리고 시기별 특징을 분석하는 방법으로 독도의 명칭에 관해 새로운 시각으로 집중적으로 조명했다는 점이 본 연구의 의의라고 하겠다.

2. 독도의 새로운 명칭 생성에 미치는 요인

2.1 지명 명명자의 신분이나 전문성에 따른 정보 오류

독도는 울릉도에서 연간 50여 일밖에 보이지 않고, 게다가 울릉도에서 해발 130여m 정도의 위치에서나 울릉도에서 동쪽 독도 방향으로 약 20마일 나아가야 볼 수 있는 것처럼,[1] 특정한 장소에서만 바라보이는 울릉도 동남쪽에 위치하고 있다.[2] 이러한 이유 때문에 울릉도의 여러 상황의 변화에 따라 다양한 사람에 의해 독도에 대한 지명이나 형상, 위치가 다양하게 인식되어왔다. 특히 고지도 제작가나 행정가, 울릉도 거주민, 그리고 울릉도, 독도 수토사에 의해 제각기 다르게 오늘날의 독도에 대해 명칭이 호칭되거나 명명되어왔다.

① 지도제작 전문가나 행정가가 지명을 명명하거나 지도를 제작할 경우는 그 이전 시대의 정보에 입각하여 지도를 제작했다. 이전 시대의 정보라는 것은 오류일 수도 있고, 정확한 정보일 수도 있다. 그때 마침 존재했던 정보가 정확할 때는 정확한 지도를 그렸고, 존재했던 정보이 부정확했을 때는 잘못된 지도를 그렸다.

② 울릉도 거주민이 정보를 제공했을 때는 울릉도에 거주하면서 실제로 경험했던 정보이기 때문에 대체로 정확한 정보라고 할 수 있다. 따라서 이 시기에 지명이 명명되었을 때는 실제의 경험을 토대로 한 것이기 때문에 형상과 위치 등이 정확하게 제작되는 경우가 많다.

③ 수토자가 지도를 제작하거나 지명을 명명할 경우는 수토기간이 대체로 10일 전후로서 짧은 기간이다.[3] 짧은 기간에 조사된 한정된 내용에 의거해서만 지도를 제작하고 지명을 명명하기 때문에 정보가 전적으로 정확하다고 할 수 없다. 위치나 지명의 오류가 많다.

---

1) 川上健三 저, 권오엽 역, 『일본의 독도논리 -竹島의 歷史地理學的硏究-』, 백산자료원, 2010, 316-321쪽.
2) 박병섭, 「일본의 독도 영유권 주장에 대한 관점」, 『한일 양국의 관점에서 본 울릉도 독도 국제심포지움』, 156쪽.
3) 이규원의 조사기간을 보면 「5월 1일부터 조사를 시작하여 만 7일간 도보로 섬을 조사했으며, 2일간 배편으로 울릉도 해안을 한 바퀴 돌면서 조사했다」, 신용하(1996), 『독도의 민족영토사 연구』, 지식산업사. 179-180쪽.

2.2 시대에 따른 울릉도, 독도에 대한 정보의 정확성

울릉도에는 거주민이 살고 있었던 시기, 아니면 수토사가 울릉도를 수토했던 시기, 아니면 한일 간의 울릉도와 독도를 둘러싼 영토분쟁 등의 시기에 울릉도에서 독도가 보이기 때문에 독도에 대한 지명이나 영유권 의식이 생겨나게 되었던 것이다.

이와 같은 특징을 갖고 있던 시기는 여러 번 있었는데, 그때마다 다른 특성을 띠고 있다. 특성별로 보면, 울릉도에 거주민이 살고 있었던 시기와 울릉도와 독도를 수토했던 시기, 한일 양국 간에 전근대와 근대 2번에 걸쳐 울릉도와 독도를 둘러싼 영토분쟁이 일어났던 시기로 나누어진다.

① 울릉도에 거주민이 살고 있었던 시기는 「㉮우산국과 고려 시기 ㉯1882년 일제침입에 대응한 개척 시기」로 나눌 수 있는데, 이 시기와 그 이후의 시기에는 정보의 정확성이 다르게 나타난다.

② 공도정책을 위한 울릉도, 독도의 수토 시기는 「㉮안용복 사건 이후 울릉도와 독도의 영유권을 수호하기 위해 수토했던 시기, ㉯ 일제의 울릉도를 비롯한 조선침략을 막기 위해 이규원으로 하여금 울릉도 개척을 목적으로 조사했던 시기」로 구분되는데, 이 시기와 그 이후의 시기도 각각 정보의 정확성이 달리 나타난다.

③ 한국독립 이전 역사상 한일 간에 울릉도와 독도를 둘러싼 영토분쟁이 전근대에 한번, 근대에 한번으로 2번에 걸쳐 일어났었다. 「㉮전근대는 안용복 사건으로 인해 울릉도와 독도를 둘러싼 영토분쟁이 있었던 시기, ㉯근대는 일본이 울릉도와 독도를 침범하였기에 울릉도와 독도의 영유권을 수호하기 위해 울릉도와 독도를 개척하던 시기」로 구분된다. 바로 이 국경분쟁시기와 그 이후의 시기에도 정보의 정확성이 달리 나타난다.

3. 「우산도」 생성의 시대적 특징
- 울릉도에 거주민이 살고 있었던 그 전후의 시기-

3.1 우산국과 고려 시기와 그 직후의 시기

삼국사기와 삼국유사에 의하면 고대에 울릉도에는 우산국이라는 나라가 있었는데, 512년 신라장수 이사부에 의해 정복당하여 신라의 속국이 되었다.[4] 신라의 속국이 된 울릉도에는 우산국 사람들이 살고 있었다. 신라가 멸망된 후 918년에 건국한 고려가 1392년에 멸망하여 조선이 되기까지는 우릉성(羽陵城)으로서 울릉도가 고려영토의 일부가되었다. 조선이 1403년 공도정책으로 울릉도를 관리하기 이전까지는 수백 년간 울릉도에 사람이 거주하고 있었다. 독도는 지리적으로 울릉도에서 날씨가 청명한 날 서로 바라볼 수 있었다. 따라서 독도가 울릉도 거주민에 의해 알려진 섬이라는 사실을 부정할 수 없다. 즉 동해에 울릉도와 더불어 또 다른 한 개의 섬이 존재한다는 명확한 영토인식을 갖고 있었다. 이러한 인식은 그 이후의 시대에도 상당기간 계승되어 지속되었던 것이다. 이는 고려사지리지, 세종실록지리지, 동국여지승람의 기록에서 보이는 것처럼, 「우산도」는 울릉도에서 「날씨가 청명하고 바람이 부는 날에 바라볼 수 있다」는 것이다.[5] 이 시기에는 실제로 울릉도에서 바라볼 수도 있었고, 바다를 삶의 근거지로 삼고 있었던 울릉도민은 독도가 2개의 암초로 된 섬으로서 그 실제 형체 등에 대해서도 정확한 정보를 갖고 있었던 것이다. 우산국시대와 고려시대에는 오늘날 독도가 어떠한 명칭으로 불리었는가에 대해서는 기록에 남아 있지 않기 때문에 알 수 없다.

---

4) 신용하(1996), 『독도의 민족영토사 연구』, 지식산업사. 57쪽.
5) 신용하(1996), 『독도의 민족영토사 연구』, 지식산업사. 86-96쪽.

그러나 고려사지리지(1454), 세종실록지리지(1453), 동국여지승람 (1543)에 의하면 동해에 우산도와 울릉도라는 명칭의 두 섬이 존재한 다는 인식을 기록하고 있다. 울릉도 이외의 섬의 명칭은 우산도라는 것이다. 이러한 인식은 안용복 사건(1693-1596)이 발생하기까지 1백 년에서 2백여 년 동안 지속된다.6)

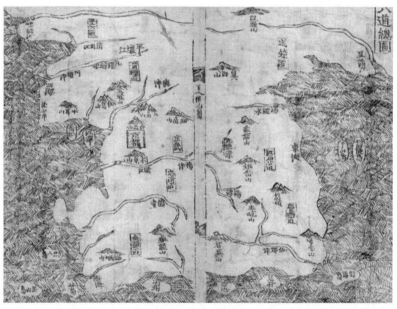

〈그림 1〉 동국여지승람-동람도(東覽圖)-팔도총도(八道總圖), 1531, 영남대학교 박물관 소장

조선이 건국되고 울릉도는 공도정책으로 영토를 관리했다. 그 이후 부터 안용복 사건이 발생하기까지는 울릉도에 거주민이 없었기 때문에

---

6) 대표적인 지도로 「동국여지승람-동람도(東覽圖)-팔도총도(八道總圖)」, 1531 (「독도에 대한 사실들」, 2008년 7월 20일 작성, http://blog.naver.com/cms1530 /10033194722(2012년 1월 24일 검색)가 있다.

울릉도의 존재는 수년에 1회씩 행해지던 수토사에 의해 명확했지만, 우산도의 존재에 대해서는 직접 확인할 수 있는 기회가 거의 없었다. 다만, 우산국시대와 고려시대의 인식이었던 동해에 울릉, 우산 2개 섬이 존재한다는 정보가 그 이후 시대 즉 공도정책을 실시하여 독도의 존재를 확인할 수 없었던 시기에도 동해에 두 섬이 존재한다는 인식을 갖고 있었다. 울릉도는 이미 확인된 섬이기 때문에 확인되지 않았던 또 다른 섬은 자연스럽게 「우산도」가 된 것이다. 우산도라는 섬은 울릉도에 비하면 보잘것없는 작은 섬이었지만, 우산도의 존재에 대해 공식적으로 확인한 바가 없었기 때문에 그 크기나 형상, 위치에 대해서는 명확히 알지 못했다. 이러한 정보를 토대로 당시의 지도전문가들은 동해에 두 섬을 반드시 그렸고, 울릉도는 정확한 위치에 그렸으나 우산도는 울릉도 주변에 적당한 크기로 적당하게 그렸던 것이다.[7] 「우산도」

---

7) 아국총도 『여지도』(한국, 작자미상, 18세기 후반, 서울대학교 규장각 소장), 조선전도(한국, 작자미상, 18세기 후반, 숭실대학교 박물관 소장), 조선전도 『해동도』(한국, 작자미상, 18세기 말, 삼성리움미술관 소장), 해좌전도(한국, 작자미상, 19세기 후반, 고려대학교박물관 소장), 아동여지도(한국, 작자미상, 19세기 초, 국립중앙도서관 소장), 해동여지도(한국, 작자미상, 19세기 초, 국립중앙도서관 소장), 동국전도(한국, 작자미상, 19세기 초, 삼성리움미술관 소장), 총도 『좌해여도』(한국, 작자미상, 19세기 중반, 국립중앙도서관 소장), 조선전도(한국, 작자미상, 19세기, 서울대학교 규장각 소장), 팔도전도 『도리도표』(한국, 작자미상, 19세기 중반, 서울대학교 규장각 소장), 조선전도(한국, 김대건, 1846, 한국교회사연구소 소장), 대조선국전도 『접역지도』(한국, 작자미상, 19세기 중반, 국립중앙도서관 소장), 강원도도 『접역지도』(한국, 작자미상, 19세기 중반, 국립중앙도서관 소장), 강원도도 『동여전도』(한국, 작자미상, 1890년대, 서울대학교 규장각 소장), 강원도 『동국지도』(한국, 작자미상, 18세기 후반, 국립중앙도서관 소장), 강원도 『여지도』(한국, 작자미상, 18세기 후반, 서울대학교 규장각 소장), 강원도 『팔도지도』(한국, 황윤석, 1790, 서울대학교 규장각 소장,), 강원도 『여지도』(한국, 작자미상, 19세기, 서울대학교 규장각 소장), 강원도 『팔로지도』(한국, 작자미상, 19세기, 국립중앙도서관 소장),

라는 명칭은 울릉도와 더불어 동해에 존재했던 지명 중의 하나가 활용
되었던 것이다. 우산국시대와 고려시대에는 울릉도와 우산국, 우릉성
이라는 명칭이 존재했다. 고려시대에 들어와서 우산국이 없어지고 우
릉성(羽陵城)으로서 고려에 편입되었다. 사실상 우릉성은 바로 울릉도
를 말한다. 조선시대에 공도정책으로 사람이 거주하지 않았기에 우릉
성이라는 이름조차도 없어지고, 우산이라는 명칭만 구전되어 남게 되
었다. 자연스럽게 동해에 두 섬이 존재한다고 생각했던 지도전문가들
은 울릉도 이외의 섬을 「우산도」라고 표기하기 시작했던 것이다. 결국
은 우산도라는 명칭은 실제 형상을 보고 명명한 것이 아니라 관념적
명칭이었던 것이다.

3.2 「1882년 일제 침입에 대응한 개척 시기」와 그 직후의 시기

이 시기 일본에서는 1869년 조선과의 외교정책을 수립하기 위해 은
밀히 조선국정을 조사했다. 당시 일본의 메이지 정부는 조선국정조사
보고에 의해 「울릉도와 독도가 조선영토가 된 시말」이라는 제목으로
「울릉도는 조선정부 문서에 기록되어 있으나 독도는 조선정부 문서에
기록이 없다」고 하는 정보를 갖고 있었다. 이것은 일본에서는 울릉도
와 더불어 독도를 조선영토로 인식하고 있었다는 것이다. 그런데 실제
로 조선정부 문서를 조사해본 결과 독도에 대한 기록은 없다고 보고했

관동도『지도』(한국, 작자미상, 1822, 국립중앙도서관 소장), 강원도지도
『좌해지도』(한국, 작자미상, 1822, 서울대학교 규장각 소장), 관동도『좌
해지도』(한국, 작자미상, 19세기 중반, 국립중앙도서관 소장), 강원도『해
동전도』(한국, 작자미상, 19세기 중반, 국립중앙도서관 소장), 강원도지도
『팔도지도』(한국, 작자미상, 18세기, 서울대학교 규장각 소장), 강원도
『해동여지도』(한국, 작자미상, 19세기 천반, 국립중앙도서관 소장), 울릉
도지도『대동여지도』(한국, 김정호, 19세기 중반, 일본 국회도서관 소장).

던 것이다. 이 조사의 목적은 향후 조선영토에 대한 영토적 탐욕을 갖고 조사한 것으로, 울릉도는 이미 조선영토로 기정사실화된 것이었지만 독도에 대해서는 영토적 야욕을 드러내고 있었던 것이다. 그러나 사실상 조선에서는 안용복 사건 이전에 조선 동해에 존재하는 2개의 섬 중 1개는 울릉도이고, 다른 하나는 우산도라는 인식을 갖고 있었고, 안용복 사건 이후에는 우산도를 울릉도의 동남쪽에 위치하고 있는 조선영토로 인식하고 있었다. 안용복 사건 이후에도 공도정책이 계속되어 전회일, 이준명 등의 몇몇 수토사[8] 이외에는 사람의 왕래가 없었기 때문에 동해에 2개의 섬이 위치하고 있다는 전통적인 인식만 남아 있었던 것이다. 그래서 18세기 수토사에 의해 울릉도가 조사되었을 때 오늘날의 독도인 우산도를 발견하지 못하고 당시 전통적으로 남아 있던 울릉도와 더불어 우산도가 동해에 존재한다는 인식 때문에 오늘날의 죽도에 「소위 우산도」로 표기하여 잘못된 지도를 남겼던 것이다.[9] 조선의 고문헌과 고지도에 이와 같은 조선영토로서의 권원이 존재했음에도 불구하고 조선국정조사에 임했던 외무성 관리들이 "독도에 대한 기록이 없다"고 보고한 것은 잘못된 정보에 의한 것이었다.

한편, 조선 조정은 1881년 5월 울릉도를 수토한 조선 관원으로부터 일본인들이 울릉도에 벌목을 자행한다는 정보를 입수하고 울릉도 개척을 단행했다.[10] 그 이후의 시기는 울릉도에 거주민이 있었던 시기로서 이규원의 울릉도 수토 이후 울릉도 개척이 본격화되었다. 1882년 이규원의 조사에 의하면 조선인 140명, 일본인 78명이 확인된 것으로 봐도

---

8) 필자의 별고 「고지도상의 「우산도」 명칭에 관한 연구 -「석도=독도」 규명을 중심으로-」 참조.
9) 필자의 별고 「고지도상의 「우산도」 명칭에 관한 연구 -「석도=독도」 규명을 중심으로-」 참조.
10) 신용하(1996) 『독도의 민족영토사 연구』, 지식산업사. 179쪽.

사실 공도정책 시기에 울릉도에는 불법적으로 일본인과 조선인이 건너와 거주하고 있었던 것이다.[11] 사실 위에서도 언급했듯이 독도는 울릉도의 특정한 장소에서만 연중 50여 일간 바라볼 수 있었기 때문에 울릉도 거주민들은 독도의 존재를 알고 있던 것이다. 이러한 상황이기에 울릉도 사람들에게는 독도의 형상이나 울릉도에서의 거리 등이 대체로 정확하게 알려져 있다. 따라서 독도의 명칭에 대해서도 실제의 형상에 의해 명명되었던 것이다.

이 시기에는 실제로 울릉도 사람들이 확인한 정확한 정보이기 때문에 독도 명칭도 독도의 형상과 대체로 일치한다고 하겠다. 개척시기에 형상에 의해 불렸던 명칭은 시대의 경과에 따라 섬의 형상이나 울릉도 거주민의 문화적인 요인까지 혼재되어 또 다른 새로운 명칭이 탄생했던 것이다. 그것이 바로 「독도(獨島)」라는 명칭이다. 독도는 돌섬이라는 실제의 형상에다가 울릉도 거주민의 대다수를 형성하고 있던 전라도 사람들에 의해 돌섬을 「독섬」이라고 부르는 문화가 가미되었다. 게다가 당시는 주로 한자로 문서를 기록하던 시기였기 때문에 독섬을 한자 표기하여 니이타카(新高)호 군함일지에서 「독도(獨島)라고 쓴(書)다」라고 기록되어 있던 것처럼 「독도(獨島)」라는 명칭이 명명되었던 것이다. 즉 다시 말하면, 근대시대에 개척민에 의해 먼저 생성된 명칭은 「돌섬」이었으나 이것이 「독섬」으로 불리었는데, 1904년을 전후하여 문서기록상으로 「독도」로 기록되었던 것이다. 1900년 고종황제가 울도군 행정을 개편할 때에는 「독섬」 혹은 「돌섬」이라고 호칭되던 섬은 「석도(石島)」라는 한자어로 표기하기도 했던 것이다.

---

11) 신용하(1996) 『독도의 민족영토사 연구』, 지식산업사. 180-181쪽.

4. 「자산도」 생성의 시대적 특징
- 한일 간의 국경분쟁이었던 안용복 사건[12]과 그 직후의 시기-

4.1 전근대의 안용복 사건으로 인한 영토분쟁 시기

17세기의 안용복 사건 때에 독도는 영토분쟁지역으로 그다지 부각
되지는 않았지만, 울릉도와 더불어 독도의 영유권 인식에 대해서는 언
급되었다. 그때 일본의 독도 영유권 인식은 1667년에 저술된 『은주(隱
州)시청합기』를 보면, "일본의 서북경계는 오키(隱岐)도"라고 했고,[13]
또한 당시 막부가 돗토리번(鳥取藩)에 울릉도와 독도의 영유권에 대해
문의했을 때 돗토리번은 "송도(松島; 독도)와 죽도(竹島; 울릉도)의 영
유"를 부정했다.[14] 이를 보더라도 당시 관련 지역의 지방정부는 울릉
도와 더불어 독도에 대해서도 일본영토가 아니라고 인식하고 있었던
것이다. 안용복 사건으로 막부는 울릉도를 조선영토로 인정했다. 이와
같은 막부의 울릉도, 독도 인식을 보더라도, 무인도의 작은 암초인 독
도에 대해서는 도해면허를 발부하지 않았기 때문에 일부러 독도에 대
한 도해금지령은 내리지 않았지만, 울릉도의 부속 도서[15]로서 존재했
던 독도에 대해서도 도항을 금지한 것이었다고 할 수 있다.

조선 조정에서도 독도가 무인도로서 영유권 분쟁이 될 만한 섬이 아
니었기에 한일 간 영토분쟁의 논의 대상으로 삼지 않았다. 세종실록지
리지, 고려사지리지, 동국여지승람, 여지지등을 보더라도 그렇고, 더욱
이 안용복 사건에서 안용복은 일본의 지방정부와 중앙정부에 대해 울

12) 한국에서는 「안용복 사건」이라고 하고, 일본에서는 「죽도일건」이라고 한다.
13) 신용하(1996) 『독도의 민족영토사 연구』, 지식산업사. 29-30쪽.
14) 內藤正中·金柄烈(2007) 『歷史的檢証独島·竹島』岩波書店, 42쪽.
15) 일본의 고지도와 고문헌에 「송도」와 「죽도」, 한국의 고지도 고문헌에 「울
릉도」와 「우산도」가 늘 한 쌍으로 표기되는 것으로도 충분함.

릉도와 더불어 독도가 조선영토임을 명확히 인식시켰다. 이때에 일본 측에서 특별히 독도에 대한 영유권 주장이 없었기 때문에 독도도 울릉도와 더불어 조선영토로 인식했던 것이었다.

안용복은 1693년과 1696년 2번에 걸쳐 울릉도-독도-오키섬의 경로로 일본에 건너가 독도가 한국영토임을 분명히 했다. 이는 당시의 사정을 기록한 일본 측 자료에서 확인된다. 그것이 바로 1693년 4월 제1차 도일에 대한 오타니 가문의 울릉도 도해 관련 자료문서집인 「죽도도해유래기발서공」(竹島渡海由來記拔書控)16)이고, 1696년에 도일한 내용에 대해서는 현재 시마네현의 무라카미(村上助九郎)씨가 소장하고 있는 「원록9병자년조선주착안일권지각서」(元禄九丙子年朝鮮舟着岸一卷之覺書)와 「조선지팔도(朝鮮之八道)」라는 문서17)이다.

안용복 사건이 일어나기 이전에 조선 조정에서는 조선영토로서 동해에 울릉도와 우산도 두 섬이 존재한다는 인식을 갖고 있었다. 세종실록지리지, 동국여지승람에 의하면 「이들 두 섬은 날씨가 청명하고 바람이 부는 날 잘 보이는 거리에 위치하고 있다」고 명확히 전하고 있다.

울릉도는 조선 조정의 공도정책에 의해 일반인들의 출입이 금지되었다. 그럼에도 불구하고 조정이 울릉도 수토를 소홀히 하는 틈을 타서 울릉도에 잠입하는 사람은 적지 않았다. 일본인도 있었고 조선인들도 있었다. 그때에 생겨난 것이 바로 안용복 사건이었다. 안용복이 울릉도를 조선영토로 알고 그곳에 들어갔을 때 마침 일본인들이 들어와 있었다. 몰래 들어온 양국 인민들 간에 영유권 분쟁이 일어났던 것이다. 그

---

16) 1696년 안용복 공술조서(원록9병자년조선주착안일권지각서, 동북아역사재단 제공).

17) 강원도 안에 죽도(울릉도)와 송도(독도)가 있음을 표시한 1696년 '조선지팔도' 문서. (무라카미 가문 소장, 선우영준 박사 촬영).

元禄九丙子年朝鮮舟着岸一巻之覚書

朝鮮之八道
京畿道
江原道 此道中竹嶋松嶋有之
全羅道
忠清道
平安道
咸鏡道
黄海道
慶尚道

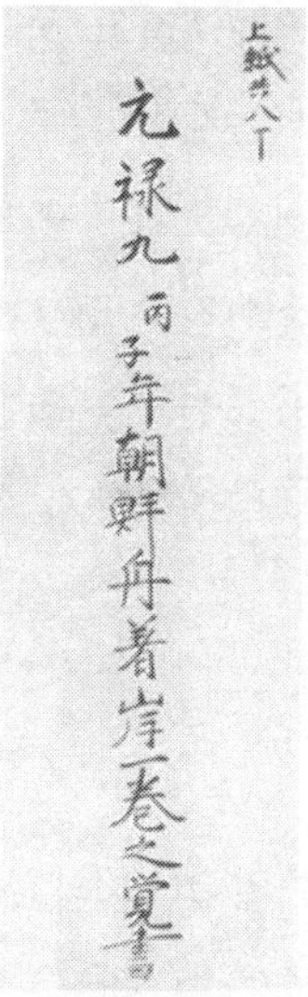

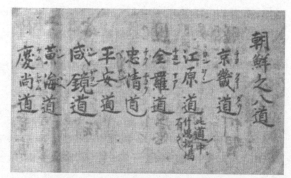

〈그림 3〉 강원도 안에 죽도(울릉도)와 송도(독도)가 있음을 표시한 1696년 '조선지팔도' 문서, 무라카미 가문 소장, 선우영준 박사 촬영

〈그림 2〉
1696년 안용복 공술조서
원록9병자년조선주착안일권지각서, 동북아역사재단

과정에 안용복은 다수의 일본인들에게 납치되어 일본으로 연행되었지만, 안용복은 울릉도와 더불어 울릉도에서 바라볼 수 있는 「자산도[18]」도 조선영토라고 주장했다. 안용복은 1차 도일 때 이미 자산도라는 명칭을 사용할 정도였기 때문에 울릉도 이외의 섬을 조선 조정에서 우산도 혹은 자산도로 호칭되고 있었다는 사실을 알고 있었던 것이다. 임기응변식으로 조선영토라고 주장한 것이 아니었다. 이렇게 해서 안용복 사건 때에 울릉도는 물론이고 오늘날의 독도인 우산도(자산도)도 실제로 확인하게 되었던 것이다. 「5월 15일 죽도(울릉도) 출발, 같은 날 송도

18) 子山島의 명칭은 안용복이 영토적 권원을 마련하기 위해 나름 노력하여 母子 관계로서 울릉도의 속도라는 의미로 울릉도를 모도로 하고 그에 대비하여 고문헌, 고지도의 우산도를 자산도라고 했던 것으로 보인다. 훗날 수토사들이 우산도라는 명칭 대신에 「小于島」, 「大于島」라는 지명을 만든 것으로도 짐작할 수 있다. 안용복은 이렇게 하여 종래의 애매모호했던 위치와 크기의 우산도에 대해 울릉도 동남쪽에 있는 작은 바위섬이라는 것을 분명히 하려고 했던 것으로 보인다.

(독도) 도착, 16일 송도출발, 18일 아침 오키(隱岐) 도착」[19]라고 하는 것처럼 울릉도의 동남쪽에 배로 하루 거리에 자산도가 존재한다는 것이었다. 안용복은 1차 도일은 물론이고 2차 도일 때도 울릉도와 우산도가 조선영토임을 일본 측에 강력히 제기했다. 또한, 「조선지팔도(朝鮮之八道)」를 보면 알 수 있듯이 일본에서는 조선의 울릉도를 「죽도(竹島)」라고 하고, 조선의 우산도를 「송도(松島)」라고 한다는 것까지 확인했던 것이다.

4.2 텐포의 죽도도해일건(天保竹島渡海一件) 시기

19세기 하마다번의 송도(松島) 인식은 텐포죽도도해일건(天保竹島渡海一件)에 잘 나타나 있다. 즉 1836년 오사카마치봉행소(大阪町奉行所)가 밀무역업자 아이즈야(会津屋) 하치에몬을 사형한 하치에몬(八右衛門) 사건의 판결문 안에 하시모토 산베에(橋本三兵衛)가 하치에몬에게 「가까운 송도(松島)의 도해를 명목으로 죽도(竹島)로 도항하는 방법이 있다」고 말했다는 기록이 있다. 하마다번의 중신 오카다 요리모(岡田頼母)의 가신이었던 하시모토는 송도(松島) 도해는 전혀 문제가 되지 않는다고 했다는 것이다.[20]

그러나 막부와 쓰시마번(対馬島)의 인식은 달랐다. 울릉도, 독도에 대한 막부의 인식은 하치에몬 사건의 진술기록인 「죽도도해일건기(竹島渡海一件記)」 속의 「죽도방각도(竹島方角圖)」와 막부의 중신 미즈노 다다쿠니(水野忠邦)가 이 사건을 담당하여 그린 「죽도방각도」를 수

---

19) 内藤正中・朴炳渉(2007) 『竹島＝独島論争ー歴史から考えるー』 新幹社, pp.67-68.
20) 박병섭, 「일본의 독도 영유권 주장에 대한 관점」, 『한일 양국의 관점에서 본 울릉도 독도 국제심포지움』, 149쪽.

정한 「조선죽도도해시말기(朝鮮竹島渡海始末記)」[21]가 있는데, 그 부속지도 속에는 울릉도와 독도를 조선영토와 같은 붉은색으로 채색하여 조선영토로 표기하고 있다. 1836년 7월 17일 막부가 쓰시마번을 불러 송도와 죽도에 대한 인식을 물었을 때 쓰시마번은 「죽도(竹島)는 강원도의 울릉도이며」, 송도(松島)에 대해서는 「송도도 죽도와 같이 일본인의 출어가 금지되었다고 생각되지만 정확하지는 않다.」[22] 라고 했던 것이다.

또한, 에도(江戶) 막부는 「죽도일건(竹島一件)」을 마무리한 후 전국 죽도 도해령을 내려온 포구에 게시판을 세워서 「죽도가 도해금지의 섬임을 알림과 동시에 조운선 등은 해상에서 다른 나라의 배와 만나지 않도록 항로에 조심하고 먼바다로 나가지 않도록 명했다」. 당시 막부의 인식은 죽도(울릉도)와 송도(독도)를 조선영토로 생각하고 있었기에 「먼바다」 속에 울릉도와 독도가 포함되어 있었던 것이다.[23]

하지만 앞에서 언급했듯이 당시 조선 조정에서는 동해에 울릉도와 더불어 우산도라는 2개의 섬이 존재한다는 인식을 갖고 있었지만, 18세기에 수토사들이 울릉도를 수토하면서 오늘날의 독도인 우산도를 확인하지 못한 것 때문에 「소위 우산도」라고 하여 죽도에 비견하는 오류

21) 島根県浜田市立図書館 소장, 번각본은 『新修 島根県史』 史料編(近世下) 1967, pp.328-335쪽, 박병섭, 「일본의 독도 영유권 주장에 대한 관점」, 『한일 양국의 관점에서 본 울릉도 독도 국제심포지움』. 대구한의대학교 안용복연구소주체, 2011년 12월 2일, 대구한의대학교 학술정보관619호, 145-156쪽.
22) 대마도종가문서, 한국국사편찬위원회 소장, 고문서목록 #4103. 박병섭, 「일본의 독도 영유권 주장에 대한 관점」, 『한일 양국의 관점에서 본 울릉도 독도 국제심포지움』, 149쪽.
23) 內藤正中, 「1905年の竹島問題」, 『北東アジア文化研究』34호, 2011, p.11. 박병섭, 「일본의 독도 영유권 주장에 대한 관점」, 『한일 양국의 관점에서 본 울릉도 독도 국제심포지움』, 149쪽.

를 범했던 것이다. 이 시기 이후 19세기에 지도제작자들은 이와 같은 오류를 그대로 수용하여「청구도」등을 그려서 오늘날의「죽도」를 우산도로 표기하는 오류를 범하고 있다. 하지만 이 시기에는 한일 간에 울릉도는 물론이고 독도를 둘러싼 영유권 분쟁이 없었기 때문에 아무런 문제가 되지 않았다.

5.「소위 우산도」생성과 쇠태의 시대적 특징
– 공도정책을 위한 울릉도, 독도의 수토시기–

5.1 안용복 사건 이후의 울릉도, 독도 수토시기

안용복 사건으로 인해 울릉도, 독도 영토를 수호하기 위해 일본인에 대한 경계가 고조되었다. 조선 조정에서는 많은 경비와 희생을 치르면서도 영토를 수호하기 위해 울릉도 수토를 감행해야 했다. 하지만 수토기간이 짧고 동원인원도 한정될 수밖에 없었고, 그 수토 횟수도 많을 수가 없었다. 이러한 상황에 의해 울릉도, 독도에 대한 정보는 지극히 부분적일 수밖에 없었던 것이다. 따라서 이들 수토사들에 의해 수집된 정보가 전적으로 정확할 수가 없었던 것이다.

이들 수토사들이 수토결과로 남긴 지도의 정보는 많은 오류를 담고 있다고 하겠다. 수토사들은 선조가 남긴 고지도나 고문헌에 의해 이전 시대에 동해에 울릉도와 더불어 우산도라는 섬이 존재한다는 사실을 인식하고 있었다. 이러한 인식을 갖고 수토에 임했던 수토사들은 울릉도의 존재는 분명히 확인할 수 있었지만, 울릉도와 버금가는「우산도」의 존재를 확인하지 못했던 것이다. 울릉도에서 연중 50여 일밖에 볼 수 없었던 우산도를 확인하지 못했던 것은 수토기간이 짧았던 것이 가

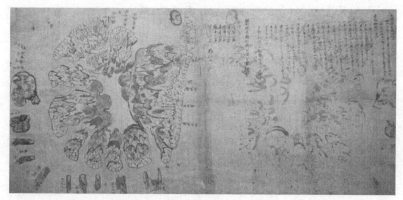

〈그림 4〉 울릉도도형 (鬱陵島圖形), 조선후기, 삼척시립박물관 소장

장 큰 이유이었을 것이다. 그래서 행정가에 해당하는 수토사들은 눈으로 확인한 섬들 중에서 울릉도 이외에 다른 큰 섬에 해당하는 것에 「소우도」, 「대우도」, 「소위 우산도」이라는 명칭을 간단히 붙여버린 것이다.[24] 이런 과정에 의해 실제의 우산도와 다른 섬에 「우산도」라는 명칭을 명명해 버리는 오류를 범했던 것이다. 지도전문가가 아닌 이들 수토사들의 잘못된 정보를 그대로 답습하여 「청구도」, 「광여도」 등 후대의 많은 지도제작자들이 실제의 우산도가 아닌 지금의 「죽도」에 「소위 우산도」 혹은 「우산도」라는 명칭을 붙여 오류를 범하고 있다.[25]

5.2 이규원의 울릉도, 독도 개척을 위한 수토시기

근대에 들어와서도 울릉도에 대한 공도정책은 계속되었다. 그런데 울릉도에 일본인들이 출입한다는 정보를 입수한 조선 조정은 울릉도,

---

24) 필자의 별고인 「고지도상의 '우산도' 명칭에 관한 연구 -'석도=독도' 규명을 중심으로-」 참조.
25) 필자의 별고인 「고지도상의 '우산도' 명칭에 관한 연구 -'석도=독도' 규명을 중심으로-」 참조.

독도 개척을 결정하고 이규원으로 하여금 관찰사 자격으로 울릉도를 수토하게 했다. 언제부터인지 그 시기는 정확하지는 않지만, 대체로 조일수호조규를 체결한 이후 개방시기부터 울릉도에 일본인들도 거주하기 시작했던 것이다. 이미 그 이전부터 비공식적이기는 하지만 소수의 조선인들이 거주하고 있었다. 이처럼 개척시기 이전부터 울릉도에는 일본인들과 조선인들이 거주하고 있었기 때문에 거주민들은 울릉도를 비롯해서 독도에 대해서도 다소 안정되고 정확한 정보를 갖고 있었을 것이다. 이규원은 울릉도 조사 시 이들 거주민의 지역정보를 많이 반영하여 보고서를 작성한 것으로 생각된다.

1882년 울릉도 개척시기에 조선 조정(고종)은 조선 동해에 「울릉도 부근에 있는 송죽도(松竹島)와 우산도(芋于山島)의 서로 거리의 멀고 가까움(相距遠近), 또는 송도(松島), 죽도(竹島), 우산도(于山島)의 세 섬을 합쳐서 울릉(鬱陵)이라고 통칭하는 설이 있다」라고 하여 울릉도에 세 섬이 존재한다는 인식을 갖고 있었다.26) 이규원은 이러한 과제를 안고 조사했는데, 「죽도(죽서도)는 찾아내었으나, 우산도(芋山島)는 울릉도 체류자들로부터 있다는 말만 듣고 보지는 못하였다.」라고 하는 것처럼, 울릉도 조사결과인 「울릉도외도」를 보면 이규원은 오늘날의 독도인 「우산도」를 확인하지 못하고 울릉도 주변만을 조사했다.27) 따라서 안용복 이후 조선 조정에서는 우산도의 존재는 알고 있었지만, 1882년 시점까지 실제의 독도를 확인하지 못했던 것이다.

특히 「울릉도외도」에 나타나 있는 지명의 경우도 예외는 아니다. 종전의 수토사들은 지금의 「죽도」에 대해 「소위 우산도」라고 명명했음에도 불구하고, 이규원은 오늘날의 「죽도」에 대해서는 「죽도」라는 명칭

---

26) 신용하(1996) 『독도의 민족영토사 연구』, 지식산업사. 179쪽.
27) 신용하(1996) 『독도의 민족영토사 연구』, 지식산업사. 180쪽.

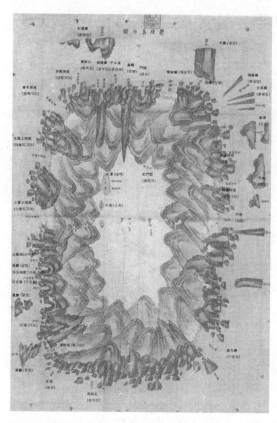

〈그림 5〉
울릉도 외도, 이규원, 1882,
서울대학교 규장각 소장

을 표기했다. 이미 거주민들은 이 섬을 「죽도」라고 호칭하고 있었던 것이다. 조선시대의 공도정책 시기에 등장했던 동해에 울릉도와 더불어 「우산도」가 존재한다는 인식을 가졌음에도 불구하고 이규원이 이전 수토사들이 명명한 「소위 우산도」라든가, 「소우도」, 「대우도」라는 명칭을 사용하지 않고 「죽도」라는 명칭을 사용했다는 것은 당시 울릉도민들에 의해 「죽도」라는 명칭이 정착했던 것이라고 할 수 있겠다. 이규원에 의해 오늘날 죽도에 대해 「소위 우산도」 혹은 「소우도」, 「대우도」라고 했던 오류가 수정되는 계기가 되었던 것이다.

6. 「석도」와 「독도」 생성의 시대적 특징
-칙령 41호 발령과 그 이후의 시기-

6.1 「칙령 41호」 발령의 시기

1900년 내부 시찰원 우용정은 울도군 행정조치를 단행하기 위해 울릉도의 실태를 조사했다. 이때에 배로 울릉도를 일주하였는데, 동국여지승람 등에서 알려진 울릉도와 버금가는 큰 섬 우산도를 발견하지 못했던 것이다. 그래서 조정에는 우산도에 관해서 보고하지 않았다.

당시 울릉도의 한인 중에서는 전설로 남아 있던 「우산도」를 발견하여 주민을 단체로 이주한다는 계획을 세우기도 했다. 실제로 30여 명의 주민이 자금을 투자하여 배를 빌려 3명의 승선원이 우산도를 탐험했지만 결국은 발견하지 못하고 중단했던 것이다.[28] 1913년의『매일신보(每日申報)』에서「십수 년 전 동지내선인(同地內鮮人)의 연합으로」라는 기사로 보아 1900년경이었다는 사실을 알 수 있다. 이 기사 속의 「우산도」는 오늘날의 독도(석도)와는 별개의 섬이었다. 이 기사

---

28) 「매일신보」 1913년 6월 22일. 「우산도 탐험 중지」라는 제목으로「경상남도 울도군 서면 김원준(金元俊)은 울도로부터 동북 방향 약 4,50리를 거(距)하야 위치를 정한 우산도라 하는 무인도가 유하다 한즉 차(此)를 발견하면 단체로 이주할 계획인데 찬성자를 모집하고 그 비용이 매인(每人)에 대하야 금4월 거금하야 약 100원으로 범선을 고임(雇入)한 후 3명의 승조(乘組) 탐색하기로 출발할 사(事) 결정하며 찬성자가 30명에 달하얏더니 우(右) 우산도는 기(其) 실재의 전설이 유하나 증(曾)히 십 수년 전 동지내선인(同地內鮮人)의 연합으로 사선(射船)을 고입하야 탐색하얏으나 발견치 못할 뿐만 안이라 근년에 해(海) 항로가 빈번하야도 아즉 차(此)를 현인(現人)하였다는 사(事)가 무(無)하고 해도(海圖)에도 현(現)한 자 무(無)한즉 가령 존재한다 할지라도 차(此)를 발견함은 용이한 사(事)가 아니오. 반히 무익한 비용을 소비함에 불과하겟다고 중지하얏다더라」, 박병섭, 「일본의 독도 영유권 주장에 대한 관점」, 『한일 양국의 관점에서 본 울릉도 독도 국제심포지움』, 160-161쪽.

가 1913년경에 보도한 내용이므로 이미 이 시기에는 독도의 존재가 분명해져 있었던 시기임에도 불구하고 당시 조사에 나섰던 「우산도」가 오늘날의 독도였다는 사실을 언급이 없는 것으로 보아 1900년의 칙령 41호의 석도와 별개의 섬인 「우산도」의 탐험을 나섰던 것이다. 즉 탐험에 나섰던 섬은 사람이 거주할 수 없는 「돌섬(독도)」이 아니라, 단체이주가 가능한 상당히 큰 섬으로 여겼던 섬이었다.

이상으로 보면 1900년 당시 우용정은 울릉도민들에 의해 이미 사실이 확인된 「석도(石島)」의 존재는 알고 있었다. 당시 울릉도민들이 탐험했던 섬은 오늘날의 독도인 「석도」가 아니고, 또 다른 섬으로 「우산도」를 찾고 있었던 것이다. 이 섬은 사람이 거주할 수 있는 울릉도처럼 넓은 지역으로 이루어진 전설의 섬 「우산도」였던 것이다.

당시 울릉도 사람들의 「석도」에 대한 인식은 1902년 부산 일본영사관의 보고를 토대로 일본외무성이 작성한 『통사위찬(通商彙纂)』를 보면 「울릉도상황」이라는 제목으로 「이 섬(울릉도-필자 주)의 정동(正東) 약 50해리 지점에 3개의 작은 섬이 있다. 이를 '리얀코도'라고 한다. 우리나라 사람은 마쓰시마(松島)라고 칭한다. 거기에는 전복이 좀 있으므로 이 섬에서 출어하는 자가 있다. 그러나 그 섬에는 마실 물이 모자라 오랜 기간 출어할 수 없으므로 4-5일이 지나면 울릉도로 귀항한다.」라고 기록되어 있다.[29] 다시 말하면 일본사람들이 송도라고 부르는 리얀코도는 울릉도 사람들이 어로지로 활용하고 있는 조선영토라는 것이다. 이 섬은 1902년 이전에 이미 울릉도민들이 독도에 내항하고 있었다는 사실을 말해주고 있다. 당시 일본의 메이지 정부는 1877년 태정관문서를 비롯해 『일본수로지』와 『조선수로지』 등에서 울릉도와 독도

---

29) 박병섭, 「일본의 독도 영유권 주장에 대한 관점」, 『한일 양국의 관점에서 본 울릉도 독도 국제심포지움』, 161쪽.

가 일본영토가 아니라고 하는 인식을 갖고 있었고, 또한 1903년부터 독도에서 강치잡이를 했다고 하는 나카이 요사부로(中井養三郎)는 물론이고 당시의 많은 일본인들30)은 리얀코도가 조선영토라고 인식하고 있었다.

6.2 일본의 「죽도」 편입에 의한 독도침략 시기

조일수호조규가 체결되고 부산, 원산, 인천항의 개항과 더불어 일본인들의 조선연안 출입은 날로 심해져 갔다. 그 과정에서 많은 일본인들이 울릉도에 잠입하게 되었고, 이규원의 조사를 시작으로 울릉도 개척이 본격화했다. 조선 조정은 일본정부에 울릉도의 일본인 쇄환을 요구했고, 일본정부에서는 일본인들을 쇄환하기도 했지만 울릉도 거주 일본인의 수는 늘어만 갔고, 일본인들의 침략적인 행위도 날로 격심해져 갔다.

이러한 상황에서 일본은 러일전쟁을 일으켰고, 전쟁 중이었던 1905년 2월 22일 「시마네현 고시40호」로 「죽도」라는 이름으로 독도를 일본영토에 편입하는 조치를 취했다.31) 그런데 일본정부가 이를 비밀리에 감행한 것이어서 재외공관(부산일본영사관)에서도 「신 영토 죽도편입」의 사실관계를 알지 못했다.32) 게다가 일본이 영토주권의 유무에 대해

---

30) 구즈 슈스케『한해통어지침』, 이와나가 쥬카(岩永重華)의『최신한국실업지침』, 쓰네야 세이후쿠(恒屋盛服)『조선개화사』에는 「(울릉도에) 크고 작은 섬 6개가 있다. 그중 저명한 것을 우산도(일본인은 송도라 부른다), 죽도라고 한다」라고 되어 있다. 박병섭, 「일본의 독도 영유권 주장에 대한 관점」, 『한일 양국의 관점에서 본 울릉도 독도 국제심포지움』, 162쪽.

31) 川上健三 저, 권오엽 역,『일본의 독도논리 -竹島의 歷史地理學的硏究-』, 백산자료원, 2010, 240-258쪽.

32) 1905년 7월 「울릉도개황」이라는 제목으로 일본부산영사관이 외무성이 보고한 내용이다. 「도도'라고 부르는 바다짐승은 울릉도로부터 동남쪽 약

정식으로 한국에 확인하지도 않고 일방적으로 무인도라고 하여 영토 조치를 취한 것으로, 한국영토에 대한 침략행위였다. 이런 사실을 1년 후 시마네현 관리의 울릉도 방문으로 알게 된 심흥택 군수는 즉각적으로 조선 조정에 알렸다. 이미 1년이라는 세월이 지났지만, 조선 조정은 뒤늦게 일본의 독도 침략행위에 대해 통감부에 항의했던 것이다.[33] 조선 조정은 한국 측 자료인 세종실록지리지, 고려사지리지, 동국여지승람, 숙종실록, 동국문헌비고, 군기일람 등의 근거자료에서 알 수 있듯이 이미 역사적 권원에 의거해서 1900년 칙령 41호로 울도군 관할로 조치한 섬이라는 사실을 알렸던 것이다.

조선 조정은 1900년 칙령 41호를 통해 울릉도를 비롯한 동해의 도서에 대해 행정조치를 단행하여 조선영토임을 명확히 했다. 이때에 오늘날 독도에 대해서도 일본인들에게 점령당하기 이전에 고유영토의 일부로서 영토조치를 명확히 했던 것이다. 조선 조정은 「칙령 41호」를 발령하기 위해 먼저 이규원으로 하여금 울릉도를 비롯한 동해 도서를 조사하게 했다. 그때에 지금의 「죽도(竹島)」와 「도항(島項)」이라는 명칭을 조사했다.[34] 「도항」은 사람이 거주할 수 없는 섬일 뿐만 아니라 울릉 본섬에 거의 접해있는 섬이지만, 「죽도」는 사람이 거주할 수 있는 섬으

25리(100km-필자 주) 위치에 있는 란코도에 서식하고 있고, 작년 즈음부터 울릉도민이 잡기 시작하였다. 포획기간은 4월부터 9월에 이르는 6개월간이며, 어선 1조당 사냥꾼 및 수부 등 10명으로 하루 평균 5마리를 잡는다고 한다. 이 사업에 종사하는 자가 30명 있으며, 어선 3조가 있다. 또한 '도도' 1마리당 현재 시가는 평균 3엔 정도이다.」外務省通商局, 『通商彙纂』 第50号, 「鬱陵島槪況」, 1905년 9월 3일, 49-51쪽; 官報, 「韓國鬱陵島現況」, 明治38(1905)년 9월 18일.

33) 최장근(2010) 『일본의 독도·간도침략 구상』, 백산자료원, 90-91쪽.
34) 「울릉도외도」, http://blog.naver.com/teruteru123/120010781124(2012년 2월 20일 검색).

로서 울릉 본섬에서도 2km 정도나 떨어져 있는 다소 큰 섬이다. 그리고 오늘날의 독도는 울릉도에서 87.4km나 떨어진 무인고도로서 일본과 영유권 분쟁이 생길 가능성이 있는 섬이었다. 그래서 칙령 41호에서는 「울릉전도와 더불어 '죽도(竹島)'와 '석도(石島)'」의 지명을 명확히 했던 것이다.

고종황제는 이규원의 조사보고를 토대로 동해 도서의 명칭을 명명했다. 이규원은 18세기 수토사들에 의해 명명된 「소위 우산도」가 당시 울릉주민들에 의해 불리던 「죽도」라는 것을 확인했다. 그 후 고종황제는 여러 번 현지 거주민을 통해 조사한 도서상황을 토대로 칙령 41호를 발령하여 「울릉전도와 죽도와 석도」가 울도군의 행정관할구역임을 명확히 했다. 석도는 지금의 독도이다. 이미 이 칙령의 「석도」는 울릉도 거주민에 의해 돌섬 혹은 독섬으로 불리면서 울릉도민의 생활문화권 일부로 자리 잡고 있었던 것이다.

일본해군수로부가 작성한 「조선수로지」, 「일본수로지」 등에 의하면, 칙령 41호의 「석도(石島)」라는 명칭은 조선 전국에 존재하는 돌로 된 섬(石島)에 대해 「도리소무」, 「도루소무」, 「도토쿠소무」 등으로 불리었다는 사실을 조사하고 있었다. 「도리소무」, 「도루소무」는 「돌섬」을 말한다. 「도토쿠소무」은 돌섬을 이르는 전라도 사투리인 「독섬」을 말한다. 일본해군수로부의 조사를 바탕으로 유추해보면 울릉도에서는 돌로 된 「석도(石島)」를 돌섬 혹은 독섬으로 불렀다는 사실을 알 수 있다.[35]

칙령 41호를 발령하던 시기에 울릉도 거주민들의 독도에 대한 인식을 살펴보면 다음과 같다. 한국어업에 밝았던 구즈 슈스케(葛生修亮)

---

35) 박병섭, 「일본의 독도 영유권 주장에 대한 관점」, 『한일 양국의 관점에서 본 울릉도 독도 국제심포지움』 참조.

는 1899-1890년 울릉도에서 얀코도(독도)로 상어잡이를 위한 어선이
두어 번 출어했다고 했다. 그리고 1899년경 야마구치현의 잠수기선이
얀코도로 출어하여 잠수했을 때 수많은 강치 떼의 방해를 받았다고 전
하고 있다.36) 『지학잡지(地學雜誌)』에서는 1899-1890년에 「새로운 도
서(島嶼)」 얀코도를 발견했다고 발표되었다.37) 그리고 당시 울릉도 도
감 배계주는 울릉도에서 출항하여 어업에 종사하는 일본 배에 대해 2
명의 관원을 파견하여 수출세로서 화물의 2/100를 콩으로 징수했다고
전한다.38) 이를 보더라도 울릉도의 일본어선들은 모두 울릉도를 기지
로 하여 독도에서 조업을 했다는 사실을 알 수 있다. 울릉도 사람들에
게 독도는 이미 널리 알려진 섬이었던 것이다.39)

칙령 41호에서는 조선시대에 오늘날의 독도를 부르는 명칭이었던
「우산도」를 사용하지 않았다. 그 이유는 오늘날의 독도는 안용복에 의
해 그 존재가 명확히 확인되었지만, 안용복 사건 이후 수토사들이 「우
산도」의 존재에 대해 오늘날의 「죽도」에 「소위 우산도」라고 명명하는
오류를 범했고, 그 이후 시기에도 지도제작자들이 이들 잘못된 수토사
들의 지도를 바탕으로 울릉도 지도를 그려 그 오류가 이규원의 울릉도
수토 이전 시기까지 계속되었기 때문이다. 그래서 고종황제는 새롭게

---

36) 葛生修亮, 「韓國沿岸事情」, 『黑龍』제1권 제2호, 1901, p.13. 박병섭, 「일본
    의 독도 영유권 주장에 대한 관점」, 『한일 양국의 관점에서 본 울릉도 독
    도 국제심포지움』, 158쪽.
37) 「日本海中の一島嶼（ヤンコ）」, 『地學雜誌』제13권 제149집, 1891년 5월,
    301쪽. 박병섭, 「일본의 독도 영유권 주장에 대한 관점」, 『한일 양국의 관
    점에서 본 울릉도 독도 국제심포지움』, 156쪽.
38) 박병섭, 『北東アジア文化研究』, 48-49쪽. 박병섭, 『한말 울릉도 독도어업-
    독도 영유권의 관점에서-』, 한국수산개발원, 2010, 68쪽.
39) 박병섭, 「일본의 독도 영유권 주장에 대한 관점」, 『한일 양국의 관점에서
    본 울릉도 독도 국제심포지움』, 156쪽.

지명을 재조정하여 「울릉전도(도항 포함), 죽도('所謂于山島'의 명칭), 석도(독섬 혹은 돌섬)」을 조선영토로서 명확히 했던 것이다. 결국 「우산도」라는 명칭은 안용복 사건 이전의 명칭이었고, 안용복 사건 이후에는 수토사들에 의해서 오늘날의 죽도의 명칭으로 「소위 우산도」가 사용되었던 것이다. 개척기에는 울릉도 주민들에 의해 돌섬 혹은 독섬으로 불리어 오다가, 고종황제에 의해 「석도(石島)」라는 명칭으로 한자 표기되었다. 한편, 울릉도민들은 이 섬을 「독섬, 돌섬」으로 불렀으나, 문서기록상으로는 「독도(獨島)」라고 표기되었던 것이다. 현재까지 발굴된 사료 중에서 이 문서기록상의 명칭인 독도가 사용된 것은 심흥택이 중앙정부에 올린 보고서의 「본군소속 독도(獨島)」이다. 이것이 오늘날의 「독도(獨島)」라는 명칭이 되었던 것이다. 따라서 「우산도」라는 명칭은 안용복 사건 이전의 명칭으로 국한된다고 하겠다.

실제로 1925년경의 오쿠무라 료의 진술에 의하면 오늘날의 독도를 「도쿠송」[40]이라 불렀고, 1947년 남선경제신문에는 「독섬(獨島)」[41], 1948년 『국제보도(國際報道)』에는 독섬(獨島)[42], 1948년 GHQ에 탄원서를 낼 때는 'Docksum'(독섬)[43]이라고 했던 것이다.[44] 이처럼 독도는 일제시대나 해방 이후에도 「독섬」으로 불렸으며, 한자어 표기로는

40) 外務省アジア局, 『竹島行漁の変遷』, 1953, p.37.
41) 「남선경제신문」 1947년 8월 27일. 정병준, 『독도 1947』, 돌베개, 2010, 150쪽.
42) 송석하, 「古色蒼然한 歷史的 遺跡 鬱陵島를 찾아서」, 『國際報道』재3권1호 (동권10호), 國際報道聯盟, 1948년 1월, 328쪽.
43) Request for Arrangement of Lands Between Korea and Japan", by the Patriotic Old Men's Association, Seoul, Korea(August 4, 1948), http://dokdoresearch -com/page30.html. 박병섭, 「일본의 독도 영유권 주장에 대한 관점」, 『한일 양국의 관점에서 본 울릉도 독도 국제심포지움』. 157쪽.
44) 박병섭, 「일본의 독도 영유권 주장에 대한 관점」, 『한일 양국의 관점에서 본 울릉도 독도 국제심포지움』, 157쪽.

「독도(獨島)」라고 기록되었던 것이다.

　칙령 41호의 「석도」가 오늘날의 「독도」임이 분명한 증거로서 다음을 보면 명확히 알 수 있다. 즉, 내부(內部)에서 일본의 점령은 무리한 것이므로 통감부 이사에게 이의를 제기하라고 지시했다.[45] 이에 대해 통감부 통신관리국장 이케다 주사부로(池田十三郎)가 「강원도 삼척군에서 분설된 울도군의 면 및 동 이름과 설치 연월일을 상세히 알리라고 내부에 공함을 보냈다.」[46] 이에 대해 내부는 「그 군이 소관하는 섬은 죽도(竹島), 석도(石島)이며 동서가 60리, 남북이 40리, 합계 200리」라고 회신했다.[47]

　울릉전도와 석도(石島)와의 거리에 대해서는 다음과 같다. 즉 심흥택 군수는 보고서에서 「독도가 외양 백여 리 밖」에 있다고 보고했다. 「소관하는 섬은 죽도(竹島), 석도(石島)이며 동서가 60리, 남북이 40리」라는 것은 1900년 칙령 41호에 의거한 것이고, 「합계 200리」는 「동서가 60리, 남북이 40리」와 「독도가 외양 백여 리 밖」을 「합계」한 것이다. 따라서 대한제국 내부가 독도 영유권에 대한 통감부의 보고 요청에 따라 1900년 칙령 41호에 의한 울도군의 행정관할구역이 「울릉전도, 죽도, 석도」라고 하여 그 넓이는 합계 200여 리로서 동서 60리, 남북 40리, 독도는 외양 백 리 밖에 있다고 했으니, 석도가 독도임이 분명하다.

　요컨대 한국 측이 오늘날의 독도 위치와 형상 등을 명확히 알게 되

---

45) 「내부에서 훈령하기를 일인이 호구조사는 용혹무괴한 일이어니와 점령하엿다는 말은 무리한 일이니 쟁이상지하거든 일본 이사에게 교섭하야 처단하라 하엿다더라」, 「國際新聞」 1905년 5월 1일.
46) 「大韓每日申報」, 1906년 7월 13일. 박병섭, 「일본의 독도 영유권 주장에 대한 관점」, 『한일 양국의 관점에서 본 울릉도 독도 국제심포지움』, 158-159쪽.
47) 「황성신문」 1906년 7월 13일. 박병섭, 「일본의 독도 영유권 주장에 대한 관점」, 『한일 양국의 관점에서 본 울릉도 독도 국제심포지움』, 158-159쪽.

었고, 또한 영유의식을 명확히 한 시기는 바로 한일 양국 간의 영토분쟁시기였던 것이다.

7. 일본의 영토 내셔널리즘에 의한 역사적 권원 조작
-독도문제 해결의 유일한 대안으로서 영토 내셔널리즘 극복-

국제법적으로 독도의 영유권을 갖고 있는 나라는 분명히 한일 양국 중의 어느 한 나라일 것이다. 그러나 한일 양국은 모두 국제법적으로나 역사적으로 각자의 고유영토라고 주장하고 있다. 이러한 주장에는 영토 내셔널리즘적인 요소가 내재해 있다고 하겠다. 국제법적으로 영토를 결정하는 요인 중에는 어느 나라가 먼저 발견하여 지속적으로 그것을 경영하여 오늘날 어느 나라가 실효적으로 관리하고 있는가가 기준이 된다. 여기서 「어느 나라가 먼저 발견하였는가?」도 역사적 권원이 되고, 「어느 나라가 섬을 지속적으로 경영하여 왔는가?」도 역사적 권원이 된다. 그리고 「현재 어느 나라가 어떠한 경위로 실효적으로 관리하고 있는가?」도 역사적 권원에 해당한다. 이처럼 다양한 역사적인 권원을 종합했을 때 어느 나라의 영토인가 하는 것이 국제법적 원칙이다.

본론에서 살펴본 바와 같이 첫째로, 고대시대와 고려시대에 울릉도에 사람이 살았을 때는 울릉도 사람들에 의해 독도가 발견되어 당시 신라와 고려 조정에서는 동해에 두 섬이 존재한다는 것을 확인하고 있었다. 이를 볼 때 한국 측이 일본보다 먼저 독도를 발견했던 것이다. 그럼에도 불구하고 일본이 한국 측의 이러한 사실을 부정하려고 하는 것은 영토 내셔널리즘이 작용한 것이다. 한국 측의 영토적 권원을 부정해야만 일본의 영토적 권원을 주장할 수 있기 때문이다. 둘째로는 조선시대에는 다양한 이름으로 독도가 한국영토로서 인식되었다는 것이다. 조선 초기에는 동해에 울릉도와 더불어 우산도라는 2개의 섬이 존재한다는 영토인식을 갖고 있었다. 특히 안용복 사건의 시기에는 울릉도와 더불어 우산도(자산도)가 조선영토임을 명확하게 확인했다. 안용복 사건 이후 수토사들의 울릉도 수토 시기에는 오늘날의 죽도에 「소위 우산도」라고 명칭을 붙여 오늘날의 독도에 해당하는 우산도의 존재를 제대로 확인하지 못했다. 이규원의 관찰사 시대에도 「소위 우산도」가 오늘날의 독도가 아니라는 것은 명확히 확인했지만, 오늘날의 독도의 존재는 발견하지 못했다. 이규원 이후 울릉도에 개척민들이 거주하게 되었을 때는 「돌섬」, 「독섬」으로 불리었고, 이것이 고종황제에 의해 칙령 41호에서 한자표기의 「석도」라는 새로운 명칭이 등장했다. 「돌섬」, 「독섬」으로 불리던 섬은 1904년(니이타카(新高)호 군함일지) 이전부터 문서상으로 「독도(獨島)」라는 명칭으로 남게 되었던 것이다. 이러한 한국 측의 역사적 권원을 부정하는 것은 영토적 내셔널리즘인 것이다.

일본은 이러한 한국 측의 역사적 권원을 부정하여 영유권을 주장하고 있다. 일본정부는 이러한 역사적 권원을 무시하고 1905년 2월 22일 러일전쟁의 혼란한 틈을 타서 은밀히 내각결정을 통해 「무주지」라는 명목으로 영토 편입조치를 취한다. 이것은 일본이 무조건적으로 승인한 「포츠담선언」에 입각해봐도 조선영토에 대한 영토 침략행위이다. 이러한 사실을 진솔하게 인정하는 것이 영토문제 해결의 본질이다. 이를 인정하지 않으려고 하는 것은 영토 내셔널리즘에 의한 영토 야욕으로서 더욱 혼란과 분쟁을 격화시키는 요인으로 작용한다.

영토 내셔널리즘이라고 하는 것은 영토문제의 본질을 무시하고 무조건 자국의 영토라고 주장하는 것을 말한다. 가령, 역사적 권원을 종합해 볼 때 독도가 국제법적으로 한국영토라는 결론을 내릴 수 있다. 그런데 역사적 권원 중에서는 한국영토라는 권원이 되지 못하는 부분도 있다. 이러한 부분까지 사실을 왜곡하여 무조건 한국영토로서의 권원이라고 주장한다면 이것 또한 영토 내셔널리즘이라고 할 수 있다. 현재 독도가 역사적으로나 국제법적으로 한국영토라고 하는 것에는 영토 내셔널리즘이 작용한 것이 아니다. 한국이 독도 영유권을 주장하는 것은 일본이 한국의 영토에 대해 침략적으로 영유권을 주장하기 때문에 이에 대응하는 차원에서 일본의 부당함에 대해 반박하는 것에 지나지 않는다.

8. 맺으면서

이상과 같이 독도의 대한 명칭 「우산도」, 「자산도」, 「소위 우산도」, 「석도」, 「독도」의 생성 배경에 대해 고찰했다. 본문에서 논증된 내용을 요점 정리하면 다음과 같다.

첫째로, 시대별로 오늘날의 독도에 대해 각각 새로운 명칭이 생성되는 요인을 고찰했다. 먼저 지명의 명명자가 어떠한 업무에 종사하고 있었느냐에 따라 제각기 정보의 정확성이 다른 지도를 그렸다. 다음으로는 울릉도에 사람이 거주하였느냐 아니면 공도였느냐, 아니면 수토사들이 단기간에 수토한 정보에 의한 것이냐에 따라 각각 정확도가 다른 지도를 그렸다는 것을 알 수 있었다.

둘째로, 조선 초기와 중기에 「우산도」라는 명칭이 생성되었다. 이 시기는 고대 우산국과 고려의 우릉성 시대에는 울릉도에 거주민이 살고 있었기 때문에 동해에 울릉도와 또 다른 1개의 섬이 존재했다는 정확한 정보를 갖고 있었다. 조선 초기와 중기의 울릉도 공도정책 시기에도 이전 고려시대의 영토인식을 그대로 계승하여 동해에 울릉도와 우산도 두 섬이 존재한다는 인식을 갖고 있었다.

셋째로, 17세기 안용복에 의해 울릉도를 둘러싼 분쟁이 한일 양국 간에 발생했다. 안용복은 실제로 울릉도는 물론이고 자산도(우산도)의 존재도 분명히 확인했던 것이다. 19세기에는 막부가 울릉도를 근거지로 밀무역을 행하던 하치에몬을 처형했다. 이 시기도 일본에서는 죽도(울릉도)와 송도(독도)가 일본영토가 아니라는 것을 명확히 했다. 이는 일본 측의 지도에 명확히 표기되어 있다.

넷째로, 안용복 사건 이후 동해 도서에 대한 영토의식이 높아져서 울릉도와 우산도에 대한 수토가 빈번히 이루어졌다. 공도정책 중에 대략 2-3년에 1회씩 울릉도를 수토한 수토사들은 우산도를 실제로 확인하지 못했다. 그러나 우산도에 대한 영토의식은 갖고 있었기 때문에 지금의 죽도와 같은 위치에 「소위 우산도」, 「대우도」, 「소우도」라는 이름을 기명했다. 사실 우산도의 위치는 그곳이 아닌 울릉도 동남쪽 87km 지점에 있었던 것이다.

다섯째로, 울릉도가 공도정책으로 비워져 있었으나, 근대에 들어 조선어민은 물론이고, 조일수호조규체결이후 조선의 문호가 개방되어 일본어민들이 불법으로 울릉도에 도항하는 일이 빈번해졌다. 이러한 상황을 알게 된 조선 조정은 울릉도 개척을 단행했다. 이규원을 관찰사로 파견하여 울릉도를 조사했다. 이때 이규원은 우산도를 확인하지 못했다. 그러나 「소위 우산도」가 지금의 독도인 우산도가 아니고 「죽도」임을 분명히 했다. 이규원의 조사 이후 개척민이 울릉도에 거주하게 되었고, 이 울릉도 거주민들 중에는 울릉도에서 보이는 「독섬」까지 나가서 조업을 하는 이도 있었다. 그 때문에 「독섬」이 울릉도의 속도로 존재했던 것이다. 고종황제는 일본인의 동해 도서 침략이 본격화되는 것을 우려하여 현지조사를 바탕으로 울도군을 설치하였다. 이때에 고종은 울도군의 범위를 「울릉전도, 죽도, 석도」로 명확히 했다. 울릉도 거주민의 경험을 바탕으로 「돌섬」을 한자로 「석도」라고 표기했던 것이다. 울릉도 거주민들은 그 후 개척민의 80% 수준에 해당하는 전라도 출신에 의해 「돌섬」을 「독섬」으로 호칭하게 되었던 것이다. 이 「독섬」은 다시 문서상으로는 「독도(獨島)」라고 호칭되었던 것이다. 이렇게 해서 「석도」와 「독도」라는 생성되었다.

여섯째로, 오늘날의 독도는 시대별 다양한 환경에 의해 다양한 명칭이 존재했다. 독도는 이러한 역사적 권원을 갖고 한국영토로서 존재해왔다. 그럼에도 불구하고 일본은 이러한 역사적 권원을 인정하지 않으려고 한다. 왜냐하면 일본은 1905년 2월 22일 「시마네현 고시40호」로 신영토 「죽도」가 생성되었다고 주장해왔다. 이러한 한국영토로서의 역사적 권원을 인정해버리면 지금까지 일본이 주장해왔던 「죽도」 영유권은 포기해야 하기 때문이다. 일본은 「죽도」 영유권을 포기하지 않는 이상 한국영토로서의 역사적 권원을 인정하지 않을 것이다. 이처럼 일본이 독도에 대해 영유권을 주장하는 것은 독도문제의 본질을 무시한 영토 내셔널리즘에 의한 것이다. 일본이 영토 내셔널리즘을 극복하지 않는 한 독도문제의 본질적인 해결은 없을 것이다.

「우산도=석도=독도」를
위한 고지도상의
「우산도」 명칭 연구

제3장

1. 들어가면서

독도는 날씨가 맑고 바람이 부는 날 연중 약 50여 일간 울릉도에서 보이는 곳에 위치하고 있다.[1] 그래서 역사적으로 볼 때 처음으로 오늘날의 독도를 이르는 지명이 생성되었던 시기는 역시 우산국시대에서 고려시대에 걸쳐 조선 초기 공도정책을 실시하기 이전까지 거주민이 살고 있을 때였다. 다음으로는 근대에 들어와서 울릉도에 사람의 거주가 시작되면서 독도의 명칭이 새롭게 등장하게 된다. 전자의 고대의 경우는 근대에 비해 울릉도에 거주하는 사람도 많지 않았고, 일부러

---

1) 동북아역사재단은 2008년 7월부터 2009년 12월까지 울릉도에서 독도를 관측하여 '독도 가시일수 조사'를 했다. 홍성근·문철영·전영신·이효정 (2010)『독도! 울릉도에서는 보인다』, 동북아역사재단.

독도에 가는 경향도 그리 많지 않았기 때문에 섬의 형상 등으로 명칭이 정해지기 쉽지 않은 환경이었다. 그러나 후자인 근대에 들어와서는 울릉도에 사람이 거주하면서 독도가 생활문화의 영역 속에 깊숙이 포함되면서 섬의 형상이 구체화되어 형상에 의한 명칭이 명명되었다. 그래서 직접적인 생활문화권이 아니었던 근대 이전에는 우산도와 같이 형상과 관계없는 명칭이 붙여졌고, 근대와 같이 직접적인 생활문화 환경의 일부가 되었을 때는 형상에 의한 「돌섬」과 같은 명칭이 정착되었던 것이다.

오늘날은 한국이 독도를 실효적으로 점유하고 있다. 그것은 독도의 역사적 권원이 한국에 있었기 때문이다. 그래서 독도의 영토적 권원은 한국에 있다고 하겠다.[2] 그런데 오늘날 일본도 영유권을 주장하고 있다. 그 근거로는 독도에 대해 1905년 2월 러일전쟁 시기에 「죽도」라는 명칭으로 국제법의 「무주지 선점 이론」을 적용하여 은밀한 방법으로 영토 편입조치를 취하였던 것이다. 일본이 1905년 편입 당시 독도가 무주지라고 했지만, 이미 독도는 1900년 「칙령 41호」에 의해 「석도」라는 이름으로 한국영토로서 행정적으로 관할되고 있었던 것이다. 따라서 일본의 독도에 대한 영토 편입조치는 불법에 해당된다.

본고는 1900년 「칙령 41호」의 석도가 지금의 독도와 동일한 섬이라는 것을 논증하려고 한다. 논증방법은 울릉도의 전통적인 명칭과 관찬명칭 「우산도」의 변화를 조사하여 「석도」는 전통적인 명칭에서 유래되었던 것이고, 거기서 다시 유래되어 오늘날의 「독도」라는 명칭으로 정

---

2) 신용하(1996) 『독도의 민족영토사연구』, 지식산업사, 39-54쪽. 최장근(1998) 『일본영토의 분쟁』, 백산자료원, 113-154쪽. 최장근(2008) 『독도문제의 본질과 일본의 영토분쟁 정치학』, 제이앤씨, 8쪽. 최장근(2010) 『일본의 독도·간도침략구상』, 백산자료원.

착되는 과정을 고찰한다.[3] 이런 유형의 선행연구는 없다.[4]

2. 「우산도」 명칭의 4가지 유형의 특징과 사례

2.1 「우산도」 명칭의 4가지 유형의 특징

「우산도」 명칭의 지도에는 4가지 유형이 있는데, 각각 다음과 같은 특징을 갖고 있다.

① 동해에 2개의 섬으로 표시된 것이다. 즉 울릉도보다 크기는 약간 작지만 동서남북 적당한 위치에 그려져 있다. 이는 동해에 2개의 섬이 존재한다는 의미를 갖고 있다. 오늘날의 독도에 대한 영유권 인식은 명확하나, 정확인 형상이나 위치, 크기 등의 정확한 지견(知見)이 없다. 이것은 조선 초기의 인식으로서, 아직 신라시대의 우산국과 조선시대 말기에 사람이 거주하던 시기의 영토인식이 계승되어 영유권 인식을 갖고 있던 시기라고 할 수 있다.

② 울릉도 주변의 섬과 암초, 그리고 그중의 큰 섬을 우산도라고 표기한 것이다. 울릉도 주변에 있는 가장 큰 섬이 우산도라는 인식이다. 이런 인식은 동해에 울릉도, 우산도 두 섬이 존재한다는 인식을 무리하게 울릉도 주변의 작은 섬들로 비견한 것이다. 오늘날의 독도에 대한 영토인식은 존재했으나, 잘못된 정보에 의해 지견이 전혀 없었다. 이

---

3) 川上健三(1966)『竹島の歴史地理學的硏究』古今書院, 1966, 100쪽. 우산도 =독도 부정
4) 선행연구는 지도에 우산도와 석도, 독도 등 한국식의 명칭이 등장하면 독도는 한국영토라는 증거라고 해석해온 측면이 있다. 본 연구에서는 고지도를 더욱 세분해서 분석하여 한 단계 업그레이드된 의미를 부여한 연구이다.

시기는 공도정책이 한창 진행되던 시기로서 가장 부정확한 지도를 그렸다.

③ 동해에 2개의 섬이 존재한다는 인식과 더불어 울릉도보다 작은 섬으로 울릉도의 동쪽에서 남쪽 정도에 위치한다는 인식을 갖고 있었던 시기이다. 울릉군도(群島)의 일부인 「죽도」가 아니라는 입장은 명확했고, 또한 독도에 대한 지견과 영토인식이 다소 명확했던 시기이다.

④ 오늘날과 같이 독도가 울릉도 동남쪽의 먼바다에 위치한다는 인식이다. 이 시기는 독도의 지견과 영유권 인식이 명확했다.

2.2 「우산도」 명칭의 유형별 사례

① **첫째 유형: 울릉도와 유사한 크기로 동서남북에 그려진 「우산도」**

조선시대 초중후기(말기 제외)에는 울릉도 도항이 금지되었기 때문에 울릉도와 독도의 지형에 관한 정보가 상세하지 않았다. 특히 동해에 2개의 섬이 존재한다는 인식 때문에 울릉도와 더불어 또 다른 섬을 지도에 그렸다. 하지만 울릉도는 명백히 확인된 섬이었지만, 오늘날의 독도에 대해서는 직접적으로 확인된 섬이 아니었기 때문에 섬의 크기는 울릉도보다 조금 작게 그렸고, 위치는 울릉도를 중심으로 동서남북의 적당한 위치에 그려 넣었다.[5] 이러한 형태는 섬에 대한 영토의식의 발로에 의한 것으로, 섬의 위치라든가 형상 등에 관해서는 그다지 중시하지 않았던 지도이다. 그 대표적인 것은 동국여지승람에 삽입된 「총람도」이다.

첫째 유형(울릉도와 유사한 크기로 동서남북에 그려진 '우산도')으로는 다음과 같은 지도들이 있다.[6]

---

5) 이상태(2007), 『사료가 증명하는 독도는 한국땅』, 경세원 참조.
6) 「독도에 대한 사실들」, 2008년 7월 20일 작성, http://blog.naver.com/cms1530

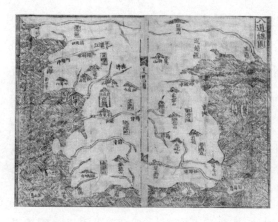

〈그림 1〉
동국여지승람-동람도(東覽圖)
-팔도총도(八道總圖), 1531
영남대박물관 소장

즉, 천하여지도 모회증보본(한국, 작자미상, 프랑스국립도서관 소장. 17세기 초), 천하대총일람도(한국, 작자미상, 17세기말, 국립중앙도서관 소장), 조선팔도지도(한국, 1469-1481, 국사편찬위원회 소장), 조선팔도총람도(한국, 작자미상, 17세기, 서울대학교 규장각 소장), 팔도전도(한국, 작자미상, 17세기, 고려대학교박물관 소장), 해동팔도 봉화산악지도(한국, 작자미상, 17세기 후반, 고려대학교대학원도서관 소장), 해동여도(한국, 작자미상 17세기, 서울대학교 규장각 소장), 팔도총도 『역대지도』(한국, 17세기, 서울대학교 규장각 소장), 해동지도(한국, 17세기 중반, 서울대학교 규장각 소장), 동국지도(한국, 작자미상, 17세기 중반, 국립중앙도서관 소장), 팔도총도 『관동지도』(한국, 작자미상, 1735년, 서울대학교 규장각 소장), 팔도총도(한국, 작자미상, 17세기 말, 서울대학교 규장각 소장), 조선전도 『조선지도』(한국, 작자미상, 18세기, 국립중앙도서관 소장), 조선총도 『해동총도』(한국, 작자미상, 18세기 중반, 국립중앙도서관 소장), 팔역총도 『조선지도』(한국, 작자미상, 18세기 중반, 서울대학교 규장각 소장), 조선지도 『여지도』(한국,

작자미상, 18세기 후반, 국립중앙도서관 소장), 조선총도『여지도』(한국, 작자미상, 1870, 국립중앙도서관 소장), 조선국『지나조선지도』(한국, 작자미상, 편년미상, 서울대학교 규장각 소장), 동국팔도대총도『요도』(한국, 작자미상, 1839, 서울대학교 규장각 소장), 관동도『팔도도』(한국, 작자미상, 17세기, 고려대학교 박물관 소장), 강원도『조선지도』(한국, 작자미상, 18세기, 국립중앙도서관 소장), 강원도『천하도』(한국, 작자미상, 18세기 중반, 서울대학교 규장각 소장), 강원도『조선팔도도』(한국, 작자미상, 18세기 후반, 서울대학교 규장각 소장), 강원도『팔도지도』(한국, 작자미상, 18세기 후반, 서울대학교 규장각 소장), 강원도『조선지도』(한국, 작자미상, 18세기 중반, 서울대학교 규장각 소장), 강원도『동국지도』(한국, 작자미상, 17세기 중반, 서울대학교 규장각 소장), 강원도『여지도』(한국, 작자미상, 1870, 국립중앙도서관 소장), 강원도『여지고람도보』(한국, 작자미상, 18세기 중반, 국립중앙도서관 소장), 강원도『동국지도』(한국, 작자미상, 18세기 전반, 서울대학교 규장각 소장), 강원도『해동총도』(한국, 작자미상, 18세기 중반, 국립중앙도서관 소장), 관동도『여지도』(한국, 작자미상, 1 8 세기 중반, 서울대학교 규장각 소장)[7], 강원도『지도』(한국, 작자미상, 18세기 중반, 서울대학교 규장각 소장) 등이다.

② 둘째 유형: 울릉도 주변 군도의 일부로 표기한 「우산도」

18세기에 들어오면 울릉도 이외에 「소위 우산도」라는 명칭이 등장하기 시작한다. 「소위 우산도」라는 명칭이 등장한다는 것은 「우산도」

---

7) 이 지도는 동해에 한 개의 섬을 그리고, 「울릉 우산 양도」라는 글씨를 쓰고 있다. 특이한 형태이다. 이상태, 『사료가 증명하는 독도는 한국땅』, 경세원, 2007, 78쪽.

에 대한 영토의식이 존재했다는 것을 의미한다. 이 시기는 유럽은 물론
이고 이미 동아시아에서도 전근대시대의 지대 개념의 국경에서 선(線)
개념의 국경을 표시하여 국가 간의 경계를 명확히 하고 있었다. 해양경
계에 있어서도 각종의 섬에 대한 영유권을 분명히 하는 시기였다. 조선
에서는 울릉도는 물론이고 울릉도 이외의 또 다른 섬에 대해서도 영유
권을 명확히 하려고 했다. 동해에는 울릉도 이외에 「우산도」라는 섬이
존재한다는 사실에 관해 조선정부는 세종실록지리지, 고려사지리지,
동국여지승람 등에 명확히 기록하고 있었다. 18세기는 안용복 사건이
있던 직후였기 때문에 특히 우산도에 대한 영토표시를 명확히 했던 것
이다. 문헌상으로는 동해에 울릉도와 우산도가 존재한다고 기록하는
것은 그다지 문제가 되지 않는다. 그런데 지도를 그릴 경우에는 그 위
치나 모양, 그리고 크기 등을 표기할 때 오늘날과 같은 정확한 정보를
담는 것은 불가능했다.

18세기의 조선 조정은 공도정책으로 울릉도에 거주를 허락하지 않
았기 때문에 당시의 조정 관리들도 「우산도」의 위치나 형상에 대한 명
확한 식견을 갖고 있지 않았다. 당시 수토사들이 울릉도를 수토한다고
하더라도 우산도가 항상 울릉도에서 바라볼 수 있는 위치에 존재하지
않기 때문에 언제든지 「우산도」를 확인할 수 있는 것은 아니었다.[8] 이
러한 이유 때문에 수토사들은 수토보고서를 작성하면서 고문헌상에 존
재하는 「우산도」를 울릉도 주변 섬의 일부로 표시했던 것이다. 그래서
정확한 정보가 아니라는 의미에서 적당한 위치에 「소위 우산도」라는
섬을 그려서 섬에 대한 영유권을 표시했던 것이다. 그것이 「소위 우산
도」가 된 것이다. 이 「소위 우산도」는 실제의 위치에 그려진 것이 아니

---

8) 池內 敏(2009) 「일본 에도시대(江戶時代)의 다케시마(竹島)・마츠시마(松
島) 인식」, 『獨島研究』6, 영남대학교 독도연구소, 201쪽.

라 적당한 위치에 그려놓은 것이다. 「소위 우산도」는 오늘날의 죽도(죽섬)와는 별개의 섬이다.[9] 오늘날의 「죽도」는 원래 그 위치에 표시되어 있다.

1840년대의 청구도에서는 울릉도와 더불어 「소위 우산도」라는 명칭이 등장한다. 여기서 「소위(所謂)」라는 말은 「'말하는 바'에 의하면」 「'말해지는 바'에 의하면」 「'들은 바'에 의하면」이라는 의미를 갖고 있다. 여기에는 「명확하지 않다」고 하는, 「타인의 정보」에 의한 것이라는 의미를 내포하고 있다.

이들 둘째유형(울릉도 주변 군도의 일부로 표기한 '우산도')으로는 다음과 같은 지도들이 있다.

울릉도도형(한국, 박석창, 1711, 서울대학교 규장각 소장), 대한전도(한국, 학부편집국, 1899, 국회도서관 소장), 울릉도『조선지도』[10](한국, 작자미상, 18세기 중반, 서울대학교 규장각 소장), 울릉도『해동지도』[11](한국, 작자미상, 18세기 중반, 서울대학교 규장각 소장), 울릉도도『팔도여지도』[12](한국, 작자미상, 18세기 중반, 국립중앙도서관 소장), 대동총도『해동지도』(한국, 작자미상, 18세기 중반, 서울대학교 규장각 소장), 대한지지(大韓地誌)-강원도도(江原道圖)[13] 등이다.

---

9) 이상태(2007)『사료가 증명하는 독도는 한국땅』, 경세원 참조.
10) 현재의 「죽도」보다 훨씬 먼 곳에 그려져 있기 때문에 「죽도」와 별개의 섬이라고 할 수 있다.
11) 현재의 「죽도」와 유사한 위치임.
12) 현재의 「죽도」와 유사한 위치임.
13) 「독도에 대한 사실들」, http://blog.naver.com/cms1530/10033233535(2012년 1월 18일 검색)

③ 셋째 유형 : 울릉도 동쪽, 남쪽, 북쪽에 그려진 작은 섬 「우산도」

이 유형은 「우산도」의 위치가 대체로 울릉도 서쪽이 아닌 반대쪽에 위치한다는 인식을 갖고 그린 경우다. 한일 간의 울릉도, 독도를 둘러싼 영토분쟁사건이었던 '안용복 사건' 이후에 그려진 것으로 대체로 우산도의 위치가 정확하게 알려졌던 시기이다.[14)

셋째 유형(울릉도 동쪽, 남쪽, 북쪽의 작은 섬)으로는 다음과 같은 지도가 있다.

즉, 아국총도『여지도』(한국, 작자미상, 18세기 후반, 서울대학교 규장각 소장), 조서전도(한국, 작자미상, 18세기 후반, 숭실대학교박물관 소장), 조선전도『해동도』(한국, 작자미상, 18세기 말, 삼성리움미술관 소장), 해좌전도(한국, 작자미상, 19세기 후반, 고려대학교박물관 소장), 아동여지도(한국, 작자미상, 19세기 초, 국립중앙도서관 소장), 해동여지도(한국, 작자미상, 19세기 초, 국립중앙도서관 소장), 동국전도(한국, 작자미상, 19세기 초, 삼성리움미술관 소장), 총도『좌해여도』(한국, 작자미상, 19세기 중반, 국립중앙도서관 소장), 조선전도(한국, 작자미상, 19세기, 서울대학교 규장각 소장), 팔도전도『도리도표』(한국, 작자미상, 19세기 중반, 서울대학교 규장각 소장), 조선전도(한국, 김대건, 1846, 한국교회사연구소 소장), 대조선국전도『접역지도』(한국, 작자미상, 19세기 중반, 국립중앙도서관 소장), 강원도도『접역지도』(한국, 작자미상, 19세기 중반, 국립중앙도서관 소장), 강원도도『동여전도』(한국, 작자미상, 1890년대, 서울대학교 규장각 소장), 강원도『동국지도』(한국, 작자미상, 18세기 후반, 국립중앙도서관 소장), 강원

---

14) 김호동(2009.2) 「조선 숙종조 영토분쟁의 배경과 대응에 관한 검토-안용복 활동의 새로운 검토를 위해」, 『대구사학』94. 정영미 역(2010) 『竹島考 상·하』 경상북도·안용복재단, 205~211쪽.

도『여지도』[15](한국, 작자미상, 18세기 후반, 서울대학교 규장각 소장), 강원도『팔도지도』(한국, 황윤석, 1790, 서울대학교 규장각 소장), 강원도『여지도』[16](한국, 작자미상, 19세기, 서울대학교 규장각 소장), 강원도『팔도지도』[17](한국, 작자미상, 19세기, 국립중앙도서관 소장), 관동도『지도』(한국, 작자미상, 1822, 국립중앙도서관 소장), 강원도지도『좌해지도』(한국, 작자미상, 1822, 서울대학교 규장각 소장), 관동도『좌해지도』(한국, 작자미상, 19세기 중반, 국립중앙도서관 소장), 강원도『해동전도』(한국, 작자미상, 19세기 중반, 국립중앙도서관 소장), 강원도지도『팔도지도』[18](한국, 작자미상, 18세기, 서울대학교 규장각 소장), 강원도『해동여지도』(한국, 작자미상, 19세기 전반, 국립중앙도서관 소장), 울릉도지도『대동여지도』[19](한국, 김정호, 19세기 중반, 일본 국회도서관 소장) 등이다.

④ 넷째 유형 : 울릉도 동남쪽 바위섬으로서의 우산도

넷째 유형은 울릉도에 사람의 거주가 본격화된 시기에 섬의 형상이나 위치가 중시되어 표기된 지도이다.[20] 1882년 울릉도 개척 이후에 나타나는 지도에는 울릉도와 더불어 오늘날의 독도의 위치가 상세하게 표기되었다.

---

15) 우산도가 울릉도의 북동쪽에 위치하고 있음.
16) 우산도가 울릉도의 남쪽에 치하고 있음.
17) 우산도가 울릉도의 북동쪽에 위치하고 있음.
18) 우산도가 울릉도의 북동쪽에 위치하고 있음. 대체로 북동쪽에 위치하고 있는 지도는 우측에 여백이 없는 경우가 대부분이다.
19) 대동여지도에는 독도가 그려있지 않는 것도 있지만, 일본국회도서관에 소장되어 있는 대동여지도에는 우산도가 울릉도 동쪽에 그려져 있음. 이상태(2007)『사료가 증명하는 독도는 한국땅』, 경세원, 91쪽.
20) 池内敏(1998)『近世日本と朝鮮漂流民』, 臨川書店, p.14.

⑤ 기타 (독도를 표기하지 않은 울릉도도)

「울릉도외도」(한국, 이규원, 1882년, 서울대학교 규장각 소장)에는 오늘날의 독도가 표기되어 있지 않다. 짧은 기간의 울릉도 조사였기 때문에 이규원은 울릉도를 확인하지 못했다. 본인이 직접 보고 조사한 내용만을 조정에 보고했던 것이다. 이때에 독도를 직접 확인하지 못했기 때문에 「울릉도외도」에는 독도를 그리지 않았다. 이규원에 「울릉도외도」에 오늘날의 독도를 표시하지 않았지만, 「소위 우산도」처럼 잘못된 내용은 없었다. 또한, 조선 조정에서는 오늘날의 독도에 대한 표기는 없었지만, 전승되어오는 「우산도」에 대한 영토의식을 갖고 있었기 때문에 근대의 동해 영토정책에 있어서 전적으로 이규원의 조사를 토대로 하지 않았던 것은 명백하다.

3. 울릉도와 「우산도」 명칭의 생성과 변천

3.1 「울릉도도형」 계통의 지도

1694년(숙종 20)에 삼척첨사(三陟僉使)로 하여금 울릉도의 경비를 엄하게 하도록 하였다. 울릉도는 도민을 보호하기 위해 섬을 비우고 2년 내지 3년에 1회씩 수토관을 파견하여 울릉도를 관리했다. 수토사로서 「박석창」이 가장 많이 알려져 있다. 박석창은 삼척영장으로서 1711년 수토관으로 울릉도에 파견되었고, 박석창은 울릉도를 조사하여 조정에 보고서를 올렸다. 그 외에도 숙종실록에 의하면 「전회일」, 「이준명」 등이 울릉도를 수토한 것으로 기록되어 있다. 그때에 「울릉도도형(鬱陵島圖形)」을 그려서 보고했다.[21] 하지만 수토사가 그린 지도는 오늘날의 「울릉도지도」[22]와 비교해보면 많은 차이가 있다.

① 전회일(?)의 「울릉도도형」[23]

「'월송만호 전회일'이 울릉도의 지형을 그려 올리다」라는 기록이 있다. 즉「강원도(江原道) 월송만호(越松萬戶) 전회일(田會一)이 울릉도(鬱陵島)를 수토(搜討)하고 대풍소(待風所)로 돌아왔다. 본도(本島)의 지형(地形)을 그려 올리고, 겸하여 그곳 토산(土産)인 황죽(皇竹)·향목(香木)·토석(土石) 등 수종(數種)의 물품을 진상하였다.」[24]라는 것이다. 아래의 「울릉도도형」은 1699년에 울릉도 수토관이었던 강원도 월송만호 전회일이 그린 것으로 추정한다.[25]

전회일(?)의 「울릉도도형」에서 나타난 지명은 12방위를 사용하여 내륙으로 깊숙이 들어간 부분을 '○○구미(龜尾)'라고 명명했다.

조사한 지명은 「통구미(桶龜尾), 도장구미(都藏龜尾), 평초구미(萍草龜尾), 사태구미(沙汰龜尾), 대풍소(待風所), 황토굴(黃土窟), 대풍구미(待風龜尾), 공암(孔巖), 현석구미(玄石龜尾), 추봉(錐峯), 천저구미(天底龜尾), 후죽암(帳竹巖), 용암(龍巖), 소우도(小于島), 대우도(大于島), 저전(苧田), 왜선창구미(倭船倉龜尾), 장사구미(長沙龜尾), 저전(楮田), 竹田(죽전)」 등이 있다.

---

21) 이상태(2007)『사료가 증명하는 독도는 한국땅』, 경세원, 92쪽.
22) 「울릉도지도」. http://cafe.daum.net/lovery416/Kfw4/2?docid=1KmgVⅠKfw4Ⅰ2Ⅰ20100424192425&srchid=IIMVWkZ3300&focusid=A_1456AE104BD2C6C098B883(2012년 1월 18일 검색)
23) 「울릉도와 독도를 표시한 조선지도목록」, http://blog.naver.com/cms1530/10033241907(2012년 1월 18일검색). 「울릉도도형 (鬱陵島圖形)」, 국립중앙도서관.
24) 「월송만호 전회일이 울릉도의 지형을 그려 올리다」, 숙종 33권, 25년(1699 기묘, 청 강희(康熙) 38년) 7월 15일(임오).
25) 시마네현 죽도문제연구회좌장 시모조 마사오 추정, 「울릉도도형」에 대한 산음신문 보도, http://blog.naver.com/cms1530/10033749142(2012년 1월 20일 검색).

〈그림 2〉
울릉도도형(鬱陵島圖形)
작자 미상, 국립중앙도서관 소장

월송만호 전회일이 울릉도를 수토했을 때 오늘날의 독도의 존재에 대해서는 확인하지 못했다. 하지만 울릉도와 우산도 두 섬이 존재한다는 인식을 반영하여 울릉도 이외의 섬을 우산도로 반영하여 현재의「죽도」를 '대우도(大于島)', 관음도를 '소우도(小于島)'라고 명명하였던 것으로 추정된다.

② 이준명(?)의「울릉도도형」[26]

숙종실록에 울릉도 수토관 삼척영장 이준명이 울릉도를 수토한 것으로 기록되어 있다. 즉「삼척영장(三陟營將) 이준명(李浚明)과 왜역(倭譯) 최재홍(崔再弘)이 울릉도(鬱陵島)에서 돌아와 그곳의 도형(圖形)과 자단향(紫檀香)·청죽(靑竹)·석간주(石間朱)·어피(魚皮) 등의 물건을 바쳤다. 울릉도는 2년을 걸러 변장(邊將)을 보내어 번갈아 가며

---

26)「울릉도와 독도를 표시한 조선지도목록」참조. 울릉도도형(鬱陵島圖形), 삼척시립박물관 소장, 조선 후기.

〈그림 3〉 울릉도도형(鬱陵島圖形), 조선후기, 삼척시립박물관 소장

찾아 구하는 것이 이미 정식(定式)으로 되어 있었는데, 올해에는 삼척
(三陟)이 그 차례에 해당하기 때문에 이준명이 울진(蔚珍) 죽변진(竹
邊津)에서 배를 타고 이틀 밤낮만에 돌아왔는데, 제주(濟州)보다 갑절
이나 멀다고 한다.」27)라는 것이다. 대략 10명 정도가 수토에 가담했
고,28) 울릉도의 둘레가 대략 1백여 리(鬱陵島圖形周回僅可百餘里)라
고 했다. 아래의 「울릉도도형」은 1702년에 울릉도 수토관 삼척영장 이
준명29)이 작성한 것으로 추정한다.30)

27) 숙종 36권, 28년(1702 임오, 청 강희(康熙) 41년) 5월 28일(기유). 「삼척
    영장 이준명 등이 울릉도에서 돌아와 그곳의 도형과 자단향 등을 바치다」
28) 營將一名, 倭學一名, 軍官二名, 營吏一名, 吏?一名, 庫子一名, 軍牢二名, 都?
    一名
29) 숙종 28권, 21년(1695 을해, 청 강희(康熙) 34년) 4월 13일(갑진). 「재신들과
    자산 군수 이준명·전영장·정주한·박명창·이정익 등의 죄를 다스리다」
30) 시모조 마사오, 「울릉도도형」에 대한 산음신문 보도 http://blog.naver.com
    /cms1530/10033749142(2012년 1월 20일 검색). 18세기의 「울릉도」의 원
    형지도들이 주로 박석창의 「울릉도도형」을 참고한 것으로 판단할 때 이준
    명과 전회일의 지도는 박석창 이전에 그린 것으로 확인된다. 전회일 지도
    와 이준명 지도를 비교할 때 이준명 지도가 더 조잡한 것을 보면 이준명
    지도가 더 이른 시기에 작성된 것으로 판단된다. 또한, 오늘날에 사용되고

이 지도에 나타나는 지명은 「통구미(桶仇味), 도장구미(都藏仇味), 평초구미(萍草仇味), 사태구미(沙汰仇味), 대풍소(待風所), 주토굴(朱土窟), 대풍구미(待風仇味), 공암(孔巖), 현석구미(玄石仇味), 추봉(錐峯), 천저구미(天底仇味), 후죽암(帿竹巖), 용암(龍巖), 소우도(小于島), 대우도(大于島), 저전(苧田), 왜선창(倭船倉), 장사구미(長沙仇味), 저전(楮田)」 등이 있다.

지명의 특징으로는 전회일(?)의 '○○구미(龜尾)'가 구미(仇味)로 표현되었고, 현재의 죽도는 대우도(大于島), 관음도는 소우도(小于島)라고 표현했다. 전회일의 「울릉도도형」과 비교했을 때, 지형을 더욱 세밀하게 표현했고, 울릉도지형도 훨씬 조밀하게 표현했다.

「울릉도도형」 속에 오늘날의 독도가 표기되어 있지 않은 것으로 보아 월송만호 이준명도 전회일과 마찬가지로 울릉도를 수토하면서 독도를 확인하지 못했던 것으로 보인다. 하지만 전래되던 종래의 인식인 「동해에 울릉도와 우산도가 존재한다」고 하는 「우산도」의 영유권 의식의 발로로 「전회일」을 답습하여 「소우도」와 「대우도」로 표기했다고 추정된다.

③ 박석창의 「울릉도도형(鬱陵島圖形)」[31]

1711년(숙종 37)에 수토관으로 파견되었던 삼척영장 박석창이 울릉도를 살펴보고 돌아와서 조정에 올린 지도로, 비변사에 소장된 기밀본

있는 「○○龜尾」라는 용어를 비교해보더라도 전회일의 '○○龜尾'가 이준명의 '○○仇味'보다 더 최근의 지도라고 판단된다. 그러나 더 확실한 논증을 요하기 때문에 본고에서는 일단 편의상 시모조의 논리를 따르도록 한다.

31) 「울릉도와 독도를 표시한 조선지도목록」 참조. 이상태(2007)『사료가 증명하는 독도는 한국땅』, 경세원, 92쪽. 한국, 박석창, 1711, 서울대학교 규장각 소장

에 의하면[32] 울릉도 수토관 삼척영장 박석창이 울릉도를 수토한 것으로 기록되어 있다. 즉 「신묘 5월 14일 왜선창에서 대풍소(待風所)로 배를 옮겨 서툰 글 한마디 표기하다. 뒷날 (方上에 묘암목을 세워 새겨 넣었다). 만 리 푸른 바다 밖 장군 계수나무 배에 오르다. 평생을 충신(忠信)에 기대어 험난함이 스스로 사라진다. 수토관 척위장군 삼척영장 겸 수군 첨절제사 박석창, 군관 절충 박성삼·김수원, 왜학 박명일」[33] 라는 것이다.

지명의 특징으로서 박석창의 「울릉도도형(鬱陵島圖形)」에는 오늘날 「죽도」를 「소위 우산도」라고 표현하고 있다. 이것은 물론 위치상으로는 오늘날 독도의 위치와는 전혀 다르지만, 세종실록지리지, 동국여지승람, 고려사지리지 등에 「동해에 울릉도와 우산도가 존재한다」고 하는 오늘날의 독도에 대한 영토의식이 반영된 것이다. 이는 오늘날의 「죽도」와 「관음도」의 명칭 대신에 「소우산」과 「대우산」으로 구분하여 표기했던 전회일과 이진명의 지도보다는 훨씬 발전된 모습이라 할 수

---

32) 「승정원일기」, 「숙종 36년 9월 27일(무오) 원본456책/탈초본24책 (5/5) 1710년 康熙(淸/聖祖)49년. 「梁益命 등에게 관직을 제수함」 ○ 有政。兵批, 同知梁益命, 文兼吳勳, 同知崔萬尙, 全羅左水使李壽民, 文兼朱恒道, 景福宮假衛將具文行, 文兼洪錫九, 部將趙德基, 忠壯衛將金泰雄, 三陟營將朴錫昌, 五衛將李徵瑞, 衛率李玆田, 都摠管李弘述, 武兼李益祕, 幕嶺萬戶鄭天奉, 司禦崔邦彦, 訓鍊主簿閔濟章, 加德僉使朴昌潤, 知事尹以道, 副摠管尹趾仁, 江口權管單羅晩濟。吏批, 待敎宋成明, 以李命世爲兵曹佐郎, 李頤晩爲鐵原府使, 尹趾仁爲同義禁, 呂必建爲假引儀, 李徵海爲原州牧使, 韓識爲麒麟察訪, 洪重衍爲司僕判官, 李溓爲工曹佐郎, 朴行義爲奉常正, 洪裕道爲西部參奉, 林象德爲吏曹正郎, 朴泰恒爲判決事, 丁道復爲修撰, 徐命遇爲持平, 韓配周爲司諫, 金德基爲承旨。
33) 辛卯 五月十四 自倭舡倉移舟待風所 拙書一句以標 日後(刻立卯岩木於方上) 萬里滄溟外 將軍駕桂舟 平生伏忠信 履險自無漫 搜討官折衝將軍 三陟營將兼水軍僉節制使朴錫昌 軍官折衝朴省三金壽元 倭學朴命逸(한글 번역: 한마음님).

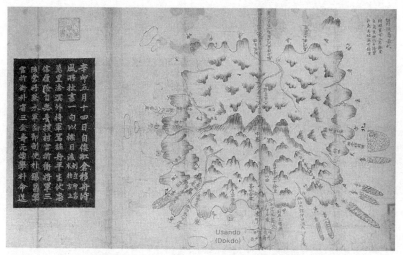

〈그림 4〉 울릉도도형(鬱陵島圖形), 박석창, 1711, 서울대학교 규장각 소장

있으며, 「우산도」에 대한 영유권 의식을 표기하고 있다.

결과적으로 「울릉도도형」 계통의 모든 지도에는 동국여지승람 등의 고문헌상에 등장하는 「동해에 울릉도와 우산도가 존재한다」라고 하는 「우산도」의 영토의식이 반영되어 있다고 하겠다.

④ 이규원의 「울릉도외도」[34]

근대에 들어와서 조일수호조규와 더불어 조선의 문호가 개방되자 울릉도에도 예외 없이 일본인들이 불법적으로 빈번히 침입했다. 이런 사실을 조선정부가 알고 1882년 5월 울릉도검찰사 이규원을 보내 섬을 순찰하도록 했다. 이때에 조사한 결과를 지도로 제작하여 고종에게 올렸다. 원래 울릉도 내부 지역을 그린 「울릉도내도(內圖)」와 함께 「울릉도외도」가 한 쌍으로 이루어졌다. 「울릉도외도」는 이전 수토사 「전회

---

34) 이상태(2007) 『사료가 증명하는 독도는 한국땅』, 경세원, 97쪽.

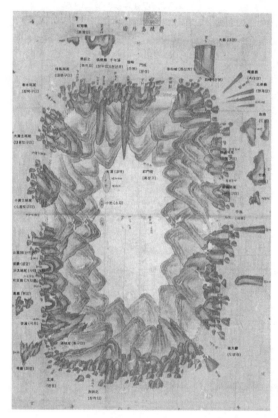

〈그림 5〉
울릉도 외도, 이규원, 1882
서울대학교 규장각 소장

일」, 「이진명」 등과 마찬가지로 섬 주변의 해안을 자세히 그리려고 한 것으로, 섬 외부에서 내부 방향으로 그리고 있다.

이규원이 조사한 바위와 섬의 이름을 크기순으로 나열하면 다음과 같다. (1)대암(大巖) (2)홍암(虹巖) (3)죽도(竹島) (4)도항(島項) 순이었다. 그 외에 촉기암, 형제암, 시어머니바위(老姑巖), 종바위(鐘巖), 장군바위(將軍巖), 투구바위(주암; 胄巖), 꽃바위(華巖), 봉바위(鳳巖) 등을 표기했다.[35] 이들 섬은 모두 울릉도 주변에 산재한 암초이다. 암초가 아닌 섬으로서는 죽도(竹島)와 도항(島項)이 있는데, 이들 명칭은 이전의 수토사들이 붙인 명칭과는 다르다. 따라서 이들 명칭은 울릉도 거주민들에 의해 불리던 명칭으로 판단된다. 그 이외 섬의 명칭은 이전 수토사들이 작성한 지도를 참고로 붙였을 가능성이 크다.

오늘날의 「관음도」에 대해 1882년 이규원이 제작한 「울릉도외도」에는 「도항(島項)」으로 표기되어 있다. 오늘날의 「죽도」는 이규원이 조사한 시점부터 「죽도」라고 표현된 것이다. 1909년의 『한국수산지』[36] 부속지도(해도[海圖]306호)에는 「서항도(鼠項島)」라고 한자로 표기하여 「섬목(Somoku Somu)」(한국명 섬목, 일본명 소모쿠)이라고 호칭했다. 조선수로지에도 서항도(鼠項島; Somoku Somu)라고 표기했다. 일본식 표기의 「소모쿠」는 한국식의 「섬목」이라는 표현이다. 지금의 「죽도」는 1909년 『한국수산지』에는 「죽서(竹嶼)」라고 표기하여 「댓섬(Tei Somu)」이라고 호칭했다. 이는 「대나무의 섬」이라는 의미로 「대섬」을 말한다.[37]

1882년 이규원의 울릉도 검찰일정을 통해 당시에 사용되었던 울릉도 지명을 살펴보면 다음과 같다.[38]

....

35) 이규원 관찰사가 그린 「울릉도외도」를 참고함.
36) 수로부의 「海圖 제306호 조선동안 竹刀灣至水源端」(1909). 박병섭, 「일본의 독도 영유권 주장에 대한 관점」, 『한일 양국의 관점에서 본 울릉도 독도 국제심포지움』, 154쪽.
37) 박병섭(2011) 「일본의 독도 영유권 주장에 대한 관점」, 『한일 양국의 관점에서 본 울릉도 독도 국제심포지움』, 154쪽. 박병섭(2010) 「明治時代の鬱陵島漁業と竹島＝獨島問題(二)」, 『北東アジア文化硏究』32号, p.210. 박병섭(2010) 「한말의 울릉도 어업과 독도 영유권문제」, 「독도연구」8호, 68쪽.
38) 「울릉도 검찰사 이규원의 보고서와 울릉도외도 (鬱陵島 外圖)」, 이규원, 1882년, 서울대학교 규장각 소장. http://blog.naver.com/PostView.nhn?blogId=cms1530&logNo=10010622279(2012년 1월 19일 검색). 「이규원이 울릉도 검찰 도중에 만난 사람들과 장소와 인원 출신지역에 관해서는 다음과 같다. 즉 「소황토구미(학포): 전라도 흥양 삼도 김재근 외 23명(배를 짓고 미역을 따는 일), 대황토구미(태하동): 평해 최성서 외 13명(상인),

즉, 「4월 27일 평해에서 10리쯤 떨어진 구산포 도착, 4월 29일 구산
포에서 출발, 4월 30일 오후 5~7시경 소황토구미(학포) 도착, 5월 1일
풍랑이 크게 일다. 5월 2일 산을 올라 대황토구미(태하동)에 도착(학포
-태하동이 산길 30리?), 5월 3일 고개를 넘고 숲을 뚫고 흑작지(黑斫支,
가문작지, 거문작지, 현포)에 도착, 배를 타고 노를 저어 창우암(倡優
岩, 노인봉), 천년포(千年浦), 추봉(錐峰, 송곳봉우리, 송곳산), 왜선창
(倭船艙, 천부, 북면의 면소재지), 깊은 계곡으로, 다섯 개의 큰 고개
홍문가, 나리동(羅里洞), 5월 4일 성인봉(聖人峰)에서 동쪽으로 십 여
리 가서 전석규의 초막, 저포(苧浦, 저동, 苧洞, 모시개)에 노숙, 5월
5일 도방청포(道方廳浦, 도동, 道方, 道方廳)에서 왜인을 만남, 장작지
포(長斫之浦, 沙洞, 長斫支 浦口), 5월 6일 장작지포에서 통구미(桶邱
尾)로 가는 도중에 일본이 세워 놓은 표목을 보다. 5월 7일 곡포(谷浦,
골계, 谷溪, 남양동), 5월 8일 소황토구미로 다시 도착, 5월 9일 서쪽으
로 십여 리 가서 향목구미-대황토구미-대풍구미-흑척지-왜선창-선판구
미, 선판구미 남쪽바다에 두 개의 작은 섬(죽도, 도항), 5월 10일 도방
청-장작지-통구미-흑포-사태구미(沙汰邱尾)-산막동(山幕洞)-소황토구
미, 5월 11일 오전 7시~9시경 평해로 출발, 5월 13일 오후 9시~11시
경 평해에 도착했다.」고 한다.

이상의 지명을 전회일(?)의 「울릉도도형」[39)에서 나타난 지명과 비교

경상도 경주 7명(약초채집), 경상도 연일 2명(대나무 벌목), 왜선창(천부):
전라도 낙안 이경칠 외 20명(상인), 경상도 흥해(흥양) 초도 김근서 외 19
명(조선), 나리동: 경기도 파주 정이호(약초상), 성인봉-저동으로 가는 길:
전라도 함양 전석규, 도방청(울릉), 장척지포(사동): 두 군데 일본인 합계
78명(벌목), 장척지포(사동): 경상도 흥해(흥양) 초도 김내언 외 12명(조
선), 통구미진: 경상도 흥해(흥양) 초도 김내윤 외 22명(조선) 등이다.
39) 「桶龜尾(통구미), 都藏龜尾(도장구미), 萍草龜尾(평초구미), 沙汰龜尾(사태
구미), 待風所(대풍소), 黃土窟(황토굴), 待風龜尾(대풍구미), 孔巖(공암),

했을 때 그대로 사용되는 지명은 통구미(桶龜尾), 왜선창구미(倭船倉龜尾), 황토굴(黃土窟), 저포(苧浦) 등의 관련 용어만 남아 있을 뿐, 이 외에는 거의 사용되지 않았다. 이는 이규원의 조사는 이전 수토사들의 조사에 의존하지 않고 당시 울릉도 거주민들이 사용하고 있던 관습에 따른 것이라고 하겠다.

3.2 원형 계통의 지도

원형 계통의 지도는 「소위 우산도」라는 표기를 볼 때 박석창의 「울릉도도형」을 참고로 했음을 알 수 있고, 박석창의 지도보다 상세한 정보가 있다는 것은 박석창 이후에 또 다른 수토사가 울릉도를 수토하였음을 의미한다.

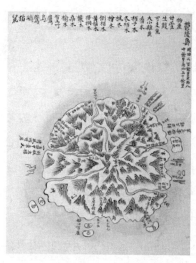

① 울릉도, 『해동지도』[40]

玄石龜尾(현석구미), 錐峯 (추봉), 天底龜尾(천저구미), 帳竹巖 (후죽암), 龍巖(용암), 小于島(소우도), 大于島(대우도), 苧田(저전), 倭船倉龜尾(왜선창구미), 長沙龜尾(장사구미), 楮田(저전)」 등이 있다.

「해동지도」의 표기 내용을 보면, 「각석입표(刻石立標), 각판입표(刻板立標), 공암(孔岩), 관활(寬豁), 굴(窟), 기(基), 기지(基址), 기지삼사여처(基址三四餘處), 기지삼사처(基址三四處), 기지삼처(基址三處), 기지육칠처(基址六七處), 대소암(大銷岩), 대암(大岩), 대천(大川), 대풍소가거(待風所可居), 도(島), 도(島), 도(島), 도(島), 도(島), 도장구미(道莊仇尾), 백중봉이십여리(白中峯二十餘里), 사공포(沙工浦), 석성문기지(石城門基址), 석장(石葬), 석장(石葬), 석장십여처(石葬十餘處), 선박가거(船泊可居), 선박가거(船泊可居), 선유대(仙遊臺), 소소암지이처(小銷岩址二處), 쌍포암(雙布岩), 왜선창가거(倭船倉可居), 우각암(牛角岩), 소위 우산도(所謂 于山島), 입암각표(立岩刻標), 저전동가거(苧田洞可居), 주토구미(朱土仇尾), 주토굴(朱土窟), 주토굴(朱土堀), 죽전(竹田), 죽전(竹田), 죽전(竹田), 죽전(竹田), 죽전(竹田), 죽전(竹田), 중봉(中峯), 중봉(中峯), 중봉삼십여리(中峯三十餘里), 중봉십사여리(中峯十四餘里), 중봉이십여리(中峯二十餘里), 천저구미(天低仇尾), 탑사찰기지(塔寺刹基址), 황암(黃岩)」 등이 있다.

이 지도의 특징으로는 「원형지도 중 가장 자세히 표기된 지도」이고, 「울릉도 가운데에 중봉(中峰, 성인봉)을 그리고 주변의 봉우리가 모두 중심을 향하게 그린 독특한 형식의 지도이다. 동서남북(東西南北)과 함께 문왕팔괘방위(文王八卦方位) 손(巽), 간(艮), 건(乾), 간(艮)에 의해 방향을 표시하였다. 산줄기 사이로 하천을 그리고 대천류출(大川流出)이라고 적고 있다. 해안에는 중봉까지의 거리를 표시하고 있다. 비교적 넓은 땅에는 관활(寬豁)이라고 표시해 두었으며, 살만한 지역은 가거(可居)라고 표시하였다. 해안의 바위에는 입암각표(立岩刻標)라고

---

40) 「울릉도와 독도를 표시한 조선지도목록」 참조. 서울대학교 규장각 소장, 18세기 중반.

적었으며, 북쪽의 구멍바위(孔岩)까지 표시하였다. 왜선창(倭船倉), 대풍(待風), 선박(船泊), 가거(家居) 등 일본과의 관계, 바람, 선박운행, 거주 가능한 지역 등도 표시되어 있으며 석성문(石城門)의 터, 석장(石葬; 지금도 남아 있는 울릉도의 고분), 탑, 사찰터 등 유적을 표시하고 있다. 해안에는 죽전(竹田)이 여러 곳에 표시되어 있다. 지도의 여백은 간단하게 기록하였는데 나무, 해산물, 동물 등이 주된 내용이다.」라고 하여 사람이 살만한 곳과 석장, 죽전, 토산물 등이 한 면에 표시하고 있다.[41)]

이는 앞서 그려진 「울릉도도형」 중에서도 박석창의 「울릉도도형」과 가장 유사한 형태이다. 특히 박석창의 「소위 우산도」설에 대해서도 그대로 수용하여 독도와 관련하여 「소위 우산도」라고 표기하고 있다. 오늘날 독도의 영유권에 대해서는, 당시 울릉도를 공도정책을 실시하고 있어서 사람이 거주할 수 없고 울릉도에서 연중 50여 일밖에 볼 수 없는 울릉도 이외의 섬인 독도를 확인할 수 없었다. 그러나 수토당시 울릉도 이외의 우산도에 대한 영토의식을 갖고 있었기 때문에 울릉도 주변의 섬을 우산도로 표기했다.

이외에도 다음과 같이 상당수 존재하는 원형 계통의 지도는 대체로 내용상 다소의 차이가 있는 정도로, 서로 영향을 받은 지도라고 하겠다.

---

41) 「울릉도와 독도를 표시한 조선지도목록」, 「이현군」 설명 인용.

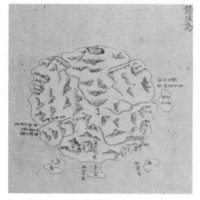

② 지승42)

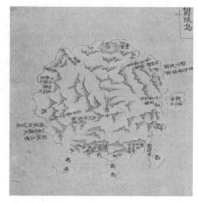

③ 광여도43)

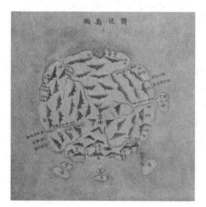

④ 여지도44)

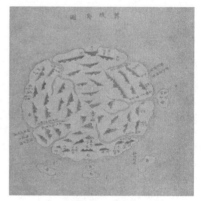

⑤ 울릉도도(鬱陵島圖), 『팔도여지도』45)

42) 「울릉도와 독도를 표시한 조선지도목록」, 서울대학교 규장각 소장.
43) 「울릉도와 독도를 표시한 조선지도목록」, 서울대학교 규장각 소장, 1737-1776.
44) 「울릉도와 독도를 표시한 조선지도목록」, 국립중앙도서관 소장, 1736-1776.
45) 이상태(2007)『사료가 증명하는 독도는 한국땅』, 경세원, 95쪽.「울릉도와 독도를 표시한 조선지도목록」, 국립중앙도서관, 18세기 중반. 현재의「죽도」와 같은 위치임.

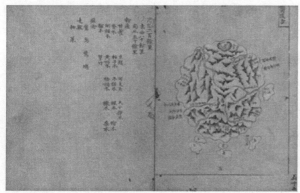

⑥ 여지도[46)

3.3 청구도 계통의 지도

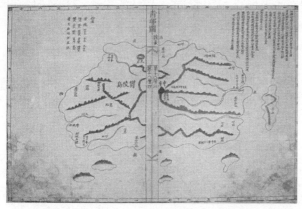

① 청구도[47)

청구도 계통의 지도는 상기에서 언급한 수토사들이 그린 지도와도 다르고, 원형 계통의 지도와도 다른 형태의 울릉도지도이다. 이것은 17 ~8세기에 수토한 지도, 그리고 원형 계통의 수토지도 이후에 새롭게

---

46) 「울릉도와 독도를 표시한 조선지도목록」, 서울대학교 규장각 소장.
47) 「울릉도와 독도를 표시한 조선지도목록」, 김정호, 국립중앙도서관, 1860-1872.

울릉도 수토사에 의해 작성된 것이라고 하겠다. 대동여지도의 필사본[48]에 의하면 영종 11년(1735년) 강원감사 조최수가 울릉도를 시찰, "땅이 넓고 토지가 비옥하며 사람이 산 흔적이 있고, 그 서쪽에 우산도가 있는데 역시 광활하다"라고 되어 있는 것으로 보아, 1735년 강원감사 조최수가 울릉도를 시찰하여 그린 지도가 청구도 계통의 지도에 미친 영향도 컸다고 볼 수 있다.

이 지도에는 붉은색의 주토굴, 죽전, 석장, 저전동 등 울릉도의 역사와 물산 그리고 지리를 기재하고 있다. 특히 울릉도 물산편에 원숭이가 나타난다는 기록도 있다.[49]

이 지도는 원형지도들과 같이 울릉도 본섬 주변에 6개의 암초와 섬을 그리고 있는데, 암초 위에 나무나 숲이 우거져 있는 것으로 표기하고 있고, 온전한 섬으로 표기하고 있는 것은 「우산」뿐이다. 여기서 「우산」섬은 오늘날의 「죽도」에 비견하고 있지만, 동해에 울릉도 이외에 우산도가 존재한다는 전통적인 2개 섬 인식을 답습한 것이다.

「청구도」 계통의 지도는 아래와 같이 「동여도」, 「해동지도」, 「대한전도」, 「조선전도」 등 여러 가지가 있는데, 서로 영향을 받은 것이라고 하겠다.

---

48) 국사편찬위원회 이상태 연구원은 1997년 11월 9일 언론을 통해 "일본국회도서관에서 울릉도 동쪽에 「우산」이라고 표시된 독도가 나타난 대동여지도 필사본을 발견했다"고 밝혔다. 이상태 연구원은 "「대동여지도」 목판본을 만들 때 독도가 빠진 것은 판각 범위를 벗어났기 때문에 어쩔 수 없던 것"이라며, "이 필사본은 판각 범위와 상관없기 때문에 울릉도 동쪽에 독도가 있다고 주석까지 달아 독도의 존재를 설명했다"고 말했다.
49) 「독도에 대한 사실들」, http://blog.naver.com/cms1530/10033192287.

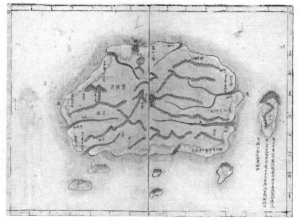

② 청구도[50]

「영조 11년(1735)에 강원도 감사 조최수(趙最壽)가 장계를 올려 말
하기를, 울릉도는 땅이 넓고 토지가 비옥하며 사람이 산 흔적이 있고,
그 서쪽에 우산도가 있는데 역시 광활하다.」[51]라고 했다.

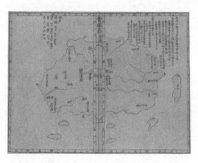

③ 청구도[52] 　　　　　　　　④ 동여도[53]

50)「울릉도와 독도를 표시한 조선지도목록」참조. 김정호, 1834.
51) 英宗十一年 江原監使趙最壽 啓言 鬱陵島地廣土沃有人居間地 而又有于山
　　島 亦廣闊云卽 所謂西字與 此圖之在東相佐.
52)「울릉도와 독도를 표시한 조선지도목록」참조. 고려대학교도서관 소장,
　　김정호, 연도미상
53)「울릉도와 독도를 표시한 조선지도목록」참조. 1795-1800: 동여도(東輿

⑤ 울릉도, 『해동지도』54)   ⑥ 강원도도, 『대한전도』55)

이 지도는 울릉도 오른쪽에 우산도와 아래쪽에 작은 섬들이 표시되어 있다. 이와 동일계통의 지도는 아래의 조선전도-강원도도, 대한지지(大韓地誌)-강원도도(江原道圖) 등이 있다.

⑦ 강원도도, 『조선전도』56)   ⑧ 강원도도(江原道圖), 『대한지지(大韓地誌)』57)

圖)-울릉도(鬱陵島), 일본쓰쿠바대학부속도서관(筑波大学附属図書館)
54) 이상태, 『사료가 증명하는 독도는 한국땅』, 경세원, 2007, 94쪽. 「울릉도와 독도를 표시한 조선지도목록」 참조. 국립중앙도서관 소장, 1776-1795쪽. 현재의 「죽도」와 같은 위치임.
55) 「울릉도와 독도를 표시한 조선지도목록」 참조. 영남대학교 박물관, 1899.
56) 「울릉도와 독도를 표시한 조선지도목록」 참조.
57) 「울릉도와 독도를 표시한 조선지도목록」 참조.

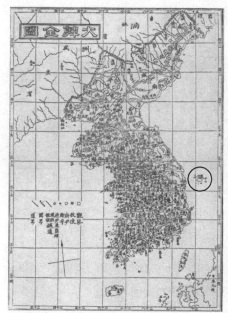

⑨ 강원도도(江原道圖), 『대한지지(大韓地誌)』, 『대한전도(大韓全圖)』, 58)

현채가 작성한 「대한전도」는 또 다른 계통의 지도이다. 울릉도 주변의 섬 중에 가장 큰 섬을 「우산」이라고 하여 오늘날 「죽도」와 비슷한 섬으로 그리고 있다.

---

58) 이상태(2007)『사료가 증명하는 독도는 한국땅』, 경세원, 64쪽. 학부편집국, 현채, 1899, 국회도서관 소장. http://blog.naver.com/cms1530/10033233535 (2012년 1월 19일 검색).

3.4 오늘날의 「죽도」와 별개의 섬으로 표기한 「우산도」

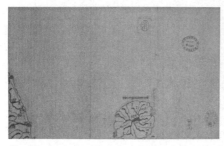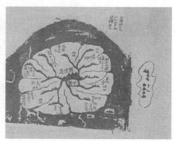

① 대동여지도의 필사본59)

이 대동여지도는 조선총독부에서 보관했던 지도이다. 지도에 주토
굴, 대풍소, 저전동 등의 지명이 보인다. 필사본에는 "영종 11년(1735
년) 강원감사 조최수가 울릉도를 시찰, '땅이 넓고 토지가 비옥하며 사
람이 산 흔적이 있고 그 서쪽에 우산도가 있는데 역시 광활하다'"고 적
혀있어 청구도 계통이지만, 거기에다 우산을 새롭게 그려 넣었다. 여기
에 동여도에는 우산이라는 섬이 별도로 있기 때문에 필사본에 그려 넣
어진 우산은 오늘날의 죽도와는 다른, 오늘날의 독도에 해당되는 우산
도라고 봐도 될 것이다.

「지도-강원도-울릉도」의 특징은 2개의 섬에 초록색 표시를 하고 있
는 것으로 보아 지금의 「관음도」와 「죽도」로 볼 수 있으나, 청구도 계
통이나 원형지도 계통과 달리 우산도를 보다 먼바다 쪽에 표시하여 울
릉도(群島)와 별도의 섬으로 표기하려고 했다. 이는 조선시대에 울릉
도와 우산도 두 섬이 존재한다는 전통적인 인식에 의해 「우산도」도 조
선영역의 일부로서 표시한 지도이다.

---

59) 「울릉도와 독도를 표시한 조선지도목록」 참조. 김정호, 국립중앙도서관
   소장, 1861.

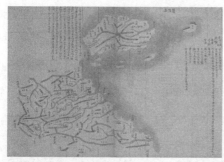

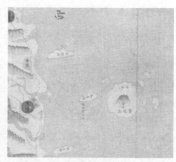

② 지도-강원도-울릉도[60]　　　　　　③ 대동총도, 『해동지도』[61]

대동총도는 우산도를 울릉도 군도의 일부로 인식한 청구도 계통의 5개 섬을 그린 지도와 또 다른 섬 「우산도」가 존재한다는 영유의식을 강하게 표현한 지도를 서로 합친 형태이다. 이 지도는 전통적인 「우산-울릉」 두 섬의 존재를 의식한 것이다.

4. 「석도」와 「독도」 명칭의 발생과 전개

4.1 칙령 41호의 오늘날 독도 명칭에 대한
　　고뇌와 「석도」 명칭의 대두

고종황제는 왜 오늘날 독도의 명칭을 「석도」라고 하였을까? 「석도」라는 명칭의 대두에 대한 필연성을 고찰함으로써 칙령 41호에 의해 오

---

60) 「울릉도와 독도를 표시한 조선지도목록」 참조. 고려대학교도서관 소장, 19세기 중엽, 울릉도 『조선지도』(한국, 작자미상, 18세기 중반, 서울대학교 규장각 소장)와 동일함.
61) 이상태(2007) 『사료가 증명하는 독도는 한국땅』, 경세원, 36쪽. 「울릉도와 독도를 표시한 조선지도목록」 참조, 작자미상, 18세기 중반, 서울대학교 규장각 소장.

늘날의 독도가 1900년에 한국영토로서 확립되었음을 증명할 수 있다. 칙령 41호의 석도가 오늘날의 독도와 동일한 섬이라는 것을 증명하지 않는 한, 일본은 죽도 영유권을 포기하지 않고 한국의 독도 영유권에 대해 이의를 제기해올 것임이 분명하다.

근대에 들어와서 조선의 문호가 개방됨과 동시에 일본인들이 울릉도로 침입해왔다. 이를 계기로 조선 조정에서는 공도정책 중에 있던 울릉도 개척과 더불어 다른 동해 도서에 대한 영토의식이 고취되었다. 이러한 이유로 고종황제는 관찰사 이규원으로 하여금 동해 도서를 조사하도록 했다. 이규원의 조사 결과 울릉도에는 이미 조선인과 일본인이 거주하고 있는 사실을 확인했고, 거주 일본인의 퇴거를 일본정부에 요청했다. 고종은 울릉도뿐만 아니라 그 이외의 섬에 대해서도 행정조치가 필요하다는 것을 인식하고 칙령 41호를 선포하여 울릉전도와 더불어 「죽도」와 「석도」[62]에 대한 행정조치를 취했던 것이다.[63] 고종은 칙령 선포를 준비하는 과정에서 이규원의 조사내용을 전적으로 따랐던 것은 아니었다. 그 후 몇 번의 현지답사를 통해 오늘날의 독도의 존재도 확인했던 것이다.

「우산도」라는 명칭은 전통적으로 동해에 울릉도 이외에 존재했던 오늘날의 독도에 해당하는 섬의 명칭이었다. 그런데 안용복 사건 이후 동해 도서에 대한 영토의식이 강화되어 여러 번에 걸쳐 수토사들에 의

---

62) 이미 독도의 존재를 확인하여 일본이 울릉도를 침범하는 상황에서 동해 도서에 대한 영유의식에 의해 행정조치를 취했기 때문에 독도에 대해 영토조치를 취하지 않았다고 할 수 없다. 게다가 독도가 일본영토로서 확정되어 분쟁의 대상이 된다고 생각한 부분도 없었기 때문에 당연히 영토조치를 취했던 것이다.

63) 관음도는 울릉 본섬에 가까이 붙어 있어서 본섬의 일부로 취급되어, 일부러 행정조치를 하지 않아도 일본인에게 무주지 선점조치가 가능한 섬이 아니었다. 그래서 관음도는 석도가 아니다.

해 울릉도가 수토되었다. 오늘날의 독도에 해당하는 전통적인 「우산도」
를 칙령 41호에 그대로 표기하지 못하게 된 이유는 수토사들에 의한
「울릉도도형」, 원형 계통 지도, 청구도 계통 지도에서 대체로 오늘날의
「죽도」에 해당하는 위치에 「우산도 혹은 소위 우산도」를 그렸기 때문
이다. 만일 오늘날의 독도에 대한 명칭을 「우산도」라고 했다면 오늘날
의 「죽도」로 인식했다는 결과를 낳을 수 있었던 것이다. 그래서 칙령에
서는 오늘날의 「죽도」와 「독도」를 구분하기 위해 이규원이 조사한 「죽
도」를 적용하여 「울릉전도」, 「죽도」, 「석도」를 울도군(鬱島郡)의 관할
구역으로 지정했던 것이다. 당시 오늘날의 독도는 「돌섬」으로 불리었
기 때문에 이를 한자어로 표기하여 「석도」가 되었던 것이다.

독도라는 명칭이 처음으로 사용되었던 것은 문서 기록상으로는
1904년 니이타카(新高)호 군함일지에 「독도(獨島)라고 쓴(書)다」고 하
는 기록이 있고, 1906년 2월 심흥택 군수가 「본군 소속 독도(獨島)」라
고 기록한 것이 있다. 특히 니이타카호의 군함일지에서 오늘날 독도에
대해 '독(獨)'자와 '도(島)'자를 합쳐서 사용하고 있다는 사실을 명확히
확인했던 것이다. 이미 울도군에서는 1904년 이전에 독도를 표기할 때
독(獨)'자와 '도(島)'자로 표기하고 있었다는 것이다.

독도(獨島)라는 명칭이 등장한다는 것은 이미 그 이전에 「돌섬」이
라는 명칭이 존재했다는 것을 의미한다.[64] 「돌섬」은 전라도 방언으로
「독섬」이라고 부른다.[65] 「독섬」을 한자어로 표기할 때 「독도(獨島)」라
고 표기하는 한자음 사용법이 있다. 따라서 「독도」라는 명칭이 고착화

---

64) 朴炳涉(2010) 「明治時代の欝陵島漁業と竹島＝獨島問題（二）」, 『北東ア
    ジア文化研究』32号, 48-49쪽, 박병섭(2010) 「한말의 울릉도 어업과 독도
    영유권 문제」, 『獨島研究』8호, 210쪽, 박병섭(2010) 『한말 울릉도·독도
    어업 -독도 영유권의 관점에서-』, 한국해양수산개발원, 68쪽.
65) 전라도 방언으로 고인돌을 고인독이라고 부른다.

되기 이전에는 「돌섬」이라고 불렸던 것이다. 즉 1904년 이전에 「독도」라고 표기하기도 하고, 「돌섬」이라고 부르기도 했던 것이다. 그 4년 전으로 거슬러가서 칙령에 「석도(石島)」라고 표기했다는 것은 「독도」라는 명칭이 정착하기 이전 단계로서, 조선 조정에서 울릉도의 「돌섬」호칭을 한자로 「석도(石島)」라고 표기했다고 보면 타당할 것이다.[66]

심흥택 군수가 본군 소속 「독도」라고 표기한 것은 우연이 아니었던 것이다. 이미 1904년 이후의 문서 기록상 「독도(獨島)」라는 표기로 고착화되어 있었다는 것을 의미한다.

5. 맺으면서

이상과 같이 본 연구는 칙령 41호의 「석도」가 오늘날의 「독도」임을 고증하기 위해 고지도상에 등장하는 울릉도와 독도의 토속적 명칭을 연구한 것이다. 본론에서 논증된 내용을 정리하면 다음과 같다.

첫째로, 「우산도」 명칭은 4가지 유형으로 구분된다. 즉 ①동해에 우산도와 울릉도 2개의 섬이 존재한다는 인식으로, 우산도가 울릉도의 동서남북에 위치하고 있다. 조선 초기 공도정책에 의해 우산도에 대한 식견이 없을 때, 삼국시대나 고려시대 울릉도에 사람이 거주했을 시기의 동해의 두 섬 인식이 계승된 것으로, 울릉도의 위치는 정확했으나 우산도의 위치가 정확하지 않은 시기이다. 시기적으로는 조선 초기의 공도정책부터 1693년 안용복 사건까지의 인식이다. ②조선 중기는 공도정책에 의해 일반인들의 울릉도 도항이 금지되었지만, 안용복 사건

---

66) 일본은 1905년 러일전쟁 중에 군사적 영토 침략적 이유로 독도를 편입조치를 취하기 이전에는 독도에 대한 영유의식은 존재하지 않았다.

이 계기가 되어 울릉도 동남쪽에 우산도가 존재한다는 사실이 명확해
져 울릉도의 동쪽, 남쪽 혹은 북쪽에 우산도가 그려져 있는 경우이다.
시기적으로는 1693년 이후였다. ③조선 중후기에 공도정책으로 울릉
도 도항이 금지되었으나, 관리들에 의해 단기간이지만 울릉도 수토정
책이 지속되었던 시기이다. 독도는 연중 50여 일, 날씨가 청명하고 바
람이 부는 날만 보이기 때문에 수토사들은 독도를 확인하지 못하고 단
지 동해에 우산도와 울릉도 두 섬이 존재한다는 전통적인 인식 아래
지금의 「죽도」와 비슷한 위치에 우산도를 표기한 지도들이다. 시기적
으로는 대략 18세기부터 19세기 말까지 지속된다. 우산도에 대한 영유
권 인식은 갖고 있었지만, 우산도의 위치에 대해 오류를 겪는 시기였
다. ④오늘날의 지도와 일치하지는 않지만, 지금의 「죽도」가 우산도가
아니라는 명확한 인식을 갖고 있는 시기이다. 그러나 우산도의 위치에
대해서는 정확성이 없었다.

둘째로, 「우산도」 명칭의 유형별 사례를 보면, ①과 ②와 ③의 사례
가 대등하게 많이 존재하지만, ④의 사례는 그다지 많지 않다. 즉 다시
말하면 ②의 안용복 사건으로 인해 우산도의 존재를 명확히 확인했던
시기를 제외하고는 공도정책으로 울릉도 도항이 쉽지 않았기 때문에
동해에 2개의 섬이 존재한다는 전통적인 인식은 갖고 있었으나, 우산
도의 위치에 대해서는 정확히 알지 못했던 것이다.[67]

셋째로, 「우산도」와 울릉도 명칭의 생성과 변천에 대해서, 울릉도는
유사 이래 변함없이 그 존재를 명확히 알고 있었으나, 우산도라는 명칭

---

67) 일본의 경우는 1420년대 오야가문과 무라가와가문이 70여 년간 조선영토
울릉도에 불법으로 도항할 때에 영유권 인식이 아닌 기항지 혹은 이정표
로서 독도의 위치나 형상에 대해 알고 있었지만, 그 이전과 이후에는 울릉
도와 독도에 대한 영유권 인식이 전혀 존재하지 않았다.

은 조선 초기 동해에 2개의 섬이 존재하는데 울릉도가 아닌 섬을 우산도라고 명칭했던 것이다. 그런데 조선 중기의 안용복 사건을 거쳐 조선 중후기의 울릉도 수토 시에 오늘날의 독도인 우산도를 발견하지 못하였지만, 우산도의 영토인식의 발로로서 오늘날의 죽도를 우산도에 비견하기에 이르렀던 것이다. 대동여지도의 필사본이 등장할 시기에 오늘날의 「죽도」가 동해에 존재하는 2개의 섬 중에 1개 섬인 「우산도」가 아니라는 인식이 생기면서 「죽도」 위치가 아닌 새로운 위치에 「우산도」를 표기하기 시작했던 것이다.

넷째로, 「석도」와 「독도」 명칭의 생성에 관해서는 일본의 울릉도 침입이 본격화되어 조선 조정에서 울릉도 개척을 단행하였을 때 울릉도 거주민에 의해 독도의 존재와 위치 그리고 형상까지 명확하게 인식하게 되었던 것이다. 또한, 일본의 영토침략이라는 위기의식 속에서 독도에 대한 영유의식이 발생하면서 섬의 형상에 의한 「돌섬」라는 명칭이 발생했고, 영토관리 차원에서 고종황제가 칙령을 발령하면서 「돌섬」에 해당하는 관찬문서용 한자표기로 「석도」라는 명칭을 사용했으며, 이 「돌섬」의 의미를 가진 전라도 방언에 의해 「독도」라는 명칭이 생겨났던 것이다.

이상과 같이 독도가 인적이 드문 무인고도에 위치했다는 특징 때문에 더욱 명칭과 위치의 혼란을 겪게 되었던 것이다. 하지만 무인고도에 위치하고 있었음에도 불구하고 조선 조정이 울릉도와 더불어 우산도의 존재를 인식하고 있었다는 것은 오늘날의 독도에 대한 영유의식을 포기한 적이 한 번도 없었다는 것을 의미한다.

독도 명칭;
「우산도」가 「석도」로
전환되는 과정의 고찰

1. 들어가면서

1.1 문제 제기와 연구 목적

독도는 역사적 권원에 의거하여 오늘날 한국이 실효적으로 관리하고 있는 한국의 고유영토이다.[1] 그런데 일본은 일제의 대륙 침략과정에서 러일전쟁 중에 한국 고유영토였던 독도에 대해 무주지라고 하여 국제법의 무주지 선점 이론을 악용하여 불법적이고 은밀한 방법으로

---

1) 대표적인 연구로서, 内藤正中·朴炳涉, 『竹島=独島論争』新幹社, 2007. 송병기, 『독도영유권 자료선』한림대학교 아시아문화연구소. 2004. 신용하, 『독도의 민족영토사 연구』지식산업사, 1996, 梁泰鎭編, 『한국 독립의 상징 독도』백산출판사 2004. 1-298쪽 등이 있다.

「시마네현고시 40호」에 의해 영토조치를 취했다.[2] 그럼에도 불구하고 종전 후의 전후 영토처리 과정에서 일본은 「시마네현고시 40호」를 빌미로 한국이 독도를 관리했다는 역사적 권원이 전혀 없다고 하여 독도에 대해 오히려 고유영토론을 내세우며 영유권을 주장한다. 역사적 사료 증거를 보면 한국영토로서의 권원은 있어도 일본영토로서의 권원은 없다. 그럼에도 불구하고 일본은 한국의 역사적 권원을 전적으로 부정하고 있다. 그 이유는 독도에 대한 한국의 역사적 권원을 인정하면 일본의 1905년 무주지 선점론에 의한 영토조치가 불법적인 침략행위가 되기 때문이다. 그래서 일본은 특히 조선시대의 독도 명칭으로 사용되었던 「우산도(于山島)」와 칙령 40호에서 독도를 지칭하는 「석도(石島)」를 부정하고 있다. 일본의 주장 중에 「우산도」를 부정하는 논리는 지도에 등장하는 우산도와 울릉도의 위치가 오늘날과 다르다는 것이고, 「석도」가 독도임을 부정하는 논리는 당시 한국이 독도를 영토로서 인식하지 않았기 때문에 칙령의 석도는 독도가 될 수 없다는 주장이다. 심지어는 「'한국이 고지도의 우산도(于山島)를 독도(独島)'라고 하는 것은 빨간 거짓말」[3]이라고 주장하기도 한다.

그래서 본고에서는 사실상 우산도와 석도는 오늘날의 「독도」 명칭이 생성되기 이전의 명칭임이 분명하기 때문에 이를 규명하는 것을 목적으로 한다. 연구방법으로는 우산도가 지금의 독도와 다른 위치로 표

---

2) 대표적인 연구로서, 田村淸三郎, 『島根県竹島の新研究』復刻板, 島根県総務部総務課,1996. 川上健三, 『竹島の歴史地理的研究』古今書院, 1966. 下条正男, 『竹島―その歴史と領土問題』竹島・北方領土返還要求運動島根県民会, 2005. 高野雄一, 『日本の領土』東京大学出版会, 1962.

3) 「第2回「韓国古地図の于山島は独島」という真っ赤な嘘」, http://www.pref.shimane. lg.jp/soumu/web-takeshima/takeshima04/takeshima-dokdo/takeshima-dokdo_2.html(검색일: 2013년 9월 1일).

기된 지도의 작성배경을 고찰한다. 이를 통해 한 시기에 오류에 의해 「우산도=죽도」로 표기된 적은 있어도 본질적으로 조선정부에서 「우산도=독도」라는 인식은 바뀌지 않았음을 규명할 것이다.

1.2 독도 영유권연구에 있어서 전제조건

① 고대시대의 경우는 전해지는 기록이 없기 때문에 정황상의 역사 해석도 불가피하다. 오늘날 독도에는 사람이 거주하지만, 그 이전 시대 즉 근대와 전근대에는 사람이 살 수 없는 무인고도라는 사실을 분명히 해야 한다. 또한, 그 시대는 독도가 때에 따라 울릉도에서 보일 수는 있지만, 오늘날처럼 손쉽게 2-3시간 만에 도달할 수 있는 거리는 아니다.[4] 기록에 의하면, 「5월 15일 죽도(竹嶋)를 출선하여 같은 날 송도(松嶋)에 도착했고, 16일 송도를 출발하여 18일 오키도(隱岐島) 내의 니시무라(西村)에 도착했다.」[5]라고 하는 것처럼, 최소한 12시간 정도를 배로 가야 하고, 독도에 도착하더라도 그곳에서 10일 이상[6]은 머무를 수 없다는 사실도 분명히 확인해 둘 필요가 있다.

② 울릉도의 경우는 사람이 거주할 수 있는 섬인데, 조선시대에 조선정부가 백성을 보호하기 위한 쇄환조치로 인해 비워진 섬이라는 사실

---

4) 박세당의 「울릉도」에서 "같이 포로가 된 사람들 일곱 명과 밤에 함께 이야기하다가 날이 밝아올 무렵 배가 출발하여 다음날 신시(오후3~5시)에 겨우 영해(寧海)땅에 도착했다고 말했다."(同俘七人夜與相語天將曉發船以來日纔晡已到寧海地面云盖二島去此不甚遠一颺風可至于山島勢卑不因海氣極淸朗不登最高頂則不可見鬱陵稍峻風浪息則尋常可見麋鹿態獐往往越海出來朝日纔高三丈則島中黃雀群飛來接竹邊串), http://gall.dcinside.com/list.php?id=dokdo&no=9694(검색일: 2013년 5월 12일).
5) 김정원 번역, 「겐로쿠(元錄)9 병자(丙子)년 조선 배 착안(着岸) 한 권의 각서」, 영남대학교 독도연구소 편, 『독도연구』창간호 부록(2005.12), 292쪽.
6) 「軍艦新高號戰時日誌」1904年9月25日條. 신용하, 『독도의 민족영토사 연구』, 지식산업사, 1996, 208쪽.

을 분명히 해야 한다. 또한, 조선 조정이 쇄환한 후 수토사를 파견하여 섬을 관리했던 사실로 보아도 거주민을 쇄환한 것은 영토를 포기한 것이 아니라는 사실도 명확히 해둔다. 반면 일본은 울릉도와 독도를 관리한 적이 없었다.

③ 울릉도에 사람이 거주하던 시기에는 울릉도 거주민들이 독도의 존재를 분명히 확인하고 있었다. 즉 해상국가의 사람들이기에 독도까지 조업을 나갔던 경우도 있고, 1년 중에 5. 60일은 확인되는 섬이기에 울릉도에서 독도를 바라볼 수 있다는 사실은 부정할 수 없다.

④ 울릉도에 사람이 거주하지 않을 때에는 독도를 거의 확인할 수 없었다. 즉 연중 5, 60일만 바라볼 수 있기 때문에 울릉도에 입도하지 않으면 당연히 독도를 알 수 없고, 울릉도에 입도하더라도 날씨가 맑고 청명하고 바람이 부는 날에만 독도가 보이고, 게다가 해상에서 독도 방향으로 20km 정도 나아가든가 아니면 해발 200m 지점까지 오르지 않으면 확인이 거의 불가능하기 때문에, 장기적인 체재가 아닌 일시적인 방문으로 이러한 조건을 모두 갖추기가 쉽지 않으므로 독도의 존재를 확인할 수 없을 것이다.

⑤ 영토취득은 국가가 영토로서 승인 혹은 인식해야만 최종적으로 그 요건에 해당된다. 타국 정부가 특정한 섬에 대해 영유권을 주장할 경우에는 객관적인 증거에 의해 설득력이 있어야 한다. 독도와 관련되는 여러 지도는 정부에서 제작한 지도가 아니기도 하고, 또한 지도는 그 자체가 사실관계를 정확히 표현하지 못하기 때문에 증거능력이 떨어지는 경우가 많다. 또한, 개인이 작성한 지도나 보고서와 정부가 영토로서 인식한 지도나 문헌 사이에는 서로 성격적 차이가 크다. 따라서 독도에 한해서 일본에는 일본정부가 공인한 명칭은 없다. 송도(松島), 죽도(竹島)는 정부가 공인한 일본영토에 대한 명칭이 아닐 뿐만 아니

라, 이들 섬에 대해 일본정부가 영토로서 인정한 적이 한 번도 없었다.

⑥ 역사적인 사료를 볼 때는 오늘날의 관점이 아닌, 사료가 작성된 그 시대의 관점과 특징을 고려해서 해석되어야 한다. 특히 지도 자료의 경우는 그 시대적 관점에서 해석하지 않고 오늘날의 관점에서 해석한 다면 이는 사료왜곡에 해당한다.

⑦ 독도는 무인고도(孤島)이기 때문에 사람이 거주하는 섬처럼 영속적으로 경영이 불가능한 섬이다. 따라서 그 사이에 타국이 지배한 흔적이 없었고, 영토의식을 포기하지 않고 있었다면 고유영토론이 성립된다.

독도처럼 2개의 암초로 된 무인고도에 대한 영토취득요건으로 반드시 매 시기에 영속적으로 영토로서 관리하였다는 근거를 제시하는 것만이 역사적 권원이 되는 것은 아니다. 즉 한국 측이 독도의 존재를 알게 된 것은 우산국시대였고, 독도를 영토로서 인식하고 지도와 관찬 서적에 기록하여 영토로서 관리한 것은 조선시대였다. 특히 조선 초, 중기에는 울릉도를 비워서 섬을 관리하던 시기가 있어서 이 시기에는 울릉도에 사람의 거주를 허락하지 않았기 때문에 독도에 대한 지리적 인식이 결여되었다. 그러나 오늘날의 관점에서 본다면 관찬문헌이나 관찬 지리지에 「우산도」를 기록하여 영토로서 관리했지만 그 위치를 정확하게 기록하지 못했을 때도 있다. 근대에 들어와서는 조선과 일본 사이에 문호가 개방되고 일본이 독도를 침략당할 우려가 있을 때마다 대한제국 조정은 종래의 영토의식에 의거하여 역사적 권원을 바탕으로 한국영토임을 명확히 해왔다.

요컨대 한국의 실효적 관리는 역사적으로 보면 안용복 사건 때, 일본의 죽도 영토편입 때의 대한제국의 불인정, 칙령 41호 선포, 한국독립 후의 독도에 대한 실효적 지배, 대일평화조약시기의 평화선 선언, 한일협정에서의 독도 점유상태를 일본으로부터 묵인받은 것 등이 해당한다.

반면 일본은 한국에 비해 고대, 중세는 물론이고 1905년 독도를 침탈하기 이전까지 독도 영유권과는 전혀 무관했다. 그런데 근세에 일본 어부가 침략적인 방법으로 이웃 나라의 영토인 울릉도에 내왕하면서 조선의 영토인 독도의 위치를 인지했다고 하더라도 고유영토와는 무관하다. 오늘날 일본이 이러한 행위에 대해 역사적 권원을 갖는 일본의 고유영토라고 주장하면서 영유권을 주장하는 것은 타국영토에 대한 침략행위이다. 시마네현이 한국영토 독도에 대해 1905년 불법적인 편입조치를 취할 때에도 일본은 역사적 권원에 의거한 것이 아니라, 무주지 선점론에 의해 편입조치를 취한다고 했다. 그런데 최근 일본정부가 에도시대에 울릉도와 더불어 독도를 관리했다는 주장은 제국주의적인 영토 침략행위에 해당한다.

⑧ 울릉도를 공도(空島)화하여 영토로서 관리하던 시기에 수토사(搜討使)들이 울릉도에 도항하여 독도를 발견하지 못함으로써 종래의 우산도(독도)에 대한 지명 인식에 오류가 생겼다. 이것이 바로 '죽도'가 일본영토라는 역사적 권원이 되는 것은 아니라는 사실을 알아야 한다. 수토사들의 영토표식의 오류는 당시 정책 담당자가 보고서 작성상의 오류를 범한 것에 불과하며, 조선국이 영토(독도)를 포기한 것으로 해석해서는 안 된다.

⑨ 독도의 지명은 시대별로 다를 수도 있고, 또한 관찬 문헌상의 명칭과 토속적인 명칭 간에도 차이가 있다.

2. 신라, 고려
: 고유영토로서 「돌섬」(지금의 독도)의 인지

2.1 우산국의 「돌섬?」의 확인

울릉도에는 신라시대의 우산국 시기와 고려시대의 우릉성 시기에 각각 우산국 사람과 우릉성 사람들이 거주했다. 신라가 512년에 우산국을 복속시켰다고 하므로 우산국 사람들은 그보다 이전에 울릉도에 거주했다.

〈그림 1〉 풍일청명(風日淸明)할 때, 울릉도에서 독도가 보인다

조선 조정이 1403년 공도에 의한 수토정책을 실시할 때까지 1천여 년간 울릉도에 사람이 거주했던 것이다. 1천여 년간 울릉도에 사람이 살았는데, 울릉도에서 보이는 거리에 있는 독도의 존재를 확인하지 못했다고 할 수 없다. 따라서 우산국과 우릉성 시기에 '조선 동해에 울릉도와 더불어 또 다른 섬 「돌섬?」을 영토로서 인식하고 있었다'는 것은 역사적 진실이다. 물론 울릉도는 사람이 거주할 수 있는 섬이지만, 「돌섬?(독도)」은 사람이 거주할 수 없는 암초로 된 작은 섬이라는 것까지도 충분히 알고 있었을 것이다. 이러한 인식은 울릉도 거주민의 토속적인 인식이었다.

이러한 인식은 우산국이 신라에 복속된 이후 660년의 백제 멸망, 668년의 고구려 멸망, 676년 신라의 삼국통일부터 936년 멸망까지 400여 년간 신라와 복속관계를 맺고 있었기 때문에 우산국의 지리적 정보가 신라 조정에 전달되었을 것이다. 그러나 신라 조정은 어떠했을까?

기록에 남아 있지 않기 때문에 암초로 구성된「돌섬?」에 대해 신라 조정이 영토로서 인식하고 있었다고 단정할 수는 없다. 당시 섬의 중요성에서 보더라도 무인고도인「돌섬?」에 대해 신라 조정이 섬의 지리적 정보 즉 위치나 크기, 그리고 영토주권 등에 관해 명확한 인식을 갖고 있었다고 단정할 수는 없다.

하지만 우산국 사람들 입장에서 본다면「돌섬?」은 우산국의 생활권에 해당하여 분명히 섬의 존재를 명확히 알고 있었던 것이다. 오늘날의 개념으로 본다면「돌섬?」은 우산국 영토의 일부였다는 사실을 부정할 수 없다.

2.2 우릉성(羽陵城)의「돌섬」확인

고려 조정은 918년 건국 이후 직접적으로 우산국을 관리하기 위해 우릉성으로 행정을 개편했다. 우릉성 시기에는 중앙정부가 섬을 관리[7] 하였기 때문에 울릉도 거주민의 인식이 분명히 조정에 전달되었을 것이다. 바다를 삶의 터전으로 삼고 있었던 우릉성 사람들은「돌섬?」이 작은 암초로서 사람이 거주할 수 없는 섬이라는 사실에 대해 명확히 알고 있었을 것이다. 이러한 이유에서 고려 조정에서는 동해에 2개의 섬이 존재한다는 인식을 갖기 시작했을 것이다. 그러나 조정에서는 울릉도 거주민들의 토속적인 인식과 달리, 무인도라는 사실은 알면서도 섬의 크기나 형상 등에 대해서는 정확히 알지 못했을 것이다. 하지만 대략적으로 울릉도보다 작은 섬으로서 동해에 존재한다는 사실은 분명

---

7)「930 (3263, 庚寅) 고려 태조 13년」,「8월 우릉도(于陵島)에서 고려에 來朝, 方物을 바쳐옴에 따라 정위(正位)와 정조(正朝)의 관계(官階)를 하사함.」,『高麗史』권1 太祖世家1, 독도박물관, http://www.dokdomuseumgo.kr/ (검색일: 2013년 9월 16일).

히 인식했을 것이다.

그런데 신라시대와 고려시대에는 지도 제작이나 지리지의 편찬이 발달하지 않았기 때문에 독도와 관련된 자료는 없다. 1170년에 제작된 삼국사기와 이를 보완하여 제작된 삼국유사에 「울릉도라고 불리는 우산국이 있었다.」[8]라는 기록이 있을 뿐이다. 고려의 지리지 인식으로서는 1451년(문종 1)에 편찬된 「고려사 지리지」에 「울릉도(鬱陵島)는 현의 정동쪽 바다 가운데 있다. … 일설에는 우산(于山) 무릉(武陵)은 원래 두 개의 섬으로 서로 거리가 멀지 않아 날씨가 맑으면 바라볼 수 있다고 한다.」[9]라고 하여 울릉도와 우산도 2개의 섬이라는 인식이 있었다. 우산도 즉 지금의 독도에 관해서 언급하고 있는 것이다.

---

8) 「512(2845, 壬辰) 신라 지증왕 13년 6월 신라 하슬라주(何瑟羅州: 현재 강릉지역) 군주(軍主) 이사부(異斯夫) 우산국(于山國) 정벌. 『삼국사기』에는 우산국은 溟州 正東의 海島로 鬱陵島라 불리기도 했다고 기록되어 있으며, 『삼국유사』에는 같은 기사에 亐陵島(今作羽陵)라 기록되어 있음」, 『三國史記』권4 新羅本紀4 智證麻立干 13年條, 권44 列傳4 異斯夫傳, 『三國遺事』권1 紀異 智哲老王條. 독도박물관, http://www.dokdomuseum.go.kr/(검색일: 2013년 9월 16일).

9) 「1451(3784, 辛未) 조선 문종 1」, 「이 해에 '고려사'가 편찬되었는데, '地理志' 동계 울진현조에 "울릉도(鬱陵島)는 현의 정동쪽 바다 가운데 있다. … 일설에는 우산(于山) 무릉(武陵)은 원래 두 개의 섬으로 서로 거리가 멀지 않아 날씨가 맑으면 바라볼 수 있다고 한다."라고 기록하였음.」 『高麗史』권58 地理3 東界 蔚珍縣條. 독도박물관, http://www.dokdomuseum.go.kr/(검색일: 2013년 9월 16일).

3. 조선 초기
: 공도정책 시기 「우산, 울릉」 두 섬
인식과 「우산도」의 확인

3.1 「우산, 울릉」 두 섬 인식과 「우산 무릉 등처 안무사」의 미확인

조선 조정은 동해에 위치한 울릉도라는 섬에서 어민들의 피해가 속출하여 도민 관리차원에서 1403년 섬을 비우는 정책을 실시했다.[10] 그러한 사실을 알게 된 대마도에서 울릉도를 빌려줄 것을 요청하기도 했으나, 대여를 인정하지 않았다.[11] 조선 조정은 1416년에 김인우(金麟雨)를 한 개의 섬 이상, 즉 「무릉 등처 안무사(武陵等處 安撫使)」로 파견했고, 1425년에는 2개의 섬 이상, 즉 「우산 무릉 등처 안무사(于山武陵等處按撫使)」[12]로 파견했다.[13] 세종 시절에는 지리지를 편찬하면서 동해에 울릉도와 더불어 우산도가 존재한다고 명확히 표현했다.[14]

---

10) 「1403(3736, 癸未) 조선 태종 3」, 「8월 (강릉도)관찰사의 장계를 따라 강릉도 무릉도(江陵道 武陵島) 거주민을 육지로 나오게 함.」『太宗實錄』권6. 독도박물관, http://www.dokdomuseum.go.kr/(검색일: 2013년 9월 16일).

11) 「1407(3740, 丁亥) 조선 태종 7」, 「3월 대마도 수호(對馬島守護) 종정무(宗貞茂)가 잡혀간 사람들을 송환하고 토물(土物)을 바치며 무릉도(武陵島)에 옮겨 살기를 청하였으나 거절함.」『太宗實錄』권13. 독도박물관, http://www.dokdomuseum.go.kr/(검색일: 2013년 9월 16일).

12) 「1425(3758, 乙巳) 조선 세종 7」, 「10월 우산 무릉 등지의 안무사(于山武陵等處按撫使) 김인우(金麟雨)가 남녀 20명을 잡아오니, 충청도의 깊은 山郡에 정착시키고 3년간 세금을 면제해주기로 함.」『世宗實錄』권30.

13) 「1416(3749, 丙申) 조선 태종 16」, 「9월 삼척사람 전만호(三陟人 前萬戶) 김인우(金麟雨)를 무릉 등지의 안무사(武陵等處 安撫使)로 임명하여 거주민을 쇄환하게 함.」『太宗實錄』권32.

14) 「1432(3765, 壬子) 조선 세종 14」, 「'신찬팔도지리지(新撰八道地理志)'가 편찬되었는데, '강원도 삼척도호부 울진현조'에 "우산(于山), 무릉(武陵) 두 섬의 정동쪽 바다에 있는데, 두 섬은 서로 거리가 멀지 않아 날씨가 맑으

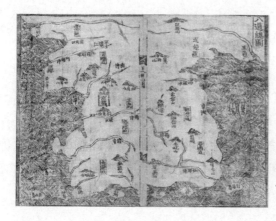

〈그림 2〉
동국여지승람-동람도(東覽圖)
-팔도총도(八道總圖), 1531
영남대박물관 소장

조선 조정에서 울릉도를 비웠지만, 동해에 두 개의 섬이 존재한다는 고려 조정의 인식을 새로 건국된 조선 조정도 그대로 계승하여 지리적 관찬서적을 제작했다. 즉 1432년의 「신찬팔도지리지(新撰八道地理志)」, 1451년의 고려사지리지, 1454년의 세종실록지리지, 1530년의 동국여지승람 등에 그대로 반영되었던 것이다.

1432년 「신찬팔도지리지(新撰八道地理志)」와 「세종실록지리지」에 '강원도 삼척도호부 울진현조'에 "우산(于山), 무릉(武陵) 두 섬의 정동쪽 바다에 있는데, 두 섬은 서로 거리가 멀지 않아 날씨가 맑으면 바라볼 수 있다."」라는 동일한 기록이 있다.

1481년의 「동국여지승람(東國輿地勝覽)」과 1530년(중종 25)의 「신증동국여지승람」에도 "우산도(于山島), 울릉도(鬱陵島) 혹은 무릉(武陵), 우릉(羽陵) 두 섬은 현 정동쪽 바다에 있는데, 날씨가 맑으면 나무 등을 볼 수 있고, 바람이 편하면 '2일만'에 도착할 수 있다. 일설에 의하

면 바라볼 수 있다."라고 기록함. 이 내용은 1454년(단종 2)에 편찬된 '세종실록지리지'에 그대로 실리게 됨.」「世宗實錄」권153 '地理志' 江原道 三陟都護府 蔚珍縣條」, 독도박물관, http://www.dokdomuseum.go.kr/(검색일: 2013년 9월 16일).

면 우산·울릉이 원래 하나의 섬이라고도 한다."[15]라고 하여 울진에서 울릉도까지 2일이 걸린다고 거리를 표현했다.

이들 「우산도」 관련 고문헌은 서술방식이 거의 흡사하다. 그것은 먼저 출간한 문헌이 나중에 출간한 문헌에 영향을 주었다는 것을 의미한다. 즉 동해에 울릉도와 더불어 우산도가 존재한다는 것은 실제로 「우산도」를 확인한 것이 아니라 관찬서적을 바탕으로 제작한 것이다. 그것은 실제로 본 것이 아니라 「우산도」의 존재를 인식했다는 것을 의미한다. 그래서 「우산도」에 관한 상세한 서술이 없으며, 이것은 우산도를 직접 발견하지 못했다는 것을 말해준다. 실제로 조선 조정은 「우산도」의 존재를 확인하기 위해 「요도(蓼島)」라는 이름으로 지금의 독도를 찾다가 결국은 찾지 못했다.[16]

이러한 이유로 고지도상으로 보면, 울릉도와 관계에서 「우산도」의 위치가 다른 4가지 유형의 지도가 등장한다. 첫째로는 울릉도와 유사한 크기로 동서남북에 그려진 「우산도」, 둘째로는 18세기에 들어와서 울릉도 이외에 「소위 우산도」라는 명칭이 등장하여 「울릉도」 주변의 여러 작은 섬 또는 바위 중의 하나로 「우산도」를 표기했다. 셋째로는 「우산도」의 위치가 대체로 울릉도 서쪽이 아닌 반대쪽에 위치한다는 인식을 갖고 울릉도 동쪽, 남쪽, 북쪽에 그려진 작은 섬으로서의 「우산도」, 넷째로는 1882년 울릉도 개척 이후에 나타나는 지도에 울릉도 동남쪽 바위섬으로서의 「우산도」를 표기하는 4가지 유형이 있다.[17]

---

15) 『新增東國輿地勝覽』권45, 江原道 蔚珍縣 山川條, 독도박물관.
16) 「1438 (3771, 戊午) 조선 세종 20」, 「7월 강원도 관찰사에게 요도(蓼島)의 위치를 다시 조사하게 함」 「世宗實錄' 권82」. 또, 「1445 (3778, 乙丑) 조선 세종 27」, 「8월 강원도 관찰사에게 요도(蓼島)를 찾는 자에게 포상할 것을 명하고, 또 남회(南薈)를 보내 찾게 했으나 끝내 실패함」, 『世宗實錄』 권82.

3.2 박세당 『서계잡록(西溪雜錄)』의 「우산도」 확인

조선 조정은 울릉도를 늘 영토로서 관리하고 있었다. 즉 임진왜란 이전에는 서계잡록(西溪雜錄, 1659)에 의하면 1556년, 「실록에 강원도 울릉도(鬱陵島)에 검은 새가 하늘을 뒤덮고 연해(沿海) 등처로 날아왔다고 하는데, 이것은 늘 있는 일이 아니고 어떤 기(氣)에 몰려서 그런 듯합니다.(傳聞江原道蔚陵島, 黑鳥蔽天, 飛出沿海等處. 此非常有之物, 有似爲氣所驅.)」[18]라는 기록이 있다.

1659년 박세당(朴世堂, 1629~1703)[19]의 『서계잡록(西溪雜錄)』(1659)의 「울릉도(鬱陵島)」와 그 이후의 기록인 『와유록(臥遊錄)』[20] 9권(한국학중앙연구원 장서각 소장)의 「울릉도(鬱陵島)」에도 울릉도와 더불어 우산도에 관한 기록이 나온다. 즉 「우산도는 지세가 낮아 바다 기상이 극히 청명하고, (울릉도의-필자 주) 가장 높은 지점에 올라갔을 때가 아니면 볼 수 없다. 울릉도는 매우 높아서 풍랑이 그치면 늘 볼 수 있다.(于山島勢卑不因海氣極淸朗不登最高頂則不可見鬱陵稍峻風浪息則尋常可見)」라고 한다. 즉 박세당(朴世堂)의 서계잡록(西溪雜錄) 「울릉도」[21]에 동해에 울릉도와 우산도가 보인다[22]는 기록이다. 이는 동해

---

17) 최장근, 「고지도상의 독도인 「우산도」가 칙령에서 「석도」로 변경된 경위」.
18) 「사정전 처마 밑의 주강에 나아가다」, 『명종실록』 명종 11년 병진(1556, 가정 35) 2월 3일(임진).
19) 「남구만의 매부이자 남학명의 고모부인 박세당(朴世堂, 1629~1703)의 간행된 적이 없는 친필 유고 서계잡록(西溪雜錄, 1659)의 글이 와유록에 있다는 것은 이 책의 편자가 남학명이라는 또 다른 강력한 증거이다. 박세당의 서계집(西溪集)에 남학명의 와유록에 대한 서문이 들어있다.」, 『와유록(臥遊錄)』.
20) 「와유록(臥遊錄)이란 제목의 책은 여러 종이 있으며, 주로 조선 후기에 많이 편찬되었다. 위 장서각본 와유록은 편자 미상으로 되어 있으나, 숙종 때 영의정을 지낸 남구만(南九萬, 1629-1711)의 아들 남학명(南鶴鳴, 1654-1722)이 편찬한 것으로 추정된다.」, 『와유록(臥遊錄)』.

〈그림 3〉 서계종택 고문서 중 '서계잡록'에 실려 있는 필사본

에 울릉도와 우산도 2개 섬의 존재를 언급하고 있는 것이다.[23]

박세당은 남구만의 매부로서 남구만과 동시대 사람이다. 남구만은 후일 1693-96년 안용복 사건 때에 일본 측의 대마도주가 울릉도를 일본영토라고 했을 때 울릉도와 죽도가 같은 섬으로서 울릉도는 한국영토임을 관철시킨 인물이다. 따라서 남구만은 박세당의 영향을 받은 인물이라고 할 수 있다.

또 박세당(朴世堂)의 서계잡록(西溪雜錄)에 「울릉도」에 관해서 「일

21) 「왕실도서관 장서각 디지털아카이브」, http://yoksa.aks.ac.kr/jsp/bb/Image View.jsp?bb10no=B01500306&imgnum=B01500306-020(검색일: 2013년 9월 1일).

22) 「박세당(朴世堂), 서계잡록(西溪雜錄, 1659) 울릉도 : 동해안에서 울릉도가 보인다」, http://botw.egloos.com/10928279(검색일: 2013년 9월 1일).

23) 여기서 박석창의 「소위 우산도」인 「죽도」가 동해안에서 보일 일은 없기 때문에 우산도가 죽도일 수는 없다. 이 표현을 보면 당시 강원도 지도에 등장하는 「우산도, 울릉도」의 섬 크기에 대해 우산도를 울릉도보다 약간 작게 그리는 이유가 바로 이 기록에 의한 것이 아닌가를 생각하게 한다. 아니면 가능성은 희박하지만. 「우산도, 울릉도」가 그려진 지도처럼 표현을 한 것인가? 라는 생각도 든다. 하여튼 이 사료는 실제로 울릉도와 우산도를 보았다는 사료증거이다.

찍이 자칭 임진왜란 때 일본에 잡혀가 병오년에 왜선을 따라 울릉도에
갔다고 하는 한 스님을 만났다. (이 스님의 이야기로-필자 주)섬에는
큰 산이 있는데, 세 개의 봉우리가 더욱 높이 솟아 있었다. 섬의 3면이
모두 벽립(壁立)하여 만 장(萬丈)이나 되었다. 남쪽 가장자리는 조금
트였으나 산이 여기저기 솟아 있었다. 어린 아자(牙子)가 버티고 늘어
서 있는 물은 수심이 낮고 뱃길이 극히 험하고 좁아 언덕으로 오르기가
어려웠는데, 하얀 모래가 편평하게 펼쳐져 있었다. 큰 소나무가 줄지어
심어져 있고 산은 시야가 트여 멀리 바라볼 수 있었으며, 강물이 강을
따라 10여 리를 흘러 나가는데, 왕대가 덤불을 이루어 햇빛을 볼 수
없었다. 대군(大君) 양주(梁柱)는 작아서 연목(椽木, 서까래 나무)에
못지않았다. 또 수풀을 뚫고 10여 리를 나아가니 대나무 숲이 있었는데
대나무가 굵고 길었으며, 어린 왕대나무 숲이 보이지 않자 벌판이 탁
트였는데, 시골 마을 터가 있었다. 산에 진귀한 나무와 약초가 많아,
왜적은 대나무를 베고 약초를 채취하여 우리 배(渠守船) 근처의 배에
실었다. 마침 함께 있던 포로 7명과 밤에 서로 이야기해보니 새벽 동틀
무렵 배를 출발하여 내일 신시(오후 3~5시)가 되면 겨우 영해(寧海)땅
위에 도착할 것이라고 말했다.」라고 기록하고 있다. 울릉도에서 영해
까지의 거리는 「새벽 동틀 무렵 배를 (울릉도에서-필자 주)출발하여 내
일 신시(오후 3~5시)가 되면 겨우 영해(寧海)땅 위에 도착」이라는 것
이다.

그리고 울릉도와 우산도와의 관계에서는 「대개 두 섬은 그 거리가
멀지 않아 한번 바람을 타면 도착할 수 있다. 우산도는 지세가 낮아
날씨가 아주 맑지 않거나 (울릉도에서-필자 주) 최고 정상에 오르지 않
으면 보이지 않는다. 울릉도가 조금 더 높다. 풍랑이 잦아들면 대수롭
지 않게 볼 수 있다. 미록태장(麋鹿態獐)이 이따금 바다를 건너 나온

다. 아침 해의 높이가 겨우 3장일 때에 섬 안의 황작(참새나 꾀꼬리) 무리가 죽변곳(岬)에 날아와 앉는다.」[24]라고 하고 있다.

여기에서 「우산도는 지세가 낮아 날씨가 아주 맑지 않거나 (울릉도 의-필자 주) 최고 정상에 오르지 않으면 보이지 않는다.」[25]라는 대목으로 보아 울릉도와 우산도임이 분명하다. 동해에 있는 섬 중에 울릉도에서 날씨가 아주 맑아야 보이는 섬은 「우산도」(지금의 독도)뿐이다. 그리고 울릉도에서도 높은 곳에 올라야만 보이는 곳도 「우산도」(지금의 독도)뿐이다.

그리고 우산도에 관해서 섬세하게 표현하지 않는 것은 박세당이 스님의 이야기를 듣고 기록한 것이기 때문이다. 그래서 우산도도 울릉도와 유사한 크기의 섬으로 생각했던 것으로 추측된다.

---

24) 「嘗遇一僧 自稱 壬辰之亂俘入日本 丙午隨倭船至鬱陵島 島有大山三峰尤峻 發 島三面皆壁立萬仞 南邊稍開豁然亂山 若犬牙撑列水底舟道極險狹難入登 岸 則白沙平鋪 長松列植山開望潤 而江水流出緣江行十餘里 則篔簹作藪不 見天日 大君梁柱小不減椽杠 又穿藪行十餘里 則有竹林其脩 大若篔簹竹林 旣窮 而原野夷曠 有村居墟落 山多珍木藥草 倭方伐竹採藥 留渠守船 鄰船適 有同伴七人 夜與相語 天將曉發船 以來日纔晡已 到寧海地面云 盖二島去此 不甚遠 一飄風可至 于山島勢卑 不因海氣極淸朗 不登最高頂 則不可見鬱陵 稍峻風浪息 則尋常可見 麋鹿態獐往往越海出來 朝日纔高三丈 則島中黃雀 群飛來接竹邊串」, 박세당(朴世堂)의 서계잡록(西溪雜錄), 한국학중앙연구원 서계종택 고문서.

25) 이 표현은 전문을 적은 것이라서 바라 본 곳이 어디라는 것은 정확하지 않다. 따라서 울릉도에서 독도를 바라보았을 때의 상황을 표현한 것이라 생각된다.

4. 조선 중기
: 안용복 시기의 '자산도'(현재의 독도)의 확인

1403년 조선정부는 여진족과 왜인들의 울릉도 잠입으로 울릉도민의 생명과 재산을 보호할 수 없는 상황이 되었다. 그래서 울릉도민의 생명과 재산을 보장하고 울릉도의 영토를 수호하는 의미에서 울릉도민을 쇄환했다. 그 이후 울릉도는 공식적으로 사람이 거주하지 않는 섬이 되었다. 그러나 울릉도는 한약재의 산삼, 해산물, 선박용 목재가 풍부하여 은밀히 조선 인민은 물론이고 일본인 그리고 여진족까지 내항하는 섬이 되었다.

1403년부터 섬을 비우고 290여 년이 지나 1693년경에 안용복은 울릉도에 내항하게 되었다. 안용복은 울릉도에서 일본인과 조우하여 양 국민 간에 영토분쟁이 발생했다. 1620년경부터 내왕하고 있던 일본어부들은 1693년 안용복 일행을 범법자로 내몰고 울릉도 도항을 계속하기 위해 그들을 일본으로 납치했다. 그러나 안용복은 일본의 막부로부터 울릉도가 조선영토임을 인정받고 대마도를 통해 귀국하는 과정에 대마도주에게 「영토서계」를 빼앗겼다. 대마도는 안용복 일행을 인계하면서 오히려 울릉도의 영유권을 주장함으로써 한일 간에 울릉도 영토분쟁이 시작되었다. 안용복은 1696년 양국정부 간 분쟁이 지속되고 있던 사이에 스스로 울릉도, 자산도 영토문제를 해결하기 위해 울릉도-자산도를 거쳐 돗토리번에 도해(渡海)했다. 이때 안용복은 「조울양도 감세장」이라는 직함을 사칭하여 일본인들을 울릉도에서 추방했던 것이다. 일본에서는 조선영토임을 증명하는 지도자료 「조선지팔도(朝鮮之八道)」를 제시하여 죽도(울릉도)와 송도(자산도=독도)가 강원도의 일부로서 조선영토임을 주장했다. 여기서 「조울양도 감세장」이라는 말은

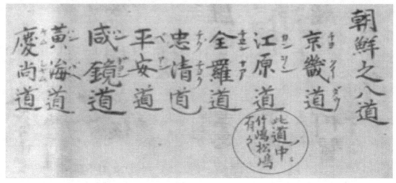

〈그림 4〉「조선지팔도(朝鮮之八道)」, 1696년 안용복이 제2차 도일 때 일본에 제시한 것.

울릉도에서 양국 국민들 간에 밀무역이 성행하고 있었음을 말해주고
있다. 이때 안용복은 동해에 울릉도와 더불어「자산도(子山島)」2개 섬
의 존재를 명확히 확인했다. 안용복이 울릉도가 조선영토임을 일본의
중앙정부와 지방정부에 제보함으로써 조일 양국 간의 외교문제가 되었
고, 일본의 막부는 임진왜란 이후 조선과 친선관계를 유지하고 있었고,
조선과의 분쟁을 더 이상 원하지 않았기 때문에 조선동해에 위치한 울
릉도와 독도가 조선영토임을 인정하고 일본어부들의 도해를 금지시켰
다. 이로 인해 조일 양국 간의 국교는 지속적으로 유지되었던 것이다.
　안용복은 2차례에 걸쳐 울릉도에서「자산도」를 거쳐 일본 돗토리번
으로 도항했다. 1차 도항은 일본인에게 납치된 것이었고, 2차 도항은
일본인들의 울릉도,「자산도」의 영유권 주장에 대해 항의하기 위해 일
부러 스스로 도항했던 것이다. 일본 측 사료「원록9년 각서」에 의하면
이때에 안용복은 일본 측에 울릉도와 더불어「자산도」가 조선영토임을
명확히 주장했고, 일본 측에서도 이런 사실을 접수했으며 그 주장에
대해 반대했다는 기록은 없다. 따라서 안용복 사건에 의해 우산도(자산
도)의 위치를 조선 조정에서도 명확히 확인하게 되었던 것이다.

1692년 안용복 사건이 발생한 이후, 조선 조정은 1694년 첫 번째 수토관(搜討官)으로서 장한상(張漢相)을 울릉도에 파견했다. 장한상이 쓴 「울릉도사적(蔚陵島事蹟, 1694년 숙종 20년)」에는 "울릉도에서 서쪽을 바라보니 대관령의 구불구불한 모습이 보이며, 동쪽을 바라보니 바다 가운데 섬이 하나 있는데 아득히 동남방에 위치하며, 섬의 크기는 울릉도의 3분의 1에 못 미치고 거리는 300여 리에 지나지 않는다(西望大關嶺遠迤之狀 東望海中有一島 杳在辰方 而其大末滿蔚島三分之一 不過三百餘里)"[26]라고 되어 있다. 장한상은 안용복 사건이 진행 중인 상태에서 울릉도를 수토했기 때문에 「우산도」의 존재 확인을 목표로 하여, 울릉도에서 독도를 발견했던 것이다. 조선 조정에서는 울릉도와 더불어 「우산도」가 존재한다는 것을 확인하였다. 안용복 사건은 1696년 막부의 울릉도 도해 금지령으로 일본어부들이 울릉도와 우산도의 도해가 금지되면서 영토분쟁은 막을 내렸다.

5. 조선 중후기
: 수토사 시기의 「우산도」의 미확인

5.1 이준명 수토사의 「우산도」의 미확인

1697(숙종 23)년 1월 대마도에서 왜의 사신(倭使)이 와서 막부(幕府) 관백(關白)의 명으로 죽도(竹島)를 조선의 영토로 인정하고 일본인의 출입을 금하였고, 3월 안용복은 공을 인정받아 사형을 면하고 귀

---

26) 「장한상(張漢相), 울릉도사적(蔚陵島事蹟): 1694」, http://valley.egloos.com/viewer/? url=http://botw.egloos.com/10930767.

양조치가 내려졌다. 조선 조정은 바로 3년에 1번씩 울릉도에 수토관
(搜討官)을 파견하기로 결정했다.27)

그래서 1699(숙종 25)년 강원도 월송만호(越松萬戶) 전회일(田會一)
이 울릉도(鬱陵島) 수토를 위해 파견되었는데, 3년에 1회 수토를 정례
화했지만 1698(숙종 24)년에 영동지방의 흉년으로 수토관을 파견하지
못하고 이듬해에 파견한 것이다. 전회일은 지도와 토산물을 조정에 바
쳤다.28)

1702(숙종 28)년 5월 삼척영장(三陟營將) 이준명(李浚明)도 울릉도
(鬱陵島)를 수토하고 지도와 함께 토산물을 바쳤다.29) 1705(숙종 31)
년 6월 울릉도(鬱陵島) 수토 후 돌아오는 길에 평해(平海) 등의 군관
(軍官) 황인건(黃仁建) 등 16명이 익사했다.30) 1708(숙종 34)년 2월 부
사직(副司直) 김만채(金萬埰)가 울릉도(鬱陵島)에 진(鎭)의 설치를 상
소했으나 이루어지지 않았다.31) 1717(숙종 43)년 3월 강원도 관찰사
이만견(李晩堅)이 흉년을 이유로 당해의 울릉도(鬱陵島) 수토(搜討)의
정지를 장계하여 수토가 이루어지지 않았다.32) 1726(영조 2)년 10월
강원도 유생(儒生) 이승수(李昇粹)가 울릉도(鬱陵島)에 변장(邊將)을
두고 주민을 모아 경작을 허락해달라고 상소했으나 이루어지지 않았
고,33) 1735(영조 11)년 1월 강원도 관찰사 조최수(趙最壽)가 흉년을 이
유로 당해의 울릉도(鬱陵島) 수토를 정지할 것을 건의했으나, 수토가

27) 『肅宗實錄』권31, 『承政院日記』肅宗23年 4月13日條, 『邊例集要』권17 雜條
附鬱陵島.
28) 『肅宗實錄』권33.「울릉도/독도연표」, 독도박물관.
29) 『肅宗實錄』권36, 「울릉도/독도연표」, 독도박물관.
30) 『肅宗實錄』권42, 「울릉도/독도연표」, 독도박물관.
31) 『肅宗實錄』권46, 「울릉도/독도연표」, 독도박물관.
32) 『肅宗實錄』권59, 「울릉도/독도연표」, 독도박물관,
33) 『英祖實錄』권1, 「울릉도/독도연표」, 독도박물관,

행해졌다.[34] 1769(영조 45)년 10월 「영의정 홍봉한(洪鳳漢)의 건의로 문적(文蹟)을 널리 모아 울릉도에 관한 책자를 만들기로 함. 제조 원인손(元仁孫)에게 명하여 삼척영장을 지낸 자와 더불어 울릉도의 지형과 물산을 그리게 했다.」[35] 그리고 수토사는 대략 한번에 10여 명이 수토에 가담했다고 한다.[36]

또한, 「삼척영장(三陟營將) 이준명(李浚明)과 왜역(倭譯) 최재홍(崔再弘)이 울릉도(鬱陵島)에서 돌아와 그곳의 도형(圖形)과 자단향(紫檀香), 청죽(靑竹), 석간주(石間朱), 어피(魚皮) 등을 바쳤다. 울릉도는 2년을 걸러 변장(邊將)을 보내어 번갈아 가며 찾아 구하는 것이 이미 정식(定式)으로 되어 있었는데, 올해에는 삼척(三陟)이 그 차례에 해당하기 때문에 이준명이 울진(蔚珍) 죽변진(竹邊津)에서 배를 타고 이틀 밤낮만에 돌아왔는데, 제주(濟州)보다 갑절이나 멀다고 한다.」[37]에서 왜역(倭譯) 최재홍(崔再弘)을 동반한 것으로 보아 수토사의 목적은 일본인들의 울릉도 내항을 우려하여 일본인들의 침입으로부터 울릉도를 영토로서 관리하는 것이었다.

이처럼 안용복 사건을 계기로 숙종과 영조 시대에는 흉년 등의 특별한 경우를 제외하고 울릉도에 정기적으로 수토사를 파견했고, 또한 울릉도에 이주민의 거주를 검토하기도 했던 것이다.

수토사들 중에서 월송만호 전회일과 울릉도 수토관 삼척영장 이준명은 「울릉도도형」[38]을 그려서 조정에 보고한 것으로 되어있다. 먼저

---

34) 『英祖實錄』권40.
35) 『英祖實錄』권113.
36) 「營將一名, 倭學一名, 軍官二名, 營吏一名, 吏?一名, 庫子一名, 軍牢二名, 都?一名」.
37) 숙종 36권, 28년(1702 임오, 청 강희(康熙) 41년) 5월 28일(기유). 「삼척영장 이준명 등이 울릉도에서 돌아와 그곳의 도형과 자단향 등을 바치다.」

전회일의 지도를 분석해보면 다음과 같다.

전회일의 「울릉도도형」에 나타난 지명을 보면,「통구미(桶龜尾), 도장구미(都藏龜尾), 평초구미(萍草龜尾), 사태구미(沙汰龜尾), 대풍소(待風所), 황토굴(黃土窟), 대풍구미(待風龜尾), 공암(孔巖), 현석구미(玄石龜尾), 추봉(錐峯), 천저구미(天底龜尾), 후죽암(帳竹巖), 용암(龍巖), 소우도(小于島), 대우도(大于島), 저전(苧田), 왜선창구미(倭船倉龜尾), 장사구미(長沙龜尾), 저전(楮田), 竹田(죽전)」 등이 있다.

이 지도에 독도의 위치가 그려져 있지 않은 것을 보면 당시에 울릉도에서 독도를 바라볼 수 없었던 것으로 판단된다. 그러나 전회일은 동해에 2개의 섬 「울릉도와 우산도가 존재하다」고 하는 조선 조정의 인식을 갖고 있었기 때문에 울릉도 이외에 또 다른 섬 우산도에 대해서는 오늘날의 「죽도」를 '대우도(大于島)', 관음도를 '소우도(小于島)'라고 표기했다.

5.2 전회일 수토사의 「우산도」 미확인

다음으로 1702(숙종 28)의 이준명의 「울릉도도형」에 나타난 지명을 살펴보면, 「통구미(桶仇味), 도장구미(都藏仇味), 평초구미(萍草仇味), 사태구미(沙汰仇味), 대풍소(待風所), 주토굴(朱土窟), 대풍구미(待風仇味),공암(孔巖), 현석구미(玄石仇味), 추봉(錐峯), 천저구미(天底仇味), 후죽암(帳竹巖), 용암(龍巖), 소우도(小于島), 대우도(大于島), 저전(苧田), 왜선창(倭船倉), 장사구미(長沙仇味), 저전(楮田)」 등이 있다.[39]

---

38) 「울릉도와 독도를 표시한 조선지도목록」, http://blog.naver.com/cms1530/10033241907(2012년 1월 18일 검색). 「울릉도도형(鬱陵島圖形)」, 작자미상, 국립중앙도서관.

〈그림 5〉
울릉도도형(鬱陵島圖形)
작자 미상, 국립중앙도서관 소장

지명의 특징으로는 대부분 전회일의 것과 동일하지만, 전회일의 'ㅇ
ㅇ구미(龜尾)'가 'ㅇㅇ구미(仇味)'로 바뀐 정도의 차이이고, 전회일과 동
일하게 현재의 죽도는 '대우도(大于島)', 관음도는 '소우도(小于島)'라고
표기했다. 이는 서로 간에 인식적으로 영향을 주었다는 것을 의미한다.

수토사 전회일도 「울릉도도형」에 오늘날의 독도를 표기하지 않은
것으로 보아, 울릉도에서 독도를 바라보지 못했던 것으로 확인된다. 여
전히 동해에 「울릉도」와 「우산도」라는 섬이 존재했다는 조선시대의 인
식을 답습하여 「전회일」의 지도와 같이 「소우도」와 「대우도」를 표기하
여 영유권 의식을 나타내었다.

5.3 박석창의 「우산도」 미확인

그다음으로 수토사 박석창에 대해 살펴보면, 1711(숙종 37)년에 수

---

39) 「울릉도와 독도를 표시한 조선지도목록」 참조. 울릉도도형(鬱陵島圖形),
삼척시립박물관 소장, 조선 후기.

〈그림 6〉 울릉도도형 (鬱陵島圖形), 조선후기, 삼척시립박물관 소장

토관으로 파견되었던 삼척영장 박석창40)도 울릉도를 조사하고 돌아와
서 조정에 「울릉도도형(鬱陵島圖形)」을 그려 올렸다.41) 즉 「신묘 5월
14일 왜선창에서 대풍소(待風所)로 배를 옮겨 서툰 글 한마디 표기하
다. 뒷날 방상(方上)에 묘암목을 세워 새겨 넣었다. 만 리 푸른 바다
밖 장군 계수나무 배에 오르다. 평생을 충신(忠信)에 기대어 험난함이
스스로 사라진다. 수토관 척위장군 삼척영장 겸 수군 첨절제사 박석창,

40) 「울릉도와 독도를 표시한 조선지도목록」, 이상태(2007)『사료가 증명하는
독도는 한국땅』, 경세원, 92쪽. 한국, 박석창, 1711, 서울대학교 규장각 소장.
41) 『승정원일기』, 「숙종 36년 9월 27일(무오) 원본456책/탈초본24책(5/5) 1710
년 康熙(淸/聖祖)49년. 「梁益命 등에게 관직을 제수함」. ○有政。兵批, 同
知梁益命, 文兼吳勳, 同知崔萬尙, 全羅左水使李壽民, 文兼朱恒道, 景福宮假
衛將具文行, 文兼洪錫九, 部將趙德基, 忠壯衛將金泰雄, 三陟營將朴錫昌, 五
衛將李徵瑞, 衛率李玆田, 都摠管李弘述, 武兼李益祕, 幕嶺萬戶鄭天奉, 司禦
崔邦彦, 訓鍊主簿閔濟章, 加德僉使朴昌潤, 知事尹以道, 副摠管尹趾仁, 江口
權管單羅晩濟。吏批, 待敎單宋成明, 以李命世爲兵曹佐郎, 李頤晩爲鐵原府
使, 尹趾仁爲同義禁, 呂必建爲假引儀, 李徵海爲原州牧使, 韓識爲麒麟察訪,
洪重衍爲司僕判官, 李濂爲工曹佐郎, 朴行義爲奉常正, 洪裕道爲西部參奉,
林象德爲吏曹正郎, 朴泰恒爲判決事, 丁道復爲修撰, 徐命遇爲持平, 韓配周
爲司諫, 金德基爲承旨。

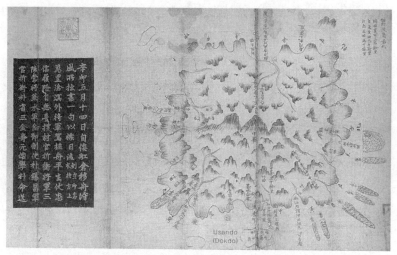

〈그림 7〉 울릉도도형(鬱陵島圖形), 1711, 박석창, 서울대학교 규장각 소장

군관 절충 박성삼 · 김수원, 왜학 박명일」[42]이라는 것이다.

1699년의 전회일과 1702(숙종 28)년의 이진명이 그린 「울릉도도형 (鬱陵島圖形)」[43]과 박석창의 「울릉도도형(鬱陵島圖形)」을 비교하여 그 지명의 특징을 살펴보면, 박석창은 오늘날 「죽도」에 대해 「소위 우산도」라고 표현했다. 이것은 세종실록지리지, 동국여지승람, 고려사지리지 등에 「동해에 울릉도와 우산도가 존재한다.」라고 하는 영토인식을 반영한 것이다. 여기서 특히 주의할만한 것은 세종실록지리지에 등장하는 「우산도」가 아니라, 「소위 우산도」라고 했다는 점이 중요하다.

---

42) 辛卯 五月十四日 自倭舡倉移舟待風所 拙書一句以標 日後(刻立卯岩木於方 上) 萬里滄溟外 將軍駕桂舟 平生伏忠信 履險自無漫 搜討官折衡將軍 三陟 營將兼水軍僉節制使朴錫昌 軍官折衡朴省三金壽元 倭學朴命逸(한글 번역: 한마음님).
43) 전회일과 이진명의 지도에서는 오늘날의 「죽도」와 「관음도」를 「소우산」 과 「대우산」으로 표기했다.

울릉도는 실제로 확인되었지만, 「우산도」는 실제로 확인되지 않았기 때문에 「일단은 우산도라고 명칭해둔다」라는 의미에서 추측성의 표현을 한 것이다. 이렇게 볼 때 박석창은 이전의 전회일과 이진명이 그린 「울릉도도형」에 그려진 「소우산, 대우산」 지명에 대해 의문을 가졌음이 분명하다. 동해에 울릉도와 우산도 2개의 섬이 존재한다는 인식은 명확히 가지고 있었지만, 실제로는 우산도(지금의 독도)를 발견하지 못했다는 것을 의미한다. 요컨대, 이들 수토사들의 「울릉도도형」에서는 모두 동국여지승람, 세종실록지리지, 고려사지리지 등의 「동해에 울릉도와 우산도 2개의 섬이 존재한다.」고 하는 인식에서 「우산도」에 대한 영토의식을 반영한 것이었다.

안용복 사건 이후 조선 조정에서는 울릉도를 비롯하여 문제가 된 「우산도」에 대해서도 영토수호를 위한 영유권 의식을 강화했다. 안용복 사건 이후 3년에 한 번씩 수토사를 파견하여 울릉도와 우산도를 수호한다는 방침을 결정했다. 이 수토사들은 울릉도에 도항했고, 귀국해서는 조정에 보고서를 작성하여 올렸다. 그러나 그곳에는 울릉도와 우산도를 표기했다. 수토사가 방문하였을 때는 날씨가 선명하고 바람이 불 때, 독도 방향 20km 이상 접근하거나 해발 200m의 고지에 도달하지 않으면 보이지 않는 독도를 발견하지 못했던 것이다. 이들 수토사들은 영유권 의식의 발로로 울릉도와 더불어 「우산도」의 지명을 반드시 지도에 표기했던 것이다. 이들의 영유권 의식은 울릉도와 「우산도」에 머물지 않고, 우산도를 대우산과 소우산으로 나누어 지금의 관음도까지도 영토임을 명확히 했던 것이다.

다시 말하면, 이들 수토사들의 영토의식은 강했지만, 전회일과 이진명은 정확한 조사에 의한 것이 아니라 독도를 확인하지 못하고 눈에 보이는 죽도와 관음도를 소우산과 대우산으로 표기했고, 박석창은 동해에 두 섬이 존재한다는 인식을 더욱 명료하게 표현했으나, 죽도를 「소위 우산도」라고 표기하는 오류를 범했던 것이다. 이는 훗날 독도 영유권을 혼란스럽게 하는 장본인이 되었다.[44]

그러나 이들 수토사들의 「울릉도도형」은 단지 보고서에 불과하다. 여전히 조정의 인식은 동국여지승람과 같은 인식으로 「우산도(독도)」에 대한 영유권을 갖고 있어서 수토사들의 잘못된 표기와는 무관하다.

이를 반영이라도 하듯이, 1770년에 작성된 「동국문헌비고」에는 「여지지에 이르기를 울릉과 우산은 모두 우산국의 땅인데 우산은 왜인들이 말하는 송도이다.」라고 하여 1770년 시점에서는 우산국시대에 울릉도와 우산도를 영역으로 하고 있었다는 영토인식을 갖고 있었다. 왜인들이 송도(松島)라고 하지만, 우산도는 고대부터 조선의 고유영토라는 인식을 갖고 있었다. 이를 볼 때 1770년 이전에 현재의 독도를 둘러싸고 정부 간의 외교분쟁인지 사사로운 민간인들 간의 논쟁인지는 알 수 없지만, 조선과 일본 사이에 영유권 논란이 있었던 것으로 해석된다. 경우에 따라서는 안용복 사건을 회상하면서 울릉도와 더불어 우산도에 대해 영토의식을 명확히 표현한 것이었다고도 할 수 있다.

5.4 이규원 관찰사의 「우산도」의 미확인

근대에 들어와서 조일수호조규와 더불어 조선의 문호가 개방되자 울릉도에도 예외 없이 일본인들이 불법적으로 빈번히 침입했다. 이런 사실을 조선정부가 알고 1882년 5월 울릉도검찰사 이규원을 보내 섬을

---

44) 관리들이 한번 범한 오류는 국익에 지대한 영향을 미친다는 것을 깨달아야 한다. 김대중 대통령의 신한일 어업협정으로 독도를 공동관리수역에 포함시킨 행위는 일본으로 하여금 독도에 대한 영유권을 주장하게 하는 빌미를 제공하였던 점을 다시 한번 상기해본다.

순찰하도록 했다. 이때에 조사한 결과를 지도로 제작하여 고종에게 올렸다. 원래 울릉도 내부 지역을 그린 「울릉도내도(內圖)」와 함께 「울릉도외도」45)가 한 쌍으로 이루어졌다. 「울릉도외도」는 이전 수토사 「전회일」, 「이진명」 등과 마찬가지로 섬 주변에서 해안을 자세히 그리려고 한 것으로 섬 외부에서 내부 방향으로 그리고 있다.

이규원이 조사한 바위와 섬의 이름을 크기순으로 나열하면 다음과 같다. ①대암(大巖) ②홍암(虹巖) ③죽도(竹島) ④도항(島項) 순이었다. 그 외에 촉기암, 형제암, 시어머니바위(老姑巖), 종바위(鐘巖), 장군바위(將軍巖), 투구바위(주암胄巖), 꽃바위(華巖), 봉바위(鳳巖) 등을 표기했다.46) 이들 섬은 모두 울릉도 주변에 산재한 암초이다. 암초가 아닌 섬으로서는 죽도(竹島)와 도항(島項)뿐이었는데, 이들 명칭은 이전의 수토사들이 붙인 명칭과는 다르다. 따라서 이는 울릉도 거주민들에 의해 불리던 명칭으로 판단된다. 그 이외 섬의 명칭은 이전 수토사들이 작성한 지도를 참고로 해서 붙였을 가능성이 크다.

1882년 이규원의 울릉도 검찰 일정을 통해 당시에 사용되었던 울릉도 지명을 살펴보면 다음과 같다.47)

----

45) 이상태(2007) 『사료가 증명하는 독도는 한국땅』, 경세원, 97쪽.
46) 이규원 관찰사가 그린 「울릉외도」를 참고함.
47) 그리고 이규원이 울릉도 검찰 도중에 만난 사람들과 확인했던 장소와 만난 사람들의 출신지역은 다음과 같다. 즉 「소황토구미(학포): 전라도 흥양 삼도 김재근 외 23명(배를 짓고 미역을 따는 일), 대황토구미(태하동): 평해 최성서 외 13명(상인), 경상도 경주 7명(약초채집), 경상도 연일 2명(대나무 벌목), 왜선창(천부): 전라도 낙안 이경칠 외 20명(상인), 경상도 흥해(흥양) 초도 김근서 외 19명(조선), 나리동: 경기도 파주 정이호(약초상), 성인봉-저동으로 가는 길: 전라도 함양 전석규, 도방청(울릉), 장척지포(사동): 두 군데 일본인 합계 78명(벌목), 장척지포(사동): 경상도 흥해(흥양) 초도 김내언 외 12명(조선), 통구미진: 경상도 흥해(흥양) 초도 김내윤 외 22명(조선)」 등이다.

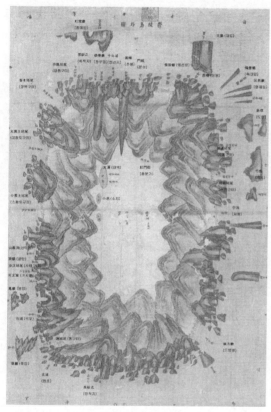

〈그림 8〉
울릉도 외도, 이규원, 1882
서울대학교 규장각 소장

즉,「4월 27일 평해에서 10리쯤 떨어진 구산포 도착, 4월 29일 구산
포에서 출발, 4월 30일 오후 5~7시경 소황토구미(학포) 도착, 5월 1일
풍랑이 크게 일다. 5월 2일 산을 올라 대황토구미(태하동)에 도착(학포
-태하동이 산길 30리?), 5월 3일 고개를 넘고 숲을 뚫고 흑작지(黑斫支,
가문작지, 거문작지, 현포)에 도착, 배를 타고 노를 저어 창우암(倡優
岩, 노인봉), 천년포(千年浦), 추봉(錐峰, 송곳봉우리, 송곳산), 왜선창
(倭船艙, 천부, 북면의 면소재지), 깊은 계곡으로, 다섯 개의 큰 고개
홍문가, 나리동(羅里洞), 5월 4일 성인봉(聖人峰)에서 동쪽으로 십 여

리 가서 전석규의 초막, 저포(苧浦, 저동, 苧洞, 모시개)에 노숙, 5월 5일 도방청포(道方廳浦, 도동, 道方, 道方廳)에서 왜인을 만남, 장작지 포(長斫之浦, 沙洞, 長斫支 浦口), 5월 6일 장작지포에서 통구미(桶邱 尾)로 가는 도중에 일본이 세워 놓은 표목을 보다. 5월 7일 곡포(谷浦, 골계, 谷溪, 남양동), 5월 8일 소황토구미로 다시 도착, 5월 9일 서쪽으로 십여 리 가서 향목구미-대황토구미-대풍구미-흑척지-왜선창-선판구미, 선판구미 남쪽바다에 두 개의 작은 섬(죽도, 도항), 5월 10일 도방청-장작지-통구미-흑포-사태구미(沙汰邱尾)-산막동(山幕洞)-소황토구미, 5월 11일 오전 7시~9시경 평해로 출발, 5월 13일 오후 9시~11시경 평해에 도착했다.」고 한다.

요컨대, 오늘날의 「관음도」에 대해 1882년 이규원이 제작한 「울릉도 외도」에는 「도항」으로 표기되어 있고, 「죽도」라는 명칭은 이규원의 조사 때부터 쓰이기 시작한 것이다.[48)

5.5 이규원 이후 지도제작자들의 「우산도」위치 모방

① 「여지도」와 「광여도」 계통

「여지도」와 「광여도」 계통의 지도는 대체로 18세기 후반의 지도이다.

----

48) 1909년의 『한국수산지』[1) 부속지도(海圖306호)에는 「鼠項島」이라고 한자로 표기하여 「Somoku Somu」(한국명 섬목, 일본명 소모쿠)이라고 호칭했다. 조선수로지에도 鼠項島(Somoku Somu)라고 표기했다. 일본식 표기의 「소모쿠」는 한국식의 「섬목」이라는 표현이다. 지금의 「죽도」는 1909년 『한국수산지』에는 「竹嶼」라고 표기하여 「Tei Somu」이라고 호칭했다. 이는 「대나무의 섬」이라는 의미로 「대섬」을 말한다. 박병섭(2011) 「일본의 독도 영유권 주장에 대한 관점」, 『한일 양국의 관점에서 본 울릉도 독도 국제심포지움』, 154쪽. 박병섭(2010) 「明治時代の鬱陵島漁業と竹島＝獨島問題(二)」, 『北東アジア文化研究』32号, 210쪽. 박병섭(2010 「한말의 울릉도 어업과 독도 영유권문제」, 「독도연구」8호, 68쪽.

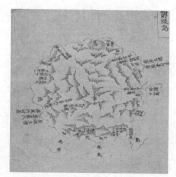

〈그림 9〉「여지도」계통지도[49)]　　　〈그림 10〉「광여도」[50)]

② 「청구도」와 「동여도」계통

「청구도」와 「동여도」계통의 지도는 대체로 19세기 초반의 지도이다.

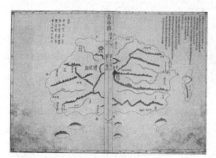

〈그림 11〉『청구도』계통지도[51)]　　　　〈그림 12〉「동여도」[52)]

49)「울릉도와 독도를 표시한 조선지도목록」참조, 국립중앙도서관 소장, 1736-
1776.
50)「울릉도와 독도를 표시한 조선지도목록」참조, 서울대학교 규장각 소장, 1737-
1776.
51)「울릉도와 독도를 표시한 조선지도목록」참조, 김정호, 국립중앙도서관
소장, 1860-1872.
52)「울릉도와 독도를 표시한 조선지도목록」참조, 1795-1800: 동여도(東輿
圖)-울릉도(鬱陵島), 일본 쓰쿠바대학부속도서관(筑波大学附属図書館).

6. 개척기(1883-1899)
: 울릉도 거주민의 「독도」의 존재 확인

1881년 5월 강원도 관찰사가 조선 관원이 울릉도를 수토하던 중 일본인들의 도항을 적발한 사실을 확인하고 이를 중앙정부에 보고했다.[53] 1882년의 조사 결과 울릉도에는 이미 주로 조선업(129명)에 종사하던 조선인 140명(전라도 115명)과 주로 벌목에 종사하던 일본인 78명이 거주하는 사실을 확인했다. 일본인들은 「대일본국(大日本國) 송도(松島) 규곡(槻谷) 메이지(明治) 2년 2월 13일 이와자키 다다테루(岩崎忠照) 세움(建之)」[54]이라는 푯말을 세워서 당시의 울릉도를 일본 땅 송도(松島)라고 불렀으며, 이들은 최소한 1969년(明治2년) 이전부터 울릉도에 내왕했던 것이다. 이들 양 국민은 모두 밀항자들이었다. 에도시대에 오야, 무라카미 가문의 어부들은 울릉도에 도항했을 때 독도를 이정표로 삼았다. 따라서 일본에서 울릉도로 도해하는 일본인들은 독도의 존재에 대해 잘 알고 있었을 것이다. 울릉도 거주민들도 자연적으로 독도의 존재에 대해 알 수밖에 없었다. 이러한 이유로 울릉도 거주민들은 지리적으로 울릉도에서의 거리, 독도의 형상 등에 대해 잘 알고 있었다. 그 과정에 섬에 대한 새로운 명칭이 생성되었다. 그렇게 해서 생긴 명칭이 섬의 형태에 따른 「돌섬」이었을 것이다.

중앙정부는 1895년 8월 도장(島長)을 도감(島監)으로 승격하여 판임관의 직급으로 초대도감에 배계주를 임명했다. 그 당시 1897년 3월, 울릉도에는 12개 동리(洞里)에 397호, 남자 662명, 여자 472명으로 총 1,134명이 거주하고 있었다.[55]

---

53) 신용하, 『독도의 민족영토사 연구』, 178-179쪽.
54) 신용하, 『독도의 민족영토사 연구』, 181쪽.

배계주는 인천 영종도 사람으로, 1881년 개척민으로서 울릉도에 이주하였다.[56] 이미 울릉도에 이주가 시작된 지 17년이나 지났기 때문에 「도감 배계주」를 포함하여 일부 거주민들은 「우산도」의 존재를 알고 있었다. 현지 주민들은 이 섬을 「우산도」라고 부를 리가 없다. 우산도는 관찬 문헌상의 명칭이기 때문이다. 섬의 형상에 따라 「돌섬」과 같은 명칭이 사용되었던 것이다. 그런데 당시 울릉도에서 한일 양 국민의 문제는 벌목 문제였다. 그 때문에 당시의 울릉도 주민들은 「돌섬」에 대해 큰 관심을 갖지 않았다.

하지만 1904년 일본군함이 송도(松島, 울릉도)의 존재를 확인하기 위해 울릉도를 조사하였을 때 리앙쿠르(Liancourt)암을 「한인(韓人)은 독도(獨島)라고 쓴(書)다」[57]라고 기록하고 있다. 그것은 「독도」라는 명칭이 이미 울릉도에서는 토속 명칭으로 정착하고 있어서 울도군의 공식문서에 「독도」라는 기록이 보관되어 있었다는 것을 의미한다. 또

---

55) 신용하, 『독도의 민족영토사 연구』, 185쪽.

56) 「日本 特命全權公使 林權助가 外務大臣 小村壽太郎에게 보고한 비밀문서에 의하면, 경성에 있는 배계주를 만나 이야기를 듣고 "배계주는 仁川 對岸에 있는 永宗島의 주민으로 지금부터 20년 전 울릉도에 이주하여 개척할 것을 계획하고 솔선해서 이 섬에 渡航하여 그 개척에 종사했습니다."라고 보고하였다(駐韓日本公使館記錄』本省機密往信, 機密133호, 明治 34년 12월 10일, 「鬱陵島在留民取締ノ爲メ警察官派遣ノ件上申」). 『일본 외무성 외교사료관 소장 한국관계사료목록(明治·大正編)』에 의하면 배계주는 1896년에 '46세'로 기록되어 있으므로 20년 전인 1881년, 29세 때 울릉도에 들어왔다고 할 수 있다. 『光緒九年四月 日 鬱陵島開拓時船格糧米雜物容入假量成冊』(서울대학교 규장각도서, No.17041)에 의거해 흔히들 1883년 개척령에 의해 16호 54명이 울릉도를 개척하였다고 하지만, 1883년 이전에 거주를 위해 울릉도에 들어온 사람들을 상정하여야만 한다.(김호동, 「「鬱島郡節目」을 통해 본 1902년대의 울릉도 사회상」).

57) 松島(울릉도)에서 리앙코르트岩 管見者로부터 聽取한 情報, 리앙꼬르트岩은 韓人은 이를 獨島라고 書하고, 本邦 漁夫들은 '리앙꼬암'이라고 呼稱한다.」, 신용하, 207쪽.

한, 나카이 요사부로는 「해마(海馬; 강치)가 이에 군집(群集)한다. (중략) 송도(松島; 울릉도)로부터 도항하여 해마(海馬)잡이에 종사하는 자는 6, 70石을 적재할 수 있는 일본 선박을 사용한다. 섬에 집을 짓고 약 10일간 체재한다. 인원도 때때로 4, 50명을 초과하는 일도 있다. 올해(1904년) 여러 번 도항했다.」[58] 「본도 울릉도에 부속하여 한국(韓國)의 소령(所領)이라는 생각을 갖고 있었다.」[59]라고 하여 1903년부터 독도에서 강치조업을 했으며,[60] 따라서 이미 1903년 이전에 「독도」의 존재가 울릉도 거주민들에게 잘 알려져 있었다는 것을 말한다.

즉 울릉도 거주민들이 부르던 이름은 섬의 형상 등에 의한 토속적인 명칭이었다. 「돌섬」, 「독섬」으로 호칭되었던 것이 문헌기록상의 한자 표기로 「석도」, 전라도 지방 방언의 차음표기로는 「독도」로 명명되었던 것이다.

7. 일본인 잠입기
: 한일합동조사단의 「울릉도」만(just) 조사

7.1 「한일합동조사단」의 「울릉도」 조사

울릉도에서는 일본인에 의한 벌목문제가 발생하여 한일 양국 합동조사단이 울릉도에 파견되었다. 배계주가 1895년 9월 20일 울릉도 도

---

58) 신용하, 『독도의 민족영토사 연구』, 207-208쪽.
59) 「中井養三郎竹島経営概要」, 1910年隠岐島庁 提出、島根県広報文書課編, 『竹島関係資料』第1巻, 1953. 신용하, 『독도의 민족영토사 연구』, 212쪽
60) 「中井養三郎履歴書」, 1910年隠岐島庁 提出, 島根県広報文書課編, 『竹島関係資料』第1巻, 1953.

감으로 임명돼 근무했다. 내부대신 이건하가 1899년 9월 우용정을 울
릉도 시찰관에 임명했다. 울릉도 파견 목적은 외부대신 박제순이 내부
대신 이건하에게 보낸 서한에서 이들 파견위원의 역할에 관해, 「이번
에 파견한 조사위원은 이상 각항의 사실을 조사하여 복명하는 것을 제
외하고는 어떠한 조치의 권리도 갖고 있지 않습니다. 다만 한일 당국자
가 해당위원이 복명하는 것을 기다려서 경성에서 심의하여 변리해야
할 것입니다.」[61]라고 하여, 「느티나무 벌목, 벌목 문제로 재판소 재판
의 건, 김용원에게 세금을 지불하고 벌목한다는 것」[62]등에서 불법 거
주 일본인과 도감의 말이 상반되었기 때문에 한일 양자가 사실관계를
조사하는 일이었다.[63]

　내부대신 이건하는 「울릉도감 배계주의 보고서」를 바로 외부대신
박제순에게 전하여 울릉도 조사를 요청했고, 그 결과로 한일 위원이
울릉도에 파견되어 울릉도를 조사했다.[64]

　시찰관 우용정[65]의 『울도기』[66]에 의하면, 조사경로와 일정에 대해
「우용정 일행의 조사단이 1900년 5월 25일 인천항을 출발하여 5월 31
일 울릉도에 도착해서 6월 5일까지 활동한 조사 내역을 요약하여 기록
한 것이다. 6월 1일부터 우용정과 일본 부영사보가 합동으로 조사를

---

61) 「1900.06 우용정의 "울도기"와 우용정의 시찰 전후 사정」, http://blog.naver.
　　com /cms1530?Redirect=Log&logNo=10033938929(검색일: 2013년 9월 3일).
62) 「1900.06 우용정의 "울도기"와 우용정의 시찰 전후 사정」 참조.
63) 「6월3일 재차심문, 배계주와 일본인 福間 대질심문」, http://blog.naver.com
　　/cms1530?Redirect=Log&logNo=10033938929(검색일: 2013년 9월 3일).
64) 「1900.06 우용정의 "울도기"와 우용정의 시찰 전후 사정」 참조.
65) 「울릉도에서의 일본인의 과세문제」, http://blog.naver.com/cms1530?Redirec
　　t=Log&logNo=10033938929(검색일: 2013년 9월 3일)
66) 「디지털울릉문화대전」, http://ulleung.grandculture.net/Contents/Index?
　　contents_id=GC01500488(검색일: 2013년 9월 3일)

시작했고, 세무사 라포르테는 곁에 함께 입회하였다. 6월 3일에는 일본인과 도감(島監)을 조사하여 캐물었는데 진술이 서로 달랐다. 대체로 일본인들은 불법 밀입도를 했기 때문에 거짓말을 하며 소행을 변명하여 더 조사할 필요가 없었다. 6월 4일에는 합동으로 기선을 타고 섬 전체를 순찰했는데, 기선을 멈추고 육지에 내린 곳은 천부동의 우선포, 현포동, 태하동의 세 개 동이었다. 태하동에는 관사(官舍) 8칸이 있었다. 이후, 동민이 알아듣도록 타이르고 급히 도동으로 돌아왔다. 6월 5일에는 울릉도 각 동의 백성들이 진정서를 올려 여러 가지 사연을 호소하는데 좌우에서 호응이 열렬하였다. 그러나 기선의 석탄도 거의 소진되었기에 섬의 백성들이 만류하였지만 급히 돌아왔다.」67)라는 것으로, 한일 합동조사는 1900년 6월 1일부터 5일까지 실시되었다.

또한, 울릉도의 지리에 대해 「우용정 일행은 6월 6일 오전 10시에 울릉도 도감의 장부를 검사한 후 급히 기선에 올라 부산으로 향하였다. 5일 동안 머물면서 조사한 바로는 대체로 울릉도의 전체 길이가 70리(약 27㎞), 너비는 40리(약 15㎞), 둘레는 145리(약 56㎞)이고, 1882~1883년의 울릉도 재개척 이후 당시까지 주민은 약 400가구에 1,700명이었다.」68)라고 보고했다.

합동조사에 동행한 프랑스인 세관 라포르테는 「만일 전사능이 규목(槻木) 80주의 벌목을 모두 마치면 일본인 130여 명과 11척이 모두 퇴거하겠느냐고 물었다.」69)라고 한 역할을 보면, 울릉도에서의 한일 양국민의 분쟁을 해결하는 데 중재역할을 했던 것으로 본다. 이처럼 이

---

67) 「디지털울릉문화대전」, http://ulleung.grandculture.net/Contents/Index?contents_id=GC01500488(검색일: 2013년 9월 3일)
68) 상동
69) 「6월3일 재차심문, 배계주와 일본인 福間 대질심문」, http://blog.naver.com/cms1530?Redirect=Log&logNo=10033938929(검색일: 2013년 9월 3일)

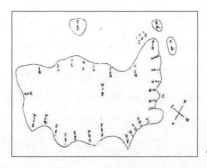

〈그림 13〉『울릉도 조사개황』의 '부도(附圖)'

울릉도 조사는 한일 양 국민의 벌목 문제의 해결에 초점이 맞추어져 있어서 「돌섬」의 소속에 관심을 가질 상황이 아니었던 것이다.

또한, 일본부산영사관의 부영사 아카쓰카 시요스케(赤塚正助)의 보고서『울릉도 조사개황』에서는 당시에 조사한 울릉도와 그 부속 섬에 대해 「공도(空島), 도목(島牧), 죽서도(竹島)」의 세 섬을 표기하고 있다.

요컨대, 이번 한일 합동조사단의 목적은 울릉도민들에게 심각한 사회문제였던 밀입국 일본인들이 울릉도에서 저지른 불법적인 행패에 대한 실태를 조사하는 일이었던 것이다. 「돌섬(우산도)」의 소속에 대해서는 당시로서 울릉도에서의 일본인의 행패와 전혀 관계가 없을 뿐만 아니라, 그다지 경제적으로 실효성이 없었기 때문에 합동조사단의 조사대상이 전혀 아니었다.

한일 조사단의 한국대표단장을 맡은 우용정의 「울도기」를 보면 울릉도에 관한 사찬, 관찬 사료 모두를 섭렵하여 울도기를 작성한 것임을 알 수 있다. 「울도기」의 「울도」라는 용어는 울릉도뿐만 아니라 울릉도와 그 주변의 섬까지 범위를 확대하여 기록했다는 것을 말한다. 하지만 우산도는 조사대상이 아니었다.

7.2 한일 합동조사단 보고서의 「울릉도」

한일합동조사단의 조사내용은 황성신문을 통해 「울릉도사황(鬱陵島事況)」[70]이라는 제목으로 「울진(蔚珍)의 동해(東海)에 한 섬(一島)이 있는데 울릉(鬱陵)이라고 한다. 그 부속 섬으로는 작은 6개 섬(小六島) 중에 가장 두드러지는 섬(最著者)은 우산도 죽도(于山島 竹島)이다. 대한지지(大韓地誌)에 울릉도(鬱陵島)는 옛날 우산국(于山國)으로서 지방은 100리(百里)라고 한다.」[71]라고 하는 「울릉도」에 대한 소개와 일본인들의 횡포가 보도되었다.

여기서는 종래의 동해 도서에 대한 인식이었던 「우산도, 울릉도 두 섬이 존재한다」고 하는 인식의 표기가 아니다. 울릉도만을 조사하고

---

70) 『황성신문(皇城新聞)』 1899년 9월 23일, 「別報 第二百十八號 01면 01단」 소장: 국립 고궁박물관.

71) 「1899년 9월 3일 □황성신문(皇城新聞)□, http://botw.egloos.com/10932146 (검색일: 2013년 9월 3일), 「우산도와 죽도는 다른 섬」, http://gall.dcinside.com /list.php?id=dokdo&no=7367&page=1&bbs=(검색일: 2013년 9월 3일).
「別報」로 「鬱陵島事況」에 관해 첫째로 「◎蔚珍之東海에 一島가 有ᄒ니 曰鬱陵이라 其附屬한 小六島中에 最著者ᄂ 于山島 竹島ㅣ니 大韓地誌에 曰鬱陵島ᄂ 古于山國이라 地方이 百里오 三峰이 律兀한디 所産은 柴胡, 藁本, 石楠, 藤草, 香木, 槻木, 蘆竹이오 土性은 宜麥ᄒ고 古에 牛形無角한 水獸가 有ᄒ니 名曰 可之오 海鳥가 有ᄒ니 名曰 霍鳥ㅣ러라 島中에 人烟이 稀少ᄒ야 國家에셔 公稅를 免徵ᄒ고 每式年에 附近地方官으로 差使員을 定送ᄒ야 島中情形도 査察ᄒ고 香木과 蘆竹을 載還ᄒ야 御貢할 뿐이러니 癸未年에 朝廷에셔 金玉均으로 東南諸島開拓使兼捕鯨使를 任ᄒ고 白春培로 從事官을 任ᄒ야 該島開拓事務를 辦理케 ᄒ얏더니 翌年甲申의 變을 因ᄒ야 奉効치 못ᄒ얏고 其後 戊子年에 島民 徐敬秀로 越松萬戶를 差定ᄒ야 該島人民을 繁殖ᄒ고 外國人의 樹木侵伐ᄒᄂ 弊를 防禁케 ᄒ얏더니 翌年에 徐敬秀가 身死未遂ᄒ얏고 開國五百四年에 內部에셔 本島民 裵季周로 島監을 任ᄒ야 島務를 管理케 ᄒ얏더니 本年春에 裵季周가 內部에 來報ᄒ되 近者에 日本人이 夥數流入ᄒ야 樹木을 斫伐ᄒ고 居民을 侵擾ᄒ니 政府에셔 設法防護ᄒ기를 請흠이 內部에셔 海關總稅務司 柏卓安에게 委托ᄒ야 西人 一員을 派送ᄒ야 該島情形을 査報케 ᄒ얏더니 其報告의 槪況이 如左ᄒ니」

〈그림 14〉
『황성신문(皇城新聞)』 1899년 9월 23일,
국립 고궁박물관 소장

기술한 것이었다. 그래서 독도에 대한 언급은 있을 수 없다. 순전히 울릉도에 관한 기술이다. 여러 연구에서 「우산도 죽도(于山島 竹島)」에 대해 세종실록지리지, 동국여지승람 등에서 「우산도」가 지금의 독도를 가리키고 있기 때문에 「우산도」라는 명칭이 바로 지금의 독도라고 단정하기도 한다.[72] 그러나 여기서는 다르다고 생각한다. 여기에는 「우

----

72) "'울진지동해(鬱珍之東海)에 일도(一島)가 유(有)하니 왈(曰) 울릉(鬱陵)이라. 기(其) 부속(附屬)한 소륙도중(小六島中)에 최저자(最著者)는 우산도(于山島) 죽도(竹島)니 대한지지(大韓地誌)에 왈(曰) 울릉도는 고우산국(古于山國)이라" 이 기사로부터 다음과 같은 사실을 알 수 있다. 1899년에 우산도(于山島)는 조선시대 기록이나 지도에 보이는대로 울릉도의 부속도서로 인식되고 있다. 따라서 울릉도와 함께 울도군에 귀속되는 것은 너무다 당연하다. 1900년 칙령 41호에서 "울도군 관할하에 둔 석도(石島)와 죽

산도=독도」라고 할 수 있는 정황이 전혀 없다. 아무런 논증이 없다. 사실 안용복 사건 이후 수토사들이 「죽도=우산도」로 잘못 표기한 지도들이 많이 만들어졌다. 따라서 「우산도=죽도」라고 바로 단정하는 것은 옳은 논증이 아니다. 본 내용 정황상으로도 「울진(蔚珍)의 동해(東海)에 한 섬(一島)이 있는데 울릉(鬱陵)이라고 한다. 그 부속 섬으로는 작은 6개 섬(小六島) 중에 가장 두드러지는 섬(最著者)」이라고 하여 「일도(一島)가 유(有)니」나 「가장 두드러진 것」을 보면 1개의 섬으로서 단수를 의미한다. 「우산도 죽도」에서 두 명칭의 배치 순서를 보더라도 「우산도」를 독도라고 한다면, 독도는 지리적으로 울릉도에서 죽도보다 더 멀리 있고, 그리고 날씨가 맑고 바람이 부는 날만 보이는 번외적(番外的)인 섬이므로 나열순은 「죽도/우산도」로 되어야 자연스럽지 않을까? 또한, 이 신문의 보도 목적이 울릉도의 상황을 알리기 위한 것이며, 독도의 영유권을 위한 보도내용이 아니라는 것이 중요하다.

즉 「우산도 죽도」의 표기는 「우산도=죽도」라는 의미로서 한 개의 섬을 지적하고 있다고 볼 수 있다. 따라서 「울릉도사황(鬱陵島事況)」의 기록도 이들 잘못된 수토사들의 지도나 기록에 의존한 것임을 알 수 있다.

또한, 대한제국 내부(內部)가 울릉도의 상황과 일본인들의 불법행위에 관해 보고를 받고 외부(外部)에 문의하였더니, 외부가 서울주재 일본공사에게 일본인들의 불법침입을 금지하도록 요청했다.[73] 이 내용

도(竹島)는 우산도(于山島) 죽도(竹島)를 말하는 것으로 보아야 하고, 우산도는 곧 독도이다."라고 하여 우산도는 독도라고 단정하고 있다」(우영준, 「1900년 울릉도시찰관 우용정의 돌섬 인식과 울도군 칙령의 석도(독도)문제」 한국행정학회 동계학술대회, 2011).

73) 「鬱陵島는 距陸二百餘里오 面積은 約計 七十五方里니 遍嶋中에 耕植ᄒᄂᆞᆫ 地는 不多ᄒᆞ고 樹木이 海濱으로 從ᄒᆞ야 山巓ᄭᅵ지 鬱密ᄒᆞ얏ᄂᆞᆫ딕 山高ᄂᆞᆫ 計

또한 독도와 관련된 기록이 아니다.

이상에서 살펴보면 조선 초기에 독도의 명칭으로서 「우산도」가 사용되었으나, 수토사들이 오류를 범하여 조선 후기에는 우산도는 독도의 명칭이 아니고 「죽도」의 또 다른 별칭으로 사용되고 있었던 것이다.

또한, 이 한일합동 조사는 울릉도에 국한된 조사였다는 것을 간과해서는 안 된다. 독도가 영토문제로서 등장하기 이전의 사건으로 해석해야 한다. 독도가 영토문제로 표면화되는 것은 바로 「칙령 41호」 이후부터이다.

有四千英尺이오 距岸三里內의 水深은 自六千 至九千六百英尺이라
居民은 男女 約三百口] 니 數十年來로 漸次 船匠 商客과 漁人 耕夫가 相隨而至ᄒᆞ야 居生ᄒᆞᄂᆞᆫ디 海水가 太深ᄒᆞ야 魚産은 未盛ᄒᆞ고 다만 海菜의 運出이 每年에 二千擔에 多至ᄒᆞ고 土質은 膏沃ᄒᆞ야 糞漑를 要치 아니ᄒᆞ고 樹叢爐灰로 覆耕ᄒᆞ야 一年兩熟을 得ᄒᆞ니 春季에ᄂᆞᆫ 大小麥이오 秋季에ᄂᆞᆫ 薯와豆인디 上年所穫이 薯 二萬包, 大麥 二萬包, 黃豆 一萬包, 小麥 五千包이오地勢가 太斜ᄒᆞ야 禾穀은 耕作지 못ᄒᆞ고 材木은 老年巨杉과 各種 貴重實木이 亦多ᄒᆞ고 槻木 香木 柏子木 甘湯木이 産有ᄒᆞ더라 大陸과 通商이 極少한디 往往히 商旅의 輸入ᄒᆞᄂᆞᆫ 物貨ᄂᆞᆫ 食物 烟草 布疋 等 數包쏜이오 其載出ᄒᆞᄂᆞᆫ 物品은 海菜가 居多ᄒᆞ고 板木도 間或 裝運ᄒᆞ더라
嶋邊海狗峯石壁亂叢中에 一小灣이 有ᄒᆞ니 約濶一百英尺이라 該灣으로 日本船商의 輸入品은 米擅 瓷器 日本酒 洋布 木綿 火油 火柴 雨傘 等 件인디土民으로 더부러 交易ᄒᆞᄂᆞᆫ 法은 物로 物을 易ᄒᆞ고 其輸出品은 豆麥外에滿山材木을 亂斫鋸削ᄒᆞ야 船隻에 載往ᄒᆞᄂᆞᆫ 者] 其値가 不資ᄒᆞ고 本嶋中에 築室旅居ᄒᆞᄂᆞᆫ 日本人이 二百餘名인디 土民을 侵凌ᄒᆞ야 相関ᄒᆞᄂᆞᆫ 弊가有ᄒᆞ더라 農民 商民의 公稅ᄂᆞᆫ 原定흠이 無ᄒᆞ고 但 嶋監이 海菜에ᄂᆞᆫ 十分의 一을 徵ᄒᆞ고 木料에ᄂᆞᆫ 每船 一隻에 葉一百兩을 徵ᄒᆞ며 日本人은 賣貨時口文(百抽二)外에ᄂᆞᆫ 納稅흠이 無ᄒᆞ더라 本年九月에 內部에서 右項報告을 等因ᄒᆞ야 外部에 照會ᄒᆞ얏더니 外部에서 駐京日本公使에게 照會하야 該嶋에 潛越한 日本人을 訂期刷還ᄒᆞ고 不通商口岸에 密行買賣흠을 禁戢케 하라 하얏더라」『황성신문(皇城新聞)』1899년 9월 3일, http://botw.egloos.com/10932146,「우산도와 죽도는 다른 섬」, http://gall.dcinside.com/list.php?id=dokdo&no=7367&page=1&bbs=(검색일: 2013년 8월 15일).

8. 대한제국
: 동해 도서 영토정책 시기의 「우산도=석도」 확인

8.1 고종의 「울릉도, 송죽도, 우산도」, 「울릉도=송도, 죽도, 우산도」의 3섬 인식

강화도조약 이후 일제의 침략이 본격화되고 울릉도에 대해서도 일본인들이 침입하여 동해도서에 대한 영토주권의 위협을 느끼게 되었다. 고종은 1881년 5월 23일 이규원을 울릉도 검찰사로 임명했고, 102명으로 구성된 검찰사 이규원 일행은 1882년 4월 30일 울릉도에 도착했다. 이들의 조사목적 중에 「①울릉도에 밀입한 일본인들에 대한 검찰, ②울릉도 부근에 있는 송죽도(松竹島)와 우산도(芋[于]山島)의 상호거리, 또는 송도, 죽도, 우산도의 3도를 합쳐서 울릉(鬱陵)이라고 통칭한다는 설도 있는데, 그 실제 형편」을 「지도」로 작성해 오는 것도 있었다.74) 여기서 고종은 울릉도 주변에 울릉도의 부속 섬으로 「송죽도, 우산도」 또는 울릉도가 「송도, 죽도, 우산도」 3개의 섬으로 성립되어 있다는 설(인식)을 듣고 있었다.

그러나 이규원 검찰사의 조사 결과 「죽도는 찾아냈으나, 우산도는 울릉도 체류자들로부터 있다는 말만 듣고 보지는 못하였다.」75) 그러나 고종은 「울릉도에서 날씨가 청명하고 바람이 불면 서로 바라볼 수 있는 섬」이었던 「우산도」의 존재에 대해 포기하지 않았다. 그래서 고종은 1883년 3월 16일 개화파 영수 김옥균을 동남제도 개척사 겸 관포경

---

74) 신용하, 『독도의 민족영토사 연구』, 179쪽.
75) 신용하, 『독도의 민족영토사 연구』, 180쪽.

사로 임명하기도 했다. 그러나 김옥균은 1884년 12월 갑신정변을 실패하여 일본으로 망명했다.[76] 또한, 1895년 8월 울릉도의 도장을 도감으로 승격하여 판임관의 직급으로 초대도감에 배계주를 임명했다.[77]

고종황제는 한일조사보고에 의해『황성신문』에서 「가장 두드러지는 섬 우산도 죽도」("가장"이라는 표현은 한 개의 섬을 의미함)라고 보도된 것처럼, 관찬문헌에서 논란을 일으키고 있던 「우산도」가 이규원의 조사로 「죽도」와 동일한 섬이라는 것을 확인했다. 한국 측의 조사단장 우용정은 1889년 울릉도청을 방문하여 「우용정 일행은 6월 6일 오전 10시에 울릉도 도감의 장부를 검사한 후 급히 기선에 올라 부산으로 향하였다.」[78]라고 하는 것처럼, 도감 배계주를 심문하였기 때문에 「돌섬」의 존재를 확인했을 것이다.[79]

8.2 칙령 41호의 「석도」의 존재 확인

한일합동 조사단의 조사를 끝내고 일본인의 행패가 줄어든 것이 아니라, 그 이후 일본인들의 울릉도에서의 행패는 극에 달했다. 내부는 일본인들이 정해진 날짜에 철수를 하지 않고 행패가 심하다는 사실을 외부에 알려 일본에 대해 조치할 것을 요구했다. 그래서 대한제국의 외부가 불법도항을 이유로 일본인의 철거를 요구했는데, 일본공사는 일본인의 철수를 거부했다. 대한제국은 울릉도에서 일본인이 퇴거를 거부하고 있기 때문에 동해 도서에 대한 영토 보존문제가 심각한 상황

---

76) 신용하,『독도의 민족영토사 연구』, 183쪽.
77) 신용하,『독도의 민족영토사 연구』, 185쪽.
78)「디지털울릉문화대전」, http://ulleung.grandculture.net/Contents/Index?
　　contents_id=GC01500488.
79) 기록문헌으로는 확인되지 않지만, 「울릉도」 조사 시 참고로 「돌섬」에 대해서도 분명히 배계주가 그 존재를 전했을 것이 분명하다.

이 되었다.

대한제국은 이러한 상황을 바탕으로 동해 도서에 대한 영토정책의 일환으로 「울도군」을 법제화하는 등 적극적으로 대응했다. 여기서 울도군은 소극적인 울릉도 조치가 아니라, 울릉도를 포함해서 동해의 모든 섬을 관리하는 조치였던 것이다. 즉, 여기서는 울릉도는 「울릉 전도」에 해당하는 지역이었고, 울도군은 「울릉전도+죽도+석도(독도)」를 포함하는 지역이었다.

우용정은 「울도기」를 작성하였는데, 「울도(鬱島)는 예전에 우산국이다」[80]라고 하여 신라가 울릉도의 우산국을 정벌하였기 때문에 울도는 대한제국의 영토가 되었다고 영토의식을 강하게 나타내고 있다.

그런 과정에 조선 조정은 「칙령 41호」[81]를 통해 「제2조 군청위치는

---

80) 「울릉도에서의 일본인의 과세문제」, http://blog.naver.com/cms1530?Redirect =Log&logNo=10033938929(검색일: 2013년 8월 20일).
81) 「勅令 (칙령)」
　　勅令第四一號 (칙령 제41호)
　　鬱陵島를 鬱島로 改稱하고 島監을 郡守로 改正한 件
　　(울릉도를 울도로 이름을 바꾸고, 도감을 군수로 개정한 건)
　　第一條 鬱陵島를 鬱島라 改稱하야 江原道에 附屬하고 島監을 郡守로 改正하야 官制中에 編入하고 郡等은 五等으로 할事
　　(제1조 울릉도를 울도라 개칭하여 강원도에 소속하고, 도감을 군수로 개정하여 관제중에 편입하고 관등은 5등으로 할 일)
　　第二條 郡廳位置는 台霞洞으로 定하고 區域은 鬱陵全島와 竹島石島를 管轄할 事
　　(제2조 군청 위치는 대하동으로 정하고 구역은 울릉전도와 죽도, 석도를 관할할 일)
　　第三條 開國五百四年八月十六日官報中 官廳事項欄內 鬱陵島以下十九字를 刪去하고 開國 五百五年 勅令第三十六號 第五條 江原道二十六郡의 六字는 七字로 改正하고 安峽郡下에 鬱島郡三字를 添入할 事
　　(제3조 개국504년 8월 16일 관보중 관청사항란에 울릉도 이하 19자를 삭제하고, 개국505년 칙령 제36호 제5조 강원도26군의 '6'자는 '7'자로 개정

대하동으로 정하고 구역은 울릉전도와 죽도, 석도를 관할할 일(第二條 郡廳位置는 台霞洞으로 定하고 區域은 鬱陵全島와 竹島石島를 管轄할 事)」이라고 하여 「석도」를 울도군의 행정구역에 편입하는 편제를 조정하여 한국영토임을 분명히 했다. 울도 군수로는 1895년 9월 20일부터 울릉도감이 된 배계주가 칙령 41호에 의해 정식으로 지방관제로 편입된 울도군의 초대 군수가 되었다.

한일합동 조사보고 결과 우용정은 이건하에게 「대체로 울릉도의 전체 길이가 70리(약 27㎞), 너비는 40리(약 15㎞), 둘레는 145리(약 56㎞)」라고 했다. 그런데 내부대신 이건하는 1900년 10월 22일 "칙령 제41호"를 공포하기 3일 전에 의정부에 「울릉도의 강역이 "세로 80리(약 32km) 정도와 가로 50리(약 20km)"」라고 청의서를 제출했다.[82]

하고 안협군 밑에 '울도군' 3자를 추가할 일.)
　第四條 經費는 五等郡으로 磨鍊하되 現今間인즉 吏額이 未備하고 庶事草創하기로 該島收稅中으로 姑先磨鍊할 事
　(제4조 경비는 5등군으로 마련하되 현재 이액이 미비하고 서사 초창이므로, 이 섬의 세금에서 먼저 마련할 일 - 돈이 별로 없으므로, 세금을 먼저 거둬서 경비를 마련해 써라.)
　第五條 未盡한 諸條는 本島開拓을 隨하야 次第磨鍊할 事
　(제5조 미진한 여러 조항은 이 섬을 개척하면서 차차 다음에 마련할 일)
　附則 (부칙)
　第六條 本令은 頒布日로부터 施行할 事
　(제6조 본 령은 반포일로부터 시행할 일)
　光武四年十月二十五日
　(광무4년 10월 25일)
　御押 御璽 奉 (어압 어새 봉)
　勅 議政府議政臨時署理贊政內部大臣 李乾夏
　(칙 의정부의정임시서리찬정내부대신 이건하)
　「대한제국 칙령 41호, 죽도와 관음도의 크기」, http://blog.naver.com/cms1530/10003631414(검색일: 2013년 8월 20일).
82) 시모조는 「'청의서'에 기록된 이 울릉도의 강역은 분명히 독도가 울도군의

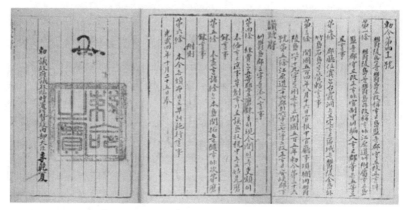

〈그림 15〉 대한제국 「칙령 41호」, 광무 4년(1900)

그러나 사실 대한제국은 「칙령 41호」에서 「광무 4년(1900) 10월 25
일에 정부 회의를 거쳐 군수를 배치하였으니, 군청은 태하동에 두고
이 군이 관할하는 섬은 죽도와 석도요, 동서가 60리요 남북이 40리니
합 200여 리라고 하였다더라.」[83]라고 했던 것이다.

요컨대 칙령 41호를 발령할 때 대한제국은 한일합동조사보고를 그
대로 답습하지 않았다. 우용정은 「둘레는 145리(약 56㎞)」를 제안했지
만, 칙령 41호에서는 「합 200여 리」로 수정되었다. 그것은 「석도」를 포
함해서 영토의 범위를 더 넓게 확장하여 처리하려 했기 때문이다. 이를
보더라도 칙령 41호는 한일조사보고를 그대로 수정 없이 답습했던 것
은 아니다. 그 이유는 양자 간에 울릉도 조사와 칙령제정의 목적이 서
로 달랐기 때문이다. 한일합동조사보고가 울릉도에서 일본인의 불법행
위를 조사하기 위한 것이었다면, 「칙령 41호」는 동해의 모든 도서에

행정구역 외에 있었다는 사실을 나타내고 있다. 독도는 그 울릉도에서 더
동남쪽으로 90km 가까이(약 360리)나 떨어져 있기 때문이다.」라고 주장
했다.
83) 「울도군 배치전말」 참조.

대한 영토수호를 위한 조치였던 것이다.

고종은 칙령 41호에서 오늘날의 댓섬에 대해 「죽도」라는 명칭을 사용하고 있다. 「죽도」라는 명칭은 1883년 이규원 검찰사의 조사보고서에서 밝혀진 명칭이다. 고종이 칙령을 작성할 때 「죽도」라는 명칭처럼 이규원의 보고서의 지명을 참고했을 것인데, 일본이 주장하는 것처럼 지금의 관음도가 칙령 41호의 「석도」라고 한다면, 이규원이 「울릉외도」에 표기한 「도항」이라고 해야 했을 것이다. 그런데 칙령 41호에는 「도항」이라는 명칭이 없다. 칙령 41호에 등장하는 명칭들의 특징은 종전의 관찬문헌의 명칭을 사용하지 않고 토속적인 명칭을 사용했다는 것이 중요하다. 토속적인 명칭을 사용했다는 것은 울릉도 거주민의 인식이 반영되었다는 것을 의미한다. 칙령 41호에서는 관찬문헌의 「우산도」대신에 토속적인 명칭 「돌섬」이 한자음의 표기로 「석도」가 된 것이다.[84]

대한제국은 1900년 「칙령 41호」로 울도군의 행정을 개편한 뒤, 1902년에 「내부」가 '울도군절목(鬱島郡節目)[85]'을 작성하여 「해채세로 10%

---

84) 시모조는 『칙령 제41호』의 「석도」가 「관음도」이고, 공포된 1900년 당시 지금의 관음도의 명칭은 「도항」이 일반적이었다고 주장한다. 그렇다면 칙령 41호의 「석도」가 지금의 「관음도」라면 왜 당시의 명칭이었던 「도항」을 그대로 사용하지 않고 「석도」라고 표기했을까? 그것은 「도항」이 「석도」가 아니라는 것을 의미한다. 조선 조정에서 한일 간에 영토분쟁의 소지를 갖고 있는 지금의 독도에 대해 왜 우산도라는 명칭을 사용하지 않았을까? 그것은 관찬문헌의 명칭이었던 「우산도」는 수토사들에 의해 한동안 오류를 범하여 댓섬의 명칭으로 표기했던 경우가 많았다. 그래서 칙령 41호에서는 지금의 독도의 소속을 명확히 할 필요가 있었기 때문에 당시 울릉도 사람들이 불렀던 「독섬」 혹은 「독도」를 한자어로 표기하여 「석도」라고 명칭하게 된 것이다. 최장근, 「고지도상의 '우산도'명칭에 관한 연구-'석도=독도' 규명을 중심으로」, 『일본근대학연구』제36집, 한국일본근대학회, 2012.5, 221-240쪽.

85) 「1900년 울릉도·독도 행정지침서 일부 공개」, http://www.kbmaeil.com

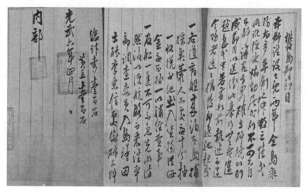

〈그림 16〉
울도군 절목
사진제공 울릉군청

의 세금을 거두고 출입하는 화물에 대해서는 물건값에 따라 1%를 거둬 경비에 보태도록 한 규정」을 정했다.[86]「해채세는 주로 전라도인의 미역에 부과하는 세이며 '출입하는 화물'은 주로 일본인의 수출화물에 부과하는 세로서, 해산물로는 전복, 우뭇가사리, 오징어, 강치 등이 포함되어 있다.」[87] 특히「강치는 독도에서만 포획되는 것으로 1904년부터 나카이 요사부로 및 울릉도의 일본인과 한인이 독도에서 포획했다. 일본인은 절목의 규정에 의거하여 수출세를 납부해야 했다. 실제로 1904년과 1905년 울릉도 수출품에 강치가 포함돼 있고, 독도에서 포획한 강치 수출세를 울도군에 납부했다. 이것은 칙령 이후 대한제국이 독도

/news/articleView.html?idxno=262809(검색일: 2013년 9월 1일), 내각 총리대신 윤용선의 결재를 받아 울도군에 내려진 것으로 내부대신의 인장이 찍혀 있다. 절목이란 구체적인 시행세칙을 의미한다. 본래 '울도군절목'은 초대 군수인 배계주의 후손(외증손녀 이유미씨)이 소장하고 있던 것을 울릉군청 문화관광과에서 발굴했다.

86) 한아문화연구소(소장 유미림) '울도군 절목' 사료 공개, http://www.anewsa.com/detail.php?number=382192&thread=09r02(검색일: 2013년 9월 1일) KBS1TV 'KBS스페셜'에서는 울도군절목과 관련해 2012년 8월 19일 밤 8시에 방영.

87)「한아문화연구소(소장 유미림) '울도군 절목' 사료 공개」참조.

를 포함한 울도군 관할구역을 관리해온 사실을 입증한다.」[88]는 연구가
있다. 즉 나카이가 1903년부터 강치조업을 했고, 독도를 한국영토라고
했기 때문에 울릉도절목에서 강치조업에 대한 세금은 나카이가 울릉군
수의 관리하에 있는 독도에서 강치조업을 했다는 것을 의미한다.

9. 일제침략기
: 대한제국의 「죽도」 불법 편입의 불인정

9.1 대한제국의 항의

일제는 1905년 2월 22일 러일전쟁 중에 죽도를 일본영토로 편입조
치를 취했다. 이듬해 1906년 2월 1일 한국 경성(京城)에 통감부가 설치
되고 그해 3월 28일 시마네현(島根縣) 오키도사(隱岐島司) 일행이 울
릉도를 방문하여 「죽도(竹島)」를 시찰하고 돌아가면서 심흥택 군수에
게 일본의 신영토에 대해 알렸다. 이 사실에 경악한 심흥택 군수는 바
로 다음날 3월 29일 「본군 소속 독도가 울릉도에서 바다 방향으로 100
여 리 위치에 있다(本郡所屬 獨島가 在於本部外洋百餘里許)」라는 내
용으로 일본관리가 「한국이 독도라고 하는(自云獨島)섬이 이제 일본영
지(日本領地)가 되었기 때문에 시찰차(視察次) 내도(來島)하였다.」[89]
라고 말하고 돌아갔다고 강원도 관찰사서리 이명래를 통해 중앙정부의
내부, 외부, 참정대신에게 보고했다. 이에 대해 내부(內部) 이지용(李址
鎔)은 「독도(獨島)를 일본 속지(日本 屬地)라고 칭하여 말하는 것은 전혀

---

88) 「한아문화연구소(소장 유미림) '울도군 절목' 사료 공개」 참조.
89) 『各觀察道案』第1冊, 「報告書號外」, 梁泰鎭編, 『韓國國境領土關係文獻集』,
  1970. 신용하, 『독도의 민족영토사 연구』, 236쪽.

이치에 맞지 않다」라고 했다.[90] 의정부 참정대신 박제순(朴齊純)은 「독도(獨島) 속지 설(屬地 說)은 전혀 근거(根據) 없음.」[91]이라고 편입사실을 부정했다.

외부는 1905년 11월 17일 한일조약에 의해 외교권이 일본에 넘어갔기 때문에 폐지되어 외부대신이 존재하지 않았다. 그래서 대한제국의 내부대신 이름으로 통감부에 항의했다. 이에 따라 통감부가 사실관계를 확인하기 위해 대한제국에 독도편입 사실에 대한 확인을 요구하였고, 이를 통감부에 제출하였다. 그 결과 통감부가 1900년 칙령 41호에 의해 독도가 「석도」라는 이름으로 한국영토로서 행정조치 되었다는 사실을 확인했던 것이다. 그 내용은 「울도군의 배치 전말」에 기록되어 있다.

"통감부에서 내부에 알리되, 강원도 삼척군 관하 소재의 울릉도에 부속하는 도서(島嶼)와 군청이 처음 설치된 연월을 자세히 알리라 하였다. 이에 회답하여, 광무 2년(1898) 5월 20일에 울릉도감으로 설립하였다가 광무 4년(1900) 10월 25일에 정부회의를 거쳐 군수를 배치하였으니, 군청은 태하동에 두고 이 군이 관할하는 섬은 죽도와 석도요, 동서가 60리요 남북이 40리니 합 200여 리라고 하였다더라."[92]

「울도군의 배치 전말」은 1906년 심흥택에게 「일본 신영토 죽도(竹島;

---

90) 『各觀察道案』第1冊, 「報告書號外」, 梁泰鎭編, 『韓國國境領土關係文獻集』, 1970. 신용하, 『독도의 민족영토사 연구』, 236쪽, 신용하, 『독도의 민족영토사 연구』, 226쪽.

91) 신용하, 『독도의 민족영토사 연구』, 227쪽.

92) 해석은 「황성신문 울도군 배치 전말」(http://gall.dcinside.com/list.php?id=dokdo&no=8450(검색일: 2013년 8월 20일)에 의존하였음.

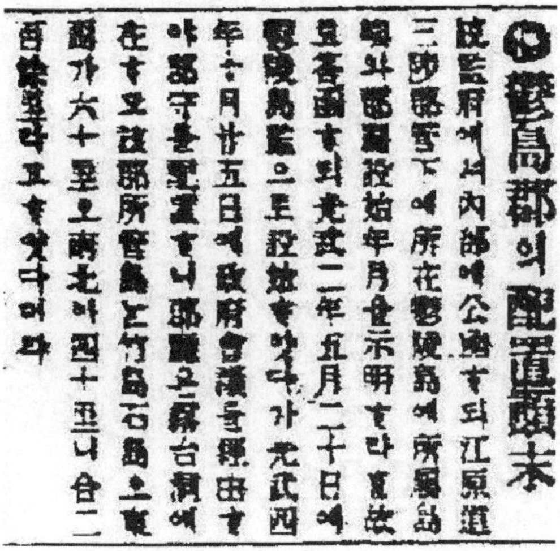
◎鬱島郡의 配置顚末
統監府에서 內部에 公函ᄒᆞ되 江原道
三陟郡管下에 所在鬱陵島에 所屬島
嶼와 郡廳設始年月을 示明ᄒᆞ라 ᄒᆞᆫ故
로 答函ᄒᆞ되 光武二年五月二十日에
鬱陵島監으로 設始ᄒᆞ얏다가 光武四
年十月廿五日에 政府會議를 經由ᄒᆞ
야 郡守를 配置ᄒᆞ니 郡廳은 台霞洞에
在ᄒᆞ고 該郡所管島는 竹島石島오 東
西가 六十里오 南北이 四十里니 合二
百餘里라고 ᄒᆞ얏다더라

〈그림 17〉「울도군의 배치 전말」

獨島=한국영토)」라는 보고를 받은 내부(內部)가 통감부에 항의를 했고, 통감부는 울도군 독도(=석도)의 배치 전말에 관한 공문서 기록을 요청했고, 이에 답하여 통감부에 제출한 것이다. 이에 대해 통감부는 「독도=석도」가 아니라는 사실을 반박하지 않았다. 따라서 통감부는 「독도=석도」라는 사실을 확인하고 있었다는 것이다. 당시 통감부가 1900년 「석도=독도」임을 인정한 것이다. 따라서 「석도」가 독도임이 분명하다.

그렇다면 고종황제가 칙령 41호에서 「우산도」라고 표기하지 않고 「석도」라고 명칭한 것은 당시 「우산도」가 「죽도(댓섬)」의 명칭으로 잘못 표기된 지도가 너무 많아서 「우산도」라는 명칭을 파기하고 「석도」라고 명칭으로 영유의식을 분명히 표기했던 것이다.

칙령 41호의 공포 목적은 일본의 침략으로부터 동해 도서의 영토주권을 명확히 하기 위한 것이었다. 즉 대한제국이 영토수호의 일환으로 선포한 영토정책이다.

조선 조정이 울릉도만을 관리하던 「도감」 제도를 폐지하고, 「군수」

제도를 도입한 것은 종래의 「울릉도 주변의 5, 6개 섬」의 관리를 넘어서 관찬 지리지에 등장하는 조선 초기의 「우산도」 즉 「석도」를 포함하는 섬으로 관리를 확대하기 위한 것이었다. 「석도」를 관리할 목적이 아니었더라면 도감제도로도 충분했을 것이다. 군수제도를 도입한 것은 순전히 오늘날의 독도인 「석도」까지 관리하겠다는 의지에 기인한 것이었다.

10. 맺으면서

본 연구는 독도의 명칭으로서 조선 초중기의 '우산도'가 칙령 41호에서 '석도'로 변경된 경위에 관해서 고찰했다. 그 내용을 요약정리하면 다음과 같다.

첫째, 울릉도에 사람이 거주할 때는 울릉도에서 바라볼 수 있는 독도의 존재에 대해 명확히 알고 있었다. 섬의 형상에 따라 「돌섬?」의 호칭이 존재했다. 신라, 고려시대에는 왕래가 많지 않아 호칭이 존재했다고는 확인할 바가 없다. 그러나 울릉도 개척기 이후에는 울릉도에서 독도에 왕래하는 도해 일본인을 포함해서 거주민이 많이 있었기 때문에 독도의 형상에 의한 토속적인 명칭 「석도」, 「독도」가 붙여졌던 것이다.

둘째, 울릉도에 사람이 거주하지 않았던 시기에는 독도의 형상에 대해 잘 알지 못했다. 그 때문에 중앙정부는 동해에 울릉도를 포함해서 2개의 섬이 존재한다는 영토인식을 갖고 있었다. 그것이 바로 관찬명칭으로서 「우산도」였다.

셋째, 지도를 제작할 때 울릉도에 사람이 거주하지 않았던 시기에는 섬을 직접 확인할 수 없었기 때문에 섬의 위치나 크기, 형상에 대해 정확히 알 수 없었다. 그래서 관찬명칭인 「우산도」는 다양하게 표기되었다.

넷째, 중앙정부에서 파견된 수토사들은 공도 상태에 있는 울릉도는 물론이고 「우산도」의 존재를 확인하는 것도 중요한 임무 중의 하나였다. 이들 수토사들은 조사결과를 지도를 그려서 보고했다. 그때에 반드시 울릉도와 더불어 「우산도」의 존재도 그렸다. 그 위치는 다양했다. 세종실록지리지에 의하면 반드시 「날씨가 청명한 날만 보이다」라는 지리적 위치에 우산도를 표기했는데, 사실상 지금의 관점에서 보면 모두 사실과 다른 위치에 표기되었다.

다섯째, 울릉도 개척기에 일본인들이 울릉도에 도해하였기 때문에 조선 조정의 영토의식이 고양되어 독도에 대해서도 영토적 관심을 갖게 되었다. 그때에 울릉도 도해 일본인들은 독도를 이정표로 삼아 도항했기 때문에 독도의 존재를 확인하였다. 그 때문에 울릉도 거주민들은 도해 일본인들에 의해서라도 자연스럽게 독도의 존재를 알게 되었다. 바로 그 독도가 조선시대 동해에 고유영토로서 울릉도와 더불어 존재했던 섬 「우산도」였다.

여섯째, 「우산도」는 조선 초기 공도정책 시기에 생겨난 관찬명칭이지만, 근대 개척시기에는 울릉도민들이 섬의 존재를 확인하면서 섬의 형상에 따라 토속명칭이 생겨났다. 「돌섬」, 「독섬」이 바로 그것이다. 그것은 다시 중앙정부가 칙령 41호로 행정조치를 할 때 한자표기로 「석도」라고 했고, 울도군수는 토속명칭으로서 「독도」라고 표기했다.

일곱째, 일본의 시마네현 관리들이 1906년 3월 울릉도를 방문하여 한국이 말하는 독도가 일본의 신영토 「죽도」가 되었다고 울도군수에게 알렸다. 울도군수는 그 섬이 울도군 관할의 고유영토라는 사실을 알게 되어 그 사실을 중앙정부에 보고했다. 중앙정부는 그 사실을 통감부에 항의했고, 통감부는 일본의 신영토 「죽도」가 대한제국의 고유영토 「독도」임을 확인했던 것이다.

요컨대, 「칙령 41호」에 의해 「울릉전도, 죽도, 석도」가 울도군의 관할구역으로 행정조치가 되었다. 그러나 사실 조선 초기 중기에 우산도는 지금의 독도를 지칭했다. 그런데 조선 후기에 들어서 「우산도」가 어느 섬을 지칭하는지 혼란을 겪었다. 칙령 41호에 의해 지금의 「댓섬」은 「죽도」라는 명칭으로 완전히 정착되었고, 지금의 관음도(觀音島)는 「도항(島項)」이라는 명칭으로 정착되었다. 그리고 지금의 독도는 울도(鬱島)군의 행정명칭으로는 「독도(獨島)」, 중앙정부의 관찬명칭으로는 「석도(石島)」로 고착되었다. 이러한 사실로 볼 때, 「우산도(于山島)」는 조선 초기에는 독도를 가리켰고, 중/후기에는 잘못 표기되어 「댓섬」을 지칭했다. 그래서 조선 조정은 칙령 41호에 의해 문제의 「우산도」 명칭을 완전히 폐기하고, 「석도(石島)」로 표기했다. 그 후, 일제의 「죽도」 편입 이후 심흥택 군수의 보고서에 의해 지금의 「독도(獨島)」로 명칭이 정착되었던 것이었다.

독도 명칭에 대한 국가공인 여부

국가공인● 지방공인▲ 공인 없음 (보고서×)

연도	울릉도 명칭 관찬	울릉도 명칭 토속	독도 명칭 관찬	독도 명칭 토속	댓섬 명칭 관찬	댓섬 명칭 토속	관음도 명칭 관찬	관음도 명칭 토속	국가공인	형태	출처
신라 512	우산국	울릉도		돌섬?					동해 두 섬 확인	독도 존재 확인	삼국사기, 삼국유사
고려 1451	우릉성	울릉도	우산도	돌섬?					● 동해 두 섬	독도 존재 확인	고려사 지리지
조선 1454	울릉도			우산도					● 동해 두 섬 인식	독도 「우산도」 명칭 생성	세종실록 지리지
1530	울릉도			우산도					● 동해 두 섬		동국여지승람
1693 -1696	울릉도	울릉도	子山島						● 동해 두 섬		숙종실록
1699	울릉도				대자산		소자산		×	보고서	이진명 (수토사)
1702	울릉도				대자산		소자산		×	보고서	전일회 (수토사)
1711	울릉도				소위 우산도				×	보고서	박석창 (수토사)
1808	울릉도		우산도 (송도)						●		만기일람
1908	울릉도		우산도						●		동국문헌비고
1881	울릉도	울릉도	우산도		송죽도				●		고종
1882	울릉도	울릉도			죽도		도항		×	보고서	이규원 검찰사
1899	울릉도	울릉도			우산도 /죽도		대소섬 (중1)		×	일본인 동참	황성신문
1900	울릉 전도	울릉도	石島	독섬?	죽도				●		
1904	울릉도		石島	獨島					●	보고서	군함 니이타카호
1906	울릉도		石島	獨島					●▲		심흥택 보고서

제2부
일본의
영토팽창론

일본의 영토 내셔널리즘과 독도 영토주권의 도발

제5장

1. 들어가면서

한일 양국은 독도 영유권을 둘러싸고 대립하고 있다. 영토는 두 나라가 공유할 수 없다. 그렇다면 분명히 어느 한 쪽에서 국익을 위한 내셔널리즘이 작용하여 영유권을 주장하고 있다고 봐야 한다. 영토분쟁은 내셔널리즘의 발동 없이 발생하지 않는다.

본고에서는 「내셔널리즘」[1] 유무의 기준에 관해서는 영유권의 본질과 관계없이 국익 차원에서 영유권을 주장하고 있는지 아닌지로 판단하려고 한다. 한일 양국 사이에 독도를 둘러싼 영토문제가 존재한다는

---

1) 내셔널리즘의 정의는 민족주의, 국가주의, 국수주의 등의 3요소를 포함하고 있는 것을 의미한다. 최장근, 「제5장 일본정치의 구조적 특수성과 방향성」, 『일본문화와 정치』, 학사원, 2010, 135-165쪽.

것은 어느 한 쪽이 본질을 왜곡하고 있기 때문이다. 본 연구의 목적은 한일 양국 중에 어느 쪽이 본질을 왜곡하여 영유권을 주장하고 있는가를 분석하여 독도문제와 내셔널리즘과의 관계를 고찰하는 것이다.

분석방법으로는 우선 독도의 영토적 권원을 고찰하여 한일 양국 중 어느 쪽이 본질을 왜곡하고 있느냐에 따라 어느 쪽이 더 내셔널리즘을 강화하고 있는가를 고찰한다. 분석 순서로는 첫째, 역사적, 지리적, 법적 측면에서 독도의 영토적 권원을 고찰하여 어느 쪽의 주장이 더 타당한가를 검토한다. 둘째, 한국이 관리하고 있는 독도에 대해 일본이 영유권을 주장하고 있으므로 독도 영유권에 대한 역대 일본정부의 입장을 검토한다. 셋째, 국민여론에 주된 영향을 미치고 있는 한일 양국 매스컴 보도의 진정성에 관해 검토한다. 넷째, 독도문제에 대한 일본여론의 이해 정도에 관해 검토한다.

선행연구에서는 독도를 분쟁지역으로 취급하여 한일 양국을 동등한 입장으로 다루어 한국이 마치 내셔널리즘에 입각하여 독도 영유권을 주장하고 있는 것처럼 오류를 범한 연구가 있다.[2] 필자는 2009년 동북아시아문화학회에서 「전후 동아시아의 영토 내셔널리즘에 관한 비교연구」라는 제목으로 발표한 적이 있다.[3]

---

2) 특히 문제가 되는 것은 「양국의 영유권 주장은 객관적인 역사적 사실과 국제법적 근거에 의거한 주장이라고 하지만 양국 정부의 정치적 입장에서 주장하는 것으로 볼 수밖에 없다.」(「종장: 영토 내셔널리즘을 넘어서」)라는 입장에서 「제3장: 한국 학생의 독도의식과 일본 이미지」라고 하여 한국의 독도 영유권에 대한 여론을 내셔널리즘에 의한 것이라고 비판하고 있다. 玄大松(2006)「領土ナショナリズムの誕生」, ミネルバ書房. 273쪽.
3) 동북아시아문화학회 편, 「전후 동아시아의 영토 내셔널리즘에 관한 비교연구」, 『제18차 동북아시아문화학회, 대련수산학원 공동 국제학술대회』 2009년 5월 21~24일, 중국 대련수산학원, 161-163쪽.

2. 독도의 영토적 권원

2.1 지리적 지위

지리적으로 가깝다는 이유만으로 영유권이 결정되는 것은 아니지만, 영토의 자연적인 형성은 지리적인 근접성에 의해 이루어진다. 독도는 지리적 근접성으로 볼 때 일본보다는 한국영토로 형성되는 지리적 위치에 놓여 있다.[4]

독도는 한국의 울릉도와 일본의 오키섬 사이에 위치하고 있다. 일본이 독도에 대한 영유권을 주장할 시점에는 이미 울릉도와 오키섬에는 각각 양국의 국민이 거주하고 있었다. 독도는 예로부터 한국의 울릉도에서는 보이는 가시거리에 있다.[5] 그러나 일본의 오키섬에서는 독도가 보이지 않는다.

과거에 지리적으로 독도가 보였다, 안 보였다고 하는 논란은 있을 수 없다.[6] 왜냐하면 오늘날 울릉도나 오키섬에서 독도가 보이면 과거에도 보였다고 적용되기 때문이다. 오늘날 울릉도에서 독도가 보인다면, 과거에는 지금보다 더 공기오염이 되지 않았기 때문에 더욱 선명하게 보였다고 할 수 있다. 이는 세종실록지리지 등의 관찬 고문헌에서

---

4) 시마네현의 편입조치의 합법성에 따라 지리적 근접성을 극복하여 일본영토로 취득될 수 있으나 이 조치가 포츠담선언에 의해 침략행위로 판결되어 일본의 영토조치는 무효성이 인정되어, 전후 독도가 일본영토로 인정되는 경우는 없었다.

5) 세종실록지리지 등의 고문헌에 '바람이 불고 날씨가 청명한 날 울릉도와 독도가 서로 잘 보인다'는 기록은 최근 동북아역사재단에서 확보한 많은 사진에서 울릉도와 독도 두 섬이 서로 보이는 것으로 당시의 인식이 정확했음을 확인할 수 있다. 「독도연구소」, http://www.dokdohistory.com.

6) 가와카미 겐조는 독도의 한국영토론을 부정하기 위해 울릉도에서 독도가 보이지 않는다는 논리를 만들었다. 川上健三, 『竹島の歷史地理的研究』, 古今書院.

'두 섬이 서로 보였다'고 기록되어 있는 것으로도 분명히 알 수 있다.

오늘날 오키섬에서는 독도가 보이지 않는다. 그리고 역사적으로도 적극적으로 보였다는 기록이 없다. 따라서 오키섬에서는 과거에도 그랬듯이 지금도 독도가 보이지 않는다.

요컨대 지리적인 입장에서 볼 때 울릉도에 거주하는 사람들은 독도의 존재를 알고 있었고, 그 사실이 자연스럽게 후손들에게 대대로 전해졌다. 그러나 오키도에 거주하는 사람들은 독도의 존재를 자연스럽게 알지 못했기 때문에 후손 대대로 전해지지 않았다.

관측이 가능하다고 반드시 영유권 의식이 생겨나는 것은 아닐 것이다. 하지만 특정한 지역에 대한 영유권 의식은 그 가치에 의해 생성된다. 독도의 경우 일본 측에서는 전근대에 몇몇 일본인이 무인도로 존재했던 조선의 울릉도에 불법 도항하면서 독도를 울릉도 도항의 기항지 또는 이정표로 활용하였으므로 그 가치를 인식하기 시작했다고 할 수 있다. 그러나 한국 측에서는 울릉도가 최소한 신라에 복속된 이후 울릉도에서 보이는 독도를 국경지대에 위치하는 타국과의 경계로서 그 가치를 갖게 되어 우산국의 영토로 인식되었다고 판단할 수 있다. 시기적으로 볼 때 한국 측이 훨씬 빠른 시기에 영토적 가치를 인정하고 영유의식이 생겨났다고 할 수 있다. 여기서 일본 측이 울릉도에 도항했던 것은 조선영토에 대한 불법도항이었으므로 기항지 혹은 이정표 역할을 했다고 하더라도 독도에 대한 영유권 의식이 생겨났다고 할 수는 없다.

근대에 들어와서는 동아시아에 국민국가가 성립되면서 영토라는 개념과 더불어 한일 양국 사이에 국경선 개념이 강하게 나타났다. 국경선의 내측에 존재하는 지역을 영토라고 하는데, 독도의 경우 경계라는 상징적 가치 또는 어업이라는 경제적 가치의 발생에 따라 영토의식을 갖게 된다. 한국 측에서는 타국과의 경계라는 전근대의 상징적 가치와 더불어 근대에는 일본의 울릉도, 독도 침입에 따른 개척민들의 울릉도 개발과 울릉도민들의 독도 주변 어업이라는 경제적 가치를 발견하면서 독도에 대한 영토의식이 발생하였다.[7] 일본 측에서는 나카이 요사부로 (中井養三郞) 등이 독도에서 강치잡이를 하면서 경제적 가치에 의한 영토의식이 생겨날 수도 있었지만, 나카이는 독도를 조선영토로 인식하고 있었기 때문에 조선영토에 대한 경제적 착취 정도로 인식하여 영토의식은 갖지 않았다.[8]

2.2 역사적 지위

독도의 역사적 지위를 검토하는 것은 그 발견과 지속적인 관리라는 차원에서 영유권을 결정하는데 매우 중요한 요소이다.

한국 측에서는 고대시대에 독도와 관련되는 역사적 기록은 삼국사기와 삼국유사에 512년 울릉도를 영역으로 하는 우산국이 신라에 복속되었다는 기록이다. 즉 우산국이 신라의 지배를 받게 되었다는 것이다. 조선시대에는 현재의 독도가 우산도라고 불리었다. 우산도라는 명칭이 우산국에서 유래되었음은 분명하다. 따라서 오늘날 독도의 역사를 언급할 때 512년 우산국시대로 거슬러 올라가 설명하는 것은 지극히 당연하다. 하지만 일본 측은 우산도는 오늘날의 독도와 무관하다고 주장한다.

고려시대에 독도와 관련되는 기록은 보이지 않지만, 조선시대에는 독도와 관련되는 기록이 많이 보인다. 초기의 15-16세기에는 고려사지

---

7) 1904년 니이타카호의 한국의 독도, 나카이 요사부로의 독도에 대한 한국 영유권의식 등.
8) 일본의 독도에 대한 영토의식은 대륙침략의 일환으로 영토 확장이라는 요인에 의해 발생한 것이다.

리지, 세종실록지리지, 신증동국여지승람 등에서 독도가 우산도라는
이름으로 조선의 영토임을 명확히 하고 있다. 중기의 17세기에는 조선
정부가 울릉도를 공도화로 관리하고 있었다. 그런데 안용복이라는 인
물이 이를 어기고 불법으로 울릉도에 도항하여 울릉도에서 일부 일본
어부들을 만나 울릉도, 우산도를 둘러싸고 영유권 논쟁을 벌이게 되었
다. 그것이 계기가 되어 조선정부는 1696년 일본정부로부터 울릉도와
우산도가 조선영토임을 확답받게 되었다. 조선정부에서는 그 후부터
독도에 대한 영토의식을 분명했다. 후기의 19세기 조선정부는 17세기
일본 사이에 울릉도, 우산도를 둘러싼 영유권 논쟁으로 일본어부의 울
릉도[9] 도항이 금지된 이후에도 울릉도에 사람의 거주를 허락하지 않았
다. 그 대신 2-3년에 한 번씩 울릉도를 수토하여 그 존재를 언제나 확인
하고 있었다. 그러나 우산도(지금의 독도)의 경우는 울릉도에서 항상
바라볼 수 있는 섬이 아니었고, 게다가 울릉도에 사람이 거주하지 않았
기 때문에 조선 조정의 담당관리가 바뀜으로서 우산도의 존재를 확인
할 길이 많지 않았다. 새로운 조선 조정이 구성되었을 때는 우산도에
대한 영유권의식에 입각하여 실제로 그 존재를 확인하려고 노력했다.
박석창과 같은 일부 관리들은 이러한 상황에 있는 우산도에 대해 실질
적 확인을 게을리하고 성급하게 울릉도 주변의 작은 섬(죽도)을 우산
도로 비견하는 울릉도 지도를 그리기도 했다. 이로 인해 우산도의 실질
적인 존재를 의심하는 풍토가 생겨났다. 그 결과 박석창 이후에 그려진
청구도 계통의 지도는 대부분 잘못된 박석창의 「울릉도지도」를 답습했
다. 그러나 강화도조약 이후 조선 조정에서는 일본의 문화개방 요구가

---

9) 안용복 사건 이후 일본이 울릉도를 조선영토로 인정했음에도 불구하고 울
릉도의 공도정책을 유지한 것을 보더라도 공도정책이 울릉도에 대한 영유
권을 포기한 것으로 해석해서는 안 된다는 것이 확인된다.

거세지면서 울릉도와 독도 영유권에 대한 영토의식이 강하게 나타나서 1881년부터 울릉도 개척이 본격화되었고, 독도에 대해서도 영토의식이 강화되어 1900년 칙령 41호로 울릉도와 더불어 독도의 영토조치가 단행되었다. 이러한 상황에 대해 1904년 일본군함 니이타카호는 독도에 대해「울릉도 사람들이 독도라고 쓴(書)다」라고 조사일지에 기록하고 있다.[10] 즉 울릉도 사람들에게 1904년 이전부터 조선의 고문헌에 등장하는 '우산도'라는 섬이 '독도'라는 이름으로 정착되었음을 알 수 있다. 이러한 사실은 대한제국 시대였던 1906년 울릉군수 심흥택이 중앙정부에 「울도군 소속 독도」에 대해 일본이 1905년 영토 편입조치로 단행하여 독도를 침탈하려고 한다고 보고했던 것으로도 확인된다. 중앙정부는 이러한 사실을 통감부에 즉각 항의하여 독도가 한국의 고유영토임을 분명히 지적했다.[11] 이를 보더라도 대한제국이 1910년 일본 제국주의에 강점되기 이전까지 독도 영유권을 포기하지 않았고, 일본의 독도침탈 의도에 대해 단호하게 대응했던 것을 알 수 있다.

한편, 일본에서도 조선 초기 12세기에 울릉도 사람이 일본에 표류해왔다고 하여 울릉도가 조선영토임을 명확히 인식하고 있었다. 독도의 존재에 대해서는 언급하지 않았으므로 영유권 인식이 없었다. 조선 중기 17세기에는 안용복이라는 인물이 일본의 지방정부와 중앙정부에 대해 한국의 고문헌과 고지도의 인식을 토대로 울릉도와 우산도가 조선영토임을 강력하게 주장하여, 그 결과 일본의 지방정부와 중앙정부는 양국의 중앙정부 사이에서 벌어졌던 울릉도의 영유권 분쟁에서 울릉도와 독도가 일본영토가 아님을 분명히 했다. 그래서 일본의 중앙정

---

10) 신용하,『독도의 민족영토사 연구』, 지식산업사, 1996.
11) 최장근,「대한제국의 울릉도/독도 영유권 조치-칙령 41호 '석도=독도' 검증의 일환으로-」,『일본의 독도·간도침략 구상』, 백산자료원, 69-92쪽.

부는 일본인들의 울릉도 쪽으로 도해금지를 명했다. 여기서 일본의 중 앙정부가 일본인들에게 독도의 출어만은 허가했다는 적극적인 자료가 없다.[12] 일본어부들은 독도만을 위해 도항하는 일은 없었다. 그 때문에 울릉도 도항금지는 바로 울릉도와 더불어 독도에 대한 도해금지임이 분명하다. 19세기, 조선 후기에 속하는 메이지시대의 일본은 울릉도와 독도가 일본영토가 아님을 명확히 했다.[13] 1876년 강화도조약 이후는 조선에 문호개방을 강요했고, 일본어민들은 불법적으로 울릉도에 침입 하여 경제활동을 했다. 이때에 나카이 요사부로라는 어민은 독도에서 도 강치잡이를 했다.[14] 그때 일본어민들이 울릉도와 독도를 한국영토 라는 인식하고 있었다는 것이다.

그럼에도 불구하고 일본제국주의는 1904년 2월 러시아와 일전을 치 르면서 한국영토를 전시에 임의적으로 활용하도록 한국에 강요했고, 더 나아가서 1905년 2월 독도에 대해서는 전시 활용의 차원을 넘어 은 밀한 방법으로 일본영토로서 불법적인 편입조치를 단행했다. 일본제국 은 국난기를 악용하여 대한제국의 영토를 몰래 도취하려고 했던 것이 다. 일본 제국주의가 독도를 도취하려 했던 행위는 일본이 연합국에 패전함으로써 카이로선언과 포츠담선언에 의거하여 일본영토에서 분 리되었다.[15] 한국독립과 더불어 독도는 더 이상 일본영토가 아니고 한 국영토가 되었다. 이러한 사실은 1951년 9월 연합국이 대일평화조약에

---

12) 일본의 일부 연구자는 독도 도해는 금지하지 않았다고 하여 독도를 일본 영토라고 적극적으로 해석하고 있다. 이는 모순이다.
13) 신용하, 『독도의 민족영토사 연구』, 지식산업사, 1996.
14) 1905년 나카이 요사부로가 죽도 편입원을 낼 때 독도를 한국영토로 인식 하고 있었던 것이 대표적인 예이다.
15) 일본은 1905년 편입조치가 합법적이라고 주장하지만, 1952년 샌프란시스 코조약에서 연합국은 일본의 입장을 인정하지 않았다.

서도 부정하지 못하였다. 당시 한국은 연합국의 SCAPIN 677호에 의해 독도를 통치하였는데 이에 대해 일본이 영유권을 주장하여 논란을 일으켰다. 이때 일본의 입장을 적극적으로 지원하고 있던 미국조차도 일본영토라고 적극적으로 대일평화조약에 규정하지 못했던 것으로도 충분히 확인된다.

요컨대 역사적으로 한국영토로서 권원을 갖고 있는 독도에 대해 일본이 근대 국제법을 악용하여 취한 1905년 편입조치는 일방적이고 침략적인 불법조치로서 일본의 영토주권이 확립되지 못했다. 따라서 역사적으로 볼 때 독도는 한국영토로서의 권원은 존재하지만 일본영토로서의 권원은 존재하지 않았다는 것을 명확히 알 수 있다.

2.3 국제법적 지위

국제법상의 영토취득16) 방법에는 여러 가지가 있으나, 그중에서도 독도의 경우는 선점에 의한 영토취득 방법이 적용된다. 취득요건은 누가 먼저 독도를 발견하여 지속적으로 독도를 자국의 영토로서 관리해왔으며, 현재 누가 독도를 실효적으로 관리하고 있느냐는 것이다. 그렇다면 한국영토로서의 독도의 국제법적 지위를 살펴보면 다음과 같다.

첫째, 독도의 발견에 관해서는 지리적으로 독도가 한국의 울릉도에서 보이기 때문에 한국이 일본보다 먼저 발견하였다는 것을 부정할 수 없다. 이러한 사실은 세종실록지리지 등의 조선시대 관찬문헌에 「울릉도와 우산도가 날씨가 청명하고 바람이 부는 날 서로 잘 보인다」고 하여 서로 보이는 거리에 있다는 기록이 등장하는 것으로 봐도 분명하다.17) 반면 일본 측에 일본이 한국보다 먼저 독도를 발견했다는 기록

---

16) 전쟁, 조약, 선점, 할양 등이 있다. 이한기, 『한국의 영토』, 서울대학교출판부, 1969, 60-140쪽.

은 없다.

둘째, 독도의 지속적인 관리에 관해서는 조선 조정은 조정의 실록을
비롯한 관찬기록물에 울릉도와 더불어 우산도가 조선국 영토의 일부임
을 명확히 하고 있다. 이는 울릉도와 더불어 우산도가 조선영토로서
관리되었다는 것을 의미한다. 영토를 관리했다고 하는 것은 지금의 관
점처럼 반드시 섬에 사람이 거주하거나 왕래하여 생업에 종사하는 것
에 국한되는 것은 아니다. 독도처럼 과거 사람이 살 수 없었던 섬이라
면 고문헌 등에서 영역 속에 포함시켜 영토로서 인식해온 것 자체만으
로도 충분히 영토적으로 관리했다고 할 수 있다. 반면 고문헌상으로
일본영토로서 기록된 것은 존재하지 않는다. 이렇게 볼 때 1905년 일
본이 영토 편입조치를 하기 이전에 이미 독도는 한국영토로서 관리되
어오고 있었음을 알 수 있다. 일본이 「죽도」 편입조치를 단행할 때 국
제법의 「무주지 선점이론」으로 일본영토가 되었다고 하지만, 그 이전
부터 이미 독도는 한국의 고유영토였던 것이다.

일본의 경우는 원래 독도에 대한 영토의식을 갖고 있지 않았으나,
나카이 요사부로(中井養三郎)가 1904년을 전후하여 한국영토라 생각
하면서도 불법적으로 독도에서 강치조업을 했던 것이었다.[18] 이때에
일본 제국주의는 독도가 무인도라는 것을 알고, 나카이 요사부로의 한
국정부에 대한 강치사업 신청을 날치기하여 영토침략의 대상으로 삼았
던 것이다. 나카이의 독도에서의 강치조업은 한국영토에 대해 경제적
약탈을 자행한 것으로, 경제적 약탈은 영토관리와는 정반대되는 개념

---

17) 일본 측이 「죽도」 영유권을 주장하기 위해 우산도가 지금의 독도가 아니
라고 주장하지만 설득력이 없다.
18) 최장근, 「일본영토론자들의 사료해석 조작,『일본의 독도·간도침략 구상』,
백산자료원, 93-128쪽.

이다. 그럼에도 불구하고 일본정부는 한국영토에 대한 나카이의 경제적 약탈을 일본영토로서 관리한 증거라고 말하고 있는데,[19] 이는 모순의 극치이다. 타국의 영토에 대한 경제적 약탈을 영토취득의 요건이라고 말하는 것은 19세기 이전에 존재했던 제국주의적 사고방식이다. 또한, 1905년 러일전쟁 중에 한국이 관리해오던 독도에 대해 무주지라고 주장하면서 은밀히 영토조치를 취한 것은 불법적인 영토침략 행위이다. 이러한 일본의 불법적인 영토침략 행위는 패전과 더불어 연합국에 의해 단죄되어 전후의 일본영토에서 모두 분리 조치되었다. 이처럼 일본은 과거 독도에 대한 경제적 약탈은 있었지만, 영토로서 관리한 적은 없다. 만일 일본이 오늘날까지 경제적 약탈을 영토관리로 주장한다면, 이는 내셔널리즘에 의한 영토적 침략행위라고 할 수 있다.

한편, 이미 일본이 편입조치를 단행하기 이전에 한국에서는 고문헌상의 역사적 권원에 입각하여 1900년 칙령 41호를 발령하여 동해상의 모든 도서를 탐사하고 울릉도와 더불어 독도(당시는 石島라는 명칭을 사용함)에 대해서도 행정조치를 단행하여 대한제국 영토로서 관리했다. 그 후 1906년 울릉군수 심흥택은 일본의 불법적인 독도 편입사실을 전해 듣고 대한제국 조정에 대해 「본군 소속 독도」를 일본이 침탈하려고 한다고 상소했다. 이를 보더라도 울릉군수 심흥택이 1900년의 칙령 41호에 의거하여 독도를 행정적으로 관할하고 있었음을 알 수 있다. 또한, 심흥택 군수는 시마네현 관리로부터 전해 들은 독도침탈 사실을 경성의 조선 조정에 긴급 보고했고, 이 사실을 알게 된 조선 조정이 통감부에 정식으로 항의했다고 하는 것은 영토관리에 해당한다.[20] 나

---

19) 田村清三郎, 『島根県竹島の新研究』, 島根県総務部総務課, 1965, 40-115쪽.
20) 최장근, 「대한제국의 울릉도/독도 영유권 조치-칙령 41호 '석도=독도' 검증의 일환으로-」, 『일본의 독도·간도침략 구상』, 백산자료원, 69-92쪽.

카이가 독도에서 경제적 약탈을 자행한 것은 당시 일본인들이 울릉도에 불법으로 침입하여 경제적으로 약탈해 간 것과 동일한 것이다.[21]

반면 일본정부는 대한제국정부가 1906년 일제 통감부에 「죽도」 영토조치를 항의한 이후에도 「죽도」를 특별히 관리하는 조치를 취한 적이 없었고, 또한 러일전쟁 중에 독도에 망루를 설치하여 전쟁에 활용했지만, 이는 영토로서 관리한 것이 아니라 일제가 죽변과 울릉도에 망루를 설치한 것처럼 한일의정서에 입각하여 독도를 「임의로」 전쟁에 활용한 것에 불과하다. 일본은 1905년 9월 러일전쟁이 종결된 이후 그해 11월 한국의 외교권을 강탈했고, 1907년에는 한국의 군대를 해산하고 내정권까지 강탈했다. 이러한 과정을 거쳐 일본은 결국 1910년 한국을 강제 합병하는 형태로 독도를 포함하는 한국영토를 강탈했던 것이다. 한국은 유사 이래 지금까지 일본의 독도 침략행위에 대해 한 번도 묵과한 적이 없다. 독립을 맞이한 한국의 영토는 포츠담선언에 의거하여 일본 제국주의가 침략한 영토에서 전적으로 분리되었던 것이다.

셋째로, 독도에 대한 한국의 실효적 점유에 관해서 기술하면 다음과 같다.

한국독립 이전의 독도는 지형적으로 무인도로서 1년 내내 사람이 상주할 수 있는 섬이 아니었다. 1945년 8월 15일 한국독립 이후의 독도는 한국영토로서 자유롭게 한국어민들이 조업을 하였다. 이는 1948년 미국공군의 폭격연습으로 독도에서 한국어민 30여 명의 사상자가 발생한 사건에서도 충분히 확인된다. 또한, 이승만대통령은 대일평화조약을 체결한 이후 1952년 4월 발효를 앞두고 맥아더라인이 없어지면 일본인들이 독도 근해에 침입해올 것을 우려하여 1952년 1월 18일 평화

---

21) 나카이의 독도에 대한 경제적 약탈의 본질을 파악하기 위해서는 「대한제국 시기 일본인들의 울릉도 약탈상황 연구」가 중요함.

선을 선언하여 독도관리를 선언하였다. 이에 대해 일본정부가 국제법에 의거하여 1905년 시마네현에 편입조치된 일본영토라고 주장했다. 한국정부가 이를 인정하지 않자, 1952년 한국전쟁 중에 시마네현 관리들이 불법적으로 독도에 상륙하여 그곳에서 조업하던 한국어민들을 추방하려고 했다. 이에 격분한 울릉도민들은 1953년 4월부터 스스로 독도수비대를 편성하여 독도에 상주하게 되었고, 1956년 12월부터는 울릉경찰이 상주하게 되었던 것이다. 그 이후부터 독도는 한국국민이 상주하는 섬이 되었다. 한국정부는 독도를 관리하는 차원에서 한국영토의 표지석을 설치하고, 무인등대 설치 이후 이를 다시 유인등대로 대체했으며, 1980년대에는 최종덕 씨가 독도에 거주를 시작하여 최초의 주민이 되었다. 현재 독도에는 서도에 김성도, 김신열 어민 부부가 거주하고 있고, 동도에는 영토표지석, 유인등대, 경찰막사, 선착장 등이 설치되어 있으며, 관광객들은 매일같이 울릉도를 경유하여 1년에 2만여 명이 독도를 방문한다. 이처럼 한국은 일본의 독도침략을 막기 위해 1954년 이후 역사적인 권원을 바탕으로 독도를 실효적으로 관리하고 있다. 이에 대해 일본정부는 수차례 한국인의 독도 상주와 시설물 설치에 항의하는 서한을 한국정부에 보내왔다. 그 후 일본은 오늘날까지 한국이 독도를 불법적으로 점유하고 있다고 하면서 영유권을 주장한다.

일본이 오늘날 이러한 주장을 하는 것은 우선 일본이 독도를 침탈하기 위해 대일평화조약을 체결하는 과정에서 미국에 로비한 것이고, 둘째는 미국이 일본의 입장을 두둔하여 연합국 측이 종래 독도가 한국영토라는 입장을 바꾸어 독도에 대한 영토적 지위를 명확히 처리하지 않았기 때문이다. 일본은 이러한 상태를 악용하여 1905년 일본 제국주의가 침략하려고 했던 독도에 대한 영유권을 주장하고 있다. 이는 영토 내셔널리즘에 의한 영유권 주장에 불과한 것이다.

3. 양국 정부의 독도 영유권 인식 양상

3.1 일본정부의 영토 내셔널리즘

독도의 본질에 관해서는 위에서 검토해보았다. 독도에 대한 영유권 인식이 독도의 본질과 어느 정도 차이를 보이느냐에 따라 일본정부의 내셔널리즘의 정도를 알 수 있다. 그렇다면 일본정부의 독도문제에 대한 인식이 본질과 어느 정도 차이가 있는지 살펴보기로 한다. 우선 일본정부의 '죽도' 문제에 대한 영유권 인식은 일본 측 연구자들의 인식에 영향을 받고, 그것은 또 정책으로 반영된다.

일본정부는 독도가 '죽도'라는 이름으로 역사적으로나 국제법적으로 일본의 고유영토라고 주장한다. 그리고 한국이 일본의 고유영토인 '죽도'를 불법적으로 점령하고 있다고 한다.[22]

먼저 일본정부의 영유권 논리는 역사적 사실로서 독도가 일본영토라고 하는 문헌적 근거가 존재하지 않기에 한국영토로서의 문헌적 근거를 부정하고, 일본 측의 고문헌에 등장하는 '죽도' 관련 사료에서는 일본영토가 아니라고 해석되는 부분을 왜곡 해석하는 방식으로 일본영토라고 해석하는 방식이다.

첫째로, 한국영토로서의 근거를 부정하는 구체적인 사례를 살펴보면 다음과 같다.[23]

① 조선 초기의 고문헌과 고지도에 울릉도와 더불어 등장하는 「우산도」에 대해서는 위치와 형상이 오늘날의 독도와 다르다고 하여 「우산

---

22) 『한일 간의 독도 · 죽도 논쟁의 실체 -죽도 · 독도 문제 입문 일본 외무성 「죽도(竹島)」 비판-』(나이토 세이추(內藤正中) 저/곽진오 · 김현수 역, 도서출판 책사랑, 2009)에서 모순점을 비판하고 있다.
23) 전게서, 나이토연구 참조.

도」는 오늘날의 독도가 아니라고 주장한다. 당시는 오늘날처럼 정밀한
측량기술이 없었기 때문에 지도나 고문헌에 등장하는 독도의 형상과
위치가 지금과 같다면 그것이 오히려 이상하다고 하겠다.

② 조선 중기 1693-96년의 안용복의 활동에 대해서, 당시 안용복은
도일하여 일본의 지방정부와 중앙정부에 울릉도와 자산도(지금의 독
도)가 조선영토라고 영유권을 주장하였다. 이에 대해 일본은 안용복은
불법으로 국경을 월경한 죄인으로서 허풍쟁이이므로 안용복 관련 사료
는 신빙성이 없다고 주장한다.[24] 안용복 사건을 계기로 막부가 울릉도
를 조선영토로 인정하고 울릉도 방향으로 일본인의 도항을 금지한 것
만으로도 안용복의 활동에 관한 사료가 대부분 사실이었다는 것을 확
인할 수 있다.

③ 조선 후기 1900년의 칙령 41호에 등장하는 「석도」에 대해 일본은
아무런 논증 없이 지금의 독도가 아니라고 부정한다. 석도가 지금의
독도임을 단적으로 증명하는 사료가 없다는 것이다. 그러나 1904년의
일본군함 니이타카(新高)호가 당시 한국영토 「독도」라고 했던 인식과
일본의 「죽도편입」에 대해 대한제국정부가 1906년 단호한 입장으로
대응했던 정황 등을 볼 때 칙령 41호의 「석도」가 독도임이 분명하다.

둘째로, 일본 측의 고문헌에 독도가 한국영토라는 사료를 왜곡 해석
한 부분을 보면 다음과 같다.[25] 대표적으로 근세의 은주시청합기(隱州
視聽合紀), 하야시 시헤이(林子平)가 그린 지도 「삼국접양지도(三國接
壤地圖)」(1785년 추정), 나가쿠보 세키스이(長久保赤水)가 그린 지도
「개정 일본여지로정전도(改正日本與地路程全圖)」(1997), 근대 초기 메
이지 정부의 「태정관문서」에서 「다케시마(당시의 울릉도 명칭) 외 일

---

24) 전게서, 나이토연구 참조.
25) 전게서, 나이토 연구 참조.

도(지금의 독도)는 일본과 관계가 없음을 명시하라」(1869), 「조선국교
제시말내탐서」에서 「죽도와 송도가 조선부속이 된 시말」26)(1877) 등
이다.

① 「은주(오키)시청합기」(1667)에서 일본의 서북경계는 「오키」라고
하는 해석을 왜곡하여 울릉도와 독도가 일본의 서북경계라고 주장한
다. 독도문제를 차치하더라도 1696년 막부가 이미 「은주시청합기」를
토대로 하여 울릉도는 일본영토가 아님을 공식적으로 인정했다. 그럼
에도 불구하고 이를 왜곡하여 지금까지도 죽도(울릉도)와 송도(독도)
가 일본영토라는 논리를 펴는 것 그 자체가 모순이다. 「은주시청합기」
는 독도가 한국영토임을 인정한 문서이다. 이를 왜곡하여 일본영토라
고 주장하는 일본의 논리는 국익을 위한 내셔널리즘에 입각한 주장이
라고 하겠다.

② 하야시 시헤이의 「삼국접양지도(三國接壤地圖)」와 나가쿠보 세
키스이의 「개정 일본여지로정전도(改正日本輿地路程全圖)」에 등장하
는 울릉도와 독도는 일본영토로서 표시되어 있다고 주장한다. 하지만
이들 지도는 일본인이 울릉도를 불법 도항하는 과정에서 알게 된 오키
섬에서 울릉도, 독도에 가는 위치를 그린 것이다. 울릉도와 독도가 일
본영토라고 그린 것이 아니다. 이미 1696년 막부가 역사적 권원에 의
거하여 울릉도를 한국영토로 정식적으로 인정하였다. 그럼에도 불구하
고 1776년 작성한 세키스이의 지도에 울릉도와 독도를 일본영토로 취
급하였다면 이 지도의 신뢰성이 문제 된다.

③ 「메이지 정부의 독도인식」에서 메이지 정부가 울릉도와 독도의
위치를 명확히 그린 지도를 첨부하여 울릉도와 독도는 일본영토가 아

---

26) 신용하, 「조선국교제시말내탐서」, 『독도의 민족영토사 연구』, 157쪽.

니고 한국영토라고 분명히 인정했다. 이렇게 명확하게 독도가 한국영토라고 한 부분까지도 오늘날 일본은 독도가 일본영토로서 그려졌다고 왜곡 해석하고 있다.[27]

이처럼 독도가 한국영토라는 역사적 권원에 대해 오늘날 일본정부가 영유권을 주장하는 것은 독도의 본질을 보지 않고, 일본영토라는 논리를 만들기 위해서 역사적 사실을 왜곡하지 않고는 불가능하기 때문이다.

셋째로, 일본정부는 1905년 시마네현에 편입한 「죽도」 조치에 대해 국제법적으로 합법하다고 주장한다. 당시 일본정부는 독도를 무인도로 간주하여 무주지 선점이론을 적용하고 있지만, 위에서 살펴본 바와 같이 독도는 이미 한국영토로서 관리되고 있는 섬이었다. 따라서 무주지라고 단정한 것도 모순이지만, 1905년 러일전쟁 중의 혼란한 틈을 타서 은밀히 도취하는 형식으로 편입 조치한 것은 1910년 한반도 전체를 침탈하기 직전에 선취한 영토침략 행위이다.

1945년 일본의 패전으로 연합국은 청일전쟁 이후 일본이 침략한 영토를 전적으로 일본영토에서 분리하도록 결정했다. 이때에 독도도 일본이 침략한 지역으로서 일본영토에서 분리되어 한국이 한국영토로서 실효적 지배를 하게 되었다. 그럼에도 불구하고 일본은 이러한 본질적인 부분을 외면하고 무주지 선점이론을 빌미로 국제법적 논리를 따진다. 그러나 근대 국제법의 논리는 근대가 내셔널리즘의 시대였기에 제국주의국가의 입장을 대변하는 부분이 없지 않았다. 그러나 오늘날의 국제법은 제국주의의 영토침략에 대해 전적으로 불정하고 있기 때문에 일본의 독도 영유권 주장은 억지이다. 그럼에도 불구하고 근대 국제법

---

27) 전게서, 나이토 연구 참조.

을 교묘하게 악용하여 독도에 대한 영토주권은 일본에 있다고 주장한다. 그러나 지금은 근대 내셔널리즘의 시대가 아니므로 오늘날의 국제법으로는 명확한 불법조치에 해당한다.[28]

이처럼 오늘날에도 일본정부가 근대시대의 논리를 적용하여 제국주의가 침략한 영토까지 국제법적 정당성을 주장하는 것은 내셔널리즘에 의한 영유권 주장이라고 하겠다.[29] 이제 일본정부의 내셔널리즘적 태도를 경계해야 한다고 하는 여당인 민주당 국회의원도 등장했다.[30] 야당인 자민당은 독도가 일본영토라는 입장을 견지하고 있다.[31] 독도문제 해결은 일본정부가 내셔널리즘을 포기하고 전적으로 본질에 입각하여 문제를 해결하려는 자세가 생겼을 때만이 비로소 가능해진다.[32]

....

28) 전게서, 나이토 연구 참조.
29) "독도가 한국영토"라고 한 도이 의원의 발언에 대해, 간 총리는 이날 "매우 유감"이라고 밝혔고, 에다노 유키오(枝野幸男) 관방장관은 "도이 의원의 행동은 다케시마가 일본의 영토라는 정부와 민주당의 입장과 배치되는 것"이라고 비판했다. 「"독도는 한국땅" 日 도이 의원 수난… 야당 "국익 해치는 행위" 공세, 간 총리도 "유감"」, 「국민일보」, 2011년 3월 10일.
30) 도이 의원은 일제강점기 서울에서 태어났고, 목사 출신 정치가로서 7선인 간 총리와 가까운 민주당 의원들로 이뤄진 '국가형태연구회' 대표로, 2011년 3월 10일 한·일 기독의원연맹의 일본 측 대표 자격으로 한국을 방문해 이같은 내용이 담긴 공동선언문에 서명하고 기자회견에 참석했다. 「일본 민주당의 도이 류이치(土肥隆一·72) 중의원 의원이 일본이 독도의 영유권을 주장해선 안 된다는 문서에 서명했다. 그는 의회 윤리심사회 회장이고, 간 나오토(菅直人) 총리 그룹의 핵심 멤버이면서 민주당 상임간사회 의장이기도 했다. 그는 일본의 한국 합병의 위법성, 전후 보상과 위안부 문제, 재일 한국인의 참정권 문제 등의 해결에 관심을 갖고 있다.」 「"독도는 한국땅" 日 도이의원 수난… 야당 "국익 해치는 행위" 공세, 간 총리도 "유감"」, 「국민일보」, 2011년 3월 10일.
31) "독도가 한국영토"라고 한 도이 의원의 발언에 대해, 자민당은 "국익을 해치는 행위"라고 하여 도이 의원을 비난했다. 「"독도는 한국땅" 日 도이의원 수난… 야당 "국익 해치는 행위" 공세, 간 총리도 "유감"」, 「국민일보」, 2011년 3월 10일.

3.2 한국정부의 영토 내셔널리즘

한국정부의 독도문제의 영유권 인식은 한국 연구자의 인식에 영향을 받아 정부 정책으로 채택된다. 앞에서 언급했듯이 독도는 지리적으로나 역사적으로나 국제법적으로 볼 때 일본영토가 될 수 없고, 한국영토로선 존재한다는 것을 확인했다.

독도가 지리적으로 울릉도에서 보이기 때문에 한국영토인 울릉도 거주민은 예로부터 독도를 국가영역으로 생각해왔다고 하겠다. 이는 조선의 관찬 지리지인 「세종실록지리지」, 「고려사지리지」, 「동국여지승람」 등에 "울릉도-우산도 두 섬은 날씨가 청명하고 바람이 불면 잘 보인다."라고 기록되어 있고, 「동국문헌비고」에서는 "죽도와 송도는 우산국의 영토이고, 왜가 말하는 송도는 우산도이다."라고 기록되어 조선시대에 걸쳐 울릉도 사람들은 독도에 대한 영토의식을 갖고 있었다. 이러한 인식은 조선 조정에도 그대로 받아들여졌다. 이러한 지리적 인식 때문에 독도가 무인도임에도 불구하고 조선시대의 역사 속에 조선영토로서 등장한 것이다. 울릉도와 독도가 서로 보이는 것은 오늘날도 마찬가지이다. 그러나 고문헌상 일본영토인 오키도에서 울릉도가 보인다고 하는 적극적인 기록이 없을 뿐만 아니라 오늘날에도 오키도에서 독도

---

32) 예를 들면 카메룬과 나이지리아의 경우는 양국이 바카시반도를 둘러싸고 영유권 분쟁을 다투고 있었는데, 1994년 국제사법재판소에 회부하여 2002년에 카메룬의 영토로 결정되었다. 이에 대해 나이지리아는 당초에는 설복하지 않았지만 결국은 2008년도 카메룬의 영토임을 인정하여 자국의 군대를 철수하여 영토문제는 해결되었다. 지리적으로 보면 바카시반도는 카메룬에 인접한 반도이고 나이지라아와는 해협을 사이에 두고 있다. 나이지리아가 영유권의 본질에 입각하여 내셔널리즘을 포기함으로써 카메룬과의 영토분쟁이 종결된 것이다. 「카메룬과 나이지리아 해양경계부근 유전 공동개발 합의」, 「KMI 독도해양영토브리핑」11-151호(2011년 3월 28일) 참조.

는 보이지 않는다.

이처럼 독도가 분명히 한국영토임에도 불구하고 일본이 영유권을 주장하고 있다. 한국이 한국영토인 독도에 대해 내셔널리즘에 입각하여 영토적 침탈을 노리는 일본의 영유권 주장에 대응하는 것을 영토 내셔널리즘이라고 말할 수 없다. 따라서 한국정부가 독도를 한국영토로 인식하는 것은 본질에 근거한 것으로, 적어도 독도문제에 한해서는 내셔널리즘에 의한 것이 아님을 알 수 있다.

4. 양국 매스컴의 독도문제의 보도형태

4.1 일본 매스컴의 영토 내셔널리즘

일본 매스컴은 일본 연구자들의 연구성과를 토대로 일본국민의 독도인식을 주도한다. 본 연구에서는 2008년 중학교 학습지도요령해설서 개정에 대한 일본 측 매스컴의 보도를 중심으로 고찰하려고 한다. 주요 일간지로서 요미우리신문, 산케이신문, 아사히신문, 마이니치신문 등이 있다.

일본 문부과학성은 2008년 신 학습지도요령해설서에 북방영토에 관해서는「우리나라의 고유영토」라고 명기했고, 죽도문제에 관해서는「또한 우리나라와 한국 간에 다케시마를 둘러싼 주장에 서로 다른 점이 있는 것을 널리 알려, 북방영토와 마찬가지로 우리나라의 영토·영역에 관한 이해를 깊게 하는 일도 필요하다.」라고 기술했다. 이때에 독도에 대해 고유영토라고 하지 않은 것은 후쿠다 총리가 새로 출범한 이명박 대통령을 배려하여 피한 것이었다. 이에 대해 일본 매스컴은 일제히 반응했다.

도쿄의 대표적인 6대 일간지는 2008년 7월 각각 사설을 발표했다.[33] 「마이니치신문」, 「아사히신문」, 「도쿄신문」, 「닛케이신문」은 「한국의 입장을 이해하고 배려했다」라고 하여 중립적인 입장에서 사실관계를 보도하려고 노력했다. 그러나 요미우리신문은 「늦지만 이제라도 죽도교육을 할 수 있게 되어 다행이다」라고 했고, 「산케이신문」은 「매우 불만스럽다」라고 하여 일본의 국익차원에서 내셔널리즘적인 색채를 강하게 들어내었다.[34]

이상으로 한일관계에 대한 각 신문사의 보도형태를 보면, 「요미우리신문」은 일본에서도 중도우익계의 신문으로, 일본의 입장을 위주로 보도하면서도 상대국의 입장도 다소 고려하여 전하려는 신문이었다. 「산케이신문」은 일본의 극우신문으로서 전적으로 일본의 국익차원에서 보도하고 상대국의 입장을 전혀 고려하지 않는 신문이다. 「마이니치신문」, 「아사히신문」, 「도쿄신문」, 「닛케이신문」은 자국은 물론이고 상대국의 입장도 고려하여 최대한 공정하게 보도하려고 하는 신문이지만, 일본이라는 자국의 입장을 전적으로 극복하지는 못하고 있다.

이상에서 알 수 있는 것은 대부분의 신문은 사실을 보도하려고 노력하지만, 일부 우익계, 극우계 신문이 내셔널리즘을 부추기고 있다는 사실을 알 수 있다. 독도문제에 대해서 일본이 영유권을 주장하는 것은 이들 우익계 및 극우계 신문의 선동에 의한 것으로 보면 된다.

4.2 한국 매스컴의 영토 내셔널리즘

한국의 매스컴은 한국연구자들의 연구 성과를 토대로 매스컴을 통

---

33) 박병섭, 「일본 중학교 사회과 교과서와 독도」, 『日本 竹島＝独島問題研究 Net』, 2011년 3월 11일.
34) 전게서, 박병섭 연구 참조.

하여 한국국민의 독도인식을 주도한다. 주요 일간지로서 조선일보, 중앙일보, 동아일보, 한겨레신문, 지방지로서는 관할구역을 담당하고 있는 매일신문과 영남일보 등이 있는데, 이들은 하나같이 일본의 독도교육을 비판하고 있다.

2011년 '독도 학교교육'에 대한 한국 측의 매스컴의 보도를 보면 다음과 같다.

2011년 2월 28일 조선일보는 동북아역사재단 이사장 정재정의 기고문을 통해 「독도 영유권 문제는 근현대 한·일관계의 핵심을 이루는 사안으로 당연히 이 조항의 우선 적용 대상이다. 그럼에도 일본이 교과서 검정을 통해 독도 영유권 주장을 강화하는 것은 국제사회에 대한 약속을 스스로 저버리는 일이며, 한·일관계의 현실에서 볼 때도 시대흐름에 역행하는 것이다.」라고 보도했다.[35]

한겨레신문은 2011년 3월 26일 「한국 정부의 일각에서는 모처럼 온정을 베풀고 있어 한-일 간의 아름다운 모습에 찬물을 끼얹는 격이 되므로 교과서가 검정되더라도 항의수위를 낮추자는 목소리도 있다. 그것은 아니다. 그 모든 책임은 일본에 있다. 독도 문제는 주권의 문제이다. 물론 예정하고 있는 재해지원을 변경하는 것은 바람직하지 않지만, 독도 문제에 대해서는 강력히 대응해야 한다. 이로 인해 일부 한국 국민들이 기부를 거부하는 일이 생긴다면 그 잘못 또한 일본 정부에 있다. 대지진 피해의 온정을 방패막이로 독도의 영토주권을 침탈하려는 일본의 행위는 절대로 용인될 수 없다.」라고 보도했다.

이처럼 이들 신문은 일본의 왜곡된 논리에 의한 독도 영토교육을 비판했다.

---

35) 정재정, 「[기고] 3·1절에 우려하는 일본의 교과서 검정」, 「조선일보」 2011년 2월 28일.

5. 양국 국민의 독도문제의 이해 수준

5.1 일본국민의 영토 내셔널리즘

5.1.1 연구자

일본 독도연구자들의 독도인식은 일본정부 및 일본국민의 독도인식에 영향을 주고 있다. 일본에는 한국에 비해 독도연구자가 그다지 많지 않지만, 일본영토론자36)와 이에 비판적인 논자37)로 구분된다. 다양한 분야의 전공자들이 독도문제를 언급하고 있지만, 가장 중요한 것은 역사학을 정통으로 연구해온 사람들 중에는 독도가 일본영토라고 연구한 학자가 없다는 것이다. 법학을 비롯한 다른 분야의 연구자들 중에는 독도의 본질을 무시하고 일본인으로서의 내셔널리즘에 입각하여 일본에 유리한 것만을 취사선택하는 형식으로 영유권을 주장하기도 한다.

특히 최근 들어와서 내셔널리즘에 입각하여 가장 활발하게 일본영토론을 주장하는 그룹은 시모조 마사오를 좌장으로 하는 시마네현 소속의 '죽도문제연구회'이다. 시모조가 중심이 되어 2005년 시마네현의회는 '죽도의 날'을 제정했고, 또한 시마네현 소속의 유식자들을 모아서 「죽도문제연구회」를 결성하고 역사적 사료를 조작 해석하여 일본영토론을 만들어 영유권을 위한 선동활동을 하고 있다.38) 현재 일본 국내에서 이들의 논리를 정면으로 비판하는 연구자로서 나이토 세이추와

---

36) 일본영토론자들은 시모조 마사오, 국회참사관 등이 있는데, 이들은 1960년대 외무성의 가와카미 겐죠, 시마네현의 다무라 세이쟈부로 등의 관료들이 왜곡된 논리로 만들어진 일본영토론을 답습하고 있다.

37) 외무성 및 시마네현 관료가 내셔널리즘에 입각하여 왜곡된 영유권 논리를 만들어 한일간의 분쟁을 야기하게 되자. 이에 대응하여 1960년대의 야마베 겐타로를 위시하여 1980년대의 호리 카즈오, 1990년대의 나이토 세이츄 등이 대표적인 전통역사학자들로서 비판하는 논리를 전개했다.

38) 「竹島問題研究会」, www.pref.shimane.lg.jp/soumu/web-takeshima/.

박병섭 등이 있다.[39)]

일본 측의 이러한 연구는 죽도가 일본영토라는 논리를 만들기 위한 작업의 일환으로 진행되고 있어서 이는 전적으로 내셔널리즘에 의한 연구활동이라고 하겠다. 이들은 대부분 공통적으로 독도와 관련이 없는 타 분야 종사자이거나 연구자로서의 소양을 갖지 못한 사람들이라는 점이다. 일부 학자로서 소양을 갖고 있는 연구자 중에서는 일본영토로서 논증이 어려워지자 한국영토론을 부정함과 동시에 일본영토론자들의 논증 오류를 지적하는 정도에 머물러 있다.[40)]

5.1.2 학교교육

전후 학교에서의 독도교육은 일본국민의 독도인식을 좌우해왔다. 종전 직후 학교에서 센카쿠제도[41)]나 독도에 대한 영토교육은 거의 없었던 것이 사실이다. 그런데 최근에 와서 독도교육을 강화하는 것은 영토 내셔널리즘에 입각한 것임을 알 수 있다. 이를 더욱 구체적으로 언급하면 다음과 같다.

종전 후 독도교육이 없었던 이유는 무엇일까? 연합국은 1951년 9월 대일평화조약에서 독도를 한일 양국 어느 쪽에도 넣지 않았다. 그래서 이승만 대통령은 역사적 권원에 의거하여 1952년 1월 18일 평화선을 선언하여 독도를 한국영토로서 명확히 하여 일본영토에서 분리시켰다. 이에 대응하여 일본정부는 독도에 대한 영유권을 포기하지 않았지만,

---

39) 나이토 세이추(内藤正中) 저, 곽진오·김현수 역,『한일 간의 독도·죽도 논쟁의 실체 -죽도·독도 문제 입문 일본 외무성「죽도(竹島)」비판-』, 도서출판 책사랑, 2009.
40) 대표적으로 후쿠하라 유지, 이케우치 사토시 등이 있다.
41) 센카쿠제도는 일본이 실효적 지배를 하고 있기 때문에 분쟁지역화를 회피하기 위해 일부러 영토교육을 피하고 있다.

종전 직후부터 대일강화조약까지의 일련의 조치나 역사적 권원으로 보
더라도 실질적으로 독도 영유권의 본질이 한국에 있다는 사실을 전적
으로 부정할 수 없었다. 그래서 한국이 실효적으로 점유하고 있었음에
도 불구하고 전후 60여 년 동안 학교에서 독도에 대한 영유권 교육을
하지 않았던 것이다. 제2차 세계대전 이후 일본의 중학교 학습지도요
령해설서를 보면 1959년까지는 독도 영유권에 관해 전혀 다루지 않았
다.42)

북방영토(쿠릴열도 남방4도)에 관해서는 1970년부터 영토교육이 시
작되었지만43), 독도에 관해서는 한국이 실효적 지배를 하고 있었음에
도 교과서에 기술되지 않았다.

그런데 일본이 학교 교육에서 독도문제를 본격적으로 다루게 된 것
은 냉전붕괴 이후 사회적 우경화 경향으로 1997년 우익단체에 의해 '새
로운 역사교과서를 만드는 모임'이 발족되고, 자민당 정부가 2006년 교
육기본법을 개정하여 국가주의교육을 강화했기 때문이다. 그 일환으로
2008년 학습지도요령해설서를 수정하면서 「우리나라(일본)와 한국 사
이에 죽도(竹島)에 대한 주장에 차이가 있다는 점 등에 대해서도 취급,
북방영토와 동일하게 우리나라의 영토·영역에 대한 이해를 심화시키
는 것도 필요하다」고 하여 독도문제를 직접 언급하기 시작했던 것이

---

42) 「[日왜곡 교과서 검정통과] 日, 10여 년간 치밀한 '교과서 공정'」, 『조선일
보』 2011년 3월 31일.
43) 일본의 영토전략은 1970년에 처음으로 '미해결 영토문제에 대한 요점을
인식시켜야 한다'라는 지침을 넣으면서 시작되었다. 1989년에는 '북방영토
는 우리나라(일본) 고유의 영토라는 점을 다뤄야 한다'고 했고, 1999년에
는 남쿠릴열도의 구체적인 섬 이름까지 집어넣었다(「[日왜곡 교과서 검정
통과] 日, 10여 년간 치밀한 '교과서 공정'」, 『조선일보』 2011년 3월 31일).
센카쿠제도는 일본이 실효적 지배를 하고 있어서 일본영토라는 것을 전제
로 하고 있었기 때문에 교과서에 실을 필요가 없었다.

다. 당시 문부과학성은 이 학습지도요령의 발효시기인 2012년까지 기다리지 않고 바로 시행할 것을 일선학교에 지침을 내리겠다고 했다.[44]

독도교육 강화의 또 다른 이유로서는 독도문제에 해박했던 1세대의 정부요인들이 떠나고 독도문제의 본질에 대한 이해가 부족한 2세대 정부요인들이 일부 우익성향의 유식자들에게 선동되어 내셔널리즘적인 발상에서 영유권을 주장하는 부류가 늘어났기 때문이다. 이들 2세대 정부요인들은 학교에서 독도 영유권 교육의 필요성을 인정하여 초, 중, 고등학교에서 독도교육의 의무화를 규정하기 시작했다. 이처럼 일본이 독도교육을 본격화한 것은 이러한 일본의 사회적 분위기에서 행해진 것이므로 내셔널리즘에 의한 교육임을 알 수 있다.

2012년 사용될 개정교과서 이전의 중학교에서 독도교육 현황을 보면, 현행 교과서가 '공민' 8종, '지리' 6종, '지도' 2종, 모두 16종으로 되어 있는데, 공민 교과서는 8종 중 4종이 독도를 일본영토로 다루고 있고, 이 교과서를 사용하는 학생 수는 80.8%이며, 지리 교과서는 6종 중 2종이 독도를 일본영토로 다루고 있고, 이를 사용하는 학생 수는 36.9%에 해당된다. 지도 교과서는 모두 다 독도를 일본영토로 다루고 있다. 결국 중학생의 87.9%가 공민 및 지리 교과서를 통해 독도를 일본영토로 배우게 된다.[45]

2011년 3월 30일 검정 발표되어 2012년부터 사용될 중학교 사회과 교과서에서는 독도교육이 한층 강화되었다. 사회과 교과서는 역사, 지리, 공민, 지도로서 모두 18종이 검정 통과되었는데, 이 중 역사교과서

44) 「日 왜곡 교과서 검정통과 日, 10여 년간 치밀한 '교과서 공정'」, 『조선일보』 2011년 3월 31일.
45) 박병섭, 「일본 중학교 사회과 교과서와 독도」, 『日本 竹島＝独島問題研究 Net』, 2011년 3월 11일.

6종을 제외한 나머지 12종은 모두가 '독도가 일본의 고유 영토'라는 내용을 포함시켰다.[46] 지리와 공민 교과서 11종은 모두 본문 기술과 더불어 사진설명, 지도 등을 통해 독도 영유권이 일본에 있다고 했다. 특히 동경서적은 사회과 교과서 점유율이 50%나 되는데, 이번에 7종의 역사교과서 중 유일하게 「다케시마(시마네현)도 일본의 고유영토」라고 기술했다.[47]

독도를 한국이 불법 점거하고 있다는 기술한 교과서도 종전의 1종에서 이번에는 4종으로 늘었다. 특히 동경서적의 공민 교과서는 61% 점유율을 갖고 있는데, 종전에는 「다케시마는 일본의 고유영토」라고 기술했지만 이번에는 「다케시마는 한국이 불법으로 점거하고 있다」라고 수위를 높였다.[48]

이번에 일본정부는 검정 과정에서 수정을 지시하여 독도 영유권 주장의 수위를 높이기도 했다. 교육출판사의 역사교과서는 신청본에서는 「다케시마에 대해서는 한국과 영유권을 둘러싸고 주장의 차이가 있다」고 기술했는데, 검정본에서는 「다케시마(시마네현)는 일본의 고유영토」라고 수정했다.[49]

이처럼 학교교육을 통한 내셔널리즘에 입각한 독도교육은 미래에 '죽도'가 일본영토라는 왜곡된 인식이 확장되어 한일 간의 분쟁을 격화시키는 결과를 초래할 것이다.

---

46) 「일본 교과서 개악 파문 '독도 영유권' 왜곡 10종→12종으로 늘고 비중도 커져」, 『국민일보』 2011년 3월 30일.
47) 상동.
48) 상동.
49) 상동.

5.1.3 일반국민

연구자의 연구는 정부와 학교 교육, 매스컴으로 이어져 일반 국민[50]
의 독도인식으로 자리 잡게 된다. 일반 국민들은 서적, 강연, 인터넷이
나 중앙과 지방신문, 텔레비전 매체를 통해 영향을 받게 된다. 일본에
서는 대부분의 출판물이나 매체가 일본영토론에 입각한 것들이다. 일
부 서적이나 매체는 공정한 입장에서 한일 양국의 주장을 다루기도 하
지만, 일본인이기 때문에 국익을 위해 일본의 입장을 대변하지 않을
수 없다는 근본적인 부분까지는 탈피하지 못하고 있는 듯하다.

따라서 일반 국민들은 결국 내셔널리즘에 입각한 일본영토론자들의
왜곡된 '죽도' 영토론에 영향을 받기 때문에 본질이 왜곡된 채 '죽도'
영유권을 주장하고 있다. 이처럼 일반 국민들의 '죽도' 인식도 내셔널리
즘에 입각한 것이라고 할 수 있다.

5.2 한국국민의 영토 내셔널리즘

5.2.1 연구자

한국 독도연구자들의 독도인식은 한국정부 및 한국국민의 독도인식
에 영향을 주고 있다. 한국에서는 과거에는 일부 역사학자와 국제법학
자에 의해 독도 영유권이 연구되었다. 그러나 시마네현이 '죽도의 날'을
제정한 후, 일본의 독도 영유권 주장에 대응하기 위해 동북아역사재단
이 설립되어 많은 연구자들이 재단의 재정적 지원을 받으면서 다양한
분야에서 연구를 진행하고 있다. 각 대학에서도 독도 관련 연구소를
설치했다. 독도연구자들 중에는 역사학과 법학, 그리고 한일관계학, 국
제정치학, 지역학, 생물학, 지적학 등 다양한 전공자들이 포진하고 있

---

50) 본장에서 말하는 일본국민은 편의상 연구자와 초중등학교에서 독도교육
   을 받고 있는 학생을 제외한 대상을 말한다.

다. 이는 일본의 독도 영유권 왜곡에 대응하여 독도가 한국영토인 근거를 객관적으로 확보하겠다는 것이다.

한국에서는 대부분 한국영토론적인 입장에서 연구가 진행된다. 하지만 일부에서는 한국의 독도연구에 다소 문제가 있다고 주장하는 연구자들도 있는데, 이들의 의도는 내셔널리즘에 입각한 영유권 연구가 되어서는 안 된다는 입장이다. 그러나 이들은 대부분 한일관계론, 국제정치학, 법학 전공자로서 독도의 역사적 권원에 대한 이해가 부족한 경우가 대부분이다. 이들의 주장은 학문적 오류에서 주장하는 것으로 내셔널리즘과는 무관하다.

다른 한편으로, 역사적 권원에 대한 연구로서는 일본의 독도역사 왜곡에 대한 모순성을 지적하는 연구와 독도 영유권의 본질을 연구하는 부류로 나누어진다. 이러한 관점에서 한국 측의 독도연구는 독도문제의 본질을 연구하려는 것으로서 내셔널리즘과 무관하다.

5.2.2 학교교육

학교에서의 독도교육은 한국국민의 독도인식을 좌우한다. 한국 측은 독도가 한국영토라는 기본적인 인식을 온 국민이 갖고 있다. 과거에 일본의 독도 영유권 주장에 대해 일본이 억지를 부린다고 하여 망언으로 무시해왔다. 그러나 일본이 2005년 이후 시마네현의 '죽도의 날' 제정 이후 독도 영유권의 본질을 왜곡하고 이를 학교 교육에서 국민 여론화를 강요하는 상황을 인식하고, 한국 측은 일본의 내셔널리즘의 강화에 대응하여 국민교육의 필요성을 강하게 갖게 되었다. 그래서 일본에 대응하는 형태로 학교 교육을 본격화하기 시작했다.

2007년 교육과학부는 일본의 독도교육 강화에 대응하는 차원에서 1997년에 시행된 7차 교육과정을 개정하여 독도교육을 강화했다. 7차

교육과정에서는 초, 중, 고등학교에서 독도교육을 전혀 실시하지 않았다.[51]

1997년에 제정된 초등학교 사회과 교과서에는 독도기술이 전혀 없어서, 2007년에 개정한 3, 4학년 교과서는 2010년부터 독도교육을 받게 되었고, 5, 6학년은 2011년부터 받게 되었다. 기존의 중학교 사회과에도 직접적인 독도 기술은 없고, 중학교 3학년 국사교과서에서 언급하고 있을 뿐이다. 개정 7차 사회과 교과서에서는 지리와 국사영역에서 독도교육이 실시되었다. 기존의 고등학교 사회과 교과서에서도 독도기술이 없지만, 개정 7차 고등학교 사회과에서는 「사회, 역사, 한국지리, 동아시아사」에서 다루어지고 있는데, 주로 지리에서 독도교육을 실시하고 있다.[52]

2011년 3월 30일 일본정부가 2012년부터 사용될 중학교 사회과 교과서를 검정 발표하여 독도교육을 강화하게 되자. 이에 대응하는 형태로 한국정부에서도 독도교육을 강화한다는 방침을 발표했다. 이는 독도교육을 통해 독도의 본질을 이해하고, 미래에 일본의 독도 도발에 대응하겠다는 의도에서 실시된 것이다. 한국 측의 이러한 독도교육은 일본의 독도 도발에 대응하기 위한 것으로 영토 내셔널리즘과는 무관하다고 하겠다.

5.2.3 일반국민

연구자의 연구는 정부와 학교 교육, 매스미디어 등으로 이어져 일반

---

51) 현행 7차 초등학교 사회과 1997년 12월 고시, 유미림, 『한일 양국의 독도 교육 현황과 향후 과제」, 『Dokdo Research Journal』, 24쪽.
52) 유미림, 『한일 양국의 독도교육 현황과 향후 과제」, 『Dokdo Research Journal』, 24-27쪽.

국민의 독도인식으로 자리 잡게 된다.

일반 국민은 독도 영유권에 대한 기본적인 지식은 없지만 매스컴 등의 영향으로 독도가 한국영토라는 인식을 갖게 된다. 일본이 독도 영유권을 주장하게 되면 감정적으로 뜨겁게 달아올라 가장 먼저 반응하는 것이 일반 국민이다.

오늘날과 같이 한국국민이 처음으로 독도에 관심을 갖게 된 계기는 정광태라는 가수가 '독도는 우리땅'이라는 노래를 부르기 시작하면서였다. 국민들의 이러한 관심은 독도문제의 본질과 무관하게 한국국민이기에 한국영토라는 것으로 내셔널리즘에 의한 영유권 주장과 흡사하다. 그러나 독도의 영유권이 한국에 있는 이상, 영토 내셔널리즘과는 무관하다.

한국에서는 최근 독도수호를 위한 시민단체, 독도 관련기관의 홈페이지, 블로그, 중앙 및 지방신문의 매체 등을 통해 독도의 본질에 대한 이해도가 상당히 높아졌다. 과거 내셔널리즘적인 영유권 주장에서 본질에 입각한 영유권 주장으로 전환되고 있다. 일본이 독도 영유권을 주장할 때마다 매스컴들이 일제히 보도함으로써 한국국민들의 독도 영유권의식이 강화되었다. 특히 신문과 텔레비전 등 대중매체의 영향을 많이 받는다.

6. 맺으면서

현재 한국은 독도를 실효적으로 관리하고 있다. 일본은 독도 영유권을 주장하여 한국이 불법으로 점유하고 있다고 주장한다. 과연 어느 쪽의 주장이 타당한가? 어느 한 쪽이 진짜 독도의 주인이고, 다른 한쪽은 내셔널리즘에 입각하여 영유권을 주장하고 있음이 분명하다. 그래서 본고에서는 이를 분명히 하기 위해 「독도문제와 내셔널리즘」이라는 주제로 한일 양국 사이에 어느 한 쪽이 내셔널리즘에 입각하여 영유권을 주장하고 있는가에 관해서 고찰해 보았다. 이를 정리하면 다음과 같다.

첫째, 「독도의 영토적 권원」이라는 제목으로 독도의 본질을 살펴보았는데, 역사적으로 볼 때 고문헌 속에 일본영토를 입증하는 자료는 전혀 없고 한국영토를 입증하는 자료는 많았다. 그리고 일본이 주장하는 '죽도' 편입조치는 객관적으로 볼 때 일본 제국주의의 영토침략의 일환으로 전개된 불법적인 것이었다. 오늘날 한국이 독도를 관리하고 있는 것은 이러한 영토적 권원에 입각하여 관리하고 있음을 알 수 있었다.

둘째, 「일본 역대정부의 '죽도' 영유권 주장 분석」이라는 주제로 역대 일본정부는 오늘날처럼 일관되게 '죽도' 영유권을 주장해왔는가를 고찰하였다. 그 결과 사실은 그렇지 않았다. 1990년대 이전에는 일본정부가 영토주권에 대한 확신이 없어서 본격적으로 영유권을 주장하지 않았다. 단지 분쟁지역화를 위해 영유권을 포기하지 않을 정도로 소극적인 입장을 취했던 것이다.

셋째, 「한일 양국 매스컴의 독도문제 보도 형태 분석」이라는 제목으로 한일 양국의 매스컴이 독도문제를 얼마나 본질에 입각하여 공정하게 보도하였는가를 분석하였다. 그 결과 일본 측의 매체들은 일본영토라는 논리를 바탕에 깔고 시작하기 때문에 공정한 보도가 불가능했고, 특히 우익계통의 매체가 왜곡된 논리를 일방적으로 보도함으로써 독도의 본질을 왜곡해왔음을 알 수 있었다.

넷째, 「한일 양국 국민의 독도문제 이해정도 분석」라는 제목으로 한일 양국국민이 독도문제의 본질에 얼마나 근접하게 이해하고 있는가를 분석했다. 일본정부는 학교 교육, 우익성향의 연구자와 정치인, 매스컴 등을 통하여 왜곡된 인식을 접하기 때문에 당연히 왜곡된 사실만을 알고 있었다고 하겠다.

이상의 내용으로 볼 때 독도의 영토적 권원이 한국에 있다는 사실을 확인했다. 따라서 일본이 독도 영유권을 주장하는 것은 내셔널리즘에 입각한 것이라고 하겠다.

독도의 「발생시점·위치·크기·속도」에 대한 일본의 편견

제6장

1. 들어가면서

고지도나 고문헌에는 독도에 관한 역사적 권원과 관계되는 많은 기록이 남아 있다. 이들 기록 중에는 동해에 울릉도와 우산도 두 섬이 존재한다는 내용이 있다. 한국은 울릉도와 더불어 존재하는 우산도가 지금의 독도라고 해석한다. 그런데 일본은 1905년 무주지 선점론에 의한 '죽도' 편입을 정당화하기 위해 한국영토로 해석되는 1905년 이전의 다양한 역사적 권원을 전적으로 부정하고 있다.

독도의 시대적 상황은 매우 중요하다.[1] 국제법학자들은 섬의 시대적

---

1) 독도는 작은 바위섬으로, 한국의 울릉도에서 연간 50~60일 정도 보이는 섬이다. 일본의 오키(隱岐) 섬에서는 보이지 않는다. 독도는 한일 양국의 국경지대에 위치하고 있다. 독도의 가치는 유사 이래에 존재하지 않았던

상황을 무시하고 판례를 활용하여 영유권을 결정하려고 한다. 그러나 판례도 영토문제 해결에 유용한 경우가 있고 그렇지 않은 경우도 있다. 독도의 경우처럼 무인도이고, 섬의 가치가 시대적으로 달리 나타날 경우에는 특정한 판례가 일률적으로 적용되지는 않는다.

그런데 일본영토론자들은 이러한 특성을 갖고 있는 독도에 대해 현재의 관점에서 흔히 사람이 거주하는 일반적인 섬이라는 편견과 고정관념을 갖고 있어서 독도의 본질을 훼손하고 있다. 따라서 본 연구의 목적은 이러한 편견으로 생긴 독도의 굴절된 부분을 바로 잡는 것이다. 연구방법으로는 먼저 독도문제의 발생시점에 대한 편견을 분석한다. 그다음으로 독도의 위치에 대한 편견을 분석한다. 그리고 독도의 가치 발생 시기에 관한 편견, 독도 명칭에 대한 편견 순으로 분석한다.

선행연구에서는 이러한 다양한 편견적 관점을 고려하지 않았기 때문에 독도문제의 본질에 대한 논란이 더욱 확산되고 있다고 하겠다.[2] 본 연구의 성과는 굴절된 시각에 의한 국제법적 이론과 영유권 주장의 논리를 수정할 수 있는 근거가 될 수 있을 것으로 판단한다.

시기와 존재했던 시기로 구분된다. 독도는 사람이 볼 수 없는 지역에 홀로 존재하는 섬이었다. 그러한 이유로 다양한 사람들로부터 많은 명칭이 만들어질 수밖에 없었다. 독도에 새로운 명칭이 생성되었다는 것은 그 시기에 섬이 누군가에 의해 발견되었다는 것을 의미하다. 지속적으로 섬에 대한 명칭을 갖고 있었다는 것은 누군가에 의해 지속적으로 관리되었다고 할 수 있다.

2) 다양한 연구자들이 여기에 포함되지만, 가장 두드러지는 대표적인 것으로서는 가와카미 겐조(川上健三), 다무라 세이자부로(田村淸三郎), 시모조 마사오(下條正男) 등 일본영토론자들의 연구가 여기에 속한다.

2. 독도문제의 발생시점에 대한 편견

2.1 독도문제의 발생시점에 관한 논점

독도문제는 역사문제와 영토문제로 구분할 수 있다. 영토문제는 역사적 권원보다는 실효적 관리를 우선으로 하고 있다. 실효적 관리는 일반적으로는 역사적 권원을 바탕으로 하지만, 특별한 경우에는 정치적 결정으로 역사적 권원이 경시될 수도 있다. 따라서 영토문제를 결정하는 데는 역사적 권원도 매우 중요하지만 절대적이지는 않다는 것을 명심해야 한다. 역사적 권원을 절대적이라고 한다든가, 역사적 권원 중에 특정한 시대의 사건만으로 영유권이 결정된다고 생각하는 것은 편견과 오해라고 할 수 있다.

현재 독도는 역사적인 권원을 바탕으로 정치적인 결정을 통해 한국에서 실효적으로 관리하고 있으므로 국제법적으로도 정당한 한국영토이다.

사실 한국영토론자들은 독도가 고대부터 고유영토였기 때문에 분쟁의 대상이 아니라는 입장이다. 한편, 일본영토론자들은 고대의 독도는 한국이나 일본 양측 모두 그 존재를 알지 못했기 때문에 어느 쪽의 영토도 아니었는데. 일본이 17세기에 독도를 발견하여 오야(大屋), 무라가와(村川) 두 가문이 어업에 종사하여 울릉도와 더불어 독도를 관리했기 때문에 일본의 고유영토라는 주장이다. 이처럼 양측 모두 독도의 발견 시기는 다르지만 고유영토라고 말하며 영유권을 주장하고 있다.

사실 한일 간의 독도문제는 독도를 둘러싸고 여러 차례에 걸쳐 분쟁이 발생하였기 때문에 이미 고유영토론을 둘러싼 역사논쟁을 넘어 영토분쟁이 되었다. 독도문제는 그 초점을 고유영토론에 의한 역사문제로 취급함으로써 독도문제의 본질을 훼손하고 있다고도 볼 수 있다.

시대별 혹은 사건별로 독도가 어느 쪽에 영유권이 존재했는가를 확인 함으로써 독도의 본질을 파악하게 되는 것이다.

독도의 영토권 확립과 양국 간의 분쟁 등을 고려했을 때 7번에 걸쳐 각각의 독도문제의 발생을 확인할 수 있다. 그것은 우산국시대의 독도, 17세기의 안용복에 의한 울릉도 분쟁 시의 독도, 조선의 울릉도 개척과 독도, 일본의 무주지 선점조치에 의한 죽도3) 편입. 연합국의 대일평화 조약체결과 독도, 한국의 평화선 선언과 독도, 한일협정과 독도 등으로 구분된다. 그렇다면 이하에서 그 특징에 관해 살펴보기로 한다.

2.2 시대별 독도의 영유권문제

① 고대 우산국의 독도 영토 성립과 일본의 편견

일본영토론자들은 사료에 명확한 기록이 없다고 사실관계를 부정하고 있다. 이는 편견이다. 관련 사료를 통합적으로 해석하면 새로운 사실을 도출해낼 수 있다. 일본영토론자들은 이러한 사료를 바탕으로 실제로 가능한 상황을 유추하여 독도도 울릉도와 더불어 우산국의 영토라고 주장하는 한국영토론자들의 논리를 부정하고 있다. 역사해석은 일면적 사료 해석만으로 이루어지는 것이 아니라 다면적 해석으로도 이루어진다. 일본영토론자들은 명확한 일면적 기록이 없으면 사실이 아니라고 주장한다.

대체로 한국영토론자들은 독도가 우산국의 일부였다는 주장이다.4) 우산국은 해상국가로서 울릉도를 기반으로 존재했던 국가였다. 독도는

---

3) 일본영토로서 나타낼 때는 「죽도」, 한국영토로서 나타낼 때는 「독도」라고 표기.
4) 신용하(1996)『독도의 민족영토사 연구』, 지식산업사, 27-29쪽.『三國史記』 新羅本紀, 智證麻立干 13年, 卷4, 列傳 卷44 異斯夫條,『萬機要覽』, 軍政編.

사람이 거주할 수 없는 섬이지만, 울릉도에서 보이는 거리에 존재하기 때문에 여러 가지 의미로 울릉도 사람들의 생활문화의 일부였다는 사실은 부정할 수 없을 것이다. 때로는 해 뜰 때 동녘에 보이는 섬으로서 신앙의 대상이 될 수도 있었고,[5] 때로는 독도를 울릉도를 기반으로 하는 울릉도민들의 생활거주공간의 경계지점으로서의 역할을 했을 수도 있었을 것이다. 이러한 우산국은 신라에 복속되었고, 그 이후는 고려와 조선의 영토, 그리고 오늘날 한국의 영토로서 계승되어왔다는 것이다. 이 같은 한국영토론자들의 주장에는 울릉도와 독도에 대한 일본의 영토침략이 우려되었던 조선시대, 우산국이 울릉도와 독도를 기반으로 존재했다는 고대시대의 기록을 그 증거로 제시하고 있다.[6] 이러한 주장을 전적으로 모순이라고 말할 수는 없다.

요컨대 울릉도와 더불어 독도도 우산국의 일부였다고 하는 한국영토론자들의 주장은 다소 설득력을 갖고 있다고 할 수 있고, 사료가 존재하지 않기 때문에 울릉도에서 독도가 보이는 것과 같이 실제로 존재하는 것조차 부정하는 일본영토론자들의 논리는 설득력이 없다고 평가할 수밖에 없다.

② **안용복 사건에 의한 독도 영토 재확인과 일본의 편견**

조선시대에는 이규원 검찰사를 울릉도에 파견하기 이전까지는 울릉도와 독도를 공도정책으로 관리해왔다. 공도정책 중에 있던 울릉도에 안용복과 일본인들이 잠입함으로써 안용복 사건이 발생되어 독도의 존재를 재확인하게 되었다. 조선 조정이 1625년부터 1692년[7] 사이에 울

---

5) 권오엽(2009)「우산국과 종교」,『독도와 안용복』, 충남대학교출판부, 70-98쪽.
   최장근(2011)『일본의 독도 영유권 조작의 계보』, 제이앤씨, 337-372쪽.
6) 최장근,『독도의 영토학』, 대구대학교출판부, 2008, 83-85쪽.

릉도 관리를 소홀히 하여 잠입하는 자가 있었다. 이를 계기로 조선 조 정은 울릉도가 조선영토임을 막부(幕府)에 명확히 확인했다. 일본인들 중에는 조선의 공도정책과 조선의 국내사정으로 관리가 소홀해진 틈을 타서 일본인이 잠입한 사실을 가지고 무주지인 울릉도를 선점하여 실 효적으로 관리했다고 주장하는 이도 있다. 이는 편견과 오해이다. 고문 헌상으로 보면 울릉도는 고대시대부터 무주지가 아니었다는 사실과 울 릉도를 영토적으로 포기하지 않았다는 사실을 확인할 수 있다.[8] 울릉 도가 한국영토라는 것은 일본 측의 막부에서도 인정했던 사실이다.[9]

안용복 사건 때에 한일 양국 간에 독도문제가 제기되었다. 이때에는 울릉도는 국가 간의 영유권 문제가 되었지만, 독도에 대해서는 그다지 문제가 되지 않았다. 그것은 독도의 가치와 관계가 있을 것이다. 당시 에는 독도에 대해 특별한 가치를 인식하지 않았기 때문이다. 일본정부 가 도해면허를 행한 것도 울릉도뿐이었기 때문에 울릉도 도해만을 금 지했던 것이다. 독도에 대해서는 일본정부가 일본영토라는 인식을 갖 지 않았기 때문에 영토문제가 제기되지 않았다. 막부의 도해금지령은 일본 앞바다가 아닌 먼바다에 해당하는 울릉도, 독도에 대한 도해금지 였던 것이다. 안용복에 의해 독도의 고유영토론이 주장되었음에도 불 구하고 일본이 적극적으로 거기에 대응하지 않았기 때문에 독도는 영 토분쟁의 대상에서 제외되었던 것이다.

---

7) 오야, 무라가와 가문이 울릉도에 잠입하던 시기의 조선왕조는 인조(1623 -1649), 효종(1649-1659), 현종(1659년-1674) 시기로서 재위기간이 짧았던 것으로 보아 대내적으로 혼란스러운 시기였다고 할 수 있다. 그리고 숙종 (1674-1720)은 재위기간이 긴 것으로 보아 정권이 안정된 시기로서 울릉 도의 영토관리에 적극적이었다고 할 수 있다.

8) 『三國史記』新羅本紀, 智證麻立干 13年, 卷4,列傳 卷44 異斯夫條.

9) 池内敏(2008.2)「安竜副と鳥取藩」『鳥取地域史研究』第10号, 17-29쪽. 内藤 正中・金柄烈(2007) 『歴史的検証独島・竹島』, 岩波書店, 46-61쪽.

당시 막부는 동국여지승람에 의해 울릉도를 한국영토로 인정하게
되었다고 한다. 사실 동국여지승람에는 울릉도와 더불어 우산도(독도)
가 한국영토로 취급되고 있다. 따라서 일본은 울릉도와 더불어 우산도
(독도)도 일본영토가 아님을 인정한 것이라 하겠다. 그래서 일본이 울
릉도의 포기와 더불어 독도에 대해서도 영유권을 주장하지 않았던 것
이다. 동국여지승람에 울릉도와 우산도가 등장하는데, 우산도가 등장
하게 된 것은 섬 자체의 가치라기보다는 조선의 영역 중에서도 특히
동쪽 영역의 끝을 의미하는 한계의 상징적 가치였을 것이다. 한편, 일
본 측에서는 울릉도의 포기와 더불어 독도에 대해서도 영역의식을 갖
고 있지 않았기 때문에 일본의 관찬문헌에 독도가 일본영토로 등장하
지 않았던 것이고, 그뿐만 아니라 중앙정부였던 막부에서도 영유권을
주장하지 않았던 것이다.

③ 조선의 울릉도 개척에 의한 독도 영토 재확인과 일본의 편견
일본영토론자들은 조선왕조가 울릉도는 개척했지만 독도는 개척하
지 않았다고 주장한다. 오히려 독도의 최초 발견자는 울릉도로 출항하
던 일본인들이라는 주장이다.[10] 한국보다 먼저 일본이 독도를 개발했
다는 것이다. 특히 나카이 요사부로(中井養三郎)가 1903년경부터 독도
에서 강치조업을 시작했고, 한국인들은 일본인들에 고용되어 처음으로
독도를 알게 되었다는 것이다. 이러한 주장은 나카이 요사부로의 강치
조업에만 초점을 두었던 것이고, 또한 독도의 실효적 관리라는 것이
반드시 실제로 독도 현지에서 생업에 종사해야 한다는 것은 편견이다.
실제로 독도의 실효적 관리는 울릉도의 관리로부터 시작된다. 독도

10) 川上健三(1966) 『竹島の歴史地理学的研究』, 古今書院, 1-291쪽.

가 무인도이기 때문에 독도 자체만을 관리하는 일은 없다. 따라서 울릉도와 독도 관계는 단적인 예로 「일본해 내의 죽도 외 일도」라는 표현에서 알 수 있듯이 「모도-자도」 관계로, 독도는 울릉도의 속도로서 존재하는 것이다.[11]

조선 조정은 공도정책을 통해서 울릉도를 영토로 관리해왔다. 조선 조정의 눈을 피해 몰래 들어간 자들이 약간 있었겠지만, 공식적으로 조선인은 물론이고 어느 외국인의 입도도 허락하지 않았다. 조선 조정이 1881년 울릉도에 조선인과 일본인이 잠입하여 거주하고 있다는 사실을 알게 되었다. 1882년 관찰사 이규원을 파견하여 울릉도를 조사하도록 했다. 근대적 영토로서 울릉도의 재개발이 본격화되면서 울릉도에 도민이 거주하기 시작했다.

독도는 울릉도에서 보이는 거리에 있다. 울릉도에 도민이 거주하는 시점부터 독도는 울릉도민의 삶의 터전이 되었던 것이다. 울릉도에서 보이는 거리에 있는 독도는 형상에 따라 도명이 결정되었다. 독도는 「돌섬」이다. 당시 독도처럼 「돌섬」으로 된 섬들을 『조선수로지』와 『일본수로지』에서는 「돌섬」이라고 부르고 있었다. 그리고 1904년 일본 군함 니이타카(新高)호는 군함일지에 「독도(獨島)라고 쓴(書)다」라고 기록되어 있다.[12] 이미 호칭으로는 「돌섬」이라고 부르지만 문헌기록상으로는 「독도(獨島)」라고 표기하고 있었던 것이다. 실제 호칭과 문헌기록상의 명칭이 다르다는 것을 의미한다.

일본영토론자들이 주장하는 것과는 달리 독도는 무인도이기 때문에, 독도에서 실질적으로 강치조업을 하지 않아도 영토로 인식하여 영토로

---

11) 日本 太政官編, 『公文錄』內務省之部1, 1877年 3月 17日條, 일본국립공문서관 소장, 「日本海內 竹島外一島地籍編纂方伺」.
12) 『軍艦新高號行動日誌』, 1904年 9月 25日條, 日本防衛廳戰史部 소장.

서 관리하였다면 그것은 실효적 영토관리에 해당하는 것이다. 일본이
강치조업을 했기 때문에 실효적으로 독도를 관리했다고 주장하지만,
오늘날 강치가 멸종된 것은 당시 일본인들이 지나친 강치포획으로 멸
종시켰기 때문이다. 이는 한국영토 독도에 대한 경제적 약탈에 해당하
는 행위에 불과하다.

④ 무주지 선점조치에 의해 신 영토 죽도가 성립되었다고 주장하는 일본의 편견

일본은 1905년 러일전쟁 중에 한국 측에 역사적 권원을 갖고 있는 독
도에 대해 무주지라는 명목으로 죽도 편입조치를 취했다. '시마네현(島
根県) 고시40호'가 국제법상 영토취득의 요건을 갖추었다는 편견이다.

사실 일본의 죽도 편입조치에는 많은 문제점을 갖고 있다. 국제법상
의 영토취득 방법은 '무주지 선점' 이론이 있는데, 이를 위해서는 무주
지여야 하고, 그것이 무주지임을 확인하기 위해서는 관련국가에 통보
를 해야 한다. 게다가 편입 주체는 국가여야 한다.

그런데 독도는 이미 울릉도와 더불어 한국이 관리하고 있던 한국영
토로서 무주지가 아니었던 것이고, 시마네현 고시40호는 중앙정부가
내밀히 결정한 것을 바탕으로 한 지방정부의 조치였다는 것이다. 이는
러일전쟁 중에 열강들로부터 일본의 침략성이 발각되는 것을 우려하여
은밀히 지방정부 차원에서 고시했기 때문이다. 중앙정부의 고시가 없
다는 것에 대한 반론으로 각의 결정을 주장하며 이는 중앙정부의 의사
반영이라고 하지만, 사실 각의 결정이라는 것은 비밀리에 행해지는 것
으로 공공연한 영토조치에 해당하지 않는다. 따라서 중앙정부의 고시
와는 전혀 무관하다. 그리고 메이지 정부는 1969년 조선국정조사를 통
해 독도가 한국영토에 포함되어 있다는 사실을 알면서도 편입조치사항

을 한국에 통보하지 않았다. 이를 보더라도 죽도 편입조치는 타국의 영토를 은밀히 도취한 것으로, 국제법상의 영토취득의 요건을 전혀 갖추지 못했다. 그럼에도 불구하고 「국제법상 합법하기 때문에 독도 침략과 무관하다. 통고 의무가 없다. 지역신문에 보도되었다. 각의 결정이 있었기에 지방고시라도 문제가 없다」[13]라는 주장들은 자신의 논리를 합리화하기 위한 변명에 지나지 않는다. 영토 취득조건에 미치지 못한 만큼 일본은 변명을 늘어놓을 수밖에 없었다. 변명의 크기가 타국영토의 침략성의 크기에 비례한다.

사실 독도는 무주지가 아니었다. 조선의 건국 이래 울릉도와 더불어 조선영토라는 사실은 서양지도, 일본지도, 조선지도에 나와 있다.[14] 그럼에도 불구하고 일본영토론자들은 죽도 영토편입의 정당성으로 다음과 같이 주장한다. 첫째로, 국제법적, 합법적인 조치이다. 둘째로, 독도가 1905년 이전에 무주지였다. 셋째로, 한국이 독도를 실효적으로 관리한 적이 없다. 넷째로, 한국의 주장은 국제법적으로 정당하지 못하다는 것이다. 이러한 주장을 위해서는 여러 가지 설이 등장하게 된다. 일본이 주장하는 설이 정당하려면 독도의 영토적 권원을 보증하는 고지도, 고문헌 자료를 모두 부정해야만 가능하다. 사실은 대부분 한국의 영토적 권원을 부정할 수 없는 사료들이다.[15] 그렇다면 일본의 주장은 억지가 되는 것이다.

1905년 일본의 '죽도' 편입조치에 대해 대한제국은 독도가 한국영토임을 입증하는 분명한 증거로서 「칙령 41호」를 제시하여 일본의 죽도

---

13) 川上健三(1966) 『竹島の歴史地理学的研究』, 古今書院, pp.143-189.
14) 林子平, 「三國接壤地圖」(1785). 梁崎延防, 「朝鮮國細見全圖」(1873). 日本海軍省, 「朝鮮東海岸圖」(1870). 연합국최고사령부, 「SCAPIN 677호의 부속지도」(1946). 연합국, 「구 일본영도처리에 관한 합의서 부속지도」, 1946.
15) 최장근(2011) 『일본의 독도 영유권 조작의 계보』, 제이앤씨, 337-372쪽.

편입을 부정했다.[16] 그 후 일본은 강제로 한국을 병탄하여 독도는 물론이고 한반도 전체를 36년간 지배했다. 1905년 독도영토의 침탈 시도는 1910년 한국 영토침략을 위한 최초의 징후였던 것이다.

⑤ 대일평화조약에 의한 독도 영토 재확인과 죽도 영토 재확인 이라는 일본의 편견

대일평화조약에는 한국영토를 결정하는 항목에서 일본영토에서 제외되는 지역으로 「제주도, 거문도, 울릉도」라고 했다. 여기에 일본은 독도가 포함되어 있지 않기 때문에 대일평화조약에서 독도가 일본영토로 확정되었다는 편견이다.[17]

제2차 세계대전에서 일본의 패전으로 일본이 침략한 영토는 포츠담선언에 의거해 일본영토에서 분리되게 되었다. 조선의 독립이 확정된 것이다. 연합국은 일본의 독도 편입조치를 특별히 다루지 않고 독도를 한반도의 일부로서 한국영토로 결정했다. 연합국은 독도를 제국주의가 침략한 영토로 분류했다. 즉 일본의 죽도 편입조치를 불법으로 다루었던 것이다. 한국은 독립과 더불어 독도를 실효적으로 점유하게 되었다. 연합국도 SCAPIN 677호로 독도를 한국영토로 분류했고, SCAPIN 1033호로 맥아더라인을 설정하여 한일 간의 어업경계를 분명히 했다. 이에 대해 일본은 죽도 영유권을 제기하여 대일강화조약에서 독도를 일본영토로 규정하려고 미국에 로비했다. 그 결과 대일평화조약을 체결하는 과정에서 한일 양국은 연합국에 대해 독도를 두고 서로 자신의 영토라고 주장했다. 최종적으로 미국은 일본의 입장을 대변하려고 노력했지

---

16) 송병기 편(2004)『독도 영유권자료선집』자료총서34, 한림대학교아시아문
    화선집, 1-278쪽.
17) 高野雄一(1962)『日本の領土』, 東京大学出版会, 347-349쪽.

만, 영연방국가가 미국의 부당함을 지적하여 결국 연합국 측은 대일평화조약에서 한국의 실효적 지배를 묵인하는 상태에서 독도문제의 처리를 회피했던 것이다. 독도문제에 대해 연합국이 한국의 실효적 관리를 인정한 상태에서 최종적으로는 당사자 간의 해결에 위임했던 것이다.[18] 그런데 일본이 대일강화조약에서 독도가 일본영토로 결정되었다는 주장은 사실과 전혀 다르다. 오히려 결과적으로는 연합국이 한국의 실효적 지배 상태를 인정했기 때문에 한국영토론을 지지했다고 볼 수 있다.[19]

⑥ 한국의 평화선 선언이 일본의 죽도영토 침략이라는 일본의 편견

일본정부는 한국이 선언한 평화선을 두고 일본의 영토인 죽도에 대한 한국의 불법적이고 무력적인 점령조치라고 주장한다. 이는 일본의 편견이다.

일본의 패전과 더불어 연합국은 SCAPIN 677호 명령으로 1905년 시마네현(島根県) 고시40호를 타국영토에 대한 침략행위로 간주하여 일제가 침략한 지역을 전적으로 일본영토에서 박탈하는 포츠담선언 정신에 입각하여 독도를 역사적 권원에 따라 제주도, 울릉도와 더불어 한국영토로 처리했다. 물론 이들 조치는 중간조치에 해당하며, 최종적인 조치는 대일평화조약에서 확정 짓게 되어 있었다. 연합국은 당초 이러한 인식을 갖고 있었으나, 특히 미국은 일본을 자유진영에 편입시킨다는 정치적인 이해타산에 의해 일본의 요구를 받아들여 역사적 권원을 바탕으로 한 한국영토로서의 본질을 외면하고 일본 편들기에 나섰다. 그러나 최종적으로는 미국의 편향된 인식은 영연방국가들에 의해 지적당

---

18) 최장근(2011) 『일본의 독도 영유권 조작의 계보』, 제이앤씨, 337-372쪽.
19) 최장근(1998) 『일본영토의 분쟁』, 백산자료원, 33-71쪽.

해서 결국 대일평화조약에서는 독도에 대한 한국의 실효적 지배 상황을 인정한 채 연합국은 영유권의 최종적인 결정을 포기하고 당사자 간의 해결로 위임했던 것이다. 한국은 SCAPIN 677호에 의거하여 독도의 실효적 지배 상태가 계속되는 상황에서 당연히 대일평화조약에서 한국영토로 결정될 것을 기대했다. 그런데 미국의 정치적인 행위에 의해 독도의 본질을 외면당한 채 이해타산이 우선시되어 독도의 지위가 명확히 결정되지 않자, 한국정부는 제3국에 의지할 수 없다는 판단 아래 대일강화조약의 발효를 앞두고 1952년 1월 18일 스스로 평화선을 선언하여 독도의 영유권을 대내외에 선포하여 영토주권 확보를 위한 정책을 단행했던 것이다.

이를 두고 일본정부는 일본의 고유영토를 한국이 무력으로 불법 점거했다고 강하게 항의했다. 하지만 사실은 이미 한국이 연합국의 명령에 의해 실효적 지배를 하고 있는 상황이었다. 한국은 연합국에 의지하여 국제법적 정의에 입각한 현명한 판단을 기다리고 있었는데, 미국이 독도의 본질을 외면하고 영토주권을 왜곡하였기 때문에 독자적인 독도 수호활동의 일환으로 평화선을 선언했던 것이다. 이러한 한국정부의 선택은 독도영토의 본질 왜곡을 바로잡는 아주 정당한 조치였다. 이로 인해 독도가 한일 간의 영토문제(분쟁)로서 표면화되었지만, 일본의 죽도 영유권 주장은 제국주의가 침략한 영토에 대한 영유권 주장에 불과하다.[20]

---

20) 이러한 이유로 독도문제의 온전한 해결은 국제법적 정의에 입각하여 일본이 독도 영유권을 포기하는 것만이 유일한 길이다.

⑦ 한일협정에서 한일 양국이 독도를 분쟁지역으로 합의했다는 일본의 편견

일본은 한일협상에서 「한일 양국은 현안에 대해 빠른 시일 내에 외교적 합의로 해결한다.」[21]라는 항목에 의해 독도가 분쟁지역임을 한일 양국이 확인했다고 주장한다. 이는 일본의 편견이다.

일본의 패전으로 조선이 독립하고, 한반도의 유일한 정부로서 1948년 대한민국이 건국되었다. 한일 양국은 평화조약 체결을 위해 협상을 거듭했으며, 한일협상이 15년의 노력 끝에 타결되었다. 최대한 빠른 시기에 협상을 종결한다는 방침 아래 종국에 가장 큰 걸림돌이 바로 독도문제였다. 한국은 협상 당초부터 독도문제를 안건으로 삼을 경우에 협정을 체결하지 않겠다는 입장은 시종일관 단호했다. 일본은 독도문제를 현안에 포함시켜 한일협정에서 체결하려고 했으나, 한국의 입장이 단호하자, 독도가 현안임을 확인한 후 협정체결 이후에 외교적으로 해결하려고 했다. 그러나 일본은 이러한 상황을 극복하고 한일협정 체결이라는 최종적인 목표를 달성하기 위해 한일 양국에 의한 비밀메모는 남겼지만,[22] 한일협정 안에서 「독도」나 「죽도」라는 명칭을 명확히 표기하지 못했다. 비밀메모는 한일협정을 제한하는 법적 효력이 없는 것이지만, 일본이 궁여지책으로 선택한 것이었다. 따라서 한일협정에서 독도문제는 한국의 입장만이 관철되었던 것이다. 한일협정에서 독도를 분쟁지역으로 한일 양국이 합의했다는 일본의 주장은 옳지 않다.

---

21) 최장근(2010) 「현 일본정부의 '죽도문제' 본질에 대한 오해」, 『일본문화연구』제47집, 2010, 279-298쪽.
22) 최장근(2010) 「현 일본정부의 '죽도문제' 본질에 대한 오해」, 『일본문화연구』제47집, 2010, 279-298쪽.

⑧ 국제사법재판소에서 해결하면 일본영토 죽도가 된다는 편견

일본정부는 한일협상 과정에 직간접적으로 2번에 걸쳐 독도문제를 국제사법재판소에서 해결하자고 한국정부에 제안한 적이 있다. 이는 일본영토로 해결될 수 있다는 자신감이었을까, 아니면 한국의 실효적 지배를 방해하여 분쟁지역화를 유도하기 위한 것이었을까? 만일 국제사법재판소에서 일본이 승소할 수 있다는 생각을 갖고 있었다면 이는 편견이다.

독도는 역사적 권원에 의거하여 현재 한국이 실효적으로 관리하고 있는 명백한 한국의 고유영토이다. 일본의 독도 영유권 주장은 일본 제국주의가 침략한 역사를 반성하지 않고, 오히려 포츠담선언에 의해 박탈되었던 제국주의가 침략한 영토를 자국영토라고 하는 것이다.

국제사법재판소에는 독도와 같은 명백한 특정국가의 영토에 대해서 관여하지 않는다는 규정이 있다. 분쟁당사자 간에 분쟁지역의 역사적 권원과 실효적 관리의 주체가 다를 경우, 당사자들이 분쟁해결을 원할 때만 국제사법재판소가 관여하게 되어 있다. 독도는 역사적 권원과 실효적 관리 주체가 동일하여 당사자 간의 합의 자체가 있을 수 없는 명백한 한국영토이다.

일본정부는 상시적이지 않지만, 독도문제를 간간이 사법재판소에서 해결하자고 주장하다. 그 이유는 자신들의 주장이 터무니없는 것임을 잘 알고 있기 때문이다. 과거 일본정부가 2번에 걸쳐 독도문제를 국제사법기관에서 해결하자고 제안했을 때의 공통점은 한국의 실효적 관리가 강화되고 자신들의 입장과 주장이 사면초가에 달하여 영유권 주장의 효용성이 바닥이 났을 때였다. 일본은 그때마다 국제사법재판소에 기소한다고 했다. 1952년 한국정부가 평화선을 선언하여 일본의 독도 침입을 막고 실효적으로 관리하게 되었을 때도 그랬고, 한일협상에서 한국이 독도문제가 존재하지 않는다는 입장을 관철했을 때도 그랬다. 사실 한일협상에서 일본정부가 국제사법재판소를 들고 나온 것은 독도 영유권을 포기한 것에 대한 일본국민의 반발 무마용에 지나지 않았다. 이처럼 일본의 국제사법재판소 운운은 한국의 실효적 관리 강화로 인한 위기의식과 불안감의 발로라고 보면 정확하다.

최근 한국정부는 독도에 해양종합과학기지, 수중공원, 발전소 건설 등 개발계획 안을 연달아 발표했다. 일본의 불안감과 초조감이 재발하여 또다시 국제사법재판소의 제소 안을 들고 나왔다. 이는 여론을 선동하여 "한국이 불리하니까 거부한다."[23]라고 하는 데미지를 주어 분쟁지역화를 유도하기 위한 것이다.

사실 1965년 한일협정에서 독도의 실효적 관리를 인정하는 대신에 더 이상 일본국민을 자극하지 마라는 일본의 요청에 따라 한국은 조용한 외교를 선택했다.[24] 이렇게 30년 이상 지속되어온 조용한 외교는 1998년 일본이 도발한 신한일어업협정 강요에 의해 막을 내렸다. 한국의 독도정책은 다시 실효적 관리를 강화하는 방향으로 선회했다.[25] 이에 대응하여 일본의 우익성향 학자들은 독도 도발을 선동했고,[26] 그 결과 시마네현의회는 2011년 8월 8일 만장일치로 독도문제를 국제사법재판소에 제소한다고 조례제정을 강행했다.

이처럼 한국정부는 분쟁지역화를 노리는 터무니없는 일본의 논리에

---

23) 日本外務省ホームページ、パンフレット「竹島問題を理解するための10のポイント」, http://www.mofa.go.jp/region/asia-paci/takeshima/pamphlet_k.pdf(검색일: 2011년 8월 30일).
24) 정광태가 부르던 「독도는 우리땅」 노래가 금지되었다.
25) 일본 측량선의 독도 진입으로 인한 노무현 정부의 대일성명이 발표됨.
26) 下条正男(2005) 『「竹島」その歴史と領土問題』, 竹島・北方領土返還要求運動島根県民会議.

휘말려서는 안 된다. 과거 보수우익 자민당 정부가 왜 독도 영유권을 적극적으로 주장하지 않았는가? 그것은 일본 측에 영토적 권원이 충분하지 않다는 것을 자인한 것이라는 사실을 간과해서는 안 된다.[27)]

3. 독도의 위치와 크기에 대한 편견

3.1 울릉도에서 독도를 바라볼 수 없다는 편견

일본은 울릉도에서 독도를 바라볼 수 없다고 한다. 이는 편견이다. 울릉도와 독도 간의 거리는 87.4km로, 날씨가 청명하고 바람이 부는 날에는 육안으로 서로 바라볼 수 있다. 이는 지금도 마찬가지이고,[28)] 과거에도 마찬가지였다. 일본이 울릉도에서 독도가 보이지 않는다고 주장하는 것은 독도가 울릉도의 생활문화권이 아니라고 주장하기 위한 것이다. 사실 보인다는 것은 보이지 않는 것에 비해 고유영토로서의 중요한 요건인 생활문화권이 될 수 있기 때문이다. 일본의 오키섬에서 독도가 보이지 않지만, 한국의 울릉도에서 독도가 보인다는 것은 독도가 한국의 고유영토로서의 요건을 갖추고 있다는 것을 입증한다. 사실상 울릉도에서 독도가 보인다는 기록은 조선대의 왕조실록에 등장한다.[29)] 일본은 이런 명확한 사실마저도 부정하지 않을 수 없는 입장이다. 한국의 독도에 대한 역사적 권원을 부정해야만 자신들이 독도에

---

27) 최장근(2010)「현 일본정부의 '죽도문제' 본질에 대한 오해」,『일본문화연구』제47집, 2010, 279-298쪽.
28) 동북아역사재단에서 실제로 연중 울릉도에서 독도가 며칠간 보이는가를 관찰했다. 세종실록지리지, 동국여지승람, 고려사지리지 등의 기록과 동일한 내용이다.
29) 고려사지리지, 세종실록지리지, 동국여지승람 등에 기록되어 있다.

대한 영유권을 주장할 수 있기 때문이다. 이를 위한 일본의 논리는 아주 궁핍하다. 사실 울릉도에서는 해발 150m 정도의 지점에 올라가거나 동쪽으로 10여km 전방으로 나아가면 독도가 보인다.[30] 이를 부정하기 위해 전근대의 울릉도는 숲이 많이 우거져서 150m 지점까지 올라갈 수 없다는 논리를 펴기도 하고,[31] 또한 울릉도와 독도가 서로 보인다는 고문헌상의 기록에 대해서는 울릉도와 본토 간에 서로 바라볼 수 있다는 것을 잘못 해석한 것이라고 주장한다.[32] 이러한 논리는 한국인이 거주하고 있는 한국영토 울릉도와 독도와의 관계를 차단하겠다는 의도이다. 그래야만 독도는 한국의 울릉도와 무관하고 일본과 관계있는 섬이라고 주장할 수 있기 때문이다. 그러나 아무리 독도를 울릉도와 관계를 차단하려고 하더라도 독도에서 보이지 않는 일본의 오키섬과는 관계를 맺을 수가 없다. 결론적으로 역시 독도는 울릉도의 속도(屬島)로서 존재할 수밖에 없는 섬이라는 것이다.

3.2 고지도에서 독도의 크기와 위치가 반드시 정확한 위치에 있어야 한다는 편견

일본은 한반도의 고지도에서 동해에 2개의 섬이 있지만, 오늘날과 같이 정확한 크기와 울릉도 동남쪽의 정확한 지점에 위치해 있지 않으면 독도가 아니라고 주장한다. 이는 편견이다.

지도를 그릴 때는 누가 어떠한 용도로 제작하느냐에 따라 다르게 나타난다. 영유권과 관련해서는 영토 관련 지도에서만 사실관계를 확인

---

30) 川上健三(1966) 『竹島の歴史地理学的研究』, 古今書院, 1-291쪽.
31) 川上健三(1966) 『竹島の歴史地理学的研究』, 古今書院, 1-291쪽.
32) 下条正男(2005) 『「竹島」その歴史と領土問題』, 竹島・北方領土返還要求運動島根県民会議.

할 수 있다.[33] 그리고 지도의 제작도 당시는 오늘날과 같은 지도제작 기술과 정보가 없었기 때문에 사실에 입각한 정확한 위치에 정확한 정보를 담고 있는 지도제작 자체가 불가능하다. 대부분이 상징적으로 표기한 것이기 때문에 과학적인 정보와 별 상관없이 해석상으로 확인할 수 있을 뿐이다.

특히 영유권을 논할 때는, 독도가 작은 암초로서 사람이 살지 않는 무인도이기 때문에 섬에 대한 정보도 그리 많지 않은 시기에는 섬에 대한 영유의식의 존재 유무가 중요한 것이다. 고지도에 섬의 형상이나 크기, 위치가 다르더라도 별 상관없는 문제이다.[34] 이러한 현상은 과학 문명이 발달하지 않은 과거로 거슬러 올라갈수록 더욱더 그렇다. 16세기에 그려진 동국여지승람 총람도의 경우 동해에 우산도와 울릉도가 그려져 있다. 우산도가 울릉도 정서쪽에 위치하고 크기도 울릉도보다 약간 작지만 비슷한 크기로 그려져 있다. 이것을 당시의 고지도, 고문헌을 바탕으로 정황상으로 해석을 해보면 동해에는 두 개의 섬이 있고, 하나는 울릉도이고 하나는 우산도이다. 울릉도는 사람이 거주해오던 우산국의 본섬이었다. 그렇다면 우산도는 울릉도 이외에 또 다른 한 개의 섬이 존재한다고 했으니까 바로 그 섬의 명칭이 된 것이다. 고려사지리지, 세종실록지리지, 동국여지승람 등에서 언급한 것처럼 우산도는 오늘날의 독도가 되는 것이다. 여기서 우산도가 울릉도와 크기가 비슷하다는 것은 울릉도처럼 유인도로 인식했다는 것을 의미한다. 사실 독도는 사람이 거주할 수 없는 암초로 된 작은 섬임에 불구하고 그렇게 유인도처럼 그렸다는 것은 조선대의 공도정책으로 인하여 울릉도

---

33) 영유권 관련 지도에 날씨 설명을 위한 지도를 보고 영유권을 논할 수 없다.
34) 최장근(2012.5) 「고지도상의 '우산도' 명칭에 관한 연구 -'석도=독도' 규명을 중심으로-」, 『일본근대학연구』제36집 근간 발행 예정.

는 물론이고 독도에 사람들의 왕래가 거의 없었다는 것을 의미한다. 그래서 오늘날의 독도인 우산도를 당시 총람도처럼 울릉도와 비슷한 크기로 그렸다고 하더라도, 동해에 2개의 섬이 존재하고 그 2개의 섬은 조선영토라는 인식을 조선 조정이 갖고 있었던 것이다.[35]

독도의 위치에 관해서도 마찬가지이다. 시기적으로 보면 독도가 정확하게 울릉도 동남쪽에 위치한다고 알게 된 것은 근대 기계문명이 발달한 이후이다. 그렇다면 근대 이전에 독도의 위치가 남쪽에 있든 동쪽에 있든 북쪽에 있든 그것은 그다지 문제가 되지 않는다. 그런데 일본 영토론자들은 지금까지 독도의 위치에 대해 논의하면서 동남쪽에 위치하지 않은 섬은 모두 오늘날의 독도가 아니라고 주장했다. 이것은 편견이다. 전근대의 많은 지도에서는 울릉도와 더불어 독도를 표기하고 있었다. 울릉도 동남쪽에 정확하게 위치한 섬은 거의 없다. 이를 근대적 감각으로 해석하여 우산도는 오늘날의 독도와 무관하다고 주장하는 것은 논리적으로 맞지 않다.

4. 독도의 '울릉도 속도'에 대한 편견

일본은 18세기 『죽도도설』(1751-63)에 「오키국 송도」[36]라는 기록을 토대로 울릉도는 조선영토가 되었지만 독도는 역사적으로 일본영토였다고 주장하고 있다. 독도는 1905년 나카이 요사부로가 강치 독점권을

---

35) 당시로서는 독도에 대한 영유권을 주장하는 또 다른 대상국가가 존재하지 않았기 때문에 그 정도의 영유권인식이 존재했다는 것만으로도 충분히 독도를 관리했다고 할 수 있다.
36) 최장근(2011)『일본의 독도 영유권 조작의 계보 -독도영토 부정과 일본신 영토론 조작-』, 제이앤씨, 70쪽.

확보하기 이전에는 일본에서 멀리 떨어져 있었고, 또한 무가치한 바위 섬이었기 때문에 역사적으로 보면 독도만을 목표로 독도에 도해할 이 유가 없었다. 이러한 것은 수많은 자료에서도 증명된다.[37) 따라서 일본 이 주장하는 「오키국 송도」라는 민중 사이에 전래된 것을 토대로 죽도 영유권을 주장하는 것은 사실을 조작하는 행위이다.

일본 측 기록에서 볼 때 무라카와(村川), 오야(大谷) 가문이 울릉도 로 도항할 때에 독도는 기항지로서의 역할을 했던 것으로, 독도만을 목표로 도항한 적은 없었다. 그러나 조선 측의 기록에는 안용복 사건에 서 울릉도와 더불어 자산도가 조선영토라고 했고, 세종실록지리지, 동 국여지승람 등에서도 동해에 우산도와 울릉도 2개의 섬이 존재한다고 기록되어 있다. 지리적으로 보면 울릉도에서 독도가 보이기 때문에 조 선에서는 울릉도와 더불어 우산도가 존재한다는 인식이 생겨났던 것이 다. 울릉도가 존재하기에 독도에 대한 영토의식이 생겨났던 것이다.

반면 일본에서 볼 때 오키섬에서는 독도가 보이지 않는다. 그러나 오야(大谷)와 무라카와(村川) 가문이 울릉도가 무인도라는 사실을 우 연히 확인하고 울릉도를 도해하는 과정에 독도의 존재를 알게 된 것이 다. 즉 울릉도와 독도가 「모도-자도」 관계임이 증명된다. 일본의 중앙 정부인 막부는 울릉도가 조선영토임을 확인해주었다. 이때에 별도로 독도가 일본영토라는 영유권을 주장하지 않았다.[38) 오히려 1905년 러

37) 内藤正中 · 金炳烈(2007) 『歷史的檢証 独島論争』, 新幹社, 51-198쪽. 隠岐 에 도해한 안용복의 울릉도-독도에 대한 영유권 주장, 일본이 주장하는 송 도(독도)-죽도(울릉도) 도해면허증에 관한 것, 메이지시대 일본정부가 울 릉도와 독도를 일본의 판도에서 제외하기로 지령한 사실, 메이지시대의 일본정부가 수로지와 국경획정 과정에서 독도를 울릉도와 더불어 일본영 토로 인식하지 않았던 점 등이다.
38) 内藤正中 · 朴炳渉(2007) 『竹島=独島論争』, 新幹社, 51-198쪽. 근세에 안용 복 사건을 계기로 한일 양국 중앙정부 간에 울릉도를 둘러싸고 국경논쟁

일전쟁 중 편입조치를 취하기 이전 에도시대는 물론이고[39] 메이지시대[40]에서도 조선영토로 인정하고 있었던 것이다. 이는 즉 조선시대 줄곧 울릉도와 더불어 독도를 조선영토로 인정하고 있었다는 증거이다.

5. 맺으면서

이상으로 본 연구에서는 선행연구에서 흔히 보이는 독도의 본질, 특히 「위치와 크기」, 「독도문제의 발생시점」, 「울릉도의 속도」에 대한 편견적 시각을 고찰함으로써 독도문제의 본질을 분석했다. 이러한 편견적 시각을 바로 잡음으로써 독도의 본질을 이해할 수 있다. 본론에서 논증된 내용을 정리하면 다음과 같다.

첫째로, 일본은 독도문제의 발생시점에 대한 편견을 갖고 있다. 일본은 마치 일본의 고유영토에 대해 한국이 1952년 평화선을 선언하여 강제로 무력으로 독도를 점령한 것처럼 주장한다. 사실 독도의 영유권 문제에 관해서 한국 측은 다양한 시대에 영토문제의 발생으로 영토의식을 갖고 있었다. 다만 1952년 시점에서는 연합국이 대일평화조약에서 독도문제를 본질대로 처리하지 않고 정치적 이해관계로 처리하였기에 한국정부가 이러한 정치성을 극복하기 위해 평화선을 선언하여 독도 영토문제의 본질을 바로잡았던 것에 불과하다.

이 발생하였을 때, 안용복이 울릉도와 더불어 독도가 강원도 소속이라고 주장하였음에도 불구하고 일본정부는 독도 영유권에 대해 아무런 주장도 하지 않았다.
39) 斎藤豊仙(1667)『隠州視聴合記』卷1 國代記部.
40) 日本 太政官編, 『公文錄』內務省之部1, 1877年 3月 17日條, 일본국립공문서관 소장.

둘째로, 일본은 고지도, 고문헌에 등장하는 독도의 위치와 크기에 대한 편견을 갖고 있다. 즉 이들 사료에서도 독도의 크기와 위치가 과학문명이 발달한 오늘날과 같아야 한다는 주장이다. 이러한 일본의 주장은 1905년 편입조치의 정당성을 주장하기 위해 내셔널리즘적인 측면에서 '울릉도에서 독도를 바라볼 수 없고, 고지도에서 독도의 크기와 위치가 오늘날의 독도와 같지 않으므로 독도가 아니다, 독도는 울릉도의 속도가 아니다'라고 한국적 논리를 부정하고, 일본적 논리를 조작한 것에 불과하다.

셋째로, 일본은 독도가 울릉도의 속도가 아니라는 편견을 갖고 있다. 독도는 울릉도에서 가시거리에 있는 2개의 암초로 된 섬이다. 역사적 기록을 보면 고대시대 이후 줄곧 독도는 울릉도의 부속 도서로서 사람들에게 인식되면서 존재했다는 것을 알 수 있다. 일본 측에서는 독도는 울릉도 도항 시에 이정표로서 역할을 했던 것이고, 한국 측에서는 울릉도에서 보이는 섬으로서 존재했던 것이다.

이상과 같이 독도는 무인도였기 때문에 시대에 따라 섬의 가치가 발생할 때마다 사람들의 관심의 대상이 되었던 섬이었다.

독도의 「가치·명칭·실효적 관리」에 대한 일본의 편견

제7장

1. 들어가면서

고지도나 고문헌에는 독도에 관한 역사적 권원과 관계되는 많은 기록이 남아 있다. 이들 기록 중에는 동해에 울릉도와 우산도 두 섬이 존재한다는 내용이 있다. 한국은 울릉도와 더불어 존재하는 우산도가 지금의 독도라고 해석한다. 그런데 일본은 1905년 무주지 선점론에 의한 '죽도' 편입을 정당화하기 위해 한국영토로 해석되는 1905년 이전의 다양한 역사적 권원을 전적으로 부정하고 있다.

국제법학자들은 국제법의 판례를 활용하여 독도의 경우 국제사법재판소에서 어떻게 결정될 것인가를 연구하고 있다. 그러나 판례도 독도 문제에 유용한 경우가 있고 그렇지 않은 경우가 있다. 우선 분쟁지역이 무인도인가 유인도인가, 섬의 가치는 있는가 없는가 등 다양한 요소들에 의해 상황이 달라진다. 따라서 반드시 특정한 판례를 가지고 독도문제에 적용해서는 안될 것이다.

독도는 작은 바위섬으로, 한국의 울릉도에서 연간 50~60일 정도 보이는 섬이다. 일본의 오키(隱岐) 섬에서는 보이지 않는다. 독도는 한일 양국의 국경지대에 위치하고 있다. 독도의 가치는 유사 이래에 존재하지 않았던 시기와 존재했던 시기로 구분된다. 독도는 사람이 볼 수 없는 지역에 홀로 존재하는 섬이었다. 그러한 이유로 다양한 사람들로부터 많은 명칭이 만들어질 수밖에 없었다. 독도에 새로운 명칭이 생성되었다는 것은 그 시기에 섬이 누군가에 의해 발견되었다는 것을 의미한다. 지속적으로 섬에 대한 명칭을 갖고 있었다는 것은 누군가에 의해 지속적으로 관리되었다고 할 수 있다.

그런데 일본영토론자들은 이러한 특성을 갖고 있는 독도에 대해 현재의 관점에서 흔히 사람이 거주하는 일반적인 섬이라는 편견과 고정관념을 갖고 있어서 독도의 본질을 훼손하고 있다. 따라서 본 연구의 목적은 이러한 편견으로 생긴 독도의 굴절된 부분을 바로 잡는 것이다. 연구방법으로는 먼저 독도문제의 발생시점에 대한 편견을 분석한다. 그 다음으로 독도의 위치에 대한 편견을 분석한다. 그리고 독도의 가치 발생 시기에 관한 편견, 독도 명칭에 대한 편견 순으로 분석한다.

선행연구에서는 이러한 다양한 편견적 관점을 고려하지 않았기 때문에 독도문제의 본질에 대한 논란이 더욱 확산되고 있다고 하겠다.[1] 본 연구의 성과는 굴절된 시각에 의한 국제법적 이론과 영유권 주장의 논리를 수정할 수 있는 근거가 될 수 있을 것으로 판단한다.

---

1) 다양한 연구자들이 여기에 포함되지만, 가장 두드러지는 대표적인 것으로 서는 가와카미 겐조(川上健三), 다무라 세이자부로(田村清三郎), 시모조 마사오(下條正男) 등 일본영토론자들의 연구가 여기에 속한다.

2. 독도의 가치에 대한 편견

2.1 영토적 가치의 발생환경

독도는 2개의 바위섬으로 되어 있다. 개간이나 경작 등으로 경제활동을 할 수 있는 섬이 아니다. 독도의 가치라고 한다면 군사 전략적 가치, 해저자원의 가치, 어업자원의 가치 등을 들 수 있을 것이다. 독도는 한국의 울릉도에서 87.4km, 일본의 오키(隱岐)섬에서는 157km나 떨어져 있는 섬이다. 이처럼 멀리 떨어져 있기 때문에 두 개의 바위섬에 대한 어장으로서의 가치도 근대에 들어와서 가능했다. 군사 전략상의 가치도 근대 러일전쟁을 전후하여 그 가치가 발생했다. 해저자원에 대한 가치는 현대에 들어와서 유엔 등의 해저자원개발 탐사에 의해 발생되었던 것이다. 이렇게 볼 때 국가를 이루는 영토라는 상징적인 가치를 제외하고는 독도의 가치는 근대 이후에 발생했다고 볼 수 있다. 영토로서의 가치는 한국의 울릉도에서 보이는 거리에 있는 섬으로서 고대국가 이래 한국 측 영역의 일부로서 인식되어왔던 것이다. 한국 측에서는 일찍이 512년 울릉도에 우산국이 있었다는 기록으로 볼 때 영역으로서의 상징적 가치를 인식하고 있었던 것이다. 그런데 일본에서는 일본의 오키섬에서 보이지 않기 때문에 러일전쟁 시기의 군사 전략적 가치, 1903년 나카이 요사부로의 강치조업으로 인한 어업적 가치에 의해 독도를 인식하기 시작했던 것이다. 이러한 독도의 가치적 측면에서 영토인식을 고찰할 때는 이처럼 시대적인 상황을 고려해야 한다는 것이다. 이러한 것에 초점을 두지 않고 러일전쟁 시기를 전후하여 일본 측이 어업에 종사하여 어업적 가치에 의해 영토 편입조치를 했다는 인식은 편견이다. 독도는 이미 고대시대부터 울릉도에서 보이는 영역의 상징적 가치로서 한국 측의 영토로 존재했다는 사실을 분명히 이해할 필요가 있다.

2.2 국경 한계점으로서의 상징적 가치

일본은 고대시대에 독도가 한국영토였다는 문헌기록이 없기 때문에 독도가 고대시대부터 한국영토였다는 주장은 옳지 않다고 비판한다.[2] 이것 또한 편견이다. 만일 문헌기록이 없다는 것이 이유라면 일본 역사의 기원에 관해서도 문헌기록에 나타나 있는 것까지만 언급할 수 있는 것이다. 일본인의 조상에 관해서도 "~라고 하더라"는 식의 2차적인 문헌기록이 아닌 1차적인 문헌기록으로만 가능하게 될 것이다. 일본 열도에 사람이 살았다고 하는 역사에 대해서도 문헌기록이 없으면 언급할 수 없다. 그렇다면 문헌사적 고증을 제외한 나머지 다른 학문영역, 즉 고고학이나 인류학 등은 학문영역으로 성립될 수 없다는 것인데, 그것은 모순적 논리이다.

독도는 울릉도에서 보이는 거리에 있다. 울릉도에 사람이 살기 시작했을 때부터 독도는 울릉도 사람들의 생활문화의 일부였다. 예를 들면 조선 초기, 중기에 걸쳐 실시해오던 공도정책을 변경하여 조선 말기에 동해 도서의 개척정책으로 인해 울릉도에 사람이 살기 시작했고, 이들 울릉도 사람들은 보이는 거리에 있는 동일한 문화권에 있는 섬에 대해 자연스럽게 「돌섬」[3]이라고 불렀던 것이다. 그 이유는 울릉도에서 보이

---

2) 川上健三(1966)『竹島の歴史地理学的研究』, 古今書院, 1-291쪽. 田村清三郎(1965)『島根県竹島の新研究』, 島根県総務部総務課, 1-159쪽. 권오엽(2010)『일본의 독도논리 -죽도의 역사지리학적연구-』, 백산자료원, 104-228쪽.

3) 박병섭(2011)「일본의 독도 영유권 주장에 대한 관점」,『한일 양국의 관점에서 본 울릉도, 독도 심포지움』, 대구한의대학교 안용복연구소 주체, 2011년 12월 2일, 대구한의대학교 학술정보관, 143-165쪽.

니까, 실제로 독도까지 왕래했다는 것을 의미한다. 이는 경제적 가치 때문이 아니라, 생활문화 영역의 한계라는 상징적 가치 때문이었을 것이다. 이를 보더라도 조선시대 공도정책을 실시하기 이전 고대 우산국 시대나 고려시대에 울릉도에 사람들이 거주했을 때 거주민들은 독도에 대해 자연스럽게 생활문화 영역의 경계라는 상징적 가치를 가지고 있었을 것이다. 때로는 목숨을 바다에 걸고 있는 울릉도 해상국가의 사람들에게 저 멀리 보이는 독도는 생활문화의 일부인 신앙의 대상으로 삼기도 했을 것이다.[4]

따라서 고대나 고려, 조선시대에 걸쳐 독도는 생활문화의 일부로서 영역의 한계 또는 신앙의 대상이라는 상징적 가치를 갖고 있었다고 할 수 있다. 이러한 상징적 가치는 울릉도에 사람이 거주하던 시기에는 지속되었다고 할 수 있다.

2.3 영토주권으로서의 가치

일본은 1905년 이전 한국은 독도에 대한 영토의식을 갖고 있지 않았다고 주장한다.[5] 이는 편견이다.

조선 초기에는 남으로는 왜, 북으로는 거란족의 침입, 중기에는 1592-1598년 왜로부터 임진왜란과 정유재란, 몽고로부터 1627년과 1636년 병자호란과 정묘호란 등을 방비하면서 외세의 침략에 대한 영토보존의식이 강하게 나타났다. 울릉도도 예외는 아니었다. 신라시대에는 우산국 복속이라고 하여 권력적으로 복종-피복종 관계에 놓여 있었으나, 고

4) 권오엽(2009) 「우산국과 종교」, 『독도와 안용복』, 충남대학교출판부, 70-98쪽.
5) 나이토 세이추(内藤正中) 저, 곽진오 · 김현수 역(2008) 『한일간 독도 · 죽도논쟁의 실체』, 책사랑. 「竹島問題」, 일본외무성(검색일: 2009년 5월 10일), http://www.mofa.go.jp/mofaj/area/takeshima/.

려시대에 우산국이 고려에 완전히 병합되었다는 것은 이미 고려시대에는 외세로부터 영토주권을 보전해야 한다는 강한 영토의식이 나타났다는 것을 의미한다. 울릉도가 고려에 병합되었다는 것은 울릉도를 탐하는 외세가 등장했다는 것이다. 조선 초기 세종실록지리지, 고려사지리지, 동국여지승람 등에서는 동해에 울릉도 이외에 우산도가 조선영토의 일부로서 영역 범위를 명확히 정하고 있었다. 이는 이 시기에 독도에 대해서도 영토적 가치가 발생하여 독도를 영토로서 관리했다는 것을 의미한다. 영토적 가치는 독도영토를 위협하는 외세가 등장할 때일수록 강하게 나타났다. 17세기 일본의 두 가문의 어부가 울릉도에 나타났을 때 안용복에게는 울릉도뿐만 아니라 독도에 대해서도 영토 주권의식이 나타나서 울릉도와 더불어 자산도(우산도)도 조선의 영토임을 강하게 어필했던 것이다.[6] 또한, 근대에 들어와서 강화도조약 이후 일본인들이 동해안에 자주 출몰하게 되었을 때 울릉도뿐만 아니라 독도[7]에 대해서도 영토의식이 강하게 나타났다. 따라서 대한제국은 칙령 41호로 새로운 울도군의 행정구역에 「울릉전도, 죽도, 석도」를 관할한다고 지정한 것[8]으로도 확인된다.

2.4 경제적·군사적 가치

일본은 울릉도 사람들은 독도를 몰랐는데, 일본인들에 고용되면서 처음으로 독도에서 조업을 시작했다고 한다.[9] 이는 편견이다.

---

6) 内藤正中・朴炳涉(2007)『竹島=独島論争―歴史から考える―』, 新幹社, pp.53-71. 신용하(1996)『독도의 민족영토사 연구』, 지식산업사, 30-37쪽.
7) 신용하(1996)『독도의 민족영토사 연구』, 지식산업사, 178-201쪽.
8) 신용하(1996)『독도의 민족영토사 연구』, 지식산업사, 192-194쪽.
9) 川上健三(1966)『竹島の歴史地理学的研究』, 古今書院, pp.1-291. 田村清三郎(1965)『島根県竹島の新研究』, 島根県総務部総務課, pp.1-159. 권오

무인도인 독도에 대해 사람들이 소유욕을 갖게 하는 경제적 가치로서는 과연 무엇이 있었을까. 기록상으로 보면 근대 울릉도 개척기에 해산물 채취와 강치조업 등을 들 수 있다.[10] 1904-5년 러일전쟁 시기에는 독도가 저탄장과 통신기지로 활용되었다. 물론 군사적 가치는 러일전쟁에서 처음 생겨났을 것이고, 경제적 가치는 독도가 보이는 울릉도 사람들이 울릉도에 없거나 부족한 것을 찾기 위해 독도에서 얻으려고 했을 것이다. 미역이나 전복과 같은 것은 울릉도에서도 채취했겠지만, 더 많은 것을 얻기 위해 간간이 목숨 걸고 독도까지 도항했던 것이다.[11] 일본인들은 1903년을 시작으로 1905년 러일전쟁 이후에도 강치조업을 계속했다고 한다.[12]

일본 측이 주장하는 것처럼, 울릉도 거주의 조선 사람들이 일본인에 고용되면서 처음으로 독도에서 조업을 시작했다고 하는 주장은 옳지 않다. 울릉도에서 보이는 독도에 대해 영역적 가치와 더불어 경제적 가치에 의한 영토 주권의식이 이미 울릉도의 조선 사람들에게는 존재했던 것이다.

엽(2010)『일본의 독도논리 -죽도의 역사지리학적연구-』, 백산자료원, 293-295쪽.
10) 물론 오늘날에는 관광자원과 메탄가스 등의 지하자원, 군사적 가치, 등대 설치로 인한 해상교통 등을 들 수 있다.
11) 권오엽(2010)『일본의 독도논리 -죽도의 역사지리학적연구-』, 백산자료원, 293-296쪽.
12) 川上健三(1966)『竹島の歴史地理学的研究』, 古今書院, pp.1-291. 田村清三郎(1965)『島根県竹島の新研究』, 島根県総務部総務課, pp.1-159. 권오엽(2010)『일본의 독도논리 -죽도의 역사지리학적연구-』, 백산자료원, 240-257쪽.

3. 독도의 명칭에 대한 편견

3.1 독도에 대한 명칭의 생성과 그 의미

독도의 명칭은 독도의 발견과 관련이 있다. 단발적으로 일본식 명칭이 등장했다는 것은 일본이 독도를 발견했다는 것을 의미하고, 유럽식 명칭이 등장하는 것은 유럽인들에 의해 섬이 발견되었다는 것을 의미한다. 오랜 기간에 걸쳐 한국식 명칭이 여러 가지로 발생했다는 것은 한국영토로서 인식되어왔다는 것이다. 그리고 명칭은 섬의 형상이나 현장의 특징에 따라 호칭되는 경우도 있고, 그 섬의 형상과 무관하게 섬을 발견한 주체가 자신의 명예를 높이기 위해 자신과 관련을 갖도록 명칭을 정하는 경우도 있다. 또한, 현장을 방문한 적도 없는 국가를 대표하는 지도제작자나 행정 담당자가 국가영역의 일부로서 표시하기 위해 형상이나 자신의 명예와는 무관하게 역사서 등의 기록을 중심으로 명칭을 결정하는 경우도 있다.

첫 번째의 현장정보에 의한 경우는 한국 측의 「독도」라든가 「석도」의 명칭이 여기에 속한다. 울릉도에 대한 일본 측의 「죽도」라는 명칭도 여기에 해당한다.[13] 또한, 러시아 측이 오늘날 서도에 대해 「남도(男島)」, 동도에 대해 「여도(女島)」라고 한 것도 섬의 형상에 의한 것이다. 유럽에서 「리앙크루 룩스」 즉 암석이라고 한 것도 여기에 속할 것이다.[14]

두 번째의 명예를 위한 경우는 유럽인이 발견하여 항해자나 항해선박의 이름을 다서 붙인 것이다. 「리앙쿠르 록스」가 바로 여기에 속한다.

세 번째의 지도제작자나 행정전문가의 경우는 그 예로서 한국 측의

---

13) 大西輝男·권오엽·권정 옮김(2004)『獨島』, 제이앤씨, 263-264쪽.
14) 권오엽(2010)『일본의 독도논리 -죽도의 역사지리학적연구-』, 백산자료원, 19-26쪽.

「우산도」라는 명칭이 대표적인 경우이다. 일본이 울릉도의 죽도(竹島)에 대응적으로 독도를 「송도(松島)」[15]라고 정했다고 한다면 그것도 여기에 해당할 것이다.

 그리고 동아시아지도의 부분지도로서 한국지도, 일본지도처럼 보이는 지도에 그려진 섬이라고 반드시 그 나라의 영토라고 말할 수 없다. 지도에는 제각기 용도가 있다. 영유권을 위한 지도라면 영유권을 결정하는 상당한 증거능력을 가질 수 있다. 유럽식의 이름이 등장하는 것은 유럽인이 발견했다는 것을 의미하며 무주지 선점론을 적용할 수도 있으나, 이미 그 이전에 고유영토로서 관리되어오고 있는 섬이라면 예외이다.

 이처럼 독도에 대한 다양한 명칭에 대해서 명칭에 따른 시대적 의미의 가치를 분석하지 않고 단지 어느 나라 지도에 속해 있느냐에만 중점을 두고 영유권을 논하여 독도의 본질을 혼란하게 해왔다.[16] 이는 바람직한 방법이 아니다.

---

15) 大西輝男·권오엽·권정 옮김(2004) 『獨島』, 제이앤씨, 263-264쪽.
16) 川上健三(1966) 『竹島の歷史地理学的研究』, 古今書院, pp.1-291. 川上健三(1953) 『竹島の領有』, 日本外務省条約局. 島根県 편 (田村清三郎)(1954) 『島根県竹島の 研究』, pp.1-83. 下条正男(2005) 『「竹島」その歷史と領土問題』, 竹島·北方領土返還要求運動島根県民会議, 下条正男(2004) 『竹島は日韓どちらのものか』文春親書377. 田村清三郎(1965) 『島根県竹島の新研究』, 島根県總務部總務課, pp.1-159. 池内敏(2008.2) 「安竜副と鳥取藩」 『鳥取地域史研究』第10号, pp.17-29. 池内敏(2007) 「隠岐川上家文書と安竜副」 『鳥取地域史研究』第9号. 池内敏(2009.3) 「安竜副英雄傳説の形成ノート」, 『名古屋大學文學部研究論集 -史學-』55, pp.125-142 등 대부분의 선행연구가 여기에 속한다.

3.2 고지도, 고문헌에 「송도」「죽도」라는 일본적 명칭이 있기에 일본영토라는 편견

일본은 일본 측의 고지도에 송도와 죽도라는 명칭이 등장하니 일본 영토로서의 권원이라고 주장한다.[17] 그러나 종래 죽도라고 불리던 울릉도가 「죽도일건=안용복 사건」 이후 조선영토로 확인되면서, 「송도」 「죽도」라는 명칭이 반드시 일본영토적 권원이라고 하는 주장에 다소 소극적인 자세를 취하기도 한다.[18]

서양지도에 송도와 죽도라는 명칭이 많이 등장하는데, 이를 일본영 토의 증거로 보는 경향이 있다. 서양지도에 울릉도와 우산도라는 지명 보다 송도와 죽도라는 지명이 더 많이 등장하는 것은 조선지도가 서양 에 소개되지 못했을 때, 18세기 시볼트라는 사람이 일본지도를 서양에 소개했기 때문이다.[19] 사실 이미 17세기에 종래 「죽도」였던 울릉도가 조선영토가 된 후에 일어난 일이었다. 즉 서양에 소개된 「송도」와 「죽도」는 이미 조선영토였던 것이다. 그리고 종래 오늘날 독도가 「송도」 라는 명칭으로 일본영토가 된 적이 없다. 일본어부가 조선영토인 울릉 도로 도항할 때 단지 기항지로서 이용한 것에 불과하다. 일본의 지방정 부나 중앙정부가 종래의 「송도」에 대해 영유권을 주장하거나 명확히 한 적은 한 번도 없었다. 이에 반해 조선에서는 1432년 세종실록지리 지, 고려사지리지, 동국여지승람 등에서 울릉도와 더불어 「우산도」라 는 명칭으로 조선영토의 일부임을 명확히 했다. 따라서 서양지도에 등 장하는 「송도」와 「죽도」가 일본의 영토적 권원이 아님이 분명하다.

---

17) 川上健三(1966) 『竹島の歷史地理学的研究』, 古今書院, pp.1-291.
18) 下条正男(2004) 『竹島は日韓どちらのものか』文春親書377. 나이토 세이 추 저, 권오엽·권정 역(2005) 『獨島와 竹島』, 제이앤씨.
19) 川上健三(1966) 『竹島の歷史地理学的研究, 』古今書院, pp.1-291. 권오엽 (2010) 『일본의 독도논리 -죽도의 역사지리학적 연구-』, 백산자료원, 19-53쪽.

3.3 고지도, 고문헌에 「독도」라는 명칭이 없으면
한국영토가 아니라는 편견

일본은 고지도에 「독도」라는 명칭이 없으면 한국영토가 아니라고 주장한다.[20] 이것은 편견이다. 고지도와 고문헌에 오늘날의 독도는 가지도, 삼봉도, 우산도 등의 다양한 명칭으로 불리었다.[21] 울릉도는 「울릉도(또는 무릉도)」처럼 거의 단일 명칭으로 불리었던 것에 비해, 독도는 다양한 명칭으로 불리었다. 그것은 독도의 지리적 위치와 섬의 형상과 크기와도 관계가 있다. 울릉도에서 멀리 떨어져 있고 사람이 살 수 없는 무인도라는 점이 그 요인일 것이다. 다양한 명칭으로 불리었다는 것은 많은 사람으로부터 독도가 발견되었다는 것을 의미한다. 상기의 다양한 명칭이 관찬서적에 등장한다는 것은 중앙정부 차원에서 시대에 따른 다양한 명칭으로 영토로서 인식했다는 것을 의미한다. 따라서 독도의 명칭이 다양하다는 것은 오히려 울릉도에서 멀리 떨어진 외딴 무인도임에도 불구하고 많은 사람들이 독도를 확인하여 그것을 토대로 중앙정부가 영토로서 인식했다는 것을 의미한다.

3.4 「우산도」는 독도가 아니라는 편견

일본에서는 조선시대에 등장하는 「우산도」라는 명칭은 울릉도의 별칭으로서 오늘날의 독도와는 무관하다고 하여 조선 조정은 독도의 존재를 인지하지 못했다고 주장한다. 이는 편견이다.

위에서 고찰해본 바와 같이 독도의 명칭이 섬의 형상에서 유래된 것

---

20) 川上健三(1966)『竹島の歴史地理学的研究』, 古今書院, pp.1-291. 권오엽
   (2010)『일본의 독도논리 -죽도의 역사지리학적연구-』, 백산자료원, 104-144쪽.
21) 川上健三(1966)『竹島の歴史地理学的研究』, 古今書院, pp.1-291. 권오엽
   (2010)『일본의 독도논리 -죽도의 역사지리학적연구-』, 백산자료원, 104-144쪽.

도 있지만, 문헌적 정보에 의해 관념적으로 정해진 명칭도 있다. 바로 「우산도」라는 명칭이 그것이다. 대부분의 명칭은 형상에 따라 결정되었지만, 유일하게 「우산도」만이 관념적으로 붙여진 명칭이다. 우산국, 고려시대에 울릉도에 사람이 거주할 때, 울릉도에서 독도가 보였기 때문에 그때 발생한 영토인식, 즉 동해에 2개의 섬이 존재한다는 것이었다. 조선시대에 공도정책으로 울릉도에 사람이 거주하지 않을 때에도 동해에 2개의 섬이 존재한다는 영토인식을 갖고 있었다는 것을 의미한다. 이는 세종실록, 고려사지리지, 동국여지승람 등에 「우산, 무릉 2섬」이라는 형식의 표현으로 알 수 있다. 「우산」은 우산국에서 유래된 것이고, 「무릉」은 울릉도의 원래 명칭이다. 따라서 우산국이 고려에 편입되어 없어진 이후, 우산국의 「우산」이라는 명칭이 세월이 흘러 울릉도 이외 또 다른 섬 즉 오늘날 독도의 명칭으로서 자리 잡게 되었던 것이다.

3.5 「석도」는 독도가 될 수 없다는 편견

일본은 대한제국 「칙령 41호」에 등장하는 「석도」는 오늘날의 독도가 아니라고 주장한다.[22] 이는 1900년 칙령 41호의 「석도」를 부정하여 독도가 한국영토가 된 적이 없다고 부정한 후, 오히려 1905년 시마네현 고시40호에 의해 「죽도(독도)」가 일본의 신영토가 되었다는 정당성을 주장하기 위한 것이다. 이것은 편견이다.

1876년 조일수호조규 이후 일본인들의 울릉도 침입이 날로 증가하고 있었을 때, 대한제국이 이런 사실을 확인하고 울릉도를 비롯한 동해 도서에 대한 영토관리 차원에서 고종황제가 칙령 41호를 발령하여 울

---

22) 나이토 세이추(內藤正中) 저, 곽진오·김현수 역(2008) 『한일간 독도·죽도논쟁의 실체』, 책사랑. 「竹島問題」, 일본외무성(검색일: 2009년 5월 10일), http://www.mofa.go.jp/mofaj/area/takeshima/.

도군을 설치하여 「울릉전도와 죽도, 그리고 석도」를 관할구역으로 하고 「도장」이 이를 관리하도록 했던 것이다.

「석도」는 오늘날의 독도가 될 수밖에 없다. 현재 시점에서 보면 울릉도는 울릉도 주변의 작은 바위섬과 울릉도 본섬으로 구분된다. 이를 자연스럽게 열거해 보면, 「울릉전도」 그리고 그 다음으로 큰 섬인 「죽도」(댓섬)이다. 그다음으로 영유권을 명확히 하기 위한 구역으로는 역시 오늘날의 독도뿐이다. 왜냐하면 세종실록지리지, 고려사지리지, 동국여지승람, 만기요람, 문헌비고 등에 등장하는 것으로 보아 조선시대 내내 울릉도와 더불어 영토로서 인식되어 왔기 때문이다.

일본에서는 독도 영유권을 부정하기 위해 「석도」가 오늘날의 「관음도」라고 주장하기도 한다. 관음도는 고문헌상으로는 울릉도 본섬의 일부로서 존재했다고 볼 수 있고, 한 번도 공식적으로 등장한 적이 없었다. 그리고 독도를 마지막에 표현한 것은 울릉도에서 멀리 떨어져 있기도 하고, 울릉도에서 멀리 떨어져 있어서 일본과 영토분쟁의 소지가 많았기 때문에 이를 더욱 명료하게 하기 위해 마지막으로 나열했다고 하는 것이 가장 자연스럽다고 하겠다. 역으로 「울릉전도, 석도, 죽도」라고 표현했다면 어떻게 해석될까? 먼저 주변 바위섬을 포함하여 「울릉전도」라고 하고 다음으로 「석도-죽도(댓섬)」이라고 한다면 논리적으로 무리이다. 그렇다면 일본의 주장처럼 지금의 「관음도」를 「석도」라고 거리 순으로 적어보면, 「울릉전도-관음도(석도)-죽도」이다. 그런데 칙령 41호의 순서는 「울릉전도-죽도-석도」이다 따라서 오늘날의 관음도는 「석도」가 될 수 없는 것이다.

또한, 오늘날의 관음도를 「석도」라고 표기할 이유가 없다. 울릉 본섬에서 1-2m의 거리에 위치하여 주변 여러 암석들과 별반 차이가 없고, 또 이규원의 조사에 의해 「도항」이라는 이름을 갖고 있었다.[23] 그럼에도 불구하고 칙령에서 「도항」이라는 명칭이 표기되지 않았다는 것은 오늘날의 관음도는 「울릉전도」의 일부에 포함되었다는 것을 의미한다.

4. 독도의 실효적 관리에 관한 편견

4.1 일본이 독도를 실효적으로 관리했다는 편견

일본은 「죽도(독도)」를 실효적으로 관리했다고 주장한다.[24] 이는 편견이다. 첫째는 오야(大谷)과 무라카와(村川) 가문이 17세기에 울릉도 도항 과정에 죽도를 기항지 또는 어채지로서 관리했다는 것이다. 둘째는 일본지도나 서양지도에 일본 명칭인 「송도(독도)」, 「죽도(울릉도)」가 표기되었다는 것이다. 셋째는 근대에 들어와서 울릉도 도항 과정 중 독도에 강치가 서식하는 것을 알고 강치조업을 했다는 것이다. 넷째는 러일전쟁 중에 무주지 선점으로 시마네현에 편입했다는 것이다.

국제법상의 영토를 취득하는 요건으로 우선 누가 먼저 발견했는가, 그리고 누가 더 많이 지속적으로 경영하였는가, 마지막으로 현재 누가 관리하고 있는가 하는 기준이 있다. 일본이 말하는 실효적 관리라는 것은 바로 「지속적 관리」를 주장하는 것이다.

17세기 기항지 혹은 어채지로서의 관리에 대해서는 도항 목적이 울릉도였고, 독도를 관리했다고 할 만큼 기항지 또는 어채지로서 활용했다고 하는 근거자료가 없을 뿐만 아니라 그 가능성도 그다지 크지 않

---

23) 동북아역사재단, 「독도연구소」, http://www.dokdohistory.com/(검색일: 2012 월 1월 30일), 이규원의 「울릉도외도」 참조.
24) 나이토 세이추(內藤正中) 저, 곽진오 · 김현수 역(2008)『한일간 독도 · 죽도논쟁의 실체』, 책사랑. 「竹島問題」, 일본외무성(검색일: 2009년 5월 10일), http://www.mofa.go.jp/mofaj/area/takeshima/.

다. 일본지도나 서양지도에 등장하는 「송도」, 「죽도」 명칭에 대해서는 대부분이 「죽도일건=안용복 사건」으로 인해 울릉도(독도 포함)가 조선영토로 결정된 뒤의 지도들이다. 특정한 국가에서 작성된 명칭이 존재한다고 해서 바로 영유권과 연결되는 것은 아니다. 그리고 근대에 들어와 독도에서 강치잡이를 했다는 것에 대해서는 1903년경 나카이 요사부로가 강치잡이를 처음으로 시작했다고 하지만, 나카이 자신이 이 섬을 한국영토로 인식하고 있었다는 것이다.25) 실제로 1900년 칙령 41호로 「석도」라는 이름으로 한국이 실효적으로 관리했다는 기록이 있다.26) 따라서 나카이의 강치잡이는 타국 영토에 대한 약탈행위에 해당한다. 또한, 시마네현 고시40호를 통한 죽도 편입조치에 대해서는 국제법의 영토취득 요건에 해당되는 「무주지 선점」 이론에 의한 것이라고 하지만, 이미 독도는 무주지가 아니었다는 것이다. 따라서 타국 영토에 대한 침략행위에 해당한다.

이상과 같이 일본이 실효적으로 관리했다고 하지만, 전근대에는 타국 영토에 대한 것이었고 적극적으로 영토로서 관리한 것이 아니었으며, 근대에 들어와서는 타국의 고유영토에 대한 침략행위에 지나지 않았다는 것을 알 수 있다.

4.2 한국이 독도를 관리하지 않았다는 편견

일본영토론자들은 한국이 1952년 평화선에 의해 처음으로 독도를 무력으로 불법 점령하기 이전에는 독도를 실효적으로 관리한 적이 없

---

25) 島根県広報文書課編(1953) 「中井養三郎履歴書」(1910年 隠岐島庁 提出), 『島根関係資料』第1巻. 신용하(1996) 『독도의 민족영토사 연구』, 지식산업사, 211-216쪽.
26) 『官報』제1716호, 光武4년 10월 27일자, 신용하(1996) 『독도의 민족영토사 연구』, 지식산업사, 42-43쪽.

다고 한다.[27] 이는 편견이다.

　일본이 한국의 독도 실효적 관리를 부정하는 것은 1905년의「무주지 선점」에 의한 편입조치를 정당화하여 일본의 침략행위를 은폐하기 위한 것에 불과하다. 1905년 이전에 한국이 독도를 관리하였다는 것을 인정하게 될 경우, 1905년 편입조치가 침략적인 것임이 공공연히 확인되기 때문이다. 그래서 전근대는 물론이고 근대에 들어와서도 1905년 일본이 편입조치로 영토취득을 하기까지는 한국영토로서 관리된 적이 없다는 것이다. 일본은 독도 영유권을 포기하지 않는 이상, 이러한 논리를 버릴 수 없을 것이다. 그래서 일본이 주장하는 무주지 선점론이 얼마나 모순적인가를 스스로 인정하면서도 이런 논리를 포기하지 못하고 있다. 일본은 이러한 모순성을 보완하기 위해 에도시대에도 울릉도와 더불어 독도를 관리했다고 하여 고유영토론을 주장해보기도 한다. 고유영토론은 더욱 모순적이다. 울릉도에서 보이는 독도가 고대 우산국을 비롯해 고려시대에 걸쳐 울릉도에 사람이 거주하였을 때 울릉도의 생활문화 영역의 일부로서 존재했던 것이다. 이러한 인식은 공도정책을 실시하여 울릉도에 사람이 거주하지 않은 시대에도 계승되었다. 그 증거가 세종실록지리지, 고려사지리지, 동국여지승람 등을 비롯한 고문헌과 고지도에 한반도 동쪽에 2개의 섬이 존재한다고 기록된 것이다. 이러한 한국 측의 독도 영토관리를 전적으로 무시하고 일본이 고유영토로서 독도를 관리했다는 주장은 전혀 설득력이 없다. 특히 한국은 이러한 울릉도와 독도 관리의 최종적인 결산으로서 1900년 칙령 41호로 울도군을 설치하고 울도군의 행정구역으로「울릉전도, 죽도, 석도」

---

27) 나이토 세이추(內藤正中) 저, 곽진오·김현수 역(2008)『한일간 독도·죽도논쟁의 실체』, 책사랑.「竹島問題」, 일본외무성(검색일: 2009년 5월 10일), http://www.mofa.go.jp/mofaj/area/takeshima/.

로 결정하여 일본 제국주의의 한반도와 연안바다의 침입에 대비했던 것이다. 그 이후 대한제국은 독도를 철저히 관리해왔다. 이는 1906년 심흥택 군수가 「본군 소속 독도」를 일제가 침입하려고 한다고 하여 긴급으로 공문을 조선 조정에 올린 것으로도 충분히 확인된다. 따라서 한국이 독도를 관리하지 않았다는 일본의 주장은 전혀 설득력이 없다.

4.3 독도에서의 경제활동(강치조업 등)만이 실효적 지배라는 편견

일본(이하 일본정부)은 「죽도」를 관리한 증거로서 강치조업을 했다는 것을 들고 있다. 독도에는 강치조업 이외에 관리의 대상이 없다는 식의 주장을 한다.[28] 이는 편견이다.

위에서 언급했듯이 독도는 무인도로서 특히 오늘날과 같이 해상교통이 발달하여 울릉도와 독도 사이를 자유롭게 항행할 수 없는 시대에는 사람의 거주 자체가 불가능했다. 이러한 섬에 대한 영토로서의 관리 방법은 특별히 현지에서 조업을 하지 않더라도 영토의식을 분명히 갖고 있었거나 타국이 침략하려고 할 때 배타적으로 관리했다면 그것은 영토의 실효적 관리에 해당한다. 근대에 들어와서 독도에서의 수탈적인 강치조업은 오늘날 강치를 멸종시킨 경제적 약탈에 해당한다. 수탈과 관리는 정반대의 개념이다. 일본은 1905년 이전 1903년부터 나카이 요사부로가 강치조업을 한 것은 한국영토 독도의 경제를 수탈한 것으로, 영토를 관리했다는 증거가 될 수 없다.

따라서 독도처럼 사람이 거주할 수 없는 작은 암초로 구성되어 있는 무인도의 경우는 영토로서 인식하고 타국의 침략으로부터 보호하려는

---

28) 나이토 세이추(内藤正中) 저, 곽진오·김현수 역(2008) 『한일간 독도·죽도논쟁의 실체』, 책사랑. 「竹島問題」, 일본외무성(검색일: 2009년 5월 10일), http://www.mofa.go.jp/mofaj/area/takeshima/.

조치가 바로 영토관리의 핵심적인 행위이다. 강치조업과 같은 것은 결국 독도의 생물을 멸종에 달하게 하는 타국 영토에 대한 약탈행위이다. 영토 관리와 정반대 개념인 영토 침략행위에 해당한다.

5. 맺으면서

이상으로 선행연구에서 흔히 보이는 독도의 본질에 대한 「가치」, 「명칭」, 「실효적 관리」에 대한 편견적 시각을 고찰함으로써 독도문제의 본질을 분석했다. 이러한 편견적 시각을 바로 잡음으로써 독도의 본질을 이해할 수 있다. 본론에서 논증된 내용을 정리하면 다음과 같다.

첫째로, 일본은 독도의 영토로서의 가치는 강치조업뿐이라는 편견을 갖고 있다. 강치조업을 행한 나라는 일본뿐이기에 독도는 일본영토라는 논리이다. 독도의 가치는 시대에 따라 달랐다. 고대시대에는 영역의 끝이라는 상징적 가치, 중세와 근세를 거치면서 외세의 영토침략 시기에는 영토 주권으로서의 가치, 근대의 국민국가 시대에서는 경제적, 군사적 가치로서의 의미를 갖고 있었던 것이다.

둘째로, 일본은 오늘날과 같은 「독도」라는 명칭이 없는 고지도, 고문헌에 등장하는 섬은 모두 독도가 아니라는 편견을 갖고 있다. 이는 1905년 「죽도」 편입조치의 정당성을 주장하기 위한 억지 논리이다. 독도는 역사적으로 보면 시대적 상황에 따라 다양한 명칭으로 불렸다. 그런데 한국 측 자료의 명칭은 인정하지 않으면서도 일본 측 자료의 명칭인 「송도」와 「죽도」가 표기된 고지도, 고문헌에 대해서는 일본영토로 해석한다. 특히 칙령 41호의 「석도」의 명칭은 오늘날의 명칭인 「독도」가 등장하기 이전의 전통적인 명칭인 「돌섬」의 한자표기로서 한

국영토라는 확실한 증거가 되는 명칭이다.[29]

셋째로, 일본은 1905년 무주지 선점으로 「죽도」를 편입조치함으로써 한국보다 먼저 독도를 실효적 관리를 했다는 편견을 갖고 있다. 사실 일본은 이러한 주장이 모순적이라는 것을 알면서도 편입조치의 정당성을 주장하기 위해서는 억지를 부릴 수밖에 없다. 일본은 이러한 억지를 보완하기 위해 오히려 독도를 일본의 고유영토라고 주장하기도 한다. 즉 다시 말하면 한국은 독도를 관리한 적도 없고 국제법적 조치를 취한 적도 없다는 것이다. 일본이 실효적으로 관리한 증거로서는 독도에서 강치조업을 했다는 것이다. 강치조업은 한국영토 독도에 대한 경제적 약탈에 해당한다.

이처럼 일본은 1905년 독도에 대해 무주지 선점에 의한 새로운 영토 취득이라는 일본 제국주의의 침략행위를 정당화하기 위해 편견적인 시각에 의한 논리적 모순성을 갖고 있다는 사실을 간과해서는 안 된다.

---

29) 박병섭(2011) 「일본의 독도 영유권 주장에 대한 관점」, 『한일 양국의 관점에서 본 울릉도, 독도 심포지움』, 대구한의대학교 안용복연구소 주체, 2011년 12월 2일, 대구한의대학교 학술정보관, 143-165쪽.

일본정부의 독도주권 도발의 재점화

제8장

1. 들어가면서

한일 간의 독도문제는 일본정부가 1965년 한일협정에서 죽도 영유권 관철을 포기한 이후 독도문제를 당사국 한국이나 국제사회를 상대로 크게 문제시한 적이 없었다. 그런데 일본이 한국의 금융위기상황을 악용해 1998년 신한일어업협정을 강요하면서 다시 독도문제가 한일 간의 중대한 이슈가 되었다. 신한일어업협정에 대해 한국에서는 독도 영유권을 훼손했다는 그룹과 그렇지 않다는 그룹이 격론을 벌였다. 한편, 일본에서는 잠정어업수역의 설정을 공동 관리수역으로, 어업협정을 영토협정으로 확대해석하여 독도를 공동으로 관리하게 되었다는 논리를 만들어 재차 독도문제로 양국이 대립하게 되었다. 최근 양국 간에는 독도문제로 외교적 마찰을 빚고 있다. 독도문제를 다시 점화한 장본

인으로서 시모조 마사오(下條正男)를 지적할 수 있다. 그는 당시 독도
의 역사적 법적, 지리적, 정치적 경위에 대해 잘 모르는 비전문가였다.
그럼에도 불구하고 신한일어업협정 체결 후 16년간의 한국생활을 청
산하고 귀국하여 죽도[1] 영유권 선동활동을 시작했다. 그는 시마네현을
찾아 죽도문제연구회를 창설하고 '죽도의 날'을 제정하도록 선동하였
다. 그 후 시마네현은 '죽도문제연구회'[2]를 발족하여 시모조에게 좌장
직을 주어 모든 관련 사무를 관장하도록 위임했다. 급기야 시모조는
2013년 아베 총리가 이끄는 극우정부와 의기투합하여 지방정부의 '죽
도의 날' 행사를 중앙정부 행사로 격상하는 분위기를 조성했다.[3]

본고의 목적은 상기에서 문제점을 제기한 것처럼, 최근 독도문제가
다시 점화된 과정을 고찰하려고 하는 것이다. 또한, 그것이 일본정부의
독도정책에 어떠한 영향을 미치는가를 분석하려고 한다.

2. 전후 일본의 소극적인 '죽도'정책

2.1 전후 일본정부의 '죽도' 영유권 인식

일본의 패전과 더불어 전후 일본의 영토는 대일평화조약으로 결정
되었다. 대일평화조약에서 독도 영유권에 관해서는 「일본국은 조선의
독립을 선언하고 제주도, 거문도 및 울릉도를 포함하는 조선에 대한

---

1) 본고에서는 일본영토 '다케시마'를 표기할 때는 '죽도'라고 표기하도록 한
   다. '독도'라는 표기는 한국영토를 의미한다.
2) 「죽도문제연구회」, http://www.pref.shimane.lg.jp/soumu/web-takeshima/
   (검색일 2013년 7월 4일).
3) 「죽도문제연구회의 일본적 논리 계발」, 『독도의 영토학』 대구대학교 독도
   영토학연구소 독도연구총서1, 대구대학교출판부, 188-232쪽.

모든 권리, 권원 및 청구권을 포기한다」라고 명기했다.[4] 그렇다면 독
도의 영유권은 이 평화조약에서는 어떻게 처리되었을까? 역사적으로
보면 대한제국은 삼국시대 이래 고려, 조선시대를 거치면서 역사적 권
원에 의거하여 칙령 41호로「울도군은 울릉전도, 죽도(竹島), 석도(石
島)를 관할한다」[5]고 한 것처럼, '석도'라는 이름으로 독도를 한국영토
로서 관리했다. 그런데 일본정부는 '한국영토로 보이는 리얀코섬'[6]을
'러일전쟁 중의 시의적, 국익적 차원'에서 국제법의 무주지 선점의 영토
취득 이론을 악용하여 일본영토에 편입하는 조치[7]를 취했다. 이러한
역사적 과정을 거쳐 1910년 대한제국이 일본에 의해 강제 병탄되었다.
그 후 1945년 일본의 패망으로 카이로선언, 포츠담선언에 의해 한국이
독립될 때까지 한국영토는 일본영토의 일부로서 지배당했다. 한국은
1945년 8월 15일 일본의 항복과 더불어 일본영토에서 분리되어 독립국
이 되었고, 그때 독도는 한국영토로서 어민들의 어장으로 실효적으로
관리하게 되었다. 이에 대해 연합국 측은 대일평화조약을 체결하기 이
전에 1946년 1월 SCAPIN 667호를 명령하여 독도의 행정권과 통치권을
한국 측에 넘겨주고 일본 어선들의 독도 주변 12해리 접근을 금했다.
반면 한국은 독도를 점유하고 그 주변 12해리를 영해로서 관리했다.

4)「サンフランシスコ平和条約(日本国との平和条約)」, 高野雄一, 『日本の領
土』, 東京大学出版会, 1962, pp.347-349. 毎日新聞社編, 『対日平和条約』,
毎日新聞社刊, 1952.
5) 송병기, 「地方官制 編入과 石島」, 『鬱陵島와 獨島』, 단국대학교출판부. 112-
132쪽. 송병기, 「광무(光武)4년(1900) 칙령(勅令) 제41호」, 『독도 영유권
자료선』자료총서34, 한림대학교 아시아문화연구소, 2004, 237-241쪽.
6)「竹島の島根県編入」, 川上健三 『竹島の歴史地理学的研究』, 古今書院,
pp.209-211.
7)「竹島の島根県編入」, 川上健三 『竹島の歴史地理学的研究』, 古今書院, pp.208-
214.

1948년 38선 이남의 남한에 한국정부가 성립되고 독도는 '울릉도 울릉읍 도동'이라는 행정구역에 편입되었다.[8] 이러한 상태에서 연합국은 독도를 한국영토로 인식하고 대일평화조약의 초안을 작성하는 과정에서 1-5차는 한국영토로 분류했다. 그런데 일본이 미국에 대해 독도에 대한 영유권을 주장함으로써 6차 초안에서는 미국이 신생독립국인 한국 입장을 무시하고 일본의 입장을 두둔했다. 그 이유는 미국이 냉전체제에서 공산진영에 대응하기 위해 중립적 위치에 있던 일본을 자유진영에 편입하기 위해서였다. 그러나 영국을 비롯한 호주, 뉴질랜드 등의 영연방국가는 미국의 입장변화를 지적하여 독도를 분쟁지역으로 간주했다.[9] 그 결과 대일평화조약 원안에서는 연합국이 독도문제의 관여를 회피하고 그 법적 지위를 다루지 않았던 것이다.[10]

결국 독도 영유권에 대해 한국은 실효적으로 점유하는 영토분쟁이 존재하지 않는 한국영토로서 인식하게 되었고, 일본정부는 러일전쟁 중에 편입한 일본의 신영토였는데, 한국의 이승만 대통령이 1952년 1월 18일 '이승만라인'(한국 명칭 평화선)을 선언하여 일본영토를 무력적으로 불법 강탈했다는 주장이다. 또한, 일본정부는 대일평화조약에서 일본영토에서 제외된 지역 즉 「제주도, 거문도, 울릉도」를 제외하고 모두 일본영토라고 주장하여 독도가 국제법적으로 일본영토가 되었다고 주장해왔다.[11] 하지만 일본정부는 사실상 대일평화조약에서 독도

---

8) 「독도의 용수비대의 활동과 정신계승」, http://www.sjbnews.com/news/articleView.html?idxno=417078(검색일: 2013년 8월 22일)

9) 김병렬, 「대일강화조약에서 독도가 누락된 전말」, 독도연구보전협회 편, 『독도 영유권과 영해와 해양주권』, 독도연구보전협회, 1998, 165-195쪽.

10) 최장근, 「대일평화조약에 있어서 영토처리의 정치성」, 『일본의 영토학』, 백산자료원, 2005, 33-71쪽.

11) 外務省(2008) 「竹島問題」, 「パンフレット'竹島問題を理解するための10のポイント'」.

가 일본영토로서 결정된 것이 아니라는 사실을 누구보다도 잘 알고 있었다.12) 연합국이 대일평화조약에서 한국이 독도를 실효적으로 지배하고 있는 상황을 묵인함으로써 독도의 지위가 일본영토로서 결정된 것이 아니라는 사실을 명확히 알고 있었다. 그럼에도 불구하고 일본정부는 독도라는 명칭이 대일평화조약에 명확히 명기되어 있지 않은 것을 악용하여 도발적으로 독도가 「카이로선언, 포츠담선언」과는 무관한 섬이라고 주장하고, 또한 '죽도'가 1905년 국제법에 의거하여 편입된 정당한 일본의 신영토라는 주장을 계속 해왔다.13) 그 이유는 사실상 일본정부도 독도가 일본영토라는 확신을 갖고 있지 않고 있기 때문에 오히려 최소한 한국으로부터 분쟁지역임을 인정받기 위해서라도 영유권 주장을 계속해왔던 것이다.14)

그러다가 1965년 한일협정을 체결하게 되었는데, 이 협정에서 일본은 독도를 분쟁지역으로 인정받는 데 실패했다. 다만 「한일 양국 간의 현안은 외교적으로 평화적으로 해결하고 해결되지 않을 때는 제3국이 중재하여 해결한다」고 하는 데는 합의했다.15) 그러나 외형적으로 보면 독도문제에 대해 한일 양국이 분쟁지역임을 인정한 것처럼 되어 있다. 사실 한일협정 원안에는 「독도」라는 명칭이 없다. 그것은 협상과정에 양국이 극도로 대립하여 결국 한국이 독도를 분쟁지역으로 인정하지

12) 최장근, 「일본정부의 대일평화조약에서 '죽도' 영토확립의 억측 주장」, 『일본문화학보』제53집, 한국일본문화학회, 2012년 5월. 261-277쪽. 동북아역사재단 편, 『일본국회 독도관련 기록모음집 제1부 1948-1976』, 동북아역사재단, 2009.
13) 高野雄一(1962) 『日本の領土』, 東京大学出版会, 347-349쪽.
14) 毎日新聞社編(1952 『対日平和条約』, 毎日新聞社刊, 「대일평화조약」 삽입지도 참조.
15) 최장근, 「한일협정에서 확인된 일본의 독도 영유권 주장의 한계성」, 『일어일문학』제47집, 대한일어일문학회, 2010.8, 429-447쪽.

않음으로써 일본이 이를 극복하는 최소한의 방법으로 그 같은 정치적 타결을 했다는 것을 의미한다.[16] 한일협정 체결 이후에는 한국은 독도의 실효적 점유를 계속했고, 일본은 독도문제로 한일 간에 분쟁이 되어 양국 간의 우호관계가 악화되는 것을 싫어하여 한국의 실효적 점유에 대해 적극적으로 방해하지 않았다.[17] 그러다가 1982년 유엔해양협약의 채택에 의거하여 영해 12해리, 200해리 배타적 경제수역이 본격적으로 논의되기 시작하면서 일본은 독도문제에 대해 소극적이긴 하지만 거론하기 시작했다.[18] 1997년 한국이 외환위기를 맞이하게 되자, 일본은 기존의 어업협정을 일방적으로 파기하고 양국 사이에 유지되어왔던 동해의 어업질서를 파괴했다. 일본정부는 어업협정을 통해 독도에 대한 한국의 입장을 훼손할 목적으로 자신들이 원하는 새로운 어업협정을 강요했다. 한국정부는 외환 부족으로 경제위기에 처해 있었기 때문에 일본의 도움으로 이를 극복하기 위해서라도 일본의 요구에 동의하는 정치적 결정을 내렸던 것이다. 그렇다고 해서 새로운 어업협정의 체결로 한국영토인 독도를 기점으로 하는 12해리 영해를 훼손할 수는 없다. 이 새로운 어업협정에서 일본의 의도는 독도 기점의 200해리 배타적 경제수역의 지위를 무력화하는 것이었다. 그 이후 일본정부는 신한일어업협정을 빌미로 독도 주변 해역이 「공동관리수역」이라고 확대적으로 해석했고, 또한 양국이 배타적 경제수역을 논의하는 과정에서

---

16) 최장근(2010.8)「한일협정에서 확인된 일본의 독도 영유권 주장의 한계성」,
    『일어일문학』제47집, 대한일어일문학회, 429-447쪽.
17) 동북아역사재단 편(2009)『일본국회 독도관련 기록모음집 제1부 1948-1976』,
    동북아역사재단. 한국에서는 '무대응이 상책'이라는 외교정책이 시작되었다.
18)「유엔, 한국에 해양법 지역센터 설립의사 타진」, http://news.naver.com/
    main/read.nhn?mode=LSD&mid=sec&sid1=100&oid=001&aid=0006421539
    (검색일 2013년 7월 4일).

도 독도 기점을 인정하지 않으려고 했다.[19] 그러나 한국은 독도가 한 국영토인 만큼 독도 기점으로 배타적 경제수역을 설정해야 한다는 입 장을 명확히 하고 있다.[20] 1992년부터는 아시아외교를 중시하는 일본 의 민주당 정부가 권력을 장악하고 있었기 때문에 한국과의 관계 악화 를 우려하여 독도문제를 적극적으로 다루지 않았던 것이다.[21]

2.2 신한일어업협정 체결

신한일어업협정을 체결하기 이전에 일본정부에서는 1996년 일본 자 민당 외교조사회가 "다케시마는 틀림없는 일본영토", "2백 해리 배타적 경제수역(EEZ) 설정 때 다케시마가 한국 수역에 포함돼서는 안 된다." 라는 입장이었다.[22] 1996년 9월 30일 일본 자민당의 총선 공약에 "독 도는 일본영토임을 모든 기회를 동원해 한국 측에 주장한다."라고 명기 했다.[23] 그 후 하시모토 류타로(橋本竜太郎) 정권을 거쳐 1998년 7월 30일 참의원 선거에서 패배하여 낙방한 후, 그 후임으로 총리가 된 오 부치 케이조(小淵恵三) 정권에서 신한일어업협정을 체결했다. 오부치 총리는 1998년 7월 30일부터 2000년 4월 5일까지 재임한 제84대 내각

---

19) 최장근, 「어업협정과 독도 및 EEZ와의 관련성: 일본외교의 정치문화적 특 수성에서 고찰」. 독도학회 편, 『한국의 독도 영유권 연구사』, 독도연구보 전협회, 315-358쪽.
20) 노무현 대통령은 2006년 일본측량선이 한국의 배타적 경제수역에 진입하 려는 것을 막고, 대일성명을 발표하여 종래의 울릉도 기점을 포기하고 독 도 기점을 선언했다.
21) 최장근, 「한일협정에서 확인된 일본의 독도 영유권 주장의 한계성」, 『일어 일문학』제47집, 대한일어일문학회, 2010.8, 429-447쪽.
22) 「일제 망언집, 사진」, http://boom.naver.com/BoardRead.nhn?categoryId =1&articleNum=20050508135219810(검색일 2013년 8월 23일).
23) 「일본의 '독도망언' 역사」, http://cafe.naver.com/historyspecial/145(검색 일 2013년 7월 4일).

총리대신이었으나 재임 중에 사망했다. 그 후에도 자민당 정권은 계속되어 모리 요시로(森喜朗)는 2000년 4월 5일에 제85대 총리가 되어 9월 21일 "다케시마 영유권 문제에 대해 역사적 사실에 근거해서도, 국제법상으로도 명확하게 일본의 고유영토라는 것이 일관된 입장"이라고 했다.[24] 또한, 김대중 대통령의 방일을 하루 앞두고 모리 총리는 KBS와의 인터뷰에서 '독도 영유권' 주장을 발언했는데, KBS가 이를 고의적으로 빼고 방영하여 비난받기도 했다.[25] 그는 2001년 고이즈미 준이치로(小泉純一郎)에게 자민당 총재직과 총리직을 물려주었다. 고이즈미 정권의 진행과정을 보면, 2001년 4월 24일 자유민주당 총재선거에서 당선되고 2001년 4월 26일 제87대 내각총리에 취임했다. 2001년 8월 13일 총리취임 후 처음으로 야스쿠니신사에 참배했다.[26] 2003년 11월 제88대 총리에 취임하고, 2005년 9월 제44회 중의원 선거에서 대승을 거두었다. 296석을 획득한 자민당은 고이즈미를 2005년 9월 제89대 총리로 연임시켰다. 2006년 8월 15일 취임 후 당초의 공약에 따라 연미복 차림으로 야스쿠니신사를 참배했다. 2006년 9월 21일 자민당 총재 임기가 만료되어 총리직을 사임했다. 이처럼 고이즈미는 보수정당인 자민당 정부 중에서도 가장 우경화된 총리였던 것이다.

　독도문제가 2005년 '죽도의 날' 지방조례를 제정하면서 한일협정 이후 새롭게 점화된 계기는 무엇이었을까? 직접적인 단서를 제공한 것은 바로 신한일어업협정이었을 것이다. 일본은 1997년에 도래한 한국의

24) 「일제 망언집, 사진」, http://boom.naver.com/BoardRead.nhn?categoryId=1&articleNum=20050508135219810(검색일 2013년 8월 23일).
25) 「일본의 '독도망언' 역사」, http://cafe.naver.com/historyspecial/145(검색일 2013년 7월 4일).
26) 「일 최고재판소 '고이즈미 야스쿠니참배 위헌소송' 기각」, http://www.hani.co.kr/arti/international/japan/135214.html(검색일 2013년 7월 4일).

외환위기 상황 속에서 1965년에 협정한 한일어업수역을 일방적으로 파기 선언하고 동해어업질서를 혼란하게 한 다음, 자신들이 정한 방식 대로 정해진 기간 내에 신한일어업협정에 동의할 것을 한국에 강요했다. 신한일어업협정의 핵심적인 내용은 잠정합의수역(중간수역)을 만들어 한일 양국이 공동으로 어업을 관리한다는 것이었다. 일본이 제시한 이 중간수역에는 독도가 좌표 표시 없이 포함되어 있었던 것이다. 이 협정은 영토권과는 무관한 어업문제에 국한된다고 명시하고 있었다. 하지만 사실 일본은 신한일어업협정을 체결하고 이 수역을 공동관리수역이라 칭했고, 공동관리수역 안에 포함되어 있는 독도에 대해서도 적극적으로 영유권을 주장하기 시작했던 것이다. 이러한 협정을 수용한 장본인은 바로 한국의 김대중 대통령이다.

사실 한국 측에서는 굴욕적인 협정이라고 많은 비난을 받았다. 그런데 일본에서도 종래 일본정부가 영유권을 주장하고 있었기 때문에 공동관리수역을 갖는 신한일어업협정은 일본에게 손해라는 해석을 하기도 했다.[27] 「'피해자'라는 도식을 세뇌받은 일본 우익들도 '독도 탈환'을 외치기 시작했다. 2004년 5월 우익단체 '일본 사도회(士道會)' 멤버 4명은 독도 상륙을 감행하기 위해 6t 규모의 선박을 전세 내어 시마네현 앞바다에 있는 오키(隱岐) 제도를 향해 출발했다.」[28]라는 보도도 있었다. 이처럼 신한일어업협정이 일본 우익들에게 영토문제를 부추기는 소재가 되었음이 분명하다.

그러나 신한일어업협정[29]은 「1996년에 발효된 국제해양법조약의

---

27) 「한일어업협정」, 「ａｂｃｄ 韓国密漁わがもの顔」, 『日本海のズワイガニ危ない』, J-CASTテレビウォッチ 2011年1月27日.

28) 「일본 우익, '독도 상륙 작전' 감행할까」, http://www.sisainlive.com/news/articleView.html?idxno=14039(검색일 2013년 7월 4일).

29) 「한일어업협정」, 「이 협정으로 정해진 잠정 수역은 만일 독도가 한국령으

취지를 바탕으로 배타적 경제수역(EEZ)이 설정」30)된 것이다. 따라서 신한일어업협정의 체결은 국제해양법협약이라는 시대적인 추세에다가 한국정부가 이를 수용하였기에 생긴 것이다. 이것은 다시 일본 우익집단들이 독도문제를 선동하는 소재가 되었던 것이다. 따라서 독도문제가 재연된 가장 큰 요인은 일본이 새로운 협정을 강요했고, 그것을 김대중 정부가 수용했기 때문이다. 이 협정이 일본으로 하여금 독도문제에 집착하게 하는 요인으로 작용했던 것이다. 그렇지만 실제로 1999년 협정체결 후 바로 독도문제가 점화된 것은 아니다. 사실 독도문제는 2005년 고이즈미 총리 시절에 새롭게 대두되었던 것이다. 고이즈미가 총리에 취임한 것은 2001년 4월이고, 그 후 20005년까지 독도문제를 직접적으로 문제시하지는 않았다. 그렇다면 2005년 고이즈미 총리 시절에 독도문제가 재점화된 요인은 무엇일까? 당시 다쿠쇼쿠(拓殖)대학의 교수 신분으로 있던 극우성향의 시모조의 활동과 깊은 관련이 있다.

3. 영토 내셔널리스트들의 새로운 도발

3.1 일본 극우세력의 독도에 대한 영토도발 점화

시모조는 16년간의 한국생활을 청산하고 신한일어업협정이 체결되

로 가정한 경우보다도 더 일본 측에 치우치고 있어 일본 측에서는 불평등조약이라는 비판이 있다」, 「ａｂｃｄ 韓国密漁わがもの顔」, 『日本海のズワイガニ危ない」, J-CASTテレビウォッチ 2011年1月27日, 「ａｂ '中国漁船と同等の韓国漁船の横暴', 『週刊実話』合併特大号、日本ジャーナル出版、2012年1月17日.

30) 「日韓漁業協定」, http://ja.wikipedia.org/wiki/%E6%97%A5%E9%9F%93%E6%BC%81%E6%A5%AD%E5%8D%94%E5%AE%9A(검색일 2013년 7월 4일).

고 난 후, 독도가 일본영토라는 논문을 한국의 잡지에 투고한 후 귀국
했다고 밝히고 있다.[31] 한국에서는 신한일어업협정이 체결되고 독도
의 영토주권을 훼손했다고 하는 세력과 순수한 어업협정이므로 영토주
권과는 무관하다고 하는 세력이 격렬히 대립하였다. 전자는 1998년 11
월 신한일어업협정이 체결되던 때부터 협정이 파기되어야만 독도의 영
토주권을 온전히 할 수 있다고 하는 논리를 주장했다. 이러한 논리 때
문인지는 알 수 없지만, 신협정으로 '독도가 일본영토가 되었다'는 과장
된 주장이 등장하기도 했다. 이런 상황을 시모조는 한국에서 지켜보고
있었고, 그것이 계기가 되어 '다케시마가 일본영토'라는 논리를 조사했
던 것이다.

시모조는 귀국 후 시마네현을 움직여 죽도문제연구회를 조직했고,
더 나아가 지자체를 넘어서 중앙정부에 대해 죽도 영토화 정책을 더욱
강력히 추진해야 한다고 선동했다. 이러한 사실은 그 자신이 밝히고
있는 약력을 보면 더욱 선명하게 드러난다.

그는 국학원대학 대학원에서 일본사를 전공하고 1983년부터 1998년
까지 한국에서 일본어강사로 거주했다. 그가 한국에 건너온 이유에 대
해, 「나는 1983년부터 98년 말까지 한국에 있었습니다. 한국에 온 이유
는 1982년 일본의 역사 교과서 문제가 불거지자 당시 대학원 학생이었
던 저는 한국에서는 실제로 어떤 역사인식을 한국 사람들이 갖고 있는
지 알고 싶었기 때문입니다. 그런데 한국에서 생활하다가 15년이 지났
습니다. 그리고 일본으로 돌아가는 계기가 된 것이 사실은 독도 문제입
니다. 바로 1996년에 일본과 한국 사이에서 어업 문제와 관련해 "유엔
해양법조약"이 발효되고, 한국에서는 다케시마를 독도라고 부르지만,

---

31) 「下條正男」(1950년생), http://ja.wikipedia.org/wiki/%E4%B8%8B%E6%A2
%9D%E6%AD%A3%E7%94%B7(검색일 2013년 7월 4일).

2월에 거기에 접안 시설을 만들었고, 이에 일본 외무성이 항의한 일이 있었습니다. 한국에서는 그 일이 크게 보도되었는데, 그때 마침 저는 독도가 일본땅이라는 내용의 논문을 한국 잡지에 투고했습니다. 그 이후 한국에 있기 힘들어져 마침내 1998년에 귀국하게 되었습니다.」32)라고 했다. 즉 시모조는 처음에는 한국인들의 역사인식을 조사하기 위해 한국을 방문했지만, 그 이후 한일 간에 독도문제가 매스컴 등에 의해 보도되는 것을 보고 독도문제에 관심을 갖게 되었고, 1998년 11월 신한일어업협정이 체결되는 것을 보고 독도가 일본영토라는 인식을 갖게 되었다는 것이다.

시모조는 귀국 후, 한국에서 독도에 관한 글을 한국잡지에 게재한 것을 평가받아 1999년부터 다쿠쇼쿠대학의 연구소 교수로서 재직하게 되었다. 그 후 꾸준히 독도문제에 관여하여 2000년부터 같은 대학 국제학부 교수가 되었다. 그 후 교수라는 연구자 신분을 내세워 선동활동을 더욱 활발히 진행했다.

약력에서 그가 귀국 후 독도문제에 어느 정도 관여했는가를 알 수 있다. 그는 공저로서『한일 역사 극복에의 길』(전전사, 1999),『국제 개발학 입문』(홍문도, 2001),『알고 있습니까, 일본의 섬』(자유국민사, 2002),『도해(圖解) 섬나라 일본의 영토 문제에 분노하는 이웃나라, 무관심한 일본』(동양경제신보사, 2005),『국경-누가 이 선을 그었는가, 일본과 유라시아』(홋카이도대학출판회, 2006)를 저술했고, 단행본『독도는 한일 어느 나라의 것인가』(문예춘추, 2004),『"다케시마" 그 역사와 영토 문제』(다케시마 북방영토반환요구 운동 시마네현민회의, 2005) 등을 저술했다. 2006년 이후에는 연구 활동은 거의 하지 않고, 죽도문제연구

---

32)「下條正男」(1950년생) 약력 참조, http://ja.wikipedia.org/wiki/%E4%B8%8B%E6%A2%9D%E6%AD%A3%E7%94%B7(검색일 2013년 7월 4일).

회 좌장으로서 '일본영토=다케시마'의 선동활동에 전념했다. 그 일환으로 2005년에는 죽도문제연구회를 설립하고, 2010년 3월에는 일본교직원조합에 가입된 홋카이도 교직원조합이 "독도는 한국 땅이다"라는 견해에 대해 유신정당 신풍과 함께 「공개 질문장」를 송부했다. 2011년 7월 31일 독도조사를 위해 울릉도를 시찰할 예정으로 한국에 입국하려다가 인천공항 도착 후 입국심사에서 거부되기도 했다.

시모조는 1998년부터 독도문제에 관여하여 다무라 세이자부로(田村淸三郎), 가와카미 겐조(川上健三) 등의 선학자들이 남긴 일본논리를 공부했고, 이에 동조하는 글을 책으로 출간했다. 동시에 우선 시마네현의회 의원을 선동했고, 의원의 선동으로 시마네현을 움직였으며, 의회와 현을 움직여 「죽도의 날」 조례를 제정하고 「죽도문제연구회」를 조직하도록 했다. 그는 현을 움직여 시마네현의 국회의원을 압박했고, 이를 통해 중앙정부를 압박했다. 당시 중앙정부는 보수성향의 자민당이 집권하고 있어서, 표를 의식한 정권은 더욱 적극적으로 동조했다. 자민당에서는 독도 영유권을 선거공약으로 활용했다.[33] 그 이후 일본정부는 전후 전례 없이 '죽도' 영유권 주장을 외교, 국방, 교육 분야에서 적극적으로 추진했다. 시모조의 논리는 과거 시마네현 관리였던 다무라 세이자부로의 독도 영유권 조작 논리, 1950년대의 외무성 관리인 가와카미 겐조의 조작된 독도 영유권 논리, 1906년에 활약한 우익성향의 오쿠하라 헤키운(奧村碧雲)의 독도 논리를 그대로 답습하고 있다. 이미 이들 우익성향의 조작된 논리는 1960년대 야마베 겐타로(山辺健太郎), 1980년대 호리 가즈오(堀和生), 1990년-2000년대 나이토 세이추

---

33) 「일본 자민당 참의원선거 주요 공약에 독도 포함」, 「朝日新聞」, 2013년 7월 19일, http://news.naver.com/main/read.nhn?mode=LSD&mid=sec&sid1=100&oid=001&aid=0006213335(검색일 2013년 7월 4일).

(内藤正中), 2010년대의 수많은 역사학자들에 의해 일본 역사학계에서는 외면당했던 논리이다. 그런데 시모조가 선동하고 일본 정치인들이 이러한 조작되어 왜곡된 논리를 그대로 무비판적으로 답습하여 정치적으로 악용함으로써 오늘날 독도문제가 새롭게 점화되었고, 이는 한일 관계는 물론이고 동아시아의 우호 관계를 해치는 요인이 되었다.

시모조가 대외적으로 인지도가 높아져 본격적인 활동을 한 것은 2005년 죽도문제연구회를 발족하고 2005년 2월 '죽도의 날'의 조례를 제정한 이후부터이다. 그때부터 시마네현을 중심으로 일본의 독도 도발이 시작되었고 급기야 일본정부의 정책으로 적극적으로 반영되었던 것이다.

독도에 대한 영유권 주장은 종전 직후 독도문제에 대해 잘 알고 있던 역대의 어느 정부도 함부로 적극적으로 다룰 수 없었던 것이었다.

3.2 일본의 독도 도발의 재점화

3.2.1 '죽도의 날' 조례 제정과 '죽도문제연구회' 설립

2005년은 1905년 러일전쟁 중에 독도를 불법 편입한 지 100년이 되는 해이다. 일본은 100주년이라는 것을 이용하여 새롭게 독도문제의 점화를 시도했다. 일본 시마네현(島根縣) 의회는 2005년 2월 23일 열린 정기의회에서 '죽도(竹島)의 날'을 지정하는 조례 제정을 추진하여 3월 16일 본회의에서 제정 조례안을 가결했고, 시마네현 지방정부는 「2월 2일 저녁부터 TSK, BSS, NKT 등 일본 3개 민영 지방TV방송을 통해 '죽도 영토권 조기 확립을 위한 스폿 광고'를 A급 시간대에 주 1회씩」[34], 「30초 분량의 광고를 2월 한 달 동안 '돌려 달라! 섬과 바다'라는

---

34) [국제] "독도는 일본땅" TV광고 시작」, 『每日新聞』, 2005년 2월 3일.

제목의 동영상과 함께 독도의 위치·역사를 설명하고 올해는 독도가 죽도로 명명되어 일본 땅으로 고시한 지 100주년이라는 점」35)을 알리는 TV광고를 시작했다.36) 또한, 「시마네현은 현 청사 앞에 대형 전광판을 설치하여 '올해는 죽도의 시마네현 고시 100주년이 되는 해, 영토권 조기 확립을 위해 한층 분발하자', '죽도는 우리 영토다. 돌려 달라'」라고 홍보했다.37)

중앙정부의 다카노 도시유키(高野紀元) 주한일본대사도 2005년 2월 23일 "역사적으로 법적으로 죽도가 일본 땅이다."라고 하여 '죽도의 날' 조례 제정을 지원했다.38) 2005년 6월 시마네현이 죽도 영토를 조기에 확립한다는 목표를 내걸고 죽도문제연구회를 조직했다.39)

3.2.2 일본 '측량선'의 독도 해역 진입 시도

한국은 2006년 독일에서 국제수로기구에 독도의 해저지명을 등재하기로 예정하고 있었다. 일본에서는 한국식 해저지명의 등록을 막기 위해 독도 주변 해역을 탐사할 일본 해상보안청 측량선이 4월 19일 도쿄를 출발하여 일단 독도와 가장 가까운 돗토리현 사카이항에 입항한 뒤, 20일쯤 독도 해역으로 출항하여 21일에 독도 주변에 파견하여 한국 측의 배타적 경제수역 내를 조사하기로 했다. 그러나 해상보안청은 한국 측의 반발을 예상하고 조사 시기를 늦추어 일본 측량선이 26일까지 독

---

35) [국제] "독도는 일본땅" TV광고 시작」, 『每日新聞』, 2005년 2월 3일.
36) [국제] "독도는 일본땅" TV광고 시작」, 『每日新聞』, 2005년 2월 3일.
37) 『每日新聞』(일본), 2005년 2월 3일.
38) 「독도는 일본땅 TV광고 시작」, http://media.daum.net/foreign/others/newsview?newsid=20050223083545136(검색일 2013년 7월 4일).
39) 최장근, 「죽도문제연구회의 일본적 논리 계발」, 『독도의 영토학』대구대학교 독도영토학연구소 독도영토학연구총서1, 대구대학교출판부, 2008, 188-232쪽.

도 주변 해역에서 탐사활동을 시도하려고 했다. 결국 한일 양국의 공선이 대치되는 상황이 지속되다가 한국이 국제수로기구에 등재 예정이었던 한국식 지명을 보류함으로써 일본의 측량선이 철회했던 것이다. 이는 일본이 독도에 대한 한국의 실효적 조치에 대해 물리적으로 대응하여 독도가 영토분쟁지역임을 국제사회에 알리겠다는 의지를 표현한 것이라고 하겠다.[40]

3.2.3 독도교육 의무화를 위한 교과서 개정

일본국민 중에 독도가 일본영토라고 인식하고 있는 사람은 많지 않았다. 일본은 학교 교육을 통해 국민이 독도에 관심을 갖도록 하기 위해 독도 교육을 강화했다. 2008년 3월과 7월 중학교 학습지도요령해설서에서 "죽도(竹島·독도)를 둘러싸고 주장에 차이가 있다는 점 등에 대해서도 북방영토와 마찬가지로 우리나라의 영토, 영역에 관해 이해를 심화시키는 것이 필요하다."라고 하는 독도 왜곡 교육을 의무화하는 방침을 결정했다.[41] 2008년 고등학교 학습지도요령과 2009년의 고등학교 지리역사과 학습지도요령해설서에서는 '중학교 해설서에 입각하여'라는 우회적인 표현으로 독도가 일본 영토임을 표기했다. 이는 고등학교에서도 중학교와 마찬가지로 독도 교육의 의무화를 명시한 것이다. 문부과학성이 2010년 3월 30일 독도를 일본 영토로 표기한 초등학교 5학년 사회 교과서 5개 검정을 승인했다. 일본의 초등학생들은 2011년부터 선택의 여지없이 모두 "독도는 일본땅"이라는 교육을 받게 되었

---

40) 「日 측량선 끝내 출항…韓 경비정 독도 집결」, http://blog.dreamwiz.com /idokdo/5066786(검색일 2013년 7월 4일).
41) 「합법적인 독도왜곡 교육?」, 『한겨레신문』, http://www.hani.co.kr/arti/opinion /because/469933.html(검색일 2013년 7월 4일).

다. 이렇게 해서 일본정부는 초중고 모든 학생들에게 독도 교육을 의무화했다.

3.2.4 방위백서의 발간

방위백서는 자민당 정권 때인 2005년 7월 31일부터 '죽도'와 북방영토를 일본 고유영토로 규정해왔다.[42] 이번 방위백서는 '우리나라(일본) 주변의 안전보장 환경' 편에서 "우리나라 고유의 영토인 북방영토(쿠릴열도의 일본 명칭) 및 죽도(竹島·독도의 일본 명칭)의 영토 문제가 여전히 미해결인 상태로 존재하고 있다."라고 독도가 일본의 고유영토라고 명시했다. 방위백서는 일본의 주권이 미치는 영토를 다룬 지도에도 독도를 '죽도'로 표기했다. 일본정부가 방위백서를 발간하는 이유는 일본국민은 물론이고, 국제사회에 대해 '죽도'가 일본영토임에도 불구하고 한국에 의해 무력으로 부당하게 불법적으로 점령당하고 있다는 것을 인식시키기 위한 것이다.[43]

3.2.5 외교청서 발간과 "죽도 일본영토 10포인트" 발행

일본 외교청서에는 독도문제가 큰 이슈였던 한일협정 체결을 전후하여 1963년 처음으로 독도 관련 내용이 포함되었다. 2005년 이후 독도문제를 본격적으로 외교과제로 삼았다. 그 내용은 '2012 외교청서'에서 "한·일 간에는 독도를 둘러싼 영유권 문제가 있지만, 역사적 사실

---

42) 「日 방위백서 31일 발간. 정부 대응수위 '주목'」, http://www.yonhapnews. co.kr/bulletin/2012/07/29/0200000000AKR20120729049900043.HTML(검색일 2013년 7월 4일).

43) 「더 꼬인 韓·日… 日방위백서 또 "독도는 일본땅"」, 2012년 8월 1일, http://news. hankooki.com/lpage/world/201207/h2012073121061322450.htm(검색일 2013년 7월 4일).

에 비추어도 국제법상으로 명백하게 일본 고유 영토라고 하는 독도에 관한 일본 정부의 입장은 일관된다." "일본 정부는 이 문제의 평화적 해결을 위해 외교 노력을 해나갈 방침"이라고 한 것과 대체로 동일하다.

또한, 2008년 2월 외무성 "죽도문제를 이해하기 위한 10포인트"를 간행하여 10개 국어[44]로 번역하여 일본 외무성 홈페이지를 통해 국제사회를 향해 조작된 영유권을 선동하고 있다, 그 내용은 사실을 은폐하고 사료를 해석 조작하는 형식으로 만든, 죽도가 일본영토라는 조작된 논리이다. 국제사회는 이러한 사실을 알 리가 없기 때문에 이를 그대로 믿게 되는 것이다.

4. '다케시마' 영유권에 대한 죽도문제연구회의 선동 활동

4.1 죽도문제연구회의 조직과 활동 내용

죽도문제연구회는 시모조가 시의회와 시마네현을 움직여 시마네현이 설치한 '죽도'문제 연구단체이다.[45]

죽도문제연구회의 제1기는 2005년~2007년까지 활동했고, 제2기는 2009년~2012년까지 활동했다. 제3기는 2012년에 발족하여 「2012년 10월~2014년 12월까지 2년간 활동을 하여 10회 정도 연구회를 개최할 예정이다. 일정으로는 제1회 연구회는 2012년 10월 28일(일) 개최

---

44) 일본어판, 영어판, 한국어판, 아라비아어판, 중국어판, 프랑스어판, 독일어판, 포르투갈어판, 러시아어판, 스페인어판.
45) 이는 「제3기 죽도문제연구회 설치요강」에 「(제5조) 연구회의 서무는 총무부 총무과에서 처리한다.」라고 밝히고 있는 것으로 충분히 확인된다.

했고, 2013년 2월~3월 사이에 제2회 연구회를 개최해서 2013년 12월
에 중간 보고서를 작성하고, 2014년 12월에 최종 보고서를 작성할 예
정이다.

죽도문제연구회의 실질적인 책임자는 좌장을 맡고 있는 시모조이다.
죽도문제연구회의 설립 목적을 보면, 「시마네현은 독도 문제에 관한
객관적인 연구를 심화하고, 국민 여론 계발에 이바지하기 위해 제3기
죽도문제연구회를 설치했습니다.」라고 하여 명목적으로는 순수한 연
구단체처럼 보인다. 하지만 제3기 연구위원들의 구성을 보면 학자 출
신이 참가자 25명 중 5명이고, 대부분이 연구자가 아니다. 객관적인 연
구를 할 수 있는 연구자가 없기 때문에 올바른 연구 성과를 내는 것이
불가능하다. 따라서 이 단체는 내셔널리즘적인 애국단체로서 죽도가
일본영토라는 시모조의 조작된 논리를 주입식으로 교육하는 선동단체
로 보는 것이 타당하다.

4.2 죽도문제연구회에 의한 중앙정부의 독도 정책 변화

죽도문제연구회는 위에서 고증했듯이 죽도가 일본영토라는 논리를
조작하고 이를 주입시키는 활동을 하는 선동단체이다. 제3기 죽도문제
연구회를 발족할 때, 「죽도문제에 대한 향후 대응에 대해 '영토주권 대
책기획 조정실'의 출범을 시야에 넣어」라는 주제에서도 불 수 있듯이,
중앙정부에 대해 한국의 동북아역사재단과 같은 「영토주권 대책기획
조정실」을 설립할 것을 압박하기 위한 것이었다.

「영토주권 대책기획 조정실」의 출범의 당위성에 대해, 「한국은 2005
년 3월 "동북아의 평화를 위한 올바른 역사 정립 기획단"을 입법화했
고, 이를 2006년 9월 "동북아역사재단"으로 개편」하여 중앙정부가 적
극적으로 영토주권 활동을 하고 있다는 것이다.

죽도문제연구회의 연구활동 성과에 대해서는, 「① 시마네현 죽도문제연구회가 2005년 6월 발족하여 2007년 6월 제1기 "최종보고서"를 제출했다. 이를 바탕으로 하여 ② 중앙정부에서 2008년 2월 외무성 "죽도문제를 이해하기 위한 10포인트"를 간행했다. ③ 한국의 "동북아역사재단" 등이 시마네현과 외무성의 독도 활동에 반응하여 2008년 4월 10포인트에 대한 반론으로 ④ 2011년 4월 "동북아역사재단"이 "일본이 모르는 독도의 열 가지 진실"을 발간했다. 이에 대응하여 ⑤ Web죽도문제연구소가 2011년 6월 "한국이 모르는 독도의 열 가지 허위"로 반론했다. ⑥ 2013년 2월 21일 영남대학교가 "제2기 죽도문제연구소 보고서 비판"을 위한 세미나를 행했다. ⑦ 2013년 2월 21일 한국은 "일본인이 모르는 독도의 열 가지 진실"을 공개했다」[46]는 것이다. 이처럼 죽도문제연구회는 활동성과에 대해 일본정부는 물론이고 한국정부에까지 영향을 미치고 있다고 연구 활동의 성과를 자랑하고 있다.

이상에서 살펴본 것과 같이 시모조를 중심으로 하는 죽도문제연구회의 활동은 연구 활동으로서는 일본적 논리를 조작하고, 더 나아가 조작된 논리를 일본국민에게 주입시키는 교육활동과 이를 중앙정부와 한국을 포함한 대내외에 알리는 선동활동을 주로 하고 있음을 알 수 있다.

---

46) 동북아역사재단, 「日本人が知らない独島10の真実」, http://www.nahf.or.kr/ Data/board_100/dokdo_Truth/Japanese.pdf(검색일 2013년 7월 4일).

5. 맺으면서

본 연구는 영토 내셔널리스트들이 국내외의 어떠한 환경에서 독도 문제를 다시 점화하였으며, 또한 그것이 죽도문제연구회와 깊은 관계가 있음을 전제로 그 사실관계를 고찰했다.

첫째, 일본은 연합국을 움직여 대일강화조약에서 독도를 일본영토로서 인정받으려고 노력했으나 관철되지 못하고 결국은 한일 양국의 당사자 간의 외교적 문제로 남게 되었다. 또한, 일본은 한일협정 체결을 위한 한일회담에서도 한국으로부터 독도가 일본영토임을 인정받으려고 시도했으나, 독도의 영토문제가 존재하지 않는다고 하는 한국의 단호한 입장 때문에 일본의 의도는 관철되지 못했다. 그래서 한일협정 이후 일본정부는 독도문제에 아주 소극적 자세로 대응했다. 그런데 1998년 신한일어업협정의 체결로 한일 간의 공동관리수역에 독도를 포함하는 구역이 설정되었다. 그 이후 일본의 영토 내셔널리스트들은 죽도 영유권 주장을 선동함으로써 일본정부가 재차 독도 영토에 대한 도발을 감행했다.

둘째, 독도 영토에 대한 도발을 선동한 영토 내셔널리스트는 바로 '죽도문제연구회'의 멤버들이다. 특히 좌장을 맡고 있는 다쿠쇼쿠대학 교수 시모조 마사오(下條正男)이다. 그는 신한일어업협정이 체결되는 것을 한국에서 경험하고 귀국한 뒤, 다쿠쇼쿠대학으로부터 죽도 영유권 활동의 업적을 인정받아 연구교수를 거쳐 정식교수가 된 뒤 시마네현과 현의회를 움직여 죽도 영유권 주장을 선동했다.

셋째, 이들의 활동목표는 중앙정부를 움직여 독도문제를 중앙정부 차원의 외교정책으로서 적극적으로 추진하도록 하는 것이었다.

이상으로 위에서 살펴본 바와 같이 영토 내셔널리스트들의 선동에 의해 아베 신조와 같은 우경화된 정권이 거기에 동조함으로써 한국영토인 독도가 왜곡된 상태로 일본정부가 영유권을 도발적으로 주장하고 있다.

시마네현
죽도문제연구회의
「죽도=일본영토」
제9장 논리조작 방식

1. 들어가면서

독도는 역사적 권원에 의거하여 한국이 실효적으로 관할하고 있는 한국의 고유영토이다. 역사적으로 보면 고대시대의 독도는 울릉도와 더불어 우산국의 일부였는데 신라에 복속되었고, 고려시대의 독도는 고려사지리지에서 우산도로서, 조선시대의 독도는 세종실록지리지, 동국여지승람, 만기요람, 동국문헌비고 등에서 우산도로서 한국이 관리해온 한국영토임을 확인할 수 있다.[1] 근대 일본의 조선침략기에 들어

---

1) 송병기, 『鬱陵島와 獨島』, 단국대학교출판부, 2004. 송병기, 『독도 영유권 자료선』자료총서34, 한림대학교 아시아문화연구소, 2004. 신용하, 『독도의 민족영토사연구』, 지식산업사, 1996. 최장근, 「고지도상의 '우산도'명칭에 관한 연구 -'석도=독도' 규명을 중심으로」, 『일본근대학연구』제36집, 한국일본근대학회, 2012.5, 221-240쪽.

와서는 대한제국이 칙령 41호의 석도로서 울릉도와 더불어 일제의 침략에 대응하여 영토로서 수호해왔다는 사실도 확인할 수 있다.[2] 그럼에도 불구하고 일본제국은 독도의 역사적 권원을 무시하고 러일전쟁 중의 혼란한 틈을 타서 제국주의의 침략적인 방법으로「시마네현 고시 40호」라는 이름하에「무주지 선점」조치로 일본의 신영토가 되었다고 주장한다.[3] 1945년 8월 일본은 연합국이 투하한 히로시마, 나가사키의 원자폭탄의 위력에 의해 침략한 모든 영토를 전적으로 박탈한다고 하는 연합국의 조치(카이로선언, 포츠담선언)를 이행한다는 의미에서 무조건 항복을 선언했다. 이로 인해 한국은 해방 달성과 함께 SCAPIN 677호의 정신에 입각하여 독도를 포함하는 한반도를 고유영토로 하는 자주독립국가가 되었다.[4] 그러나 일본은 종전 직후부터 연합국에 대해 갖은 로비와 한국에 대한 도발적인 행위로 독도 영토주권을 침탈하려고 했음에도 불구하고, 한국은 독도를 실효적으로 관리하면서 영토주권을 수호해오고 있다.[5]

---

2) 송병기,「地方官制 編入과 石島」,『鬱陵島와 獨島』, 단국대학교출판부. 112-132쪽. 송병기,「광무(光武)4년(1900) 칙령(勅令) 제41호」,『독도 영유권 자료선』자료총서34, 한림대학교 아시아문화연구소, 2004, 237-241쪽. 신용하,「1900년 대한제국의 勅令 제41호와 울릉도, 독도 행정구역 개정」,『독도의 민족영토사연구』, 지식산업사, 1996, 192-201쪽.

3) 田村淸三郎,『島根県竹島の新研究』復刻板, 島根県總務部總務課, 1996, 40-65쪽. 川上健三,「竹島の島根県編入」,『竹島の歴史地理学的研究』, 古今書院, pp.209-211.

4) 최장근,「대일평화조약에 있어서 영토처리의 정치성」,『일본의 영토』백산자료원, 2005, 33-71쪽. 高野雄一,「サンフランシスコ平和条約（日本国との平和条約）」,『日本の領土』, 東京大学出版会, 1962, pp.347-349. 毎日新聞社編,『対日平和条約』, 毎日新聞社刊, 1952.

5) 최장근,「일본정부의 대일평화조약에서 '죽도' 영토확립의 억측 주장」,『일본문화학보』제53집, 한국일본문화학회, 2012.5, 261-277쪽. 최장근,「한일협정에서 확인된 일본의 독도 영유권 주장의 한계성」,『일어일문학』제47

그런데 시마네현이 설치한 죽도문제연구회 좌장격인 시모조[6]는 독도가 한국영토라는 것을 부정하기 위해 「죽도의 진실과 독도의 허위」[7]라는 제목으로 '죽도=일본영토'[8]라는 논리를 만들고 있다. 그 방법은 사료 해석을 조작하는 방식이다. 시모조 마사오는 김장훈, 호사카 유지(保坂祐二)가 개설한 사이트[9]에 대해 「한국 측의 연구 성과도 무시하고 증거 능력이 없는 고지도를 활용했다」라고 부정했다.[10]

본 연구는 상기와 같은 문제의식으로 한국의 독도 영유권을 부정하고 있는 시모조의 논리를 분석하여 해석조작 방식을 고찰하는 것이다.

시모조는 김장훈, 호사카 유지의 주장에 대해 「그 주장이 진실이 아니라 허위에 가득 찬 선전이었다.」 즉 ①「"일본의 공식 지도에 독도가 존재하지 않는다"고 하는 것은 당연하다」, ②「"한국 고지도에 우산도가 독도"라고 하는 것은 빨간 거짓말」, ③「"고문서를 봐도 독도는 한국 영토"가 될 수 없는 이유」, ④「"1900년 일본의 독도 편입은 무효"라는 논

집, 대한일어일문학회, 2010.8, 429-447쪽.

6) 다쿠쇼쿠(拓殖)대학 교수 '下條正男'를 '시모조' 혹은 '시모조 마사오'라고 표기한다.

7) 원제목은 「竹島の'真実'と独島の'虚偽'」, http://www.pref.shimane.lg.jp/soumu /web-takeshima/takeshima04/takeshima-dokdo/takeshima-dokdo_1.htm (검색일: 2013년 12월 5일).

8) 지금의 한국영토 독도 호칭에 대해, 일본 측의 호칭으로는 그때그때 상황에 따라 '죽도'라고 표현하기도 하고, '다케시마'라고 표현하기도 한다. 에도시대 때 일본의 울릉도 호칭에 대해서는 '竹島'를 '죽도'라고 하고, 독도 호칭이었던 '松島'에 대해서는 '송도'라고 한다.

9) 본 사이트의 독도 영유권에 관한 내용은 이미 선행 연구자들에 의해 규명된 보편화된 이론임. 시모조가 말하는 것처럼 호사카와 김장훈에 의한 연구가 아님.

10) 下條正男, 「竹島の'真実'と独島の'虚偽'」, http://www.pref.shimane.lg.jp/soumu /web-takeshima/takeshima04/takeshima-dokdo/takeshima-dokdo_1.htm (검색일: 2013년 12월 5일).

리는 날조」, ⑤「"샌프란시스코조약이 독도를 한국 영토라고 승인"했다
고 하는 것은 허구」, ⑥「"미국의 러스크 서한은 무효"라는 것은 기만」이
라고 하여 독도가 한국영토라는 사실을 부정하는 논리를 조작했다.[11]

시모조는 다쿠쇼쿠(拓殖)대학 교수라는 신분을 갖고 김장훈, 호사카
유지(保坂祐二)가 개설한 사이트에 대해 논리적인 비판보다는 인신공
격적인 언사를 난발하고 있다. 그러나 본고에서는 시모조의 「타케시마
=일본영토」라는 사료 해석조작에 대해서만 초점을 맞추어 논증하도록
한다. 본 연구에 활용한 모든 사료는 죽도문제연구회 「죽도의 진실과
독도의 허위」[12]에서 인용한 것임을 일러둔다.

2. 「"일본의 공식지도에 독도가 존재하지 않는다"고 하는 것은 당연하다」[13]

(1) 사료 해석조작 ① : 「김장훈, 호사카 유지 두 사람이 "한국 고지
도의 우산도는 독도"라고 하는 우산도가 한국 측 연구에서도 울릉도의
동쪽 약 2km의 죽서(竹嶼:죽도)로 알려져 "한국 고지도의 우산도가 독

---

11) 下條正男, 「竹島の「真実」と独島の≪虚偽≫」, http://www.pref.shimane.lg.jp/
soumu/web-takeshima/takeshima04/takeshima-dokdo/takeshima-dokdo
_index.html(검색일: 2013년 12월 7일). 본문에서 시모조의 주장에 대해서
는 별도로 '각주'를 달지 않고 인용함을 일러둔다.
12) 下條正男, 「竹島の「真実」と独島の≪虚偽≫」, http://www.pref.shimane.lg.
jp/soumu/web-takeshima/takeshima04/takeshima-dokdo/takeshima-dok
do_index.html(검색일: 2013년 12월 7일).
13) 下條正男, 『"日本の公式地図に独島は存在しない"のは当然』, http://www.pref.
shimane.lg.jp/soumu/web-takeshima/takeshima04/takeshima-dokdo/tak
eshima-dokdo_1.html(검색일 : 2013년 12월 7일).

도"라는 주장은 근거가 없어졌다.」라고 주장한다. 시모조는 참고문헌
이나, 연구자를 거론하지도 않고 단지 「한국 연구자」가 그런 논증을
했다는 것이다. 실제로 누가 설득력 있는 그러한 논증을 했는지의 출처
를 분명히 밝혀야 한다.

(2) 사료 해석조작 ② : 「『동국문헌비고』의 분주(分註)에서 "우산도
는 왜의 송도"라고 한 부분은 그것을 인용한 『동국여지지』의 원문과
다르다는 사실이 밝혀졌기에 우산도가 다케시마(독도)라는 논거도 깨
졌다」라고 주장했다. 시모조는 구체적인 『동국여지지』의 원문을 밝히
지 않았다. 『동국문헌비고』와 『동국여지지』가 어떤 관련성이 있는지
논증되어야 한다.

(3) 사료 해석조작 ③ : 시모조는 독도가 한국영토라는 역사적인 사
료를 왜곡하고 있다. 「김장훈, 호사카 유지가 "일본의 공식지도에 독도
는 존재하지 않는다."를 논증하기 위해 열거한 것」 즉 「『행기도(行基
図)』(8세기~16세기), 『게이초일본도(慶長日本図)』(1612년), 『쇼호일본
도(正保日本地図)』(1655년), 『겐로쿠일본지도(元禄日本地図)』(1702년),
『향보일본지도(享保日本地図)』(1717년), 『대일본연해여지전도(大日本沿
海輿地全図)』(1821년), 『대일본전도』(1877년) 등」과 「일본이 1894년 작
성한 『신찬조선국전도(新撰朝鮮国全図)』에는 죽도와 송도(현재의 다
케시마)가 그려있는데, 그 송도가 조선반도와 같은 색으로 채색되어 있
다. 이것은 일본이 현재 독도를 한국영토로서 인정한 증거이다.」라는
것에 대해 부정했다.

즉 시모조는 「주인 없는 땅의 다케시마가 일본령이 된 것은 1905년
이다. 따라서 쟁점이 되는 것은 편입 시점에서 독도가 한국 땅이었는지
여부이다. 그것은 일본이 독도를 일본영토로서 편입했을 때, "타국이
이를 점령했다고 하는 흔적이 없다"[14]라고 한 것처럼 "임자 없는 땅"이

었기 때문이다.」라고 주장한다. 다시 말하면 1905년 이전에 죽도가 일본영토라는 증거가 없어도 아무런 문제가 되지 않는다는 것이다. 왜냐하면 한국영토라는 증거도 없기 때문이라는 것이다. 그러나 실제로는 고지도상에 죽도가 일본영토라는 증거는 없어도, 독도가 한국영토라는 증거는 수없이 많다.15) 시모조는 이러한 사실에 대해 전혀 귀를 기울이지 않고 오직 '죽도는 한국영토가 아니다'라고만 주장하고 있다.

  (4) 사료 해석조작 ④ : 「일본 고지도와 1905년 이전에 만든 일본지도에 지금의 다케시마가 그려져 있지 않다고 강변해도 그것을 근거로 다케시마는 일본 땅이 아니라고 할 수는 없다. 게다가 일본에는 지금의 다케시마가 그려진 지도가 다수 존재하고, 공식지도도 있다. 그것을 가지고 "일본 공식지도에 다케시마는 존재하지 않는다."라고 주장하는 것은 무지의 극치이다. 그보다 김장훈, 호사카 유지 두 사람이 해야 할 일은 다케시마가 역사적으로 한국 땅이라는 사실을 증명해야 한다. 그것을 증명하지 못하고, 다케시마의 영유권 문제와는 관계없는 고지도를 앞세우고 다케시마를 한국령이라고 하는 것은 기만이다.」라고 했다.

  사실 공식지도 중에 독도가 일본영토라고 하는 증거지도는 없다. 또한, 지도가 영유권과 무관하다는 주장도 엉터리이다.16) 독도가 한국영

---

14) 원문을 인용하면, 「他国ニ於テ之ヲ占領シタリト認ムベキ形跡ナク」라고 되어있음.
15) 한국 측에서 제작된 지도나 고문헌은 물론이고, 일본 측에서 제작된 고지도나 고문헌들 중에서도 죽도가 일본영토임을 표기한 지도는 한 점도 없다. 그런데 '죽도=일본영토'를 주장하는 내셔널리즘적인 연구자들은 한국영토로서의 증거를 부정하고 일본영토로서의 근거로 활용하고 있는 경향이 강함.
16) 이상태의 지도연구 ≪한국고지도발달사≫(혜안, 1992)를 보면 영유권을 표현한 지도들은 물론이고, 영유권지도는 아니지만, '海圖'와 같은 지도 즉, '조선 수로지'와 '일본 수로지'를 구분하여 각각의 수로에 포함된 섬을 표기할 때는 영유권을 구분하는 자료로서 참고가 될 수 있다고 본다.

토라는 것은 이미 논증되었지만,[17] 시모조 자신이 아무리 논리적인 논증이라도 인정하지 않으려고 하기 때문에 생기는 문제인 것이다. 바로 이러한 것들이 사료 해석을 조작하는 행위이다.

(5) 사료 해석조작 ⑤ :「실제로 김장훈, 호사카 유지 두 사람은 일본 민간인 다나카 쇼조(田中紹祥)가 편집하여 히로후미관(博文館)이 발행한 1894년『신찬조선국전도』를 증거로 일본은 "다케시마를 한국영토로 인정해왔습니다."라고 하고 있다. 그 근거는『신찬조선국전도』에 그려진 죽도와 송도가 조선 반도와 같은 색으로 채색되어서 일본이 울릉도와 다케시마를 조선 땅으로 인식하고 있다는 증거라는 것이다.」라고 하고 있다. 하지만 이것이 성립되려면,「첫째, 에도시대까지 송도라고 불리던 독도가 1905년 편입의 시점에서 왜 울릉도의 호칭인 다케시마라고 명명되었는가? 둘째, 독도는 동도와 서도 두 섬으로 되어 있는데,『신찬조선국전도』의 송도는 왜 한 섬뿐인가? 이 두 가지 점을 설명하지 못한다면『신찬조선국전도』에 그려진 송도를 오늘날의 다케시마로 해석하는 것은 자의적 해석이다」라고 주장한다.

사실 1905년 이전에 일본의 고지도나 고문서에서는 울릉도를 죽도라고 했고, 지금의 독도를 송도라고 했다. 이 지도가 1894년에 제작되었기 때문에 1905년 이후의 다케시마의 명칭과는 무관하다. 왜냐하면 일본정부도 동해의 섬에 대한 정보가 대체로 정확하여, 조선 측의 동해에 울릉도와 독도 2개의 섬이 존재한다는 사실은 이미 메이지시대에 정착되어 있었기 때문이다. 특히 영토확장에 관심을 갖고 있던 일본인

---

17) 나이토 세이추,『독도와 죽도』, 제이앤씨, 2000. 内藤正中・金柄烈,『史的検証竹島・独島』, 岩波書店, 2007. 内藤正中・朴炳渉,『竹島=独島論争』, 新幹社, 2007. 이외에도 한국학자는 물론이고, 일본학자들 중에서도 山辺健太郎, 堀和生, 梶村秀樹 등 일본을 대표하는 역사학자들이 논증하고 있다.

중에는 독도가 일본영토가 아니었기 때문에 시볼트의 지도도 잘못된 것인 줄도 모르고 그대로 활용한 경우도 간혹 있었다.[18] 그런데 시모조는 「김장훈, 호사카 유지 두 사람은 고지도를 해석할 때, 지도에 그려진 도서의 색깔이나 섬 이름이 같은지 여부를 문제로 삼고 있지만, 그것은 문헌을 비판하고 사료를 조작하기 위한 것일 뿐, 중요한 것은 근거를 제시하여 실증하는 것이다.」라고 영토를 구분하기 위해 도색한 영토지도를 전적으로 부정하고 새로운 논증을 하라고 한다. 그런데 도색으로 구분된 영토경계 지도를 도색으로 특정국가의 영토를 확인하는 것이 최상의 논증방법으로서, 그 이상의 다른 논증법은 있을 수 없다.

또한, 고지도나 지금의 지도도 마찬가지이지만, 울릉도도 1개의 섬, 독도도 1개의 섬으로 표기한다. 즉 섬 군(무리) 전체를 하나로 보는 것이다. 다만 독도 주변의 상세도를 필요로 할 때는 동도와 서도를 나누어 그린다. 그런데 시모조는 울릉도는 왜 여러 개의 섬으로 표기하지 않았느냐? 라고는 따지지 않고, 유독 독도에 대해서만 왜 동도, 서도 2개의 섬으로 표기하지 않았느냐? 라고 강변한다.

(6) 사료 해석조작 ⑥ : 송도(실제의 독도)가 울릉도가 될 수밖에 없는 이유에 대해, 「아즈마 후미스케(東文輔)는 "울릉도는 에도시대까지 죽도라고 통칭해 왔지만, 해도(海圖)에서는 울릉도가 송도로 표기되고 그것이 일반화되었다. 지도에 그려진 송도가 울릉도이기 때문에, 새로운 섬에는 그 동안 울릉도의 호칭으로 사용되어온 죽도로 호칭해야 한다."라고 진술한다. 아즈마 후미스케가 "일반적으로 울릉도를 죽도라고

---

18) 일본지도 중에 3개의 섬을 표기하고 있는 지도는 대체로 勝海舟, 「大日本国沿海略図」. 橋本玉蘭, 「大日本四神全図」의 「죽도, 송도, 리앙쿠르 록」정도이다. 川上健三, 「わが国における島名の混乱」, 『竹島の歴史地理学的研究』, 古今書院, pp.29-30.

했지만, 사실은 송도"[19]라고 한 것처럼 1894년에 발행된 『신찬조선국전도』의 송도도 한 개의 섬으로 이루어진 울릉도였던 것이다. 한 개의 섬으로 그려진 송도(울릉도)를 동도와 서도 두 개의 섬으로 이루어진 지금의 다케시마라고 하는 것은 궤변이다.」라고 주장한다.

시모조는 지도에 등장하는 죽도도 울릉도이고, 「송도」도 울릉도라는 것이다. 아즈마 후미스케(東文輔)의 진술은 1905년 지금의 독도를 일본이 편입조치를 취하려고 할 때 「죽도」라고 호칭하게 된 경위를 설명하는 것이다. 메이지시대에 들어와서 에도시대의 「죽도(울릉도)-송도(독도)」의 명칭을 알지 못하고 일본 측에서 울릉도를 「송도」로 잘못 표기하는 경향이 늘어나서 시마네현 지사가 「죽도」로 하는 것이 타당하다는 의견이다. 「송도는 모두 울릉도이다」라고 하는 시모조의 논리가 얼마나 궤변인가를 알 수 있다. 이러한 논리로 시모조는 『신찬조선국전도』에 등장하는 「죽도-송도」는 서로 이름은 다르지만 모두 울릉도를 나타내는 섬이라고 억측을 부린다. 송도가 지금의 독도가 되려면 섬이 「동도와 서도」 두 개의 섬이 되어야 한다는 궤변도 서슴지 않는다.

시모조는 조선 동해에 한국영토로 해석되는 '죽도'(실제의 울릉도)와 '송도'(실제의 독도)가 표기된 지도에 대해서는 궁색할 때마다 늘 만능열쇠처럼 편리하게 쉽게 사용하는 것이 시볼트의 「일본도」이다. 즉 시볼트가 「일본도」를 잘못 그려서 유럽에서 무비판적으로 시볼트의 「일본도」를 답습했기 때문이라는 것이다.

즉 「이 죽도와 송도의 섬 이름이 바뀌게 된 것은 1840년 시볼트의 '일본도'에서 실재하지 않는 '아르고노트섬'이 죽도로 표기되고 울릉도가 송도로 표기되었던 것에 기인한다. 이후 서양지도에서는 울릉도가

---

19) 원문으로는 「鬱陵島ヲ竹島ト通称スルモ、其實ハ松島」라고 표기되어 있음.

송도로 표기되고, 그것을 무비판적으로 답습한 지도에서는 울릉도를 송도로 표기하게 된 것이다. 『신찬조선국전도』는 그 일례이다.」[20]라는 것이다. 시모조의 논리에 의하면 '과거 일본인들은 모두 자기 나라의 지도를 그리면서 왜 잘못된 서양의 지도만 참고로 했을까? 라고 반문하지 않을 수 없다. 또, 왜 과거 일본인들은 자국의 지도를 하나도 올바르게 그리지 않았을까?'라고 또 반문하고 싶어진다.

그렇다면 예를 들어 실제로 「1840년 시볼트의 '일본도'에서 실재하지 않는 아르고노트섬이 죽도로 표기되고 울릉도를 송도로 했다」는 지도가 있다고 하자. 그렇다고 시모조의 논리처럼 조선 동해에 송도와 죽도 두 개의 섬이 존재한다고 그려진 모든 지도가 시볼트의 '일본도'를 답습했다고 주장할 수는 없을 것이다. 실재로 현재와 같이 일본의 고지도에 조선 동해에 울릉도와 독도, 두 개의 섬이 존재한다는 정확한 지도들도 많이 있다.[21] 그럼에도 불구하고 이들 올바른 지도들을 모두 무시하고 시볼트의 잘못된 「일본도」만 활용했다고 하는 주장은 이해하기 어렵다.

또한, 시모조는 이 지도에서 송도가 지금의 독도라는 것을 부정하기 위해 「1887년의 「해도(海圖)77호」의 『세계전도』(그림 1; 시마네현 다케시마자료실 소장)」를 활용하고 있다. 이 지도에는 울릉도가 「송도」로 되어있고, 독도를 「리앙쿠르암」으로 표기되어 죽도의 위도가 블라디보스토크 가까이에 있다. 그래서 「이 지도에 나와 있는 죽도, 송도는

---

20) 인용문 중에 출처를 명기하지 않은 시모조의 주장은 모두 「竹島の「真実」と独島の≪虚偽≫」http://www.pref.shimane.lg.jp/soumu/web-takeshima/takeshima04/takeshima-dokdo/takeshima-dokdo_1.htm)에서 인용한 것임(검색일: 2013년 12월 5일).
21) 川上健三, 「わが国における島名の混乱」, 『竹島の歴史地理学的研究』, 古今書院, pp.29-30.

 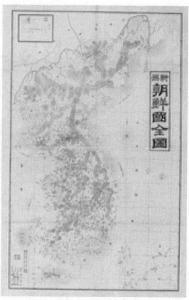

〈그림 1〉 1887년의 「해도(海図)77호」의 『세계
　　　　전도』, 부분, 시마네현 다케시마자
　　　　료실 소장

〈그림 2〉 1894년 『신찬조선국전도(新撰朝鮮
　　　　国全図)』, 시마네현 다케시마자료
　　　　실 소장

경위도를 봤을 때 죽도는 아르고노트섬, 송도는 다쥬레섬(현재의 울릉
도)이다. 현재의 독도(당시 일본에서는 리앙쿠르 록으로 불림)는 기록
되어 있지 않다. 현재의 울릉도는 경도에서는 북-러 국경에 위치한 두
만강의 바로 동쪽 부근, 현재의 독도는 러시아의 블라디보스토크 부근
에 위치한다. 이러한 점에서 이 지도에 기록되어 있는 '송도'는 현재의
다케시마가 아니라 현재의 울릉도임이 명백하다.」라고 하여 위도상으
로도 송도가 지금의 독도의 위도와 맞지 않다는 주장이다. 이 지도에는
사실상 위도 표시가 없을 뿐만 아니라 당시의 많은 지도 중 경위도가
정확한 지도는 거의 없다. 왜 하필이면 시모조는 1887년의 「해도77호」
의 『세계전도』(그림1)를 기준으로 비교했을까? 그 이유는 독도가 한국영토라는 것을 부정하기에 아주 적합한 자료로 판단되었기 때문일 것이다.

이처럼 시모조의 사료해석 조작 방법은 자신 이외에는 아무도 이해할 수 없는 객관성이 완전히 결여된 황당한 해석방식이 그 특징이다.

3. 「"한국 고지도에 우산도는 독도"라고 하는 것은 빨간 거짓말」[22]

독도는 2개의 암초로 되어 있는 무인도이며, 울릉도에서 보이는 거리에 있는 섬이다. 울릉도에 사람이 거주했던 시기에는 독도의 위치가 울릉도 동남쪽에 있다는 사실을 명확히 알고 있었다. 그러나 울릉도에 사람이 거주하지 않았던 조선 초, 중기에는 동해에 2개의 섬이 존재한다는 사실을 알면서도 독도의 위치에 대해 정확히 확인하지 못했을 때가 많았다. 그래서 독도의 존재와 명칭에 대해 여러 가지 설이 존재하게 되었다. 독도의 존재에 대해서는 고문헌의 기록을 토대로 그것을 최대한 살려서 사실대로 해석하려고 노력할 때 올바른 해석이 될 수 있다.

조선시대에는 고문헌에 의하면 울릉도, 우산도 두 개의 섬 명칭이 존재했다. 그래서 태종 때 1416년 「무릉등처사」, 세종 때 1425년 「우산, 무릉등처사」를 동해 도서에 파견했고, 1416년 김인우가 임무를 마치고 조정에 돌아와서는 「우산도」에서 돌아왔다고 했다. 즉 김인우가

---

22) 「韓国古地図の于山島は独島」という真っ赤な嘘」, http://www.pref.shimane.lg.jp/soumu/web-takeshima/takeshima04/takeshima-dokdo/takeshima-dokdo_2.html(검색일: 2013년 12월 5일).

갔던 섬은 「우산도」이고, 또 다른 섬으로서 울릉도가 존재한다는 사실을 알면서도 울릉도는 방문하지 못했다는 것을 의미한다.[23] 그러나 사실상 김인우가 방문한 곳은 울릉도였는데 그곳을 우산도라고 인식했다. 당시는 울릉도는 물론이고 우산도도 사람이 거주하는 섬으로 인식했다. 팔도총도를 보면 김인우가 방문했던 곳은 우산도이고, 더 동쪽에 우산도보다 큰 섬인 울릉도가 존재한다고 생각했던 것이다.

그런데 시모조는 김인우가 지금의 울릉도를 방문해서 「우산도」에서 돌아왔다는 기록을 가지고 지금의 울릉도를 1도 2명으로 해석하고 있다.

이를 증명하듯이 세종실록에는 동해에 우산도와 울릉도 2개의 섬이 존재한다고 기록되어 있다. 동국여지승람의 팔도총도에도 우산도보다 더 멀리에 울릉도가 그려져 있다는 것은 울릉도라는 섬이 존재한다는 인식이었다. 그러나 동국여지승람의 팔도총도는 세종실록의 기사를 지도로 그린 것이지만, 지금의 독도에 해당되는 섬이 울릉도의 동남쪽에 있다는 사실을 정확히 인지하지 못했던 것이다. 그러나 「무릉(울릉)등처안무사」라는 명칭을 보더라도 김인우는 주된 섬인 울릉도를 방문하고 또 다른 등처(우산도)를 방문한다는 것이었는데, 「우산도」에서 돌아왔다고 했으므로 팔도총도에 우산도보다 더 동쪽에 그려진 「울릉도」에는 방문하지 못했다는 것을 의미한다.

조선시대 문헌기록상으로는 울릉도에 공도정책이 시행되던 시기에 동해 2개의 섬을 실제로 확인한 사람은 안용복이다. 그러한 이유로 숙종 조정에서는 울릉도와 우산도가 조선의 영토라는 사실을 명확히 확인하고 있었던 것이다.

안용복 이후 조선 조정은 울릉도에 수토사를 파견했다. 수토사의 수

---

23) 최장근, 「독도영토의 역사적 권원에 관한 고찰 -동해도서의 '2도설', '1도설'에 관한 고증-」, 『독도영토학』대구대학교출판부, 18-19쪽.

토 목적은 조선의 영토인 울릉도와 우산도를 영토로서 확인하고 관리하는 일이었다. 수토사가 울릉도를 방문하어 10여 일을 머물렀는데, 울릉도에서 연중 50여 일만 눈으로 확인이 가능한 울릉도 동남쪽 87km 지점에 있는 지금의 독도를 발견하지 못했던 것이다.[24] 그래서 박석창을 비롯한 많은 수토사들이 '죽도'(죽서도)를 '우산도(독도)'로 잘못 표기하는 일이 발생했던 것이다. '우산도'의 섬 명칭 혼란은 수토사들에 의해 시작되었다. 1881년 이규원 검찰사가 울릉도를 시찰했을 때도 세종실록이나 동국여지승람에 등장하는 우산도를 발견하지 못했다. 그러나 수토사들이 표기한 지금의 '죽도(죽서도)'가 '우산도(독도)'가 아니라는 사실을 분명히 확인했던 것이다.[25] 이규원은 수토사들이 '우산도'로 오인했던 섬을 '죽도'라고 표기했다. 그러나 우산도는 확인하지 못했기에 '환상의 섬'으로 생각했던 것이다.

1882년 울릉도에 한인들의 거주가 시작되고 나서 지금의 독도인 관찬문헌의 '우산도'가 발견되었다. 거주민들은 직접 눈으로 확인하였기에 섬의 형상에 따라 이름을 지었다. '우산도'라고 하지 않고 「돌섬, 독도」라고 불렀던 것이다. 이 「돌섬, 독도」는 1900년의 칙령 41호에서 한자의 훈으로 「석도(石島)」라고 표기되었고, 1904년의 일본 군함 니이타카호에 의하면 '울도군에서는 「독도(獨島)」'라고 표기했다. 고종은 행정조치를 위해 이 섬을 「석도(石島)」라고 했고, 1906년의 심흥택 군수는 주민들의 토속적인 호칭을 반영하여 「독도(獨島)」라고 표기했다. 그 이유는 1882년 울릉도에 거주민이 자리를 잡게 되면서 당시 울릉도

---

24) 연중 50여 일 정도 해발 200미터 지점이나 해상 독도 방면으로 20여km 지점에 달했을 때 보인다. 川上健三, 「竹島の認知開発と自然環境」, 『竹島の歴史地理学的研究』古今書院, pp.274-292.
25) 「이규원의 "울릉도검찰일기" 전문」, 독도연구보전협회 편, 『독도 영유권자료의 탐구』, 독도연구보전협회, 23-96쪽.

주민의 80% 정도가 전라도 사람들이었기에 전라도 방언에 의해 「돌섬」, 「독도」, 「석도」라는 명칭이 생성되었기 때문이다. 문헌상의 관찬명칭이었던 '우산도'라는 명칭은 사라지게 되었던 것이다. 고종황제가 「석도(石島)」라는 명칭을 사용했다는 것은 울릉도 조사를 통해 거주민의 호칭을 반영했다는 것을 의미한다. 그러나 시모조의 사료해석은 다르다.

　(1) 사료 해석조작 ① : 시모조는 우산도와 울릉도는 동일한 섬이라고 주장한다. 즉 「『신증동국여지승람』에서 우산도와 관련되는 기사를 찾으면 "팔도총도"의 우산도가 어떤 섬인지를 알 수 있다. 『신증동국여지승람』의 "울진현조"(산천[山川])를 보면 다음과 같은 기술이 있다. 즉 "태종 때, 그 섬으로 도망하는 자가 많다고 듣고, 삼척 사람 김인우를 다시 안무사로 명하여 그 땅에서 사람을 데리고 나와 섬을 비웠다."[26] 라는 내용이다. 이는 태종 16(1416)년 9월 김인우가 '무릉등처안무사'에 임명되어 태종17(1417년) 2월 5일에 복명될 때까지의 기록으로, 『태종실록』의 기사가 바탕이 되어 있다. 그 『태종실록』에서 우산도의 초견은 "태종 17년 2월 임술조"이다. 거기에는 무릉도(울릉도)에서 귀환했을 김인우가 우산도 주민 3명을 데리고 "우산도에서 돌아오다"라고 복명한다. 이후 『태종실록』에서는 우산도가 실제의 섬으로, 우산인이 거주하고 있었다. 그렇다면 우산도는 어떤 섬인가? 『태종실록』(태종 17년 2월 을축조)에 의하면, 우산도에서 돌아온 김인우는 "그 섬의 호수는 대략 15가구로서 남녀 합해서 86명으로 보고하고 있다. 우산도에는 15호가 입주해서 86명의 사람들이 살고 있었다. 이 15라는 호수는 『태종실록』(태종 16년 9월 경인조)에서 호조참판 박습(朴習)이 무릉도(울릉도)에는 '옛날, 방지용(方之用)이라는 사람이 있었다. 15가구

---

26) 원문은 「太宗時、聞流民逃其島者甚多。再命三陟人金麟雨為按撫使、刷出空其地」라고 표기됨.

를 이끌고 입주했다"고 보고했는데, 그 15가구와 일치한다. 이는 『태종
실록』과 "팔도총도"에 그려진 우산도는 울릉도와 동일한 섬의 별명이
라는 것이다. 사실 울릉도 주변에 15가구 86명의 사람들이 거주할 수
있는 섬은 없다. 하물며 암초의 섬, 현재의 다케시마는 될 수가 없다.」
라고 논증했다.

시모조는 우산도는 지금의 독도가 아니라는 주장이다. 본문에 등장
하는 우산도는 독도가 아니다. 그것은 맞는 말이다. 그렇다고 해서 우
산도가 지금의 울릉도와 동일한 섬, 즉 1도 2명이라고 단정하는 것은
문제이다. 그렇다면 왜 「김인우가 '무릉등처안무사'에 임명」되었을까?
라는 것에도 의문을 가져봐야 한다. 시모조는 의문을 가지지 않는다.
왜냐하면 우산도가 독도가 아니라는 소재로 활용하기 아주 좋기 때문
이다. '무릉등처안무사'에서 동해에 무릉(울릉)도 이외에 또 다른 섬인
우산도가 존재한다는 것으로 해석할 수 있어야 한다. 따라서 우산도는
울릉도와 다른 별개의 섬으로서 명확히 존재했다는 것을 알 수 있다.
그래서 팔도총도에도 2개의 섬을 그렸던 것이다. 그런데 시모조가 팔
도총도에 2개의 섬이 그려져 있다는 것 자체를 무시하고 한 개의 섬이
라는 단정하는 것은 사료 해석의 조작 행위이다.

(2) 사료 해석조작 ② : "팔도총도"는 『동국여지승람』(『신증동국여지
승람』)의 내용에 따라 그려진 것이다. 사실 그것은 울릉도와 우산도라
는 별개의 섬이 존재한다는 인식을 나타낸 것이다. 그런데 시모조의
해석은 다르다. 즉 「『동국여지승람』(1481년 성립)이 편찬되고, "팔도총
도"에 울릉도의 4분의 3 정도 크기의 우산도가 그려진 시점에서는 우
산도와 울릉도는 서로 구별되지 않았다.」라고 했다. 그 이유로서 「그
흔적은 『동국여지승람』("울진현조")의 분주에 있다. 『동국여지승람』의
본문에는 "우산도 울릉도" 두 섬이라고 했지만 분주에는 "일설에 우산

울릉은 원래 한 개의 섬"이라고 하는 등, 한 개의 섬인지 두 개의 섬인지 제대로 알지 못하고 있기 때문이다. 이것은 『동국여지승람』보다 그 이전 편찬된 『세종실록지리지』(1454년 성립)에도 마찬가지다. 본문에 "우산, 울릉은 두 개의 섬, 현의 정동쪽 바다 가운데에 있다."라고 하고, 그 분주에서도 "두 섬은 서로 거리가 멀지 않다."라고 하는데 그쳐, 우산도에 관한 기술이 없기 때문이다. 이것은 『세종실록지리지』나 『동국여지승람』이 편찬된 당시 우산도와 울릉도를 구별하지 못한 것임을 반증한다. 『세종실록지리지』과 『동국여지승람』의 본문은 우산도와 울릉도를 열거하고 『동국여지승람』의 "팔도총도"에 우산도가 그려진 것이다. 그것도 우산도가 울릉도 서쪽의 조선반도와 울릉도 사이에 그려지는 등 엉터리였다.」라고 하여 울릉도와 우산도가 1도 2명이라고 주장한다.

시모조는 조선 조정에서 울릉도와 우산도를 정확히 구별하지 못했다고 하여 아무런 논증없이 바로 1도 2명이라고 단정 짓고 있다. 그것은 잘못된 것이다. 이들 관찬문헌의 사료를 해석하면서 사료의 핵심 내용인 '조선 동해에 2개의 섬이 존재한다'라는 사실을 전적으로 무시했다. 그 의도는 독도의 존재를 부정하기 위한 것임이 분명하다. 사실 본문에 의거하여 해석한다면, 두 개의 섬을 그리거나 표기를 했기 때문에 조선 동해에 울릉도와 우산도가 2개의 섬이 존재한다고 해석해야 한다. 다만, 울릉도의 존재는 명확하지만, 일설에 의하면 「한 개의 섬이라는 말도 있다」라는 것이다. 이것은 또 다른 한 개의 섬, 즉 우산도를 확인하지 못했다는 것을 의미이다. 우산도의 존재를 명확히 확인하지 못했기에 울릉도의 서쪽에 있을 것이라고 판단해서 그린 것이었다고 해석하는 것이 타당하다. 사실 독도는 울릉도 동남쪽에 87km 지점에 위치한 무인도이다. 신라, 고려시대에는 울릉도에 사람이 상시로 거주했기 때문에 독도의 존재를 확인할 수 있었지만, 조선 조정이 울릉도를 공도화한 상황에서는 독도의 존재를 확인하는 것은 쉬운 일이 아니었다. 이처럼 2개의 섬이 존재한다는 인식은 신라-고려시대를 거쳐 조선시대까지 계승되었다. 자국의 영토로 존재한다는 인식은 자국의 영토로서 관리했다는 것을 의미한다. 그래서 김인우도 울릉도 이외의 섬이 존재한다는 인식을 갖고 있었기 때문에 자신이 갔던 섬을 「우산도」라고 했고, 우산도보다 더 큰 섬인 「울릉도」가 더 동쪽에 있을 것이라는 인식을 갖게 되었던 것이다.

그럼에도 불구하고 시모조는 「울릉도에서 귀환한 김인우가 "우산도에서 돌아오다"라고 복명한 것처럼, 우산도는 울릉도의 별칭이다.」, 「16세기 "팔도총도"에 그려진 우산도는 울릉 섬의 별칭으로, 울릉도가 두 개 그려져 있을 뿐이다.」라고 단정하고 있다. 그것은 시모조가 당시 사람들은 오늘날의 독도를 영토로서 인식하지 않았다는 논리를 만들기 위해 사료해석을 조작하고 있는 것이다.

(3) 사료 해석조작 ③ : 시모조는 대동여지도에 우산도가 없으므로 동국여지승람에서도 우산도는 독도가 아니라고 주장한다. 즉 「한백겸(韓百謙)은 『동국지리지』(1615년)에서 신라국의 봉강(封疆)에는 우산국에서 유래된 우산도만을 기재하고, 『신증동국여지승람』을 바탕으로 편찬한 김정호의 『대동지지』(1864년)에서는 우산도를 삭제하고 울릉도만 남긴 사실에서도 알 수 있다.」라고 하여 우산도가 독도라는 사실은 이미 「조선시대의 한백겸과 김정호 등에 의해 부정되고 있었던 것이다.」라고 주장한다.

조선시대의 한 개인에 불과한 한백겸과 김정호가 그린 지도에 오늘날의 독도가 없다는 것은 울릉도를 공도화하였기 때문에 독도의 존재를 제대로 인식하지 못했을 수도 있다는 것이다. 그러나 조선 조정에서 세종실록과 동국여지승람에 울릉도와 더불어 우산도를 기록했다는 것은 오늘날의 독도와 울릉도를 영토로서 관리했다는 것을 의미한다. 그런데 시모조는 19세기 김정호의 대동여지도를 가지고 300년 이전 16세기의 팔도총도(그림 3)를 해석하려는 오류를 범하고 있다. 후세의 자료를 갖고 그 이전 시대의 사료의 진실관계를 따질 수 없다. 대동여지도가 신증동국여지승람을 토대로 작성되었다고 하는 주장도 논증되어야 한다. 시모조는 아무런 논증도 없이 그 이전 시대의 것은 반드시 그 이후의 시대에 답습된다는 식으로 해석을 한다. 그렇다면, 신증동국여지승람에 우산도와 울릉도가 있었으므로 대동여지도에도 울릉도와 우산도가 그려져 있어야 전시대의 사료를 후시대에 토대로 했다고 말할 수 있는 것이다. 시모조의 논리에는 설득력은 없고 모순성만 가득할 뿐이다.

(4) 사료 조작해석 ④ : 『해동여지도(海東輿地図)』(그림 4)에 그려진 우산도에 대해, 시모조는 「『동국여지승람』의 기사에 의거한 "팔도총도"의 우산도와 달리 『해동여지도』의 우산도는 『동국여지승람』과는 별도의 계보에 속해 있다. 호사카 씨가 우산도가 오늘날의 독도라는 근거로 삼았던 『해동여지도』의 우산도는 1711년 울릉도 수토사 박석창이 만든 『울릉도도형(欝陵島図形)』(그림 7)에서 유래한다. 그 『울릉도도형』에서는 울릉도 동쪽에 우산도가 나타나고, 거기에 "이른바 우산도(所謂于山島)/해장죽도(海長竹田)"라고 명기돼있다.」라는 지적은 타당한 듯하다. 그러나 이들 그림지도는 모두 동해에 조선영토로서 2개의 섬이 존재한다는 인식을 기반으로 작성되었다는 사실이다. 그러나 시모조는 우산도가 지금의 독도라는 사실을 애써 부정하기 위해 때로는 동해에 그려진 두 개의 섬은 모두 울릉도라고 하기도 하고, 우산도는 독도와 전혀 무관한 지금의 죽도(죽서도)라고 하기도 한다. 이는

사료 해석을 조작하는 행위이다. 사실 이들 지도는 울릉도와 더불어 '우산도'를 지금의 독도로 표기하려고 한 것이었는데, 독도의 위치를 정확히 알지 못하여 단지 지금의 죽도(죽서도)에 그냥 「우산도」라고 하지 않고, 「소위 우산도」 즉 「우산도로 추측된다」라고 표기했던 것이다. 이들 두 지도의 계통은 동해에 2개의 섬이 존재한다는 신라-고려-조선시대의 인식을 그대로 계승하고 있다는 사실이다.

그럼에도 불구하고 시모조는 「1711년 박석창의 『울릉도도형』(그림7)에는 우산도에 "해장죽도"라고 쓰여 있다. 그래서 이 우산도는 나중에 대나무섬이라고도 불리며, 1900년 『칙령 제41호』에서는 '죽도'가 된 것이다. 박석창의 『울릉도도형』에 그려진 우산도가 그 죽도인 사실은 한국의 연구자들에 의해 확인된다.」라고 하여 조선시대의 우산도가 지금의 독도라는 사실을 부정하고 있다. 그 이전에 시모조는 박석창이 왜 지금의 「죽도(죽서도)」를 우산도라고 했는가에 대해서는 아무런 논증을 하지 않았다. 박석창이 지금의 「죽도(죽서도)」를 우산도라고 한 것은 세종실록지리지 등에서 조선의 영토로서 동해에 「울릉도, 우산도」 2개의 섬이 존재한다는 사실을 표현한 것이다. 마침 박석창이 수토사로서 울릉도에 방문하였을 때 연중 50여 일만 바라볼 수 있는 지금의 독도를 발견하지 못하고 「죽도(죽서도)」를 「우산도」로 오인하여 표기한 것에 불과하다.

시모조는 『해동여지도』에 대해서도 「이 지도에는 모눈선(方眼線)이 들어 있는데, 모눈선은 방위와 거리를 나타내는 것으로 "우산도"가 울릉도의 남동쪽 87km에 위치하는 다케시마가 아니라 울릉도의 북동 2km에 위치한 죽도(한국명 죽도)를 지칭한 것은 분명하다.」라는 주장이다.

그러나 단순히 '우산도'가 지금의 '죽도'가 아니라, 신라시대 이후 동

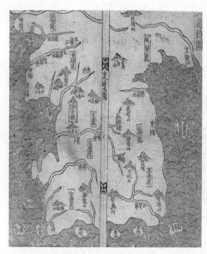 

〈그림 3〉 1530년 『신증동국여지승람』의 「팔   〈그림 4〉 19세기 중엽 『해동여지도』(부분)
　　　　　도총도」

해의 울릉도 이외의 또 다른 하나의 섬으로서 '우산도'를 표기한 것이
다. 따라서 '우산도=독도'에 대한 오기라고 해석하는 것이 타당하다. 무
조건적으로 「우산도=죽도」라고 하는 시모조의 주장은 사료 해석의 조
작이라 하겠다.

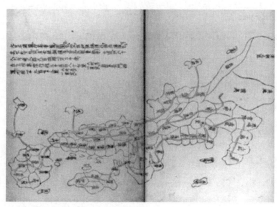

〈그림 5〉 「행기도(行基図)」

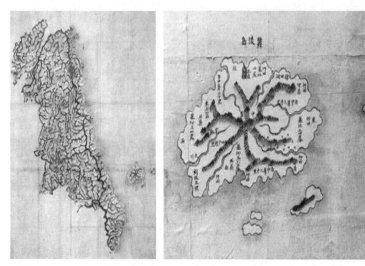

〈그림 6〉 18세기 작성 『강원도지도』(전체 및 부분)

시모조는 「이 지도(해동여지도-필자 주)에서도 섬의 위치, 방위에서 보더라도 "우산도"가 울릉도의 남동쪽 87km에 위치하는 다케시마가 아니라 울릉도의 북동 2km에 위치한 죽서도(한국명 죽도)를 지칭한 것임이 분명하다.」라는 해석이다. 물론 이 지도도 우산도가 지금의 죽도(죽서도)의 위치에 그려져 있지만, 마찬가지로 세종실록지리지, 동국여지승람 등에서 말하는 '조선 동해에 우산도, 울릉도 두 개 섬이 존재한다'는 인식에서 울릉도 이외의 또 다른 섬으로서 '우산도'를 표기한 것이다.

시모조는 「울릉도 동쪽에 위치하는 섬에 "이른바 우산도(所謂于山島)", "해장죽전(海長竹田)" 표기가 보인다. 해장죽(海長竹)이라는 것은 대나무의 종류로서 여죽(女竹)을 말한다. 현재의 독도는 바위섬이므로 죽전이 있다고 하는 우산도는 현재의 다케시마가 아니라, 이 지도의 우산도는 울릉도 근처의 죽서도(한국명 죽도)이다.」라는 해석이다.

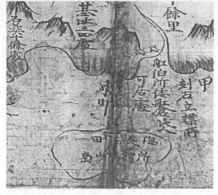

〈그림 7〉
1711년 작성된 박석창의 『울릉도도형』
전체 및 부분

　그러나 물론 이 지도에서 우산도가 죽서도를 나타내는 것은 옳은 지
적이지만, 독도를 찾다 찾다 못 찾아서 잘못 표기한 것이라는 해석을
놓쳐서는 안 된다. 즉 우산도라는 명칭의 섬들이 모두 같은 계통은 아
니지만, 지금의 독도를 가리키는 계통의 지도 즉 세종실록지리지의 우
산도는 지금의 독도에 대한 존재를 분명히 인식했던 것이라는 사실을
왜곡해서는 안 된다. 따라서 조선시대의 모든 우산도와 지금의 독도와
는 전혀 무관하지 않다는 사실을 간과해서는 안 된다.

4. 「"고문서를 봐도 독도는 한국 영토"가 아닌 이유」27)

시모조는 호사카 유지와 김장훈 씨가 인터넷 사이트에서 "일본의 고문서들도 독도는 조선 땅으로서, 일본의 영토가 아님을 인정하고 있습니다. 그래서 독도가 일본 고유영토라고 하는 일본의 주장은 완전히 거짓입니다. 일본은 이러한 역사를 은폐하면서 한국땅 독도를 시마네 현에 강제 편입한 것이었습니다."라는 사실에 대해 다음과 같이 주장한다.

(1) 사료 해석조작 ① : 「겐로쿠(元禄) 8년 12월 25일 돗토리번(鳥取藩)의 답변」에 대해, 시모조는 「17세기 울릉도를 넘나들었던 것은 돗토리번이 아니고, 돗토리번 요나고의 오오타니·무라카와 두 가문이다. 그것도 겐와(元和)4년(1618년) 3월 14일 이케다 미쓰마사(池田光政: 마쓰다이라 신타로, 松平新太郎)가 돗토리번(이나바, 호키)에 입봉한 이후, 감사(監使)로서 막부로부터 파견된 아베 시로고로 마사유키(阿倍四郎五郎正之)에게 무라카와 이치베(村川市兵衛) 등이 울릉도에 대한 도해를 청원하면서 시작된다.

한편, 이케다 미쓰마사가 막부로부터 이나바, 호키를 영지로 받은 것은 전년의 겐와 3년(1617년) 3월 6일이었다. 이 사실은 1618년 무라카와 이치베 등이 울릉도에 대한 도해를 청원했을 때는 이미 이나바, 호키는 돗토리번의 영지로 정해져 있었다는 것이다. 울릉도는 돗토리번의 영지와는 관계가 없었다.

막부는 겐로쿠 8년(1695년) 12월 24일 돗토리번의 에도제후 저택(江

---

27) 「第3回「古文書を見ても独島は韓国領土」でない理由」, http://www.pref.shimane.lg.jp/soumu/web-takeshima/takeshima04/takeshima-dokdo/takeshima-dokdo_3.html(검색일: 2013년12월1일).

戸藩邸)에 대해 울릉도는 언제부터 돗토리번의 부속이 되었는가, 조상의 영지였는가, 돗토리번에 입봉 후 영지가 되었는가를 물었다. 돗토리번의 대답은 다음날 문서로 막부에 제출되었다. 거기에는 울릉도는 이나바, 호키의 부속이 아니다(「竹嶋は, 因幡伯耆附属ニ而は御座無候」)라고 한 문구에 이어 "마쓰다이라 신타로(이케다 미쓰마사)가 돗토리번의 영지를 받았을 때 봉서(奉書)에 의해 도해가 허용된 것으로 알고 있다(松平新太郎領国の節, 御奉書をもって仰せ付けられ候旨承り候)"라는 기록이 있다. 돗토리번에서는 무라카와 이치베 등이 막부에 울릉도 도해를 청원해 막부의 도해 면허(신하)를 받은 사정을 감안하여 "울릉도는 이나바, 호키의 부속이 아니다"라고 대답했다.」라고 하여 「호사카씨는 "울릉도를 왕래한 돗토리번은 독도가 돗토리번의 영지가 아니다」라고 에도 막부에 보고했습니다"라고 왜곡하고 있다고 비판했다.

그러나 여기서 논쟁의 핵심은 17세기에 지방정부인 돗도리번이 울릉도와 독도를 일본영토로 인식했느냐, 아니냐의 문제이다. 그런데 시모조는 논쟁의 핵심을 벗어나 곁가지에 해당하는 '돗도리번이 독도에 왕래한 것이 아니라 오야, 무라카미가 독도를 왕래했다'고 지적했다. 즉 시모조는 논쟁의 핵심이었던 돗도리번이 독도의 영유권을 주장한 적이 없다는 것에 대해서는 논쟁을 회피했다. 그것은 17세기 돗도리번은 울릉도와 독도를 일본영토가 아니라고 말한 것에 대해서는 시인한 셈이다.

(2) 사료 해석조작 ② : 사다 하쿠보(佐田白茅) 등이 메이지 정부에 올린 '조선국교제시말내탐서(朝鮮国交際始末内探書)'(1870년)」에 대해, 시모조는 「조선국교제시말내탐서'에는 「죽도(울릉도)와 송도(현재의 독도)가 조선의 부속 섬으로 된 경위에 대해」라는 제목을 달고 있다. 이 내탐서는 외무성에 제출한 「1870년 4월 조선의 부산에 출장한

외무성 출사 사다 하쿠보(佐田白茅) 등의 복명서」이다. 이는 메이지 정부가 울릉도와 독도를 조선영토로 인식하고 있었고, 그 경위에 대해 조사하게 한 것이다. 사다 하쿠보 등은 현지 조사를 실시하고, "울릉도가 조선 땅으로 된 기록은 있지만, 이웃 섬 송도(다케시마)가 조선 땅으로 된 기록은 없다"고 복명했다.」라고 지적했다.

사실 사다 하쿠보의 주장은 조선 사정에 대한 조사가 부족하여 독도가 조선영토라는 기록을 확인하지 못했기 때문이다. 독도가 조선영토임을 확한할 수 있었던 동국여지승람, 세종실록지리지, 군기요람 등을 확인하지 않은 것이다.

그런데 시모조는 김장훈 등이 「사다 하쿠보 등이 "송도(다케시마)가 조선 땅으로 된 기록은 없다"라고 하는 결정적인 부분을 무시 혹은 "은폐"」하고, 메이지 정부가 독도를 한국영토라고 인정했다고 한다는 것이다. 그리고 시모조는 「사다 하쿠보 등이 조선의 부산에서 현지조사를 한 1870년 당시 조선 측에서는 송도(다케시마)를 조선 땅으로 여겼던 것일까. 이 시대 김정호의 『대동여지도』 등엔 오늘의 죽서도인 우산도는 그려져 있는데, 송도(다케시마)를 조선 땅으로 하는 문헌은 존재하지 않는다. 조선 측에서는 송도(다케시마)를 자국 영토로 인식하지 않았기 때문이다.」라고 하여 「이것은 사다 하쿠보 등이 "송도에 관해서 지금까지 게재한 공문서"는 없다고 밝힌 복명과 모순되지 않는다.」라는 것이다. 대동여지도에는 독도가 보이지 않지만, 다른 고지도와 고문헌에서는 독도가 표기된 기록이 많이 있다. 조사결과는 「독도의 기록이 없다」라고 보고했더라도 메이지 정부가 「죽도(울릉도)와 송도(현재의 독도)가 조선의 부속 섬으로 된 경위」라고 하여 이미 그 이전부터 울릉도와 독도를 조선영토로 인식하고 있었다는 것을 의미한다는 것이 중요하다.

대동여지도에는 왜 독도가 없을까? 대동여지도가 작성될 당시는 독도가 암초로 이루어져 아무런 가치를 발견하지 못하여 일본이 영토적 야심을 보이지 않았던 시기이기 때문이다. 게다가 당시에 존재했던 조선지도에 현재의 죽도(죽서도)를 우산도로 표기한 잘못된 지도가 많았기 때문에 이런 논란을 피하기 위해서라도 일부러 「우산도」라는 명칭을 아예 사용하지 않았다고도 해석이 가능하다. 시모조의 논리처럼 '우산도=죽도'라면 당시 흔했던 '소위 우산도'의 표기를 답습하여 지금의 죽도 위치에 '우산도'라는 명칭이 반드시 명기되어야 했을 것이다.

(3) 사료 해석조작 ③ :「1877년의 "태정관지령(太政官指令)"과 "이소다케시마약도(磯竹島略図)"」에 대해, 시모조는 「시마네현에서는 에도시대 이후의 지리적 이해를 근거로 울릉도를 이소다케시마라고 했고, 현재의 다케시마를 송도라고 하여 이들 섬을 시마네현의 판도로 해야한다고 했기 때문이다.」라고 하여 「"태정관지령문의 부속도"로서의 "이소다케시마약도"는 시마네현이 제출한 지도이고, 태정관지령문의 부도가 아니다. 그런데 호사카씨는 "같은 문서의 5쪽에 다음의 1도는 송도(독도)라고 부른다(次に一島あり松島)라고 적혀 있습니다."라고 한 곳도 시마네현이 정부에 제출한 조서(調書)의 일부이다.」라고 하여 "태정관지령문의 부도"로서의 "이소다케시마약도"와 "태정관지령"을 철한 『공문록』과 『대정유전 제2편』에는 시마네현이 제출한 조사서류와 메이지 정부의 자료가 관련 자료로 함께 철해져있기에 시마네현의 제출서류인지, 메이지 정부의 자료인지를 구별하고 해석해야 하기 때문이다.」라고 주장한다.

사실 "태정관지령문의 부도"로서의 "이소다케시마약도"와 "태정관지령"을 철한 『공문록』과 『대정유전 제2편』에 "태정관지령"이 들어 있고, "태정관지령문" 내에 "부도로서의 이소다케시마약도(磯竹島略図)"가

삽입되어 있다.

태정관지령에는「죽도와 1도는 일본의 영토가 아니다」라고 되어 있다. "태정관지령문"의 "부도"인 "이소다케시마약도(磯竹島略図)"에 죽도(울릉도)와 송도(독도)가 명확히 그려져 있다. 즉 메이지 정부, 특히 태정관은 '울릉도와 독도는 일본영토가 아니다'라고 명확히 했다. 그리고 이미 일본 외무성이「조선국교제시말내탐서」에서「죽도(울릉도)와 송도(현재의 독도)가 조선의 부속 섬으로 된 경위」라고 한 것은 이미 메이지 정부가 울릉도와 독도를 조선부속이라고 인식하고 있었다는 것이다.

그런데 시모조는「죽도와 송도에 대한 메이지 정부의 인식은 (시마네현과는) 달랐다. 당시 일본이 참고한 서양의 해도(海圖) 등은 울릉도를 송도라고 표기한 시볼트의『일본도』(1840년)를 답습하고 있어서 실재하지 않는 죽도(아르고노트섬)와 송도(울릉도)가 그려져 있었기 때문이다. 그 서양지도 등에 현재의 독도가 그려지는 것은 1849년 프랑스 포경선 리앙쿠르호가 독도를 발견한 이후이다. 그래서 한때 '해도' 등에는 죽도(아르고노트섬)와 송도(울릉도), 그것에 리앙쿠르 록스(현재의 다케시마)가 그려지는 등의 혼란[그림 2]이 있었다.」라고 주장했다.

즉 "이소다케시마약도(磯竹島略図)"의 죽도와 송도 모두 울릉도를 가리킨다는 것이다. 시모조는 지금의 독도가 한국영토임을 인정하는 증거자료가 나타나면 그때마다 항상 시볼트의「일본도」를 마술상자처럼 활용하고 있다. 그래서「1877년 태정관지령에서 "죽도(울릉도-필자 주) 외 1도(독도-필자 주)에 대해 본방(일본)과 관계없음"이라고 된 '죽도와 그 외 1도'는 그 아르고노트섬과 울릉도이다.」라고 하여「그 외 1도」가 독도가 아니고 울릉도라고 우긴다.

실제로 메이지 정부의 공식문서에 조선 동해(일본해)에 2개의 섬이 존재한다는 인식의 고지도와 고문헌이 많이 있다. 그런데 시모조는 왜 항상 죽도(울릉도)와 송도(독도)가 표기된 메이지 정부의 자료를 모두 시볼트의 잘못된 「일본도」28)를 참고했다고 주장하는 것일까? 그렇다고 실제로 일본정부의 공식자료에 '울릉도는 조선 땅이고, 독도는 일본 땅'이라고 하는 적극적이고 설득력 있는 근거자료가 있는가 하면, 그런 자료도 없다.

시모조는 독도가 한국영토라는 것을 부정하기 위해 아무런 상관이 없는 것조차도 거침없이 끼워 맞추기 식으로 해석해서 조작행위를 일삼는다. 즉 「그 사실이 확인된 것은 태정관지령에서 4년 뒤인 1881년 8월 외무성의 지시로 조사한 기타자와 마사노부(北澤正誠)가 "오늘날의 송도(울릉도-필자 주)는 즉 겐로쿠 12년에 명칭한 죽도(울릉도-필자 주)이다. 원래부터 일본영토가 아님을 알아야 한다"29)라고 보고하고 난 후부터이다. 이후 메이지 정부는 기타자와 마사노부의 보고에 따라 "일본인이 부르는 송도는 일명 죽도(조선에서는 울릉도라고 칭함)라고 했다."」라는 것이다.

시모조가 이 부분을 인용한 것은 조선의 울릉도가 일본영토에서는 원래 죽도라고 했는데, 최근(1881)에 송도라고 부르기도 하지만, 이 송

---

28) 「지도(시볼트 "일본도("Karte vom Japanischen Reiche", 1840년)"에 "Takashima (Argounaut Island)"가 북위 37도 52분, 동경 129번 50분으로 되었고, "Matsushima(Dagelet Island)"는 북위 37도 52분, 동경 37도 25분, 동경 130도 56분으로 되어있다. 실제로 존재하지 않는 아르고노트섬에 Taka-shima(죽도)라고 표기되었고, 다쥬레섬=울릉도가 송도로 표기되었다. 북위 37번 14분, 동경 131번 52분에 위치한 현재의 독도는 1840년 시점에서는 서양에서는 아직 발견되지 않고, 이 지도에는 기재되어 있지 않다.」, http://www.pref.shimane.lg.jp/soumu/web-takeshima/takeshima04/takeshima-dokdo/takeshima-dokdo_3.html(검색일: 2013년 11월 5일).

29) 원문은 「今日ノ松島ハ即チ元禄十二年称スル所ノ竹島ニシテ、古来我版図外ノ地タルヤ知ルベシ」라고 됨. 『竹島考証』에 수록됨.

도는 조선의 영토인 울릉도이고 독도와 무관하다는 것을 말하기 위한 것이다.

덧붙여서, 시모조는 「시마네현도 마찬가지로 시마네 현령의 사카이 지로(境二郎)가 1881년 11월 12일 "일본해 내의 송도 개간에 관한 문의"30)를 내무경(대신)과 농업 상무경에 제출했다. 송도 개간 문의에 대해 내무경 야마다 아키요시(山田顯義)는 이듬해 1월 31일 "서면상의 송도에 대해서는 이전의 지령대로 일본과 관계가 없다고 알아야 한다. 따라서 개간의 소원은 허가할 수 없다"31)라고 시마네현에 지령했다. 시마네현이 개간을 청원한 마츠시마는 "그 경황상 동서 모두 45리, 남북 3리 남짓, 둘레 15-6리"의 넓이를 가진 울릉도였다.」라고 주장했다. 또한, 「기타자와 마사노부의 『죽도고증』과 내무경 야마다 아키요시의 지령에서도 밝힌 것처럼 1877년 태정관지령에서 "그 외 1도"인 송도는 호사카 유지씨가 주장하는 독도가 아니고 울릉도이었던 것이다. 호사카 유지 씨가 주장하여 "바로 이것이 역사의 진실"이라고 하지만, '그 외 1도'는 송도로서 지금의 울릉도」이라는 주장이다.

이것은 '송도'라는 명칭으로 울릉도 개척을 금지한 내용이다. 조선 명칭의 울릉도를 내무성과 시마네현이 잘못 알고, 과거 독도 명칭으로 사용되었던 송도를 울릉도의 별칭으로 사용하고 있었다. 당시의 중앙정부와 지방정부에서 울릉도를 「송도」라고 하여 혼동하기 시작한 것은 바로 블라디보스토크를 왕복하는 무역상을 비롯한 민간인들이 「송도 개척원」을 내면서 시작된 것이다.32) 이때에 메이지 정부가 복잡한 조

---

30) 원문은 「日本海內松島開墾之儀ニ付伺」라고 됨.
31) 원문은 「書面松島ノ義ハ、最前指令ノ通、本邦関係無之義ト可相心得、依テ開墾願ノ義ハ許可スベキ筋ニ無之候事」라고 됨.
32) 大西俊輝, 「마쓰시마 개척의 염원」, 『獨島』, 제이앤씨, 2004, 64-66쪽. 1876년 貿易商 武藤平学 <松島開拓之儀>, 1877년 貿易事務官 瀬脇寿人와

선 동해의 섬들을 조사하여 송도가 에도시대의 죽도임을 알게 되었다. 즉 군함 아마기(天城)가 「마쓰시마는 울릉도, 그 외의 다케시마(죽도)라는 것은 일개의 암석에 지나지 않는다는 것을 알았다. (중략) 고래의 일본판도가 아니라는 것을 알았다.」[33]고 한다. 메이지 정부는 1883년 태정대신 산조 사네토미(三条実美)가 내무경 야마다 아키요시(山田顕義)를 통해 일본인이 「송도(松島) 일명 죽도(竹島)」에 도항하지 못하도록 전국에 통달했던 것이다.[34] 이처럼 메이지 정부는 울릉도와 독도에 대해 일본영토라는 인식이 없었다. 메이지 정부에서 1880년 이후 울릉도를 송도라 인식했던 것이다.

시모조는 「태정관지령에 "죽도 외 1도에 관해 본방과 관계없음"이라고 하는데, 그것을 무비판적으로 근거로 삼아 『공문록』에 "이소다케시마약도"가 있는 것을 "태정관지령문의 부도"라고 하는 등 엉터리였다. "태정관지령"을 근거로 삼으려면, 그 후 어떻게 해석되어 갔는지 방증을 들어 실증할 필요가 있다. 그 작업을 게을리한다면, 자기의 설에 유리한 부분만을 근거로 허위 주장을 되풀이하기 때문이다.」라고 주장한다.

『공문록』이나 태정관지령 모두 "죽도 외 1도에 관해 본방과 관계없음"라는 내용을 싣고 있다. 그리고 "이소다케시마약도"는 죽도와 송도의 위치를 그린 것이다. 태정관은 송도와 죽도를 일본영토에서 제외시켰다. 따라서 메이지 정부가 송도와 죽도를 일본영토에서 제외시켰다는 증거가 된다. 독도 영유권의 사실관계를 확인하는 데에 "이소다케시마약도"가 『공문록』에 있든 "태정관지령문의 부도"이든 아무런 상관이

児玉貞易, 斎藤七郎兵衛 3명이 함께 「松島開拓願」를 외무성에 제출했다. 여기서 외무성에 제출하였다고 하는 것은 일본영토가 아니었다는 것을 의미한다.

33) 大西俊輝, 「군함 아마기(天城)의 조사」, 『獨島』, 제이앤씨, 2004, 70-71쪽.

34) 大西俊輝, 「울릉도 도항금지」, 『獨島』, 제이앤씨, 2004, 71-72쪽.

없다. 시모조는 논증의 핵심을 포기하고 곁가지를 가지고 전체를 부정하고 있다. 이는 사료해석을 조작하는 행위이다.

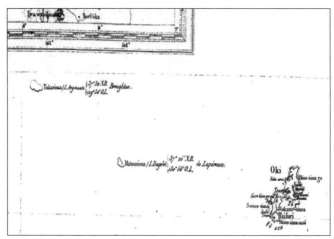

〈그림 8〉 시볼트 「일본도(日本図)」(Karte vom Japanischen Reiche) 부분, 1840

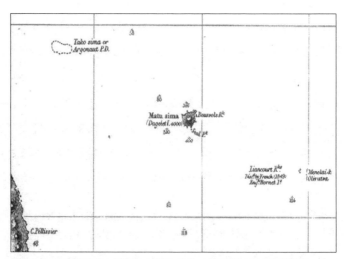

〈그림 9〉 영국해군지도 「일본 – 일본, 큐슈, 시코쿠 및 조선의 일부」(Japan–Nipon, Kiusiu and Sikok and the part of Korea) 부분, 1863

시모조는 「지도에는 한반도의 동쪽에 다코 시마 또는 아르고노트 섬 (Tako sima or Argounaut P.D.; タコ島=竹島, アルゴノート島)이 점선으로 표기되어 있고, 마쓰시마(Matu sima ;Dagelet I. ; 송도, 다쥬레 섬=울릉도), 또 현재 독도는 리앙쿠르 록스, 호넷, 마나라이와 올리부 차(Liancourt Rks., Eng.Hornet Is., Menelai&Olivutsa)라고 프랑스 이름, 영국 이름, 러시아 이름으로 적혀 있다. 1849년 프랑스 포경선 리앙쿠르 호가 현재의 독도를 발견하고 서양지도에서 죽도(=아르고노트섬)와 송도(=다쥬레섬=울릉도) 외에 새로 리앙쿠르 록스(현재의 다케시마)가 등장한다(그림 2). 그 뒤 해도상에서 환상의 아르고노트섬(죽도)이 사라지면서 울릉도는 송도, 현재의 독도는 리앙쿠르 록스로 변했다」라고 한다.[35] 사실 이 논리는 선행연구를 답습한 것으로 시모조의 연구가 아니다.

시모조의 논리는 조선 동해에 송도와 리앙쿠르섬이라는 명칭이 등장하면 송도는 울릉도이고, 리앙쿠르섬은 독도가 된다는 것이다. 그런데 문제는 시모조는 조선 동해에 죽도(울릉도-필자 주)와 송도(독도-필자 주) 2개의 섬이 등장하기만 하면 모두가 시볼트의 잘못된 지도 때문이라고 하여 위도와 경도의 오류에 의해 송도와 죽도 모두 울릉도라고 주장한다. 이것이 시모조식의 사료 해석조작에 해당한다.

사실 당시 일본정부가 그린 지도 중에 조선 동해에 죽도와 송도를 그린 지도가 많다. 시모조 논리에 따른다면 왜 일본정부는 잘못된 시볼트의 「일본도」만 참고로 했을까? 그것이 독도가 한국영토라는 사실을 부정하기 위한 고육지책으로 마련한 시모조 식의 논리 조작방식이다.

---

35) 川上健三, 『竹島の歴史地理学的研究』(古今書院, 1966), 田村清三郎, 『島根県竹島の新研究』(復刻板, 島根県総務部総務課, 1996)를 그대로 답습한 것이다.

5. 「"1905년, 일본의 독도편입은 무효"설의 날조」[36]

시모조는 독도가 한국영토라는 사료적 근거에 대해, 「다케시마는 역사적으로나 국제법상으로도 한국영토와 무관한 존재였기 때문이다.」 「1900년의 "칙령 제41호"의 '석도'는 울릉도의 동북 수십 미터의 '도항 (島項)'이었다. 게다가 태정관지령에서 "외 1도"로 된 송도는 다케시마 (독도)가 아니라 울릉도였다.」라고 하여 「독도가 한국 땅이라고 강변 하면 할수록 독도를 불법 점거하고 있는 한국 측의 은폐 공작이 두드러 질 뿐이다. "말이 많으면 탈이 난다"고 하는 말이 바로 이런 경우다. 독 도를 불법 점거하는 한국 측이 버둥대면 버둥대는 만큼 그 죄가 깊어지 게 되어 역사에 오점을 남기게 된다. "독도의 진실"은 한국이 일본의 영토를 침탈한 것이 역사적 사실임을 알게 될 것이다.」라고 비난했다.

시모조는 한국 측 주장인 "1900년 대한제국은 칙령 제41호를 발포해 독도를 '석도'라고 표기하고, 울도군 소속의 섬임을 선포했습니다."라는 것에 대해, 「1900년 10월 25일에 공포된 "칙령 제41호"에는 확실히 울 도군의 행정구역이 "울도 전도와 죽도, 석도"라고 규정돼 있는데, 한국 측에서는 그 석도를 오늘날의 독도라고 아무런 실증 없이 주장하기 때 문이다.」라고 부정했다.

그 이유에 대해서, 「실제로 "칙령 제41호"가 공포되기 3일 전, 내부 대신 이건하가 울릉도를 울도군으로 하기 위해 의정부에 제출한 "청의 서"에서는 울릉도의 강역이 "세로 80리(약 32km)정도와 가로 50리(약

---

36) 「第4回「1905年、日本の独島編入は無効」説の捏造」, http://www.pref.shimane. lg.jp/soumu/web-takeshima/takeshima04/takeshima-dokdo/takeshima-d okdo_4.html

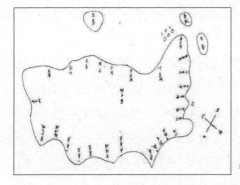

〈그림10〉
『울릉도 조사개황』에 수록된 "부도"

20km)"라고 명기되어 있다. "청의서"에 기록된 이 울릉도의 강역은 분명히 독도가 울도군의 행정구역 외에 있었다는 사실을 나타내고 있다. 독도는 그 울릉도에서 더 동남쪽으로 90km 가까이(약 360리)나 떨어져 있기 때문이다.」라는 것이다.

사실 울릉도와 「울도군」은 동일한 지역이 아니다. 여기서 울릉도는 「울릉전도」에 해당하는 영역이다. 울도군은 「울릉전도+죽도+석도(독도)」를 포함하는 지역이다.

(1) 사료 해석조작 ① : 울릉도의 범위에 대해, 시모조는 「내부대신 이건하가 울릉도의 강역을 "세로 80리 정도, 가로 50리"라고 한 것은 우용정(禹用鼎) 등의 조사보고서를 참고한 것이다.」라고 했다. 그러나 시모조는 「울릉도에서 일본인에 의해 벌목이 문제되어 이건하가 1899년 9월, 우용정을 울릉도 시찰관에 임명했다. 현지에서 청취 조사는 1900년 6월 1일부터 5일까지 한일 합동으로 실시됐다. 일본 측에서는 부산 영사관의 아카쓰카 시요스케(赤塚正助) 부영사가 파견되었다. 그 때의 개요와 조사 범위에 대해서는 우용정의 『울도기』와 아카쓰카 시요스케 보고서 『울릉도 조사개황』에서 확인을 할 수 있다. 아카쓰카 시요스케의 『울릉도 조사개황』에는 "부도"(그림 10)가 수록되어 울릉

도와 그 부속 섬으로 공도(空島), 도목(島牧), 죽서도(竹島)의 3섬이 그려져 있다.

"부도"는 아카쓰카 시요스케가 인식하고 있던 울릉도의 강역을 그림으로 표시한 것으로, 우용정의 『울도기』에서도 같은 인식이 나타나고 있다. 우용정에게 울릉도는 "길이 70리(약 28km)이고, 넓이 40리(16km), 둘레 140-150리(56km~60km)"의 섬이었다. 「이것은 우용정이 현지에서 얻은 지식을 기초로 했으며 울릉도 도민 등이 울릉도를 일주하는 데 "140-150리"가 되는 섬이라고 인식했기 때문이다. 우용정은 둘레 "140-150리"의 울릉도를 군으로 승격할 것을 건의했고, 그것에 의거하여 내부대신 이건하가 10월 22일 울릉도를 울도군으로 "청의서"를 의정부에 제출한 것이다.」라고 주장했다.

여기서 우용정은 울릉도의 범위에 대해 "길이 70리(약 28km), 넓이 40리(16km), 둘레 140-150리(56km~60km)"라고 했고, 이건하는 「울릉도의 강역이 "세로 80리(약 32km), 가로 50리(약 20km)"」라고 했다. 그런데 '우용정의 지식을 토대로 이건하가 의정부에 건의했다'고 하는 시모조의 논리라면 숫자가 동일해야 한다. 그러나 이건하의 울릉도의 범위 인식과 우용정의 범위 인식은 서로 다르다. 즉 다시 말하면 우용정이 이건하에게 건의해서 이건하가 우용정의 건의내용을 받아들였다는 시모조의 주장은 논리적으로 옳지 않다. 이처럼 전혀 관계없는 것을 관련지어서 끼워 맞추기 식으로 자신이 원하는 논리를 조작하는 것이 시모조 식의 사료해석 조작방식이다.

(2) 사료 해석조작 ② : 울도군의 행정구역에 관해, 「칙령 제41호' 제2조에서 "울릉전도와 죽도, 석도"라고 된 울도군의 행정 구역도 "청의서"의 범위를 넘지 않다는 것이다. 그럼 울도군의 죽도와 석도는 울릉도의 어느 섬을 가리키는 것일까. 이를 아카쓰카 시요스케의 "부도"

〈그림 11〉
이규원의 『울릉도외도』, 1882
서울대학교 규장각 소장

에서 확인하면 죽도는 울릉도의 동쪽 약 2km의 죽서도이다. 그렇다면 석도는 공도(空島)와 도목(島牧) 중의 하나가 된다. 그런데 공도(空島)는 현재의 공바위(孔岩)이고, 도항은 도항이 되었다. 아카쓰카 시요스케의 "부도"에서 공도, 도목(섬목)이라고 한국어 음을 한자로 옮겨 표기하고 있어 공도(空島)는 공바위(孔岩)의 바위(岩)를 섬(島)으로 바꾼 점만 다르다. 도목(島牧)은 도항(島項; 섬목)과 동음이기 때문이다. 이 가운데 도항(島項; 島牧)은 1882년 울릉도를 답사한 울릉도검사 이규원의 『울릉도도』(그림11)와 『울릉도 검찰일기』 등에 등장하고, 이규원은 『울릉도 검찰일기』에서 도항과 죽서도(죽도)를 "두 작은 섬(二小島)"37)이라고 표기했다.

37) 이규원은 「울릉도외도」에는 울릉전도와 죽도와 도항을 섬으로 표기했다. 나머지는 암석으로 표기했다. 독도는 발견하지 못했다. 이규원의 감찰 목적에는 울릉도 이외의 또 다른 섬 즉 「우산도=독도」를 찾는 것도 포함되어 있었다. 그러나 발견하지 못했다.

이후 죽도(죽서도)와 도항은 울릉도의 부속 섬으로 알려져 1910년 대한제국이 간행한 『한국수산지』에서도 울도군의 부속 섬으로 '죽도 (죽서도)와 서항도(도항) 두 섬과 구멍 바위'를 표기하고 있다. 일본 측 에서는 그것이 죽서도를 죽도, 도항(서항도과 관음도)을 '석도'로 한 것」 이라는 주장이다.

먼저 지적해둘 것은 한국말로 '도항(島項)'과 '도목(島牧)'은 동음어 라고 하는 시모조의 주장은 말도 안 되는 거짓말임을 밝혀둔다. 그리고 시모조는 칙령 41호를 제정할 때 마치 아카쓰카 시요스케의 "부도"를 표준으로 했던 것처럼 해석하고 있다. 그 지도를 모방하고 답습했다면 왜 "도항"이라 하지 않고 '석도'라고 했을까? 거기에는 논리성은 없고 모순성만 있는 자의적 해석에 불과하다.

또한, 시모조는 「아카쓰카 시요스케(赤塚正助)가 울릉도의 부속 섬 을 관음도가 아니라 도목(도항)이라고 한 것은 『칙령 제41호』가 공포 된 1900년 당시 도항의 호칭이 일반적이었기 때문이다. 그 도항을 논 의에서 제외하고 (한국 측에서) "관음도를 「석도」라고 부를 이유가 없 다"라고 하는 의도는 어디에 있는가? 울릉도의 부속 섬으로 도항의 이 름이 문헌상에 나타나는 것은 1882년, 울릉도검사 이규원이 『울릉도 검찰일기』 등에서 "섬이 소가 누운 모습과 같다"라는 것에서 유래된다. 소가 누워 있는 형태로 된 작은 섬이 도항(섬목)이라고 호칭하게 된 것 은 섬을 소(牛)의 항(項;목덜미)으로 본 것이다. 이후 한일 양국에서는 도항을 울릉도의 부속 섬으로 인식하고 아카츠카 시요우스케도 "부도" 에 도항(그림 12)을 그린 것이다.」라고 주장했다.

시모조는 죽서도(죽도)와 함께 울릉도의 부속 섬으로서 칙령 41호의 「울릉전도, 죽도, 석도」에서 도항이 석도라는 주장이다. 그렇다면 '칙 령 제41호'가 공포된 1900년 당시 도항이 일반적인 호칭이라면 왜 「도

항」을 그대로 사용하지 않고 「석도」라고 이름을 변경했을까? 그 이유
는 도항이 석도가 아니라는 것을 의미한다. 사실은 조선 조정에서 한일
간에 영토분쟁의 소지를 갖고 있는 독도에 대해 한국영토임을 명확히
할 필요가 있었기 때문에 당시 울릉도 사람들이 불렀던 「독섬」 혹은
「독도」를 한자어로 표기하여 「석도」라고 명칭했던 것이다.[38]

(3) 사료 해석조작③ : 도항이 석도인 이유에 대해서는, 「그 도항은
1900년 10월 25일 『칙령 제41호』가 공포되고 나서는 서항도라고도 표
기되어 1909년에 작성된 해도(그림 13)에서는 "somoku somu(섬목섬-
필자 주)"와 한국어의 독음이 적혀 있다.

〈그림 12〉島項(鼠項島, 觀音島)

〈그림 13〉「해도308호」의 「竹邊灣 至水源端」

38) 최장근, 「고지도상의 '우산도'명칭에 관한 연구 -'석도=독도' 규명을 중심으
로」, 『일본근대학연구』제36집, 한국일본근대학회, 2012.5, 221-240쪽.

그럼 도항은 왜 서항도(somoku somu)라고 표기되었는가? 그것은 『칙령 제41호』에서 울도군의 속도가 「석도」가 된 것과 관련이 있다. 도항과 석도가 밀접한 관계에 있었기 때문이다. 서항도(somoku somu)의 서항을 전통적인 발음 표시법("반절")로 읽으면, 서(so)의 모음(o)이 제외되고 목(moku)의 첫번째 자음(m)이 생략되어, 서항은 "soku(속)" (돌)이다. 서항도(somoku somu)를 "반절"로 읽으면, 석도(soku somu)가 된다. 이것은 1882년의 시점에서는 섬의 형상으로부터 도항(섬목)으로 표기되고 있었지만, 1900년에 석도(soku somu)가 된 것을 전후해서, "반절"에서 "soku somu(석섬; 석도)"가 되는 서항도로 표기를 바꾸었다는 것이다. 울릉도의 동북 수십 미터에 위치한 서항도(도항)가 「석도」로 표기되지 않더라도 전통적인 발음 표시법에서는 석도(soku somu)를 나타낸다. 도항이 '칙령 제41호'의 「석도」였기 때문이다.」라고 하여 시모조는 전혀 논리에 맞지 않는 거짓으로 사실을 조작하고 있다. 한국의 발음상으로 서항도와 석도는 전혀 상관없다. 「전통적인 발음표시법」을 활용했다는데 이런 논리를 주장하는 한국학자는 없다.[39)]

(4) 사료 해석조작 ④ : 독도가 무주지였다는 주장에 관해서, 시모조는 「에도시대에 송도라고 불리던 다케시마(독도)가 "리안코섬"이라고 호칭된 것은 1849년 프랑스 포경선 리앙쿠르트 호가 다케시마를 발견한 이후 해도나 수로지에 "리앙쿠르 암" 등으로 표기되었기 때문이다. 그것도 영국 해군의 「해도」『일본: 일본의 큐슈, 시코쿠 및 한국의 일부』([그림14], 1863년 판) 등에서는 죽도(실재하지 않는 아르고노트 섬)와 송도(울릉도), 그것에 리앙쿠르 암(현재의 다케시마)이 그려져 당시

---

39) 한국의 전통적인 반절법에 의해 「서항도」가 「석도」로 변했다고 주장하는데, 이를 인정받을 설득력 있는 논증이 필요하지만 아무런 논증도 없을 뿐만 아니라, 선행연구에 대한 인용에 관해서도 언급이 없음.

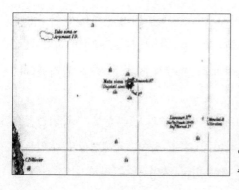

〈그림 14〉
영국 해군의 「해도」의 『일본, 일본 큐슈, 시코쿠 및 한국 일부』, 1863

의 지도나 「해도」에서는 울릉도가 송도로 표기됐다.」라고 했다. 이는 본고에서도 여러 번 지적했지만, '한국영토=독도'를 부정하기 위해 시볼트의 '일본도'의 오류에 의한 것이라고, 논리가 궁색할 때마다 항상 활용하는 시모조식의 조작방식이다.

그리고 시모조는 「시마네현에 편입되기 이전의 현재 다케시마도는 1903년 발간한 구즈 슈스케의 『한해통어지침』에서도 소속이 명확하지 않았다. 『한해통어지침』에서는 대한제국의 강계를 "동경 124도 30분 내지 130도 35분"으로 기술하고 있기 때문에 "동경 131도 52분"에 위치한 리안코섬은 분명히 대한제국의 강역 밖에 있었기 때문이다. 마찬가지로 리안코섬이 한국령으로 인식되지 않은 사실은 1900년 우용정의 『울도기』과 아카쓰카 시요스케의 "부도"에서도 확인할 수 있다. 리안코섬은 한국 땅이 아니라 "임자 없는 땅"이었기 때문이다」라고 주장한다.

사실 역사적으로 일본이 독도를 경영하였다는 단서는 아무데도 없다.[40] 하지만 한국의 왕조실록에는 독도가 한국영토로서 관리되었다

---

40) 나이토 세이추, 『독도와 죽도』, 제이앤씨, 2000. 内藤正中・金柄烈, 『史的検証竹島・独島』, 岩波書店, 2007. 内藤正中・朴炳渉, 『竹島=独島論争』, 新幹社, 2007. 大西俊輝, 『獨島』, 제이앤씨, 2004. 이외에도 정통적인 역사학을 연구한 대부분 학자는 독도를 일본영토라고 논증하지 않았다.

는 기록이 많다.[41] 게다가 메이지 정부도 '독도는 일본영토가 아니었다'라고 기록하여 한국영토로 분류하고 있다.[42] 특히 1900년의 칙령 41호는 대한제국이 독도를 한국영토로서 행정적 조치를 취해 관리했다는 증거이다.

그리고 시모조는 「이것은 1905년 1월 28일 일본정부가 각의결정으로 "타국이 이 섬을 점령한 흔적이 없다"고 하여, "국제법상으로 일본정부가 시마네현에 편입한 것에 대해 한국 측이 "무효"라고 할 자격이 없다는 것이다. 이를 가지고 호사카 씨가 "본래 울릉도의 이름인 죽도를 독도의 이름으로 해서 2월 22일 강제 편입"했다고 비판하는 것은 언어도단이다. 호사카 씨는 무엇을 근거로 "강제 편입"이라고 말하는가? 그리고 울릉도의 이름인 죽도를 독도의 이름으로 한 것도 정당한 이유가 있었기 때문이다. 리얀코섬이 시마네현에 편입되기 전 해, 시마네현 내무부장인 호리 신지(堀信次)는 오키도사(隱岐島司) 아즈마 후미스케(東文輔)에게 "도서의 명명"에 대해 조회했다. 아즈마 후미스케의 응답은 "그 명칭으로 다케시마(죽도)가 적당하다"라고 한 것이었다. 그 근거로 아즈마 후미스케는 "종래 울릉도를 다케시마(죽도)라고 불러왔지만, 해도를 보면 울릉도는 분명히 송도라고 되어 있다. 그래서 새로운 섬은 지금까지 잘못 불러온 호칭인 '죽도(다케시마)'라고 명명해야 한다."라고 건의했다. 여기에서 아즈마 후미스케가 "종래 울릉도를 죽도라고 불

---

41) 나이토 세이추, 『독도와 죽도』, 제이앤씨, 2000. 內藤正中·金柄烈, 『史的檢証竹島·独島』, 岩波書店, 2007. 內藤正中·朴炳涉, 『竹島=独島論争』, 新幹社, 2007. 이외에도 한국학자는 물론이고, 일본학자들 중에서도 山辺健太郎, 堀和生, 梶村秀樹 등 일본을 대표하는 역사학자들이 논증하고 있다.
42) 앞에서 논증했듯이, 산조 사네토미(三条実美)가 내무경 야마다 아키요시(山田顕義)를 통해 일본인이 「松島 일명 竹島」에 도항하지 못하도록 전국에 통달했던 것으로도 충분히 알 수 있다.

러 왔지만, 해도를 보면 울릉도가 분명히 송도라고 표기되어 있다."라
고 회답한 것처럼, 에도시대에 죽도로 불리던 울릉도가 해도 등에서는
독도의 호칭인 송도로 표기되고 섬 명칭이 바뀌어 있었기 때문이다.」
라고 한다.

일본이 죽도는 원래 울릉도의 명칭이었는데 독도의 명칭으로 사용
한 정당성에 대해, 해도에 울릉도가 송도로 쓰이고 있어서 부득이 시마
네현에서 죽도로 표기해도 무방하다고 했기 때문이라는 주장이다. 섬
명칭은 바뀔 수는 있는 법이다. 그러나 자국의 고유영토라면 섬 명칭의
혼동을 겪었다는 것은 그만큼 섬 관리를 소홀했거나 자국의 영토가 아
니라는 것을 의미한다.[43] 사실 사료적으로 보면, 1905년 이전에 독도
가 일본영토였다는 증거는 한 점도 없다.[44] 반면, 당시 한국정부는 물
론이고 일본정부도 울릉도와 독도가 한국영토임을 인정하는 사료가 많
다. 그래서 일본의 영토 편입조치는 타국영토에 대한 침략적인 행위인
것이다.

(5) 사료 해석조작 ⑤ : 메이지 정부의 공문서『조선국교제시말내탐
서』[45]와 "태정관지령"[46]에 대해, 시모조는「이 두 문헌의 증거 능력이
없는 사실은 이미 앞에서 "『고문서를 봐도 독도는 한국영토』가 아닌
이유"에서 밝혔다. 호사카 씨는 사다 하쿠보의『조선국교제시말내탐서』

---

43) 이는 한국 측이 애당초 오늘날의 독도를 두고 조선시대에 '우산도'라고 했
   다가, 조선 말기에는 죽서도를 우산도라고 한 것은 그 시점에 한국 측이
   독도의 관리를 소홀했다는 주장을 부정할 수는 없다.
44) 이미 內藤正中, 山辺健太郎, 堀和生, 梶村秀樹 등 일본을 대표하는 일본인
   의 역사학자들이 논증했다.
45) 신용하,「일본 메이지 정부 외무성과 태정관의 조선왕조의 독도 영유권
   재확인」,『독도의 민족영토사연구』,지식산업사, 1996, 156-164쪽.
46) 신용하,「일본 메이지 정부 내무성과 태정관의 조선왕조의 독도 영유권
   재확인」,『독도의 민족영토사연구』지식산업사, 1996, 164-171쪽.

를 근거로 "일본은 1870년 독도를 조선의 부속"이라고 했다고 역설한
다. 그러나 본문에서는 "송도에 관한 기록이 지금까지도 게재되었다는
증거가 없음"이라고 보고되었듯이 사다 하쿠보가 송도(다케시마)가 조
선 땅이 되었다고 하는 문헌은 존재하지 않는다고 복명했다.」「또한,
호사카씨가 "1877년에는 독도가 일본영토가 아님을 정한 공식 문서"로
서 "죽도 외 1도에 관해 본방과 관계없음"이라고 한 1877년의 "태정관
지령"을 지적했다. 그러나 "죽도 외 1도"라고 된 '1도'는 송도를 말하는
데, 송도는 현재의 다케시마가 아니라 울릉도였다는 사실은 이미 실증
되었다. 태정관지령으로부터 4년 뒤인 1881년 8월 외무성 촉탁의 기타
자와 마사노부(北澤正誠)가 "오늘날의 송도는 즉 겐로쿠 12년에는 죽
도라고 칭했다. 예로부터 우리나라 판도가 아님을 알 것"이라고 『죽도
고증』에서 보고했고, '외1도'는 '송도'를 말하는데, 그것은 울릉도임이
판명되었기 때문이다. 이를 계기로, 메이지 정부는 "일본에서 송도라고
부르는 것은 일명 죽도, 조선에서는 울릉도라고 함"(日本称スル松嶋、
一名竹島。朝鮮称スル欝陵島)이라고 해서 울릉도를 송도라고 부르기
도 했던 것이다. 이 섬 이름의 혼란은 서양 해도나 지도에서 울릉도가
송도로 표기된 것에서 기인된다. 실제로 1904년 11월 30일 다케시마를
시마네현에 편입할 때, 오키도사(隠岐島司) 아즈마 후미스케(東文輔)
가 "종래 울릉도를 죽도라고 불러 왔지만, 해도를 보면 울릉도는 분명
히 송도라고 되어 있다."라고 회답한 사실이 그 증거이다.」라는 것이다.
　메이지 정부의 공문서에 의하면 해석상으로 1970년과 1977년 울릉
도와 같이 독도를 한국영토로 인정했다.[47] 이 공문서는 서로 7년의 격

---

47) 산조 사네토미(三条実美) 태정대신의 '울릉도 도항금지령', 태정관 문서에
　　서 '죽도 외 1도(독도) 일본영토와 무관', 외무성의 '조선국교제시말내탐서
　　(朝鮮国交際始末内探書)' 등이 있다.

차가 있다. 내용적으로 보면 1977년의 태정관지령에서 울릉도와 독도를 한국영토로 인정했다는 것은 1970년에 사다 하쿠보가 '공문서에 독도에 관한 기록이 없다'고 보고한 것이 독도에 관한 조사가 부족했다는 것을 인정하는 증거가 된다. 그럼에도 불구하고 시볼트가 「일본도」를 잘못 그려서 그것을 모방한 탓이라고 시모조가 아무리 강변해도 거기에는 설득력은 없고 모순성만 보인다.

6. 맺으면서

본 연구는 '다케시마=일본영토'라는 논리가 어떠한 방식으로 생산되는지 그 조작방식에 관해 고찰했다. 특히 본 연구는 현재 일본에서 죽도가 일본영토라는 선동활동을 가장 활발하게 하고 있는 시마네현이 설치한 죽도문제연구회가 조작한 왜곡된 논리이다. 이를 요약 정리하면 다음과 같다.

첫째, 조선시대 왕실의 관찬문헌이나 고지도 등에 등장하는 「우산도, 울릉도 두 섬은 조선 동해에 위치하며, 날씨가 청명하고 바람이 불면 서로 잘 보인다.」라고 하는 기록이 있다. 이것은 조선 조정이 울릉도와 우산도(독도)를 조선영토로서 관리해왔다는 것을 의미한다. 이를 부정하지 않으면 일본은 독도를 한국영토로 인정해야 한다. 그래서 시모조는 무리한 방식으로 부정하는 논리를 만들어낸다. 울릉도와 우산도는 「1도 2명」으로서 동일한 섬에 대한 다른 명칭이 2개라는 주장을 한다. 즉 우산도는 울릉도의 별칭이라는 것이다. 그러나 시모조의 논리에는 설득력은 없고 모순성만 가득했다.

둘째, 일본에서 발행된 지도(관찬, 사찬 포함)로서 조선 동해에 죽도

(울릉도)와 송도(독도)를 명확히 표기한 지도들이 매년 발굴되고 있다. 이를 부정하지 않으면 일본은 독도를 한국영토로 인정해야 한다. 그래서 시모조는 이를 부정하기 위해 안간힘을 쓰고 있다. 시모조의 논리는 시볼트의 「일본도」에서 「죽도-송도」의 경위도를 잘못 표기하여, 유럽에서 잘못된 시볼트의 「일본도」를 참고로 새로운 「일본도」에 「죽도(실존하지 않는 섬)-송도(실제의 울릉도 위치)-리앙쿠르(실제의 독도 위치)」를 표기하게 되었다는 것이다. 그래서 조선 동해에 「죽도-송도」의 섬이 그려진 모든 지도를 「죽도(울릉도)는 울릉도이고, 「송도(독도)도 울릉도이다」라는 식으로 사료해석을 조작하여 왜곡된 논리로 독도 영유권을 부정하고 있다.

셋째, 독도가 한국영토라는 것은 사료적으로 논증된다. 일본은 이를 부정하지 않으면 독도를 한국영토로 인정해야 한다. 그러나 사료적으로 설득력 있는 비판은 불가능했다. 그러자 시모조는 시대적 관련성이나 내용적 접합성이 없는 사료조차도 막무가내로 동원하여 끼워맞추기식으로 논리를 조작했다.

이상과 같이 최근 일본에서 독도에 대해 영토문제를 조장하는 죽도문제연구회를 비롯한 영토 내셔널리스트들은 우선적으로 '다케시마'가 일본영토라는 역사적, 국제법적 논리 계발이 시급하다고 생각한 듯하다. 그래서 시마네현이 적극적으로 동조하여 죽도문제연구회가 발족되었다. 독도 영유권은 역사적으로 보나 국제법적으로 보나 일본영토가 될 수 없다. 그런데 시모조 마사오는 역사연구가라는 명목 아래 정통적인 역사학자들이 부정하고 꺼려하는 죽도=일본영토 만들기에 앞장서서 사료해석을 조작하는 방식으로 독도가 한국영토임을 부정하고 일본영토로서의 논리를 만들었다.

제3부
미국의
영토팽창론

미국 건국으로 보는 영토인식과 독도문제에 미칠 영향

제10장

1. 들어가면서

일본이 한국의 독도 실효적 관리에 대해 이의를 제기하여 영유권을 주장하고 있지만, 독도는 역사적 권원에 의거하고,[1] 제2차 대전 이후 일본의 패망과 더불어 연합국의 정책에 의해 한국이 실효적으로 관리하는 한국영토임이 분명하다. 오늘날 한국의 독도 실효적 관리는 바로 미국을 비롯한 연합국이 역사적 권원에 의거하여 한국영토로 분류했기 때문이다. 제2차 대전에서 일본이 패망함으로써 연합국은 포츠담선언

---

1) 송병기(1999)『울릉도와 독도』, 단국대학교 출판부, 15-251쪽. 신용하(1996)『독도의 민족영토사 연구』, 지식산업사, 23-322쪽. 오니시 도시테루(2011)『독도개관』, 인문사, 148-149쪽. 内藤正中・朴炳涉(2007)『竹島＝独島論争』新幹社, 11-342쪽.

에 의거하여 제국주의방식으로 확장한 모든 지역을 일본영토에서 분리하도록 결정했다. 그런데 일본은 연합국의 정책에 대해 조금이라도 일본제국의 영토를 남게 하려고 연합국 측에 로비했다. 일본의 노력은 결과적으로 아이누 민족의 지역과 유구지역을 영토로서 확보하는 데 성공했다. 그러나 일본이 주장했던 쿠릴열도와 센카쿠제도 그리고 독도에 대한 영유권 주장은 받아들여지지 않았고, 최종적으로 일본영토로 확정되지 못했다. 사실상 독도에 한정한다면 유사 이래 한 번도 한국이 일본에게 독도의 영유권을 인정한 적이 없었다. 그럼에도 불구하고 일본은 대일평화조약에서 일본을 자유진영에 편입시키기 위해 일본의 입장을 지지하던 미국의 동조를 기대했으나, 최종적으로 미국이 중립적인 입장을 취했다. 만일 장래에 미국이 정치적 이해관계를 염두에 두고 일본을 지지하는 입장표명을 한다면 독도문제는 다시 정치적인 문제로 조명될 것이다. 현재 일본은 독도문제를 정치화하여 분쟁지역화를 의도하고 있다. 이러한 의미에서 미국의 발언은 독도문제를 해결하는 데 엄청난 혼란을 초래할 수 있다. 독도는 유사 이래 고유한 한국영토이다. 그런데 일본은 러일전쟁 중에 무주지로 선점한 새로운 영토라고 하여, 제국주의국가들이 만든 국제법의 무주지 선점 이론으로 영유권을 주장하고 있다.

본 연구에서는 미국의 건국과정에서 영토형성과 영토인식을 고찰하여 고유영토론에 대한 미국의 이해도를 고찰하는 것이 목적이다. 연구방법으로는 선행연구를 토대로 유럽 각국이 북아메리카에 진출하여 인디언의 삶의 영역을 점령하여 식민지로서 관리했고, 이를 다시 영국이 전쟁으로 식민지로서 통합하였는데, 다양한 민족으로 구성된 북아메리카의 영국 식민지 지배에 대해 식민지 민중들이 반기를 들고 식민지 전쟁을 통해 미국이라는 독립국을 만드는 과정을 검토한다. 이를 통해 미국의 영토형성 과정과 미국의 영토인식을 검토하고, 이것이 다시 독도 영토문제에 어떠한 영향을 미칠 것인가를 검토한다.

선행연구로서는 미국의 영토성립에 관한 선행연구는 많지만,[2] 미국 영토와 관련하여 고유영토론에 대한 유무를 검토하기 위해 독도문제와 관련해서 고찰한 연구는 없다.

2. 유럽 제국주의의 북아메리카대륙 점령[3]

2.1 북아메리카에 있어서 원주민 인디언의 상황

유럽인들이 들어오기 전 북아메리카에는 여러 종족의 인디언들이 있었는데, 이들은 각자의 지정된 영역을 중심으로 여러 권력체가 존재했다.[4] 유럽인들은 무기류 등의 문명화된 도구를 가지고 무역을 위한

---

2) Hale, C. (2008) "When Hawaii Had a King", Smithsonian Magazine, February 2008, p.21. Kinzer, Stephen (2006) America's Century of Regime Change from Hawaii to Iraq, Times Books, p.163. 이 외에도 많이 있으나, 영토팽창 관련 선행연구의 성과는 대체로 「미국의 영토확장」(http://ko.wikipedia.org/wiki/, 검색일: 2013년 7월 30일)에 축약되어 있다고 하겠다.

3) 「미국의 영토확장」, http://ko.wikipedia.org/wiki/(검색일: 2013년 7월 30일).

4) 북아메리카: 나바호족(Navajo/Navaho), 네즈퍼스족(Nez Perce), 누트카족(Nootka), 라코타족(Lakota), 모하비족(Mohave), 모호크족(Mohawk), 모히칸족(Mahican/Mohican), 샤이엔족(Cheyenne), 세네카족(Seneca), 세미놀족(Seminole), 쇼쇼니족(Shoshone), 수족(Sioux), 아베나키족(Abenaki), 아시니보인족(Assiniboin), 아파치족(Apache), 와이언도트족(Wyandot), 이로쿼이족(Iroquois), 주니족(Zuni), 체로키족(Cherokee), 촉토족(Choctaw), 카이오와족(Kiowa), 카이유스족(Cayuse), 코만치족(Comanche), 크리족(Cree), 클라마스족(Klamath), 파이우트족(Paiute), 호피족(Hopi), 휴런족(Huron). 중앙아메리카: 마야족(Mayans), 나후아족(Nahuas), 아즈텍족(Aztecs), 사포텍족(Zapotecs), 믹스텍족(Mixtec), 토토낙족(Totonac), 타

경제적 목적 또는 영토 확장을 위한 정치적 목적을 가지고 북아메리카에 들어와 인디언들을 희생시키고 그들의 영역을 침략하여 오늘날 미국이라는 나라가 건국했다. 당시 인디언 지역의 상황을 살펴보기로 한다.[5]

원래 북아메리카[6] 원주민들은 대체로 중부, 서부 평원지대에서 버팔로를 사냥하는 유목민이었으나, 점차로 동부 해안지역, 서부지역, 남서부지역으로 흩어져 기후와 지형에 따라 다양한 음식, 의복, 주거, 예술을 가지고 살고 있었다. 15세기 말 유럽인들이 북아메리카에 처음 도래했을 때 북아메리카 100만 명, 중앙아메리카 300만 명, 남아메리카에 900만 명으로 대략 아메리카 전 대륙에 약 1,300만 명 정도의 원주민(Native American)[7]이 살고 있었다. 16세기 이후 유럽인들이 본격적으로 침입함으로써 천연두 등의 외래 질병과 전쟁, 노예화와 착취로 인해 그 수가 격감했다. 예를 들면 아이티의 시카오(Cicao) 지방의 아

라스코족(Tarascan), 푸레페차족(P'urhépecha/Purépecha), 키체족(Quiché/K'iche'), 카치켈족(Kaqchikel), 맘족(Mam), 케치족(Q'eqchi), 카리브족(Carib). 남아메리카: 케추아족(잉카족)(Quechuas/Incas), 과라니족(Guarani), 투피족(Tupi), 마푸체족(Mapuche), 와유족(Wayuu), 아이마라족(Aymara), 티모토쿠이카스족(Timoto-cuicas), 「아메리카 토착민」, http://ko.wikipedia.org/(검색일: 2013년 7월 30일).
5) 「미국의 아메리카 원주민」, http://ko.wikipedia.org/(검색일: 2013년 7월 30일).
6) 미국영토에 해당하는 알래스카 및 북아메리카의 원주민들은 12,000년~30,000년 전에 러시아 동부의 시베리아 지역에 살던 퉁구스인이나 이누이트 등의 몽골로이드 계통으로 베링해협을 건너왔거나, 남아메리카에 도착한 폴리네시아인들이 멕시코를 거쳐 북아메리카에 도착하였다는 주장도 있다. 「미국의 아메리카 원주민」, http://ko.wikipedia.org/(검색일: 2013년 7월 30일).
7) 「미국의 아메리카 원주민」, http://ko.wikipedia.org/wiki/(검색일: 2013년 8월 4일). 이 표현은 광범위한 부족, 국가, 민족을 포괄하고 있다.

라와크족의 경우, 약탈자 스페인인들에 의해 2년 동안 25만 명이나 희생당했는데, 1650년경에는 한 명도 남지 않았다고 한다.[8] 일설에 의하면 1492년 콜럼버스가 카리브해 제도에 도달했을 때 3천만 명이었던 것이 1650년에는 8백만 명으로 줄어들었다고 한다.[9]

이러한 원주민 지역인 북아메리카 지역에 유럽 국가들이 앞다투어 식민지를 건설하여 인디언들의 지역을 침략했다. 식민지 건설에 동참한 국가들은 스페인, 영국, 프랑스, 네덜란드 등이다.

요컨대, 유럽제국들이 문명화된 무기류를 휴대하고 새로운 식민지 개척으로 영토 확장과 교역을 통한 경제적 이익을 획득하기 위해 북아메리카에 들어왔다. 여러 민족으로 구성된 북아메리카의 여러 지역의 인디언들은 외세의 침입으로부터 경제적 이익을 착취당했고, 경제적 어려움으로 생명의 권원인 삶의 터전을 약탈당했고, 침략자의 노예로 신분이 전락하여 자유로운 생활이 억압되었으며, 유럽으로부터 유입된 새로운 질병에 의해 인디언의 인구가 급속도로 감소했던 것이다.

2.2 스페인의 점령지

유럽에서 가장 먼저 북아메리카 대륙에 정착한 민족은 스페인계이다. 1492년 탐험가 크리스토퍼 콜럼버스가 스페인 왕실(이사벨 1세)과 계약을 맺고 카리브해 제도에 도착했다. 그 후 1513년 스페인의 정복자 후안 폰세 데 레온이 "라 플로리다(La Florida)"에 도착했다. 스페인의 북아메리카 개척은 그 이후 이들 지역을 중심으로 활발하게 식민지를 개척하여 스페인 사람들의 정착지가 되었다. 이들은 1522년부터 서

---

8) 하워드 진 지음, 조선혜 옮김(1986)『미국민중저항사』, 일월서각, 11쪽.
9) 「미국의 역사(콜럼버스 이전시대)」, http://cafe.naver.com/yuhakdalin/305 (검색일: 2013년 8월 4일).

남부지역인 멕시코까지 확대했고,[10] 더 나아가 중앙아메리카, 남아메리카, 서인도제도 등을 스페인의 식민지로 개척했던 것이다.[11] 즉 1521년의 아스테카제국, 1525년 중앙아메리카의 마야왕국, 1535년 페루의 잉카제국, 1538년의 콜롬비아의 칩차왕국, 1545년의 멕시코 유카탄반도의 마야왕국을 점령했다.[12] 이들 스페인의 식민지는 오늘날의 북아메리카의 멕시코, 남아메리카의 과테말라, 브라질, 온두라스, 벨리즈, 니카라과, 페루, 파나마, 코스타리카, 콜롬비아, 베네수엘라, 볼리비아, 아르헨티나, 칠레, 파라과이, 우루과이, 가이아나, 수리남, 에콰도르, 쿠바, 엘살바도르 등이 여기에 속한다.[13] 스페인은 1513년에 후안 폰세 데 레온이 처음으로 오늘날의 미국영토인 플로리다를 발견했고, 1526년에 500여 명의 스페인인과 100명의 흑인 노예가 지금의 사우스캐롤라이나인 피디강 어귀에 마을을 만들었다. 1550년경에는 북미해안을 탐험하여 서부의 오리건, 동부의 래브라도까지 탐사했고, 1565년 세인트오거스틴에 요새를 건설했다.[14] 이들 스페인인이 아메리카대륙에 진출한 목적은 새로운 영토를 확장하기 위한 식민지 개척에 있었던 것이다.[15]

---

10) 「미국의 역사(콜럼버스 이전시대)」, http://cafe.naver.com/yuhakdalin/305 (검색일: 2013년 8월 4일).
11) 「멕시코 · 중앙아메리카 · 서인도제국은 남아메리카 제국과 함께 에스파냐 포르투갈을 중심으로 한 라틴계 문화의 영향과 에스파냐인의 색채가 짙어 라틴아메리카라고 함」, http://cafe.daum.net/internationale/Jzlt/8348?docid =3345977180&q=%BD%BA%C6%E4%C0%CE%B1%C7%C0%C7%20%BD% C4%B9%CE%C1%F6%B1%B9%B0%A1.
12) 강준만(2010)『미국사산책1』, 인물과 사상사, 67쪽.
13) 「남아메리카」, http://ko.wikipedia.org/(검색일: 2013년 7월 30일).
14) 강준만(2010)『미국사산책1』, 인물과 사상사, 69쪽.
15) 스페인의 아메리카대륙 진출에 관한 역사에는 미국 원주민의 역사는 거의 보이지 않는다. 제국주의국가들의 역사는 침략의 역사를 정당화하고 피지

요컨대, 유럽국가로서 처음으로 아메리카대륙에 들어간 국가는 스페인이었다. 스페인은 프랑스, 네덜란드, 영국 등 다른 유럽국가들이 들어오기 전에 이미 식민지 쟁탈전 없이 아메리카대륙 전체를 자신들의 식민지로 생각하고 있었던 것이다. 그래서 북아메리카로부터 남아메리카까지 식민지로서 통치했던 것이다. 당시 스페인이 식민지를 개척할 때에 대항세력은 분명히 원주민이었던 인디언이었을 것이다. 그러나 인디언의 역사는 대부분 무시되어 스페인의 침략의 역사만 논의되었던 것이다.

2.3 프랑스의 점령지

국가가 주체가 되어 스페인 다음으로 북아메리카대륙에 들어온 나라는 프랑스이다. 프랑스를 위해 피렌체 출신의 베라차노가 1524년 노스캐롤라이나에 상륙했고, 대서양 연안을 따라 지금의 뉴욕만을 지나 북쪽으로 항해했다.[16] 또한, 모피 무역상 쿠뢰르 드 부아는 오대호 주변 지역에 도착하여 누벨프랑스라는 식민지의 전초기지를 건설했다.[17] 이들은 멕시코만까지 북아메리카 내륙의 대부분을 프랑스영토라고 선언했다. 프랑수아 1세 때인 1534년, 선원 자크 카르티에는 세인트로렌스 만으로 들어가 뉴프랑스(New France)[18]를 점령했다. 이들은 세인트로렌스 강을 따라 지금의 몬트리올 시를 거쳐 퀘벡 주 근처까지 식민

배민족의 역사를 무시했기 때문이다.
16) 프란시트 휘트니 외 지음, 이경식 옮김(2004)『미국의 역사』미국국무부, 14쪽.
17)「미국에 대하여」, http://kin.naver.com/qna/detail.nhn?d1id=9&dirId=9020201 &docId =166685028&qb=66qo(검색일: 2013년 7월 30일).
18)「뉴프랑스」, http://preview.britannica.co.kr/bol/topic.asp?mtt_id=15062(검색일: 2013년 7월 30일).

지 건설을 의도했다. 그때 프랑스인들은 세인트로렌스 강과 만에 거주하는 인디언들과 모피를 거래했다. 사뮈엘 드 샹플랭19)은 모피무역 전매사업에 관여하여 1603년 세인트로렌스 만, 1604년 펀디 만(현재 노바스코샤 주의 아나폴리스로열)에 항해하여 북아메리카에 최초로 프랑스 식민지 건설을 위한 기반을 조성했다. 거기서 지금의 몬트리올과 강의 급류 지역들을 탐험했다. 1604년에는 펀디 만을 둘러싸고 있는 아카디아 지역에 도착했고, 그곳의 남쪽으로 대서양 해안까지 탐험하여 매사추세츠 만에 도달했다.20) 한편, 프랑스의 경쟁국이었던 영국은 1607년 아카디아 남부, 현재의 메인 주인 케네벡에 도착했다. 프랑스는 영국인들이 퀘벡을 식민지화할 것을 우려하여 그 지역을 식민지로 개척할 계획을 세웠다.21) 1608년 샹플랭은 32명의 식민지 개척자를 직접 지휘하여 세인트로렌스 만에 있는 퀘벡을 식민지로서 개척했다. 1611년 모피거래의 많은 금전적 손실로 퀘벡의 식민지 개척이 위기에 처했을 때, 샹플랭이 루이 13세를 설득하여 1613년 뉴프랑스의 지휘관이 되었다. 프랑스 국왕은 퀘벡 식민지 정책에 별다른 대안이 없어서 1620년 다시 샹플랭에게 행정적 권한을 주었다. 1627년 프랑스 총리 리슐리외 추기경은 뉴프랑스 회사와 합작하여 세인트로렌스 계곡 전체를 장악한 뉴프랑스 식민지를 인수했다. 프랑스는 1629년부터 15년간 모피무역을 독점적으로 전매하여 프랑스인 200~300명을 뉴프랑스에 이주시켰다.22)

---

19) 「샹플랭」, 1567 프랑스 브루아주 출생, 1635. 12. 25 캐나다 퀘벡. 프랑스의 탐험가.
20) 「사뮈엘 드 샹플랭」, http://terms.naver.com/entry.nhn?docId=1110886&cid=200000000&categoryId=200003890(검색일: 2013년 7월 30일).
21) 「사무엘 드 샹플랭」, http://ko.wikipedia.org/wiki/(검색일: 2013년 7월 30일).
22) 「캐나다의 역사」, http://ko.wikipedia.org/(검색일: 2013년 7월 30일).

초기에는 영국은 뉴잉글랜드 남쪽, 프랑스는 그 위쪽으로 진출하였으나, 양국이 본격적으로 식민지를 개척하면서 대립하였다.[23] 프랑스가 퀘벡에서 식민지 개척에 어려움을 겪고 있을 때 1628년 영국 정부의 공인을 받은 개척자들이 퀘벡을 공격하여 1629년 프랑스령 퀘벡을 식민지로 장악했다. 영국과 프랑스가 북아메리카 지역에서 식민지 쟁탈전을 시작한 것이다. 영국과 프랑스의 전쟁이 끝난 후, 프랑스는 1632년 생제르망 조약을 체결하여 퀘벡을 회복했고, 매년 늘어나는 정착민들과 함께 세인트로렌스 강 양안을 따라 개척지를 확장해나갔다.[24] 그러나 1663년 루이 14세가는 뉴프랑스 회사가 그 후 몇 년간 모피무역 이외에 식민지 건설에 관심이 없었기 때문에 뉴프랑스 회사의 특허를 취하하고 뉴프랑스를 직할식민지로 삼았다. 그리고 1666년에는 트라시 후작 알렉산드르 드 프루빌을 사령관으로 1개 연대병력을 파견하여 강제적으로 인디언을 몰아내고, 결혼적령기의 3,000여 명의 이주여성을 파견하여 식민지를 강화했다.[25]

프랑스는 퀘벡을 식민지로 개척한 이후 정착지를 신대륙으로 확대했다. 1910년 프랑스는 북부 인디언 부족과 동맹조약을 맺고 다른 인디언부족과 전투를 벌이기도 했는데, 인디언들로부터 공신력을 얻어갔다. 그 결과 현재의 뉴욕 북부, 오타와 강, 그레이트레이크의 동부지역을 탐험했고, 이들 지역에 거주하는 인디언과의 모피거래도 증대되었다.[26]

프랑스는 퀘벡의 최초 행정장관(1665~68과 1670~72)으로 장 바티

---

23) 유종선(1995) 『미국사100장면』가람기획, 64쪽.
24) 「사무엘 드 샹플랭」, http://ko.wikipedia.org/wiki/(검색일: 2013년 7월 30일).
25) 「뉴프랑스」, http://timeline.britannica.co.kr/bol/topic.asp?article_id=b04n0934a&ref=5#ID5(검색일: 2013년 7월 30일).
26) 「캐나다의 역사」, http://ko.wikipedia.org/(검색일: 2013년 7월 30일).

스트 탈롱을 삼았다. 그는 식민지 건설과 산업을 장려하고 멀리 서부지역 개척을 강행했다. 루이 졸리에는 미시시피 강을 탐험하여 강줄기가 태평양이 아닌 멕시코 만으로 흘러들어 가는 것을 알아내었다. 이를 근거로 1671년 시몽 프랑수아 도몽은 수세인트마리에서 북아메리카 대륙의 내륙지방이 모두 뉴프랑스의 연장 부분이라고 하여 프랑스령임을 선언했다. 이렇게 하여 프랑스는 영국의 침략으로부터 퀘벡을 수호했고 그 기세를 이어 멕시코만까지 북아메리카 내륙의 대부분을 영토로서 확장했다.27) 17세기 동안에 2,000명의 프랑스인들이 이주해왔다.28)

요컨대, 스페인의 아메리카대륙의 식민지 개척에 자극을 받아 후발로 참가한 나라가 프랑스였다. 신대륙 진출 초기의 프랑스는 스페인이 점령한 북아메리카 전체에 대해 모두 자신들의 식민지라고 선언했다. 그리고 특히 지금의 캐나다 지역을 근거지로 식민지 개척을 활발히 했다. 프랑스의 식민지 개척에서 대항상대는 고유영토에서 대를 이어오던 인디언이 아니고 침략자 영국이었던 것이다.

2.4 영국의 점령지

영국은 1620년과 1635년 사이에 경제적인 어려움과 1630년대 영국 찰스 1세의 전제군주 정치로 크롬웰이 반란을 일으켜 승리하자 왕당파들이 1640년대 버지니아로 이주하는 등, 많은 영국인들이 신대륙에 정착했다.29)

---

27) 「퀘벡 주」, http://ko.wikipedia.org/(검색일: 2013년 7월 30일).
28) 아루가 나쓰키, 유이 다이자부로 지음, 양영철 옮김(2008) 『미국의 역사』, 삼양미디어, 126쪽.
29) 프란시스 휘트니 외 지음, 이경식 옮김(2004), 『미국의 역사』, 미국국무부, 17쪽.

영국은 북아메리카에서 스페인과 프랑스가 식민지를 개척하는 것을 보고 대항적으로 식민지 개척을 시작했던 것이다. 제임스 1세는 1606년 런던의 버지니아회사에 북위 34~41°의 아메리카 동부 해안에 식민지 건설을 특허하여, 식민지 개척자 120명이 1607년 제임스 강어귀에 버지니아 식민지로서 제임스타운[30]을 건설했다.[31] 또한, 영국정부는 1609년과 1612년 버지니아회사에 아메리카대륙을 가로질러 태평양에 이르는 넓은 지역[32]을 점유하는 새로운 특허장을 주었다. 1619년 영국 내의 버지니아 본사는 이들 식민지에 총독과 보좌기관, 각 정착지에서 뽑은 2명의 의원으로 구성되는 버지니아회의를 구성했다. 그것이 오늘날 미국의회의 민주적인 양원제의 시초였다. 1624년 왕좌법원(King's Bench)은 런던회사를 해체하고 왕령의 버지니아식민지로 개편하여[33] 영국의 남부 식민지의 중심이 되었다.[34]

매사추세츠 식민지 건설은 1620년 영국의 박해를 피해 네덜란드로 피신한 청교도 분리주의자 35명과 네덜란드에서 합류한 비분리주의자를 포함한 102명[35]의 청교도들에 의해 시작되었다.[36] 국왕 찰스 1세는

----

30) Virginia Company of London이라고도 함. http://100.nate.com/dicsearch
   /pentry.html?s=B&i=131233&v=42(검색일: 2013년 7월 30일).
31) 프란시스 휘트니 외 지음, 이경식 옮김(2004), 『미국의 역사』, 미국국무부,
   18-19쪽.
32) 폭 640㎞.
33) 「버지니아 주」, http://ko.wikipedia.org/(검색일: 2013년 7월 30일). 버지
   니아는 영국 국교인 성공회교회의 유지를 위해 주민들은 종교세를 내어야
   했다.
34) 「남부 식민지 사회의 형성 - 2. 체서피크 만의 식민지들」, http://www.cyworld.
   com/aja007/6113810.
35) 「필그림 파더스(Pilgrim Fathers, 巡禮始祖)」, http://100.nate.com/dicsearch
   /pentry.html?i=207862(검색일: 2013년 7월 30일).
36) 1620년 11월 21일, 필그림은 플리머스 식민지를 건설하기 위해 승선자 중
   41명의 남성들이 메이플라워호 서약을 통해 이탈을 막았다. http://100.nate.com

1628년 저항적인 청교도들을 내쫓기 위해 장원의 영주이며 치안판사였던 존 윈스롭(John Winthrop)을 지사로 선출하여 매사추세츠 만 식민지 회사[37]의 토지권과 영토 통치권을 칙허했다. 그 후 1630년 청교도들이 17척의 배를 나누어 타고 매사추세츠의 찰스타운에 정착했다. 이후 10년 동안 계속 이민자들이 들어와서 번창하여 청교도인들만의 지역이 되었다.[38]

메릴랜드[39] 식민지는 1629년부터 개척이 시작되었는데, 영국 국왕이 직접 통치하는 식민지와 지역적으로 멀리 떨어져 있어 영국에서처럼 종교와 국가가 쉽게 결탁할 수 없었다. 찰스 1세는 1632년 귀족 볼티모어 경(조지 캘버트)에게 영주로서 체서피크 만의 다른 한쪽이었던 포토맥 강 남쪽의 넓은 지역에 식민지(proprietary colony) 개척권을 주었다.[40]

뉴잉글랜드 식민지는 1620년 메이플라워호(號)를 타고 온 102명의 청교도가 현재의 보스턴 남쪽에 상륙하여 그곳에 플리머스 식민지를

/dicsearch/pentry.html?s=B&i=137432&v=43(검색일: 2013년 7월 30일).

37) 「메이플라워 서약(Mayflower Compact)」, http://terms.naver.com/entry.nhn?docId=1005875&categoryId=2564#(검색일: 2013년 7월 30일).

38) 프란시스 휘트니 외 지음, 이경식 옮김(2004), 『미국의 역사』, 미국국무부, 19-22쪽. 매사추세츠 식민지의 참정권은 청교도인에게만 주어졌다.

39) 메릴랜드 식민지, http://terms.naver.com/entry.nhn?docId=1005866&categoryId=2564#(검색일: 2013년 7월 30일).

40) "볼티모어 경은 가톨릭교도였기 때문에 국교회인 성공회로부터 박해를 피할 수 있는 가톨릭교도들의 종교적 피난처로 만들려고 하였다. 그러나 볼티모어 경이 죽은 후 그의 아들이 1634년 가톨릭교도뿐만 아니라 프로테스탄트 교도를 포함하는 수백 명의 이민자들을 메릴랜드 식민지에 보냈다. 메릴랜드는 프로테스탄트 교도가 늘어나서 영주와 경작자들 사이에 자주 분쟁이 격화되었다. 그래서 개인주의와 평등주의를 상징하는 자유민들의 대표로 이루어진 식민지 의회가 설치되고 모든 교파에 대한 종교적 관용도 인정되었다."

형성한 것이 시초이다. 1634년경의 뉴잉글랜드[41]는 메인, 뉴햄프셔, 버몬트, 매사추세츠, 코네티컷, 로드아일랜드의 여섯 주에 걸친 지역이다. 뉴잉글랜드의 북부 식민지를 중심으로 살고 있는 1만 여명의 청교도들은 풍속·습관·사회제도 면에서 근면·검소하고 도덕을 준수하는 생활을 하였다. 뉴잉글랜드는 미국 북동부에 위치하고 있었는데, 그곳에 1643년부터 1684년까지 뉴잉글랜드연합이라는 식민지 연합체를 구성하고 있었다. 이들은 상당 부분 본국인 영국으로부터 독립된 식민지를 이루고 있었던 것이다. 18세기 이후 이곳 뉴잉글랜드는 이주자가 적고, 영국계 이민이 주류를 이루고 있어서 특유의 뉴잉글랜드 기질이 조성되었다. 그 후 뉴잉글랜드의 기질은 비옥한 토지를 찾아 다른 지역으로 이주하여 미국 각지에 전파되어 미국인의 정신적 지주가 되었다.[42] 17세기 동안에 잉글랜드와 웨일스에서 약 15만 명, 아일랜드에서 5,000명, 스코틀랜드에서 2,000명이 북미대륙에 이주하여, 유럽인의 94%가 영국인들이었다.[43]

요컨대, 영국은 북아메리카 동부에서 서로 다른 교파의 종교집단에 의해 여러 지역에 걸쳐 식민지를 개척했다. 선행연구에서는 북아메리카에 침입한 영국의 역사는 존재하고 있지만, 피지배자였던 원주민 인디언의 역사에 대해서는 그다지 찾아볼 수 없다. 이처럼 영국이 원주민 인디언 지역을 제국주의적인 방법으로 침략하여 오늘날 이를 정당화하고 있다. 그 때문에 인디언들의 고유영토론은 사라지고, 제국주의국가

---

41) 「뉴잉글랜드」, http://terms.naver.com/entry.nhn?docId=1078309&categoryId =200001297(검색일: 2013년 7월 30일).
42) 「네덜란드계 미국인」, http://ko.wikipedia.org/wiki/(검색일: 2013년 7월 30일).
43) 아루가 나쓰키, 유이 다이자부로 지음, 양영철 옮김(2008), 『미국의 역사』, 삼양미디어, 126쪽.

들이 그들이 침략한 영토를 정당화하기 위해 만든 국제법에 의한 신영
토론만 존재하고 있을 뿐이다.

2.5 네덜란드인의 점령지

네덜란드도 영국과 거의 비슷한 시기에 스페인과 프랑스가 개척한
북아메리카의 식민지에 대항적으로 식민지 개척을 시작했다. 네덜란드
정부는 1602년 인도제국의 탐험과 세계 미지의 영토를 탐험하기 위해
네덜란드동인도회사를 특허했다. 헨리 허드슨은 1609년 네덜란드동인
도회사를 대신하여 미국 동부 해안지역을 탐험했다.[44] 테이헤르(Tijger,
호랑이)호가 1613년 겨울 허드슨 강을 항해하다가 표류했다. 이듬해
롱아일랜드 해안을 탐험하여 선장의 이름을 따서 그곳을 '블록 섬'이라
고 명명했다. 그러나 네덜란드인에 의해 구출된 후 그 정착지를 버렸
다. 위에서 언급했듯이 1620년 필그림 파더스(Pilgrim Fathers)로서 네
덜란드인이 영국 분리주의 청교도 35명과 함께 메이플라워호를 타고
매사추세츠에 정착했다.[45]

페터 미노이트는 1626년 인디언에게 맨해튼 섬을 사들여[46] 뉴암스
테르담(뉴욕의 전신)을 건설했다. 또한, 1629년 네덜란드 공무원들이

----

44) "2000년 미국 인구조사국에 의하면 5백만 명 이상의 미국인들이 전체 혹
   은 일부분의 네덜란드 혈통을 가지고 있다고 나왔다. 오늘날 네덜란드계
   미국인의 다수는 미시간, 캘리포니아, 몬태나, 미네소타, 뉴욕, 위스콘신,
   아이다호, 유타, 아이오와, 오하이오, 웨스트버지니아와 펜실베이니아에
   살고 있다. 그때부터 현재 뉴욕의 전신인 뉴암스테르담을 포함한 마을들
   이 네덜란드 이민에 의하여 설립되었다."「네덜란드계 미국인」, http://ko.
   wikipedia.org/wiki/(검색일: 2013년 7월 30일).
45) 「혁신과 청교도주의」, http://www.joongboo.com/news/articleView.html?
   idxno=56341(검색일: 2013년 7월 30일).
46) 「총 60굴덴」은 지금의 24달러 정도에 해당함.

사적으로 네덜란드서인도회사로부터 허드슨 강 유역 12마일을 구입하여 이주자 50명을 파견하여 영구 관할권과 통상권을 획득하였으나, 서인도회사가 1635년 다시 이들 지주의 관할권을 장악했다.[47)]

네덜란드인들은 인디언들로부터 토지를 구매하여 정착지를 넓혀나갔다. 네덜란드 정부는 1656년 부유한 시민들에게 큰 특권들을 부여하여 뉴네덜란드 개척을 적극적으로 지원했다. 그 결과로 뉴네덜란드 인구가 1648년에 2천 명이었던 것이 1660년에 1만 명으로 증가했다.[48)] 뉴네덜란드의 인구는 절반은 네덜란드인이고, 나머지는 주로 왈롱인들과 프랑스 위그노들이었다. 그래서 맨해튼은 다문화가 형성되었다. 그 변방 지역은 대체로 200년 동안 네덜란드인들의 거주지역이 되었고, 17세기 동안에 6,000명의 네덜란드인들이 이주해왔다.[49)] 이 지역은 1664년 영국인들이 식민지로 건설하면서 뉴욕으로 개명되었다.[50)]

요컨대 네덜란드의 북아메리카 개척은 대체로 동부지역으로 영국의 식민지 개척지역과 인근하고 있었다. 네덜란드는 정부가 앞장서서 강압적인 전쟁보다는 본국으로부터 부유한 지주들을 파견하여 인디언으로부터 직접적으로 토지를 구매하여 적극적으로 북아메리카를 개척을 추진했던 것이다.

2.6 아프리카 흑인의 북아메리카대륙 진출

아프리카 흑인들은 유럽 각국의 아메리카 식민지 개척에 노동력으로 이용되었다. 포르투갈과 스페인은 1500년대 초에 아메리카 대륙의

---

47) 「뉴욕의 역사」, http://ko.wikipedia.org/(검색일: 2013년 7월 30일).
48) 상동, 「뉴네덜란드」 참조.
49) 아루가 나쓰키, 유이 다이자부로 지음, 양영철 옮김(2008), 『미국의 역사』, 삼양미디어, 126쪽.
50) 상동, 「뉴네덜란드」 참조.

식민지 개척에 아프리카 노예[51]를 본격적으로 활용했다. 포르투갈은 브라질을 식민지로 개척할 때, 스페인은 서인도제도에서 사탕수수를 재배할 때 아프리카 노예를 이용했다. 1600년대 초 네덜란드, 프랑스, 영국도 아메리카에 식민지를 개척할 때 아프리카 노예들을 이용했다. 1600년대 중반 식민지들은 노예 법전을 만들어 노예들의 무기 소유, 교육 헌납, 주인 허락 없이 이주를 금지했다.[52]

아프리카에서 사로잡혀 계약 하인[53]으로서 처음으로 북아메리카대륙에 팔려온 것은 1619년 네덜란드 국적의 배 한 척이 20여 명의 아프리카인들을 싣고 버지니아의 식민지인 제임스타운에 도착한 것이다.[54] 계약 흑인들 중에는 4~7년 무임금의 노동 임무를 마친 후, 재산을 사들여 자유 흑인이 되어 백인 식민주의자들 사이에서 인종적 편견을 받으면서 최저 계급으로 살게 되었다.[55]

요컨대, 가장 먼저 북아메리카 대륙에 식민지를 개척한 나라는 스페인이었고, 스페인에 대항적으로 식민지 개척을 시작한 나라가 프랑스였다. 그다음으로 네덜란드와 영국이 서로 경쟁하듯이 스페인과 프랑스가 개척한 동부지역을 중심으로 적극적으로 개척을 서둘렀던 것이다. 이때에 모든 제국주의국가가 아프리카 흑인들을 노예로 사들여 아

---

51) 아프리카인들은 고대시대 이래 노예 제도를 실습하였다. 수많은 경우, 노예들은 전쟁 포로로 잡히고 북아프리카의 아랍 상인들에게 팔렸다.
52) 「노예 무역선」, http://cafe.naver.com/engus97/3032(검색일: 2013년 7월 30일).
53) 아메리카 식민지에 처음으로 들어온 흑인들은 하류 집안 백인들의 계약 하인들이었다. 대부분의 계약 흑인들은 4년 혹은 7년 동안 임금 없이 주인들을 위하여 일하였다.
54) 전국역사교사모임 지음, 『처음 읽는 미국사』, 청아문화사, 2010, 67쪽.
55) 「뉴져지 흑인의 역사(2) -초기 식민시대부터 1790년까지」, http://blog.naver.com/shorthills?Redirect=Log&logNo=50178047856(검색일: 2013년 7월 30일).

메리카를 식민지로서 개척하는 데 노동력으로 활용했던 것이다. 그래서 원주민 인디언들이 직접적으로 제국주의 침략자들로부터 직접적으로 박해를 받는 대상은 아니었다. 바로 아프리카 흑인들이 노예로서 박해의 대상이었던 것이다.

3. 영국의 북아메리카 대륙에서의 식민지 지역 통합

3.1 프랑스와의 식민지 전쟁

영국은 북아메리카 대륙에서 영토 확장과 교역문제로 프랑스와 치열하게 대립했다. 영국·프랑스 간의 최초 북아메리카 식민지전쟁은 1689년 영국의 윌리엄 핍스 경이 뉴잉글랜드 함대와 군대로 뉴프랑스령의 아카디아를 점령했던 것이다.[56] 그리고 영국은 1690년 퀘벡을 침략했지만, 뉴프랑스군에게 저지당했다. 그 이후 뉴프랑스군은 뉴잉글랜드의 변경을 지속적으로 공략하여 마침내 이로쿼이족 지역을 점령했다. 한편, 캐나다인으로 구성된 뉴프랑스군은 허드슨 만을 정복하여 아카디아를 되찾고 뉴펀들랜드를 공략했다. 이 전쟁은 결과적으로 1697년의 강화조약에서 뉴프랑스는 원래의 소유지였던 허드슨 만(뉴펀들랜드는 제외)을 고수했는데,[57] 이것은 프랑스의 도움을 거의 받지 않고 캐나다인들이 이룬 성과였다. 캐나다인 이베르빌은 1699년에 뉴프랑스의 또 다른 영토인 루이지애나를 식민지로 건설했고, 1700년과

---

56) 「윌리엄 왕 전쟁(1689~97)」이라고 함.
57) 「레이스베이크 조약」이라고 함.

1701년에 뉴프랑스는 이로쿼이족과 인디언 동맹을 체결하여 더 이상 전쟁하지 않고 지속적으로 번영해갔던 것이다.[58]

그런데 영국인들과 아메리카 대륙에 있는 영국 식민지 주민들은 뉴프랑스 전체를 정복하려는 의도를 갖고 있었다. 영국은 프랑스가 스페인을 병합하여 식민지를 확대하는 것을 우려하여 스페인 왕위 계승 전쟁[59]에 적극적으로 가담했다. 그래서 북아메리카 식민지에서 프랑스와 교전했고, 캐나다에서도 프랑스령 식민지를 공격했다. 1710년 영국인들이 아카디아를 다시 장악했다. 그러나 세인트로렌스 강 유역에서 심한 타격을 받고 후퇴했다. 하지만 영국과 프랑스의 전투는 대부분 유럽에서 일어났다. 스페인의 왕위 계승 전쟁이 1713년에 끝이 났다. 결과적으로 영국이 승리하여 북아메리카에서 허드슨 만을 되찾았고, 뉴펀들랜드에 대한 프랑스의 권리를 제한했으며, 아카디아를 분할하여 (케이프브레턴 섬 제외) 서부의 모피무역에 개입하게 되었다.[60] 영국은 이 전쟁으로 북아메리카에서 프랑스의 식민지 지역으로 식민지 영토를 점진적으로 확장해나갔던 것이다.

영국은 1742년 오스트리아의 왕위 계승 때에는 오스트리아 편에서 프랑스와 전쟁을 했다.[61] 영국군은 북아메리카 대륙에서 아카디아와 북부 뉴잉글랜드의 경계를 둘러싸고 식민지 전쟁을 일으켰다. 1745년 영국군이 우세하여 루이스버그를 점령하였지만, 양국은 화약(和約)을 맺고 서로의 점령지를 반환했다.[62]

---

58) 「뉴프랑스」, http://timeline.britannica.co.kr/bol/topic.asp?article_id=b04n0934a&ref=5#ID5(검색일: 2013년 7월 30일).
59) 앤 여왕 전쟁(Queen Anne's War, 1702~1713), http://ko.wikipedia.org/wiki(검색일: 2013년 7월 30일).
60) 「위트레흐트 조약」이라고 함.
61) 「조지 왕 전쟁(King George's War, 1744~1748)」이라고 함.

1756년 영국과 프랑스가 유럽에서 7년 전쟁[63]을 하고 있을 때, 북아메리카 대륙에서도 오하이오 강 주변의 인디언 영토를 둘러싸고 전쟁했다.[64] 프랑스 군대와 캐나다 방위대는 2년 동안 전승 상태에 있었으나, 1758년 영국 군대가 본국으로부터 많은 병력을 지원받아 루이스버그를 점령했다. 그 기세로 영국은 1759년 퀘벡을 점령했고,[65] 1760년에 몬트리올을 점령함으로써 뉴프랑스의 모든 영토가 영국에 점령당하게 되었다.[66]

영국은 1763년 프랑스와 파리에서 평화조약을 체결하고 케이프브레튼 섬과 뉴올리언스 외곽에 있는 미시시피 강 동쪽의 모든 뉴프랑스 영토를 확보했다. 프랑스는 뉴펀들랜드 근처에 있는 생피에르 섬과 미클롱 섬을 유지하고 뉴펀들랜드에 대한 조업권도 인정받았다.[67]

요컨대 프랑스는 북아메리카 식민지 경영에서 인디언과의 모피(毛皮) 무역이 중심이었기 때문에 적극적으로 영토 확장에 나서지 않았다. 그런데 영국은 농업을 위한 식민경영이 중심이었기 때문에 영토 확장에 적극적이었다. 식민지 초기 프랑스의 식민지는 캐나다와 미시시피

---

62) 「영국-네덜란드 전쟁」, http://ko.wikipedia.org/(검색일: 2013년 7월 30일).
63) 프렌치 인디언 전쟁(French and Indian War, 1755년 - 1763년)
64) "영국과 프랑스 모두 인디언들과 동맹을 맺었지만, 영국 측에서 볼 때 프랑스가 인디언과 동맹을 맺었기 때문에 프랑스-인디언 전쟁이라고 한다." 「영국-네덜란드 전쟁」, http://ko.wikipedia.org/(검색일: 2013년 7월 30일).
65) "퀘벡이 영국에게 점령당했지만, 남쪽의 다른 식민지와는 달리 프랑스어를 쓰는 주민들은 정치적으로 독립된 상태에 있었다. 현재의 퀘벡 주에 해당하는 지역에 살던 6만 여명의 프랑스계 캐나다인들은 영국시민이 되었다." 「영국-네덜란드 전쟁」, http://ko.wikipedia.org/(검색일: 2013년 7월 30일).
66) 「영국-네덜란드 전쟁」, http://ko.wikipedia.org/(검색일: 2013년 7월 30일).
67) 상동, 「영국-네덜란드 전쟁」 참조.

유역에 식민지를 확보하고 있었기 때문에 영국의 식민지를 북과 서에서 포위하는 형세가 되었던 것이다. 그러나 결국 영국이 영토 확장에 적극적이었기 때문에 북아메리카에서도 식민지 쟁탈전에서 압도적으로 승리함으로써, 프랑스는 전면적으로 철수하게 되었다.[68] 물론 프랑스와 영국의 식민지 쟁탈지역도 애당초 원주민 인디언의 영역이었다. 그러나 이미 이 지역은 원주민의 존재가 무시되고 제국주의의 식민지 쟁탈지역이 되었던 것이다.

3.2 네덜란드와의 식민지 전쟁

네덜란드는 17세기 초 경제적으로 번영을 누리고 있었는데, 그 기세로 영국과 거의 같은 시기 북아메리카 대륙에 미국 동부라는 같은 지역에서 식민지 개척을 시작했다. 네덜란드는 1652년부터 2년간의 영국과의 전쟁[69]에서 패하여 쇠퇴의 길을 걷기 시작했다. 영국은 1664년 찰스 2세가 아메리카 대륙의 뉴네덜란드를 침략하여 뉴암스테르담을 점령하고, 그 이듬해 1665년 선전포고로 네덜란드를 침략했다.[70] 그러나 프랑스가 네덜란드에 가담하여 참전함으로써 영국이 패배했다. 1667년 영국, 프랑스 네덜란드 3국 간에 강화조약을 체결했다. 즉 「①양국의 영토는 대략 현 상태를 유지한다. ②영국은 뉴암스테르담(오늘의 뉴욕)을 얻고, 네덜란드는 수리남을 확보한다. ③영국과 프랑스 간에는 영국이 아카디아를 프랑스에 양도하고 서인도제도를 영토로서 취한다.」고 합의했다.[71]

---

68) 「조지 왕 전쟁」, http://ko.wikipedia.org/wiki/(검색일: 2013년 7월 30일).
69) 「제1차 영란전쟁(1652~1654)」이라고 함.
70) 「제2차 영란전쟁(1665~1667)」이라고 함.
71) 「브레다 조약(Treaty of Breda)」이라고 함.

1672년 프랑스(국왕 루이 14세)는 무역 독점을 타파하기 위해 네덜란드를 침략했다. 전쟁결과 강화조약[72]으로 네덜란드는 모든 영토를 회복하는 대신 중립(中立)을 약속했다. 프랑스는 스페인으로부터 프랑슈콩테와 동북 국경의 여러 도시를 획득했다.[73]

영국은 1674년 제4차 영란전쟁[74]에서 승리하여 네덜란드의 아메리카 영토를 전부 획득하고, 뉴네덜란드 주를 뉴욕 주로 개명했다. 그리고 위스콘신 주에 있는 전형적 네덜란드인 농가인 뉴네덜란드를 100년간 통치함으로써 네덜란드인의 이민은 완전히 정지되었고, 영국 통치하의 뉴네덜란드는 1683년 네덜란드인 남녀 200여 명이 저먼타운[75]을 설립하였다.[76] 뉴암스테르담은 뉴욕으로 개명된 뒤 급격히 발전했고, 18세기에 들어 아프리카 노예들이 노동을 담당했다.[77]

영국의 식민지였던 캐롤라이나는 1729년 경제적 사회적 갈등으로 북부와 남부가 나누어져 노스캐롤라이나와 사우스캐롤라이나로 분리되었다. 영국은 1732년 스페인을 견제하기 위하여 조지아에 식민지를 건설함으로써 13개의 식민지를 통치하게 되었던 것이다.[78]

---

72) 「네이메헌 화약」이라고 함.

73) 「제3차 영란전쟁(1672~ 1674)」이라고 함.

74) 「영국-네덜란드 전쟁」, http://ko.wikipedia.org/(검색일: 2013년 7월 30일).

75) "이 정착자들의 대부분은 윌리엄 펜의 호소에 책임을 지고 온 퀘이커 교도들이었다. 네덜란드계 영국인이던 펜(어머니가 로테르담에서 건너왔음)은 자신이 몇몇의 팜플렛을 발간한 네덜란드를 3번이나 방문하였다. 저먼타운은 현재 독일인 계통들이 산다고 생각되어 왔으나, 18세기의 시작까지 거의 독점적으로 네덜란드인들로 남아 있다. 독일인 이민자들이 추진력을 얻어 곧 지역을 지배하였다." 「네덜란드계 미국인」, http://ko.wikipedia.org/wiki/(검색일: 2013년 7월 30일).

76) 상동, 「네덜란드계 미국인」 참조.

77) 상동, 「네덜란드계 미국인」 참조.

78) 상동, 「네덜란드계 미국인」 참조.

네덜란드인들은 미국의 독립 전쟁에서 연합군 중에서 가장 활동적인 반란군이었다. 서인도 제도의 네덜란드령 신트외스타티위스 섬의 총독은 자신의 요새에 있는 대포를 발사하여 전쟁을 승리로 이끌어내었다.[79] 1776년 11월 16일 미국계 네덜란드인들은 처음으로 미국국기가 된 성조기에 경례하면서 영국으로부터 독립을 쟁취했다.[80]

요컨대, 영국은 북아메리카 대륙에서 우선적으로 스페인과 프랑스의 식민지를 전쟁으로 획득하였고, 마지막으로 네덜란드 식민지를 전쟁을 통해 장악하였다. 이렇게 해서 영국이 후일 미합중국의 독립을 선언했던 13개 주를 모두 통치하게 되었던 것이다. 영국이 1606년 버지니아 회사를 통해 북아메리카에 식민지 개척을 시작하여 1776년 미합중국이 독립을 선언할 때까지 170년이라는 세월이 흘렀다. 사실상 북아메리카 대륙에서의 영국의 식민지 통치기관은 영국의 본국 정부로부터 식민통치를 받는 결과가 되었다. 그래서 결국 13개 주의 식민지 기관은 영국 본국으로부터 분리독립을 위한 독립선언을 하게 되었던 것이다.

---

79) 그 이후 제4차 영국-네덜란드 전쟁이 일어났는데, 영국이 1780년 12월 20일에 네덜란드에 전쟁을 선포하고 1784년 5월 네덜란드의 항복으로 종결되었다. 영란 간의 4차례 전쟁으로 네덜란드는 세계 강대국 지위를 상실했고, 영국은 해양강국으로 부상했다. 「네덜란드 그리고 영국의 해양제패」, http://blog.naver.com/hgb408?Redirect=Log&logNo=150134017687(검색일: 2013년 7월 30일).

80) "미국 대통령 중에 5명 즉 8대 마틴 밴 뷰런, 26대 시어도어 루스벨트, 32대 프랭클린 D. 루스벨트, 41대 조지 H. W. 부시와 43대 조지 W. 부시는 네덜란드계이다. 1820년과 1900년 사이에 네덜란드로부터 34만 명의 사람들이 미국으로 이민을 떠났다. 제2차 세계대전 직후에 수만 명의 네덜란드 이민들이 주로 캘리포니아 주와 워싱턴 주로 이주하였다. 미시간 주와 아이오와 주의 몇몇 군들은 네덜란드계 미국인들이 가장 큰 민족단체로 남아 있다. 오늘날 네덜란드계 미국인의 대부분(27%)는 캘리포니아 주에 살며, 뉴욕 주, 미시간 주와 펜실베이니아 주가 그 다음이다." 「미국의 대통령」, http://ko.wikipedia.org/(검색일: 2013년 7월 30일).

그때에 네덜란드계가 가장 큰 역할을 담당했었다.

4. 영국과의 전쟁에 의한 미국[81]의 독립선언과 영토 확정

북아메리카에서 1760년대부터 영국 식민지 통치기관은 영국 본국과 극한 상황으로 대립하기 시작했다. 영국 식민지는 1775년 6월 14일, 필라델피아에서 회의를 열고 대륙군을 창설하고, 조지 워싱턴을 사령관으로 임명함으로써 미국의 독립전쟁이 일어났다. 미국 군대는 프랑스의 지원을 받아 영국을 무찔렀다.[82] 미국은 1776년 영국의 식민지[83]로부터 13개 식민지를 갖고 독립을 선언했다. 필라델피아 회의는 1776년 7월 4일 토머스 제퍼슨이 초안한 독립선언서를 채택하고 영국으로부터 분리 독립을 선언했다..[84] 영국 식민지는 1777년 미합중국(미국)이

---

81) 「미국(United States of America)」, http://ko.wikipedia.org/wiki/(검색일: 2013년 7월 30일).

82) 「요크타운 전투」를 말함.

83) 「미국(United States of America)」, http://ko.wikipedia.org/wiki/(검색일: 2013년 7월 30일). "1776년 당시 북아메리카에 영국과 에스파냐가 식민지를 지배하고 있었는데, 영국은 북아메리카와 카리브 제도에 1776년 혁명에 참여하지 않은 다른 식민지를 여전히 지배했다. 지금의 캐나다 노바스코샤(뉴브런즈윅 주 포함), 뉴펀들랜드, 프린스에드워드아일랜드(1798년까지는 "Île Saint-Jean"), 로어 캐나다, 캐나다 이스트(퀘벡 주와 온타리오 주), 미국 동플로리다(지금의 플로리다 주), 서플로리다(지금의 루이지애나 주, 미시시피 주, 앨라배마 주, 플로리다 주의 일부), 지금의 독립국으로는 바베이도스, 바하마, 자메이카, 네비스 섬(세인트키츠 네비스의 일부), 세인트크리스토퍼 섬(지금의 세인트키츠 섬), 지금의 영국령 해외영토 버뮤다, 케이맨 제도 등이다."

84) 이 날은 오늘날 미국의 독립기념일이 되었다.

라는 이름으로 13개 주를 연합하는 연합 헌장으로 미국정부를 수립했다.[85] 영국 본국에 대한 미합중국의 독립전쟁은 1781년에 종결되었다. 1783년 영국과 미국 사이에 파리 조약(Treaty of Paris)이 체결되고 미국의 독립이 승인되었다. 영국은 뉴욕을 수도로 하는 미합중국의 독립을 인정하고, 13개 주에 대해 미시시피 강 동쪽을 미국의 영토로서 주권을 승인했다.[86]

영국 본국 식민지와 미합중국과의 경계는 북으로는 오대호와 세인트로렌스 강, 남쪽은 조지아의 남쪽 경계 및 북위 31도, 서쪽은 미시시피 강으로 정해졌다. 또한, 미국인은 뉴펀들랜드 섬에서의 어업권과 미시시피강의 항해권을 인정받았다.[87] 그래서 뉴잉글랜드의 식민지였던 뉴햄프셔, 매사추세츠 만, 로드아일랜드 프로비던스 플랜테이션, 코네티컷, 중부 식민지였던 뉴욕, 뉴저지, 펜실베이니아, 델라웨어, 남부 식민지였던 메릴랜드, 버지니아, 켄터키 주, 웨스트버지니아 주, 노스캐롤라이나, 사우스캐롤라이나, 조지아가 미국의 영토가 되었다.[88]

1776년의 연합헌장에 의한 미국정부는 유연한 정부였는데, 1787년에 미국 연방정부는 조세권을 가질 수 있는 강력한 국가를 만들기 위해 필라델피아 헌법회의를 조직했다. 이렇게 하여 오늘날의 미국 헌법이 1789년 비준되어 초대의 상하원의회가 출범하게 되었다. 의회에서는 조지 워싱턴을 대통령으로 선출했다. 1790년 워싱턴 대통령은 수도를 필라델피아로 옮겼다. 연방정부는 1791년 권리장전을 채택하여 개인의 자유와 다양한 법적 보장을 제한하지 못하도록 했다. 1800년에는

---

85) 이는 1789년까지 존속하였다.
86) 「미국(United States of America)」, http://ko.wikipedia.org/wiki/(검색일: 2013년 7월 30일).
87) 상동, 「미국(United States of America)」 참조.
88) 상동, 「미국(United States of America)」 참조.

수도를 워싱턴 D.C.로 옮겼다.[89]

이렇게 해서 미국이 건국되었지만, 여전히 미국 서부지역은 영국의 식민지로 남아 있었다. 그래서 미국은 1818년 영국과 조약을 체결하여 뉴칼레도니아의 남부를 포함하여 49도선 이하의 모든 루퍼트 영지와 레드 강 식민지를 포함하는 로키 산맥 서쪽의 영토주권을 인정받았다. 또한 오리건 컨트리[90]에 대해서는 미국과 영국의 공유지로서 합의하여 양국 간의 국경문제를 해결했다.[91]

요컨대 미국은 영국의 식민지였던 13개 주 연합으로 독립을 선언하여 새로운 정부를 만들었다. 신생 미국은 독립을 인정할 수 없다는 영국과의 전쟁에서 승리하여 영국으로부터의 분리 독립으로 탄생했던 것이다. 영국이 침략했던 북아메리카 대륙의 원주민 인디언의 땅은 영국 식민지로부터 분리 독립한 새로운 국가 미국이 통치하게 되었다. 그래서 17세기 이전 고유영역으로서 삶을 추구했던 아메리칸 인디언의 영토는 다시 미국이라는 새로운 국가의 영토가 되었다.

미국 역사에서는 미국이 독립되었다는 표현을 쓰고 있다. 그것은 영국의 식민지로서 영국의 통치를 받고 있다가, 영국 본국으로부터 분리 독립되었다는 것을 의미한다. 여기에는 북아메리카 대륙의 주인이었던 원주민 인디언의 존재는 전적으로 무시되었다. 사실상 미국은 제국주의국가였던 영국이 파견한 식민지 세력이 아메리칸 인디언 원주민을 몰아내고 쿠데타를 일으켜 영국의 지배로부터 분리되어 새로운 국가를 만든 형태이다. 따라서 미국은 타국의 지배로부터 독립된 것이 아니라,

---

89) 상동, 「미국(United States of America)」 참조.
90) 「오리건 컨트리」, http://ko.wikipedia.org(검색일: 2013년 7월 30일). 영국과 캐나다의 역사에서 허드슨 베이회사의 컬럼비아 지구로 알려진 지역.
91) 「오리건 컨트리」, http://ko.wikipedia.org/(검색일: 2013년 7월 30일).

미국이라는 새로운 나라가 건국된 것이다. 그래서 미국 역사에서 사용
되는 「미국 독립」이라는 용어보다는 인디언의 영토를 침략하여 새로운
나라 미국이 건국되었다는 의미로 「미국의 건국」이라는 표현이 더욱
적절하다.

5. 미국의 영토인식과 독도문제와의 관련성

미국이 독도문제에 처음으로 관여한 것은 카이로선언과 포츠담선언
이라고 할 수 있다. 이것들은 한국에 대해 독립을 인정한다는 것이었
고, 또한 일본에 대해서는 청일전쟁 이후에 침략한 모든 해외영토를
무조건 박탈하고, 더불어 메이지 정부 이후에 도취한 해외영토까지도
일본영토에서 분리한다고 하는 조치였다. 카이로 선언은 미, 영, 중 3
국의 초강대국이 합의한 것이고, 포츠담선언은 미, 영, 중에 소련이 가
담하여 서명한 것이다. 일본은 한국영토의 독도에 대해 1905년 러일전
쟁 중에 '다케시마'라는 이름으로 일본영토로 편입했다고 주장한다.[92]
그러나 그것은 사실상 은밀히 한국의 영토를 불법적으로 편입한 조치
였다. 따라서 카이로선언, 포츠담선언에서 규정한 '청일전쟁 이후 일본
이 침략한 영토'에 해당하므로 당연히 일본영토에서 분리되어야 마땅
하다.

그런데 일본은 '다케시마'는 "원래부터 무주지였다"고 하는 주장을
펴고 있다. 다시 말하면 일본은 포츠담선언에 의거하여 조인된 대일평
화조약에 침략한 영토에 독도가 포함되어 있지 않다는 주장이다. 평화
조약에서 독도에 대해 구체적으로 법적 지위를 규정하지 않았던 것은

---

92) 下條正男, 『竹島は日韓どちらのものか』文春新書377, 2004, pp.7-188.

다케시마가 1910년 한일합병 이전에 합법적으로 일본영토에 편입된 것이기 때문에 침략한 영토에 포함하지 않았다는 것이다. 즉 다케시마는 당시 무주지로서 일본이 국제법으로 합법하게 편입한 새로운 영토이고, 영토로 확정한 최초의 국가라는 것이다.[93]

미국은 이런 주장에 대해 어떻게 받아들였을까? 제2차대전 종전을 단행한 연합국(중심국가 미국)은 1946년 1월 처음으로 SCAPIN 677호를 명령하여 일본영토에 관한 조치를 내렸다. 이때에 연합국은 독도를 일본영토에서 분리하여 한국영토에 포함시켰다. 미국의 이러한 조치는 당시까지 남겨진 독도에 관한 고지도와 고문헌을 중심으로 본 역사적 권원에 의거한 것이었다.[94]

일본정부는 대일평화조약 체결을 대비하여 「평화조약문제 연구간사회」를 조직하여 일본제국이 확장한 영토를 최대한 많이 확보하려고 노력했다. 간사회는 대일강화조약에서 카이로선언과 포츠담선언을 바탕으로 「최대한 공정하게 해결될 수 있도록 최선을 다해 노력해야 한다」고 하여 일본 제국주의가 확장한 영토를 최대한 많이 남게 하려고 노력했다.[95] 간사회는 1946년 1월 29일 SCAPIN 677호가 발령되어 독도가 한국영토로서 분류되었음에도 불구하고 1946년 5월 「제1차 연구보고」서를 작성하여 「쿠릴열도와 함께 다른 여러 섬의 소속을 결정함에 역사적 지리적 경제적 의미에 의한 공평한 결정을 요구할 필요가 있다.」[96] 라고 했다. 즉 「일본 근접 제소도로서 아마미대도(奄美大島)와 이즈대

---

93) 1905년 이전까지 영토로 결정되지 않은 섬이 있었는가를 연구하여 만일 유독 독도만이 무주지로 있었다는 결론이 나온다면 일본의 주장은 신빙성이 없고 한국영토 독도를 침입한 것이 된다.
94) 한구과 일본, 그리고 유럽의 지도나 고문헌을 통해 확정했을 것이다.
95) 「外務省公開マイクロフィルム番号」, b'0008, pp.0195-0196.
96) 「外務省公開マイクロフィルム番号」, b'0008, pp.0174-0175.

도(伊豆大島)」[97), 「유규(琉球)제도」, 「이오지마(硫黃島)」, 「조선, 대만」을 언급하고 있지만,[98) 독도에 대해서는 언급하지 않았다. 즉 일본정부는 1946년 5월 제1차 연구보고」에서는 독도를 한국영토로 인식하고 있었던 것이다.

일본은 대일강화조약 초안 작성과정에서도 미국을 설득하여 독도를 일본영토로서 인정받으려고 했다. 즉, 미 국무부는 1947년 3월의 「1차 초안」부터 1949년 11월의 「5차 초안」까지 독도를 일본영토에서 분리하여 한국영토로서 조치했다. 그런데 미 국무부가 1949년 12월 29일의 「6차 초안」에서 돌연 독도를 일본영토로서 분류하기 시작했다. 그 이유에 대해 「1949년 11월 14일 도쿄 맥아더 사령부 정치고문국 고문 시볼트(연합국최고사령부 외교국장)가 5차 초안을 검토하고 맥아더와 상의한 후 워싱턴의 일본문제 담당 버터워스 국무부 차관보에게 독도귀속 수정(남한이 아닌 일본으로)을 전문(電文)("제6조 리앙쿠르암[다케시마의 재고를 권고한다. 이들 섬에 대한 일본의 주권은 오래됐으며 정당하다고 생각된다. 안전보장의 고려가 이 섬에 기상 및 레이더 관측소를 상정할 수 있을지도 모른다.")으로 건의했다. 11월 19일 도쿄의 시볼트가 미 국무장관 앞으로 서면 의견서를 발송했다. '11월 2일 조약 초안에 관한 상세한 코멘트(DETAILED COMMENT ON NOVEMBER 2 DRAFT TREATY)'라는 제목으로 "한국 방면에서 일본이 일찍이 영유하고 있던 도서들의 처분에 관하여 리앙쿠르암(다케시마)이 우리가 제안한 제3조에서 일본에 속하는 것으로 명기될 것을 제안한다. 이 섬에 대한 일본의 영토주장은 오래됐고 정당하다고 생각하며, 또한 그것을 한국 바다의 섬이라고 하는 것은 곤란하다. 또한, 미국의 이해와 관계

---

97) 「外務省公開マイクロフィルム番号」, b'0008, pp.0195-0196.
98) 「外務省公開マイクロフィルム番号」, b'0008, pp.0197-0198.

되는 문제로서 안전보장을 고려해 이 섬에 기상 및 레이더 관측소를 설치하는 것이 고려될 수 있을지도 모른다".」99)라는 것이었다. 이러한 내용은 일본정부가 독도의 사실관계를 조작하여 일방적으로 미국 측에 제공한 것이었다.100)

그후 일본은 종종 독도문제가 위기에 처할 때마다 일본의 입장을 두둔해주는 미국의 발언을 기대했다.

1952년 1월 한국정부가 「평화선」을 선언하여 독도가 한국영토임을 대내외에 선언했을 때에도 일본은 미국의 지지를 기대했다. 평화선 선언 후 한국이 독도를 실효적으로 관리하고 있을 때, 일본의회에서 야당 전문위원이었던 야마모토 위원은 1952년 1월 30일 「니시무라 조약국장으로부터 '죽도'를 우리나라 영토」라고 한 것처럼 일본정부가 '죽도'를 일본영토라고 주장하지만, 사실은 「한국대통령 이승만 씨의 한반도 주변해역의 어업권 주장에 관한 선언」은 「이번 조약상의 여러 문제에 대해서 총사령부의 의향도 충분히 참작된 조약이었다고 생각합니다. 또한, 한국정부도 현재는 미국을 중심으로 한 국제연합국의 지휘하에 있었기 때문에 이승만 대통령이 이러한 선언을 발표한 것 역시 미국 측의 양해를 얻은 결과일 것이라는 것이 제 생각입니다.」101)라고 지적했다. 즉 야당위원은 일본정부에 대해 당시 미국은 '독도가 한국영토'라는 인식을 갖고 있었다고 하여 '죽도가 일본영토'라는 일본정부의 주장을 비판했다.

---

99) 「울릉도/독도연표」, http://www.dokdomuseum.go.kr/(검색일: 2013년 7월 30일).
100) 每日新聞社編, 『対日平和条約』, 每日新聞社, 1952의 부속지도 참조. 高野雄一, 『国際法からみた北方領土』岩波ブックレット No. 62, pp.30-32.
101) 야마모토(山本) 위원의 발언, 「중의원 -외무위원회-2호, 1952년 1월30일, 『일본국회 독도관련 기록모음집』제1부, 45쪽.

한국이 독도를 실효적으로 관리하는 상황에 한국전쟁이 일어나 한국 국내외 정세가 혼란한 상황이 되었을 때, 일본 수산청은 성조기를 선박에 달고 독도에 침범하기도 했다. 즉 1953년 「6월 25일 오후 4시 30분경 미국기를 단 일본 수산시험청 소속 선박이 독도에 침입했다. 승무원 9명이 독도에 상륙하여 머물고 있던 한국인 6명에게 체류 이유를 따지고 사진을 찍었으며, 우리 정부가 건립한 표지판의 사진도 찍은 후 오후 7시경 돌아갔다.」102) 「6월 27일 오전 10시경 미국기를 단 일본 선박이 독도에 침입했다. 8명의 일본인이 독도에 상륙하여 6월 25일에 한 행동과 동일한 행동을 하고 오후 3시경 돌아갔다.」103)라는 보고가 있었다. 이는 일본정부가 '미국이 독도를 일본영토로 인정했다'고 하는 것을 대외적으로 알리기 위한 책략이었다.

일본정부는 미일행정협정이 체결되었을 때에도 미국이 일본영토임을 지지했다고 주장했다. 1953년 독도가 미 공군의 폭격훈련장으로 지정되어 한국어민이 희생되는 사건이 발생했다. 한국정부는 미 국방부에 훈련장 해제를 요구했고, 이에 대해 1953년 2월 27일 미국은 한국정부에 「웨이란드 미극동군 사령관이 독도가 한국영토라는 것을 인정하여 미 공군의 독도 폭격훈련을 중단한다.」라고 공식적으로 알려왔던 것이다.104) 그런데 일본은 「죽도는 1952년 주일미군의 폭격훈련시설로서 지정되어 있어 일본의 영토로 취급되는 것은 명백하다.」105)라고

---

102) 「울릉도/독도연표」, http://www.dokdomuseum.go.kr/(검색일: 2013년 7월 30일)
103) 「울릉도/독도연표」, http://www.dokdomuseum.go.kr/(검색일: 2013년 7월 30일)
104) 나카무라 고이치(中村幸八) 정부위원, 「1953년 3월 5일, [037/189] 15 - 참의원- 외무, 법무위원회연합심의 1호」, 62쪽. 「일본정부의 대일평화조약 시기의 죽도 영유권 인식 -일본의 국회의사록을 중심으로-」, 『일본문화학보』제48집, 한국일본문화학회, 2011.2, 353-371쪽.

하여 미일행정협정을 체결하여 독도를 폭격연습장으로 지정했다고 하는 것은 미국이 독도를 일본영토로 인정한 것을 의미한다고 하여, 미국이 독도를 한국영토로 인정했다고 하는 한국의 주장은 믿을 수 없다고 반박했다.

이처럼 미국은 대일평화조약 체결과정, 그 후 독도문제를 둘러싼 한일관계에서 독도 영유권에 대해 자신들의 영토인식을 언급해왔다. 미국은 정치적 상황에 따라 그때그때 독도에 대한 영토인식을 다르게 표현해왔다. 미국이 독도문제에 대해 입장을 표명할 때마다 한일 양국은 일비일희해온 역사적 과정을 갖고 있다. 한국과 일본 입장에서 본다면 미국은 제3국이다. 따라서 미국은 독도의 영토적 권원에 대해 상세하게 잘 알지 못한다. 그럼에도 불구하고 과거에도 그랬듯이 미래에 미국이 어떠한 입장을 표명하느냐에 따라 독도의 영토문제 해결의 방향성이 달라진다. 따라서 독도문제에서 미국의 입장은 매우 중요하다는 것이다.

본문에서 검토한 것처럼 미국은 원주민 인디언의 고유영토를 침략하여 건국된 나라임에도 불구하고 이를 전적으로 부정하고 영국 제국주의가 침략한 식민지 개척을 정당화했다. 그래서 침략의 역사도 정당화하는 영토인식을 갖고 있어서 고유영토론에 대한 인식이 전적으로 결여되어 있다. 미국은 제국주의국가들이 자신들의 침략한 영토를 정당화하기 위해 만든 국제법의 「영토취득」 요건을 중시하는 경향이 강하다. 그래서 과거 독도문제에 관여한 미국의 영토정책은 정치적 이해관계에 의한 입장표명이 적지 않았다는 점을 지적해두고 싶다.

---

105) 外務省,「竹島問題」, 일본외무성 홈페이지,「米軍訓鍊場に対する指定(官報)」(PDF): http://www.mofa. go.jp/mofaj/area/takeshima/g_beigun.html (검색일: 2013년 7월 30일)

6. 맺으면서

본 연구는 독도문제에 미칠 미국의 영토인식을 검토할 목적으로 미국 건국의 영토성립 과정에 관해 고찰했다. 그 성과를 정리하면 다음과 같다.

첫째로, 북아메리카 대륙은 원래 다양한 종족의 인디언들이 살고 있는 지역이었다. 제국주의국가로 성장은 유럽 각국은 식민지를 개척하기 위해 북아메리카 대륙으로 들어갔다. 바로 스페인, 프랑스, 네덜란드, 영국 등이다. 이들이 인디언의 삶의 영역을 점진적으로 점유함으로써 원주민 인디언 세력이 점진적으로 감소하였다. 침략적인 제국주의 유럽세력이 인디언의 영역을 서서히 잠식하여 그 지역을 지금의 캐나다, 미국, 남미지역으로 확장해갔다.

둘째로, 유럽의 스페인, 프랑스, 네덜란드, 영국이 북아메리카 대륙에 진출하여 식민지를 개척했다. 드디어 앞다투어 북아메리카 대륙에 진출한 유럽 각국의 제국주의국가들은 서로의 식민지 쟁탈전을 시작하였다. 영국은 북아메리카 전 지역에서 다른 제국주의국가들의 식민지를 전쟁으로 통합했다.

셋째로, 영국은 유럽제국의 북아메리카지역 식민지를 통합했지만, 1606년 버지니아회사를 통해 식민지 개척을 시작하여 170년이라는 세월과 그 식민지역의 구성원이 다양한 민족으로 구성되어 있었기 때문에 영국 본국으로부터 통치받는 것을 꺼렸다. 영국의 식민지가 된 13개주는 서로 연합하여 미합중국[106]이라는 이름으로 종주국 영국에 대해 전쟁을 통해 독립을 선언했던 것이다.

---

106) 위키피디아, 「미국(United States of America)」, http://ko.wikipedia.org/wiki/ (검색일: 2013년 7월 30일).

넷째로, 미국은 한국의 독립과 함께 한국영토를 처리함에 있어서 독도문제에 직간접적으로 관여해왔다. 미국의 입장은 독도문제 해결에 미치는 영향력이 적지 않다. 그런데 미국은 유럽에서 들어온 식민지 개척자들로서 원주민 인디언의 영역을 침범하여 만든 제국주의국가를 바탕으로 건국된 나라이다. 그 때문에 미국의 영토인식에는 고유영토론에 대한 개념이 부족하다고 하겠다. 권력이 강한 자가 넓은 영토를 가질 수 있다는 영토인식을 갖고 있다. 지금 한국과 일본 사이에는 독도영토를 둘러싸고 한국은 고유영토론을 내세워 영유권을 주장하고 있고, 일본은 무주지 선점론이라는 제국주의국가들이 만든 국제법을 적용하여 침략한 영토에 대해 영유권을 주장하고 있다. 지금의 미국은 무주지 선점이론에 의해 미국영토를 확정하고 또 이웃 나라를 침략적으로 확장하여 성립된 나라이다. 그래서 미국이 한국의 고유영토론 주장에 대해 얼마나 이해력을 갖고 있을까? 향후 독도문제 해결의 변수가 될 수 있다는 점을 상기하고 싶다.

'고유영토론'과 상극하는
미국의 영토형성과
제11장 독도문제에 관한 인식

1. 들어가면서

미국의 영토인식은 미국의 영토 형성과정과 그 정책에서 확인할 수 있다. 일반적으로 미국의 영토형성에 관해, 「1783년 미국은 13개 주를 영토로 하여 독립했다.」 그 후 미국은 「1803년 루이지애나를 프랑스에서 사들였고」, 「1819년 플로리다를 에스파냐에서 사들였다」. 「1818년 루이지애나의 윗부분(역삼각형)」을 영국에서 사들였고, 「1845년 텍사스를 합병」했다. 「1848년 캘리포니아를 멕시코로부터 넘겨받았다」. 「1846년 오리건를 병합했다」. 「1853년 캘리포니아 남쪽 국경지역을 멕시코로부터 사들여」 「영국의 식민을 받아 공통의 문화유산을 이어받은 미국과 캐나다는 앵글로색슨계의 색채가 짙어 앵글로아메리카라고 일컬으며, 멕시코 · 중앙아메리카 · 서인도제국은 남아메리카 제국과 함

께 에스파냐 · 포르투갈을 중심으로 한 라틴계 문화의 영향과 에스파
냐인의 색채가 짙어 라틴아메리카라고 일컫는다.」[1]라고 하는 것처럼
오늘날 미국영토가 완성되었다는 인식이다. 이는 피상적인 해석에 불
과하다. 그래서 본고에서는 미국의 영토 형성과정을 세밀히 분석하여,
미국이 제국주의의 영토침략의 역사를 갖고 있어서 고유영토론에 대한
인식이 부족하기 때문에 제국주의국가들의 입장을 대변하는 입장에서
제정된 종래의 편파적인 국제법적 인식으로 인해 고유영토론을 주장하
는 피식민지국가들의 입장이 무시당할 수도 있는 영토인식을 갖고 있
다[2]는 사실을 증명하려고 한다. 이를 통해 과거 미국이 독도문제에 개

---

1) 「5대양 6대주 와 제국주의 시대 식민지 개관」, http://cafe.daum.net/internationale
   /Jzlt/8348?docid=3345977180&q=%BD%BA%C6%E4%C0%CE%B1%C7%C
   0%C7%20%BD%C4%B9%CE%C1%F6%B1%B9%B0%A1(검색일: 2013년 2월
   4일).

2) 한국은 일본의 식민지를 겪은 나라이다. 식민지시대에는 일본에게 모든
   영토를 침탈당했다. 일본은 제2차 세계대전에서 중국을 비롯한 광대한 지
   역을 침략하려고 하다가 미국을 중심으로 한 연합국에 패전을 당하고, 연
   합국이 요구하는 포츠담선언에 의거하여 일본 제국주의가 침략한 해외영
   토를 전적으로 박탈할 상황에 놓였다. 연합국은 1946년 종전 직후 SCAPIN
   667호를 발령하여 독도에 관해서도 일본제국 영토에서 한반도와 더불어
   한국영토로서 분리시켰다. 그런데 미국은 소련을 중심으로 한 공산진영과
   미국을 중심으로 한 자유진영이 대립되는 상황에서 동아시아의 군사전략
   상 일본을 자유진영에 포함시킬 목적으로 일본정부에 호의적인 입장을 견
   지했다. 일본정부는 미국의 이러한 정치적인 입장을 고려하여 최대한 제
   국주의 영토를 그대로 보유하려는 정책을 실시하여 독도에 관해서도 일본
   영토에 포함시키려고 미국에 로비했다. 미국은 일본의 요구에 응하여
   1949년 이후 초안을 작성하는 과정에서 당초 1-5초안에서 한국영토로 인
   정하고 있던 입장을 바꾸어 독도를 일본영토라고 초안을 변경하기도 했
   다. 미국의 이러한 입장은 다른 연합국의 일원인 영연방국가들에 의해 저
   항을 받고 독도문제를 한국영토로 명확히 하는 것을 피하여 독도를 애매
   하게 처리하는 대일평화조약을 체결했다. 따라서 미국은 독도가 한국영토
   로서 영토적 권원을 갖고 있음에도 불구하고 이를 인정하는 것을 무시하

입했을 때의 행동 배경과 미래에 있을 독도문제에 대한 행동의 방향성에 관해 고찰하려고 하는 것이 목적이다.

연구방법으로서는 미국의 영토 확장에 관한 선행연구를 분석하고 미국의 영토정책적 측면에서 재해석하여 영토팽창을 성격별로 분류함과 동시에 미국의 영토형성을 성격적으로 고찰한 것이다.

연구목적은 미국이 '고유영토론'을 지지하는지, 아니면 제국주의적인 방식에 해당하는 '무주지 선점론'이라는 현행 국제법의 영토 취득요건에 의한 '신영토 선점설'을 지지하는 지를 분석할 것이다. 선행연구에서 미국의 영토인식을 분석한 논문도 없을 뿐만 아니라 독도문제와 미국의 영토인식과의 관계를 연구한 논문도 없다.

2. 전쟁에 의한 영토팽창

영국의 식민지였던 13개 주의 개척자들은 영국으로부터 독립을 위해 미국의 건국을 선언하여 미국을 건국했다. 영국과의 독립전쟁에서 11만 5,000명의 미국인이 목숨을 잃었다. 전쟁 결과 미국 내에는 영국에 충성하는 왕당파, 독립파, 중간파가 거의 같은 비율로 나누어져 서로 다른 이념을 갖고 출발했다.[3] 미국 독립의 바탕이 된 곳은 영국의 식민지를 비롯해서 영국이 전쟁으로 확보한 스페인, 프랑스, 네덜란드의 식민지 지역이었다. 북아메리카 대륙을 바탕으로 건국한 미국은 그 영토가 동부지역 일부에 국한되었다. 건국한 미국은 여전히 영국의 식

고 국가이익에 부합하는 정치적 상황에 따라 특정국가의 입장을 편드는 경향이 없음을 간과해서는 안 될 것이다.
3) 강준만, 『미국사산책1』인물과 사상사, 2010, 288쪽.

민지로 있는 서부지역과 남부 멕시코와의 국경지역, 북부의 캐나다지역으로 영토확장과 더불어 경계획선이 필요했다.

새롭게 성립한 미국은 원주민들의 지역, 영국령, 멕시코령, 스페인령에 대한 영토야욕과 더불어 영토확장을 위해 전쟁을 통해 영토확장을 서둘렀다. 구체적으로 고찰해보기로 한다.

2.1 원주민 지역에 대한 미국의 영토팽창과 보호구역 설치

미국은 동부지역을 바탕으로 영국에서 분리 독립전쟁을 통하여 미국을 창건했다. 미국 건국 이전부터 인디언들은 영국인들이 동부지역에 식민지를 개척함으로써 노예로 전락되는 것을 싫어하여 점차로 그 근거지를 서쪽으로 이동했다. 한편으로 영국과 대항적으로 식민지를 개척하고 있던 프랑스와 연합하여 인디언-프렌치의 연합군으로 영국인들에게 대항하기도 했다. 인디언은 1739년 프랑스와 연합한 600명의 연합군으로 버지니아 민병대 300명을 포함한 영국군 400명을 쳐부수는 성과를 올리기도 했다.[4] 그러나 생존을 위한 인디언의 노력은 결국 실패로 끝나고, 1776년 영국으로부터의 독립을 선언하고 미국을 건국했다.[5]

미국은 남부와 서부와 북부지역에 대해서도 꾸준히 영토 확장 정책을 실시했다. 미국은 주민들이 서부와 남부로 퍼져 나감에 따라 영토적 주권을 갖고 있는 아메리칸 인디언들과 멕시코와의 물리적 충돌은 불가피했다. 인디언들은 그들의 영토를 보전하기 위해 오리건에 정착하

---

4) 「네세시티 요새 전투(1739)」, http://economy.hankooki.com/lpage/economy/201007/e2010070217000769890.htm(검색일:2013년 12월 5일).

5) 아루가 나츠키, 유이 다이자부로 지음, 양영철 옮김, 『미국의 역사』 삼양미디어, 2008, 108-111쪽.

고자 하는 미국인, 텍사스에 농사짓고자 하는 멕시코인과 경합해야 했다. 미국은 서부로 영토를 확장하면서 인디언과의 전쟁으로 인디언을 제거하는 정책을 실행했다. 그 과정에서 많은 인디언들이 미국인들과의 전투에서 목숨을 잃기도 했다. 그들을 인디언들과 협정하여 보호구역을 만들어 인디언 보호구역6)으로 보냈다.

미국이 1838년 체로키 인디언들을 오클라호마로 강제 이주(Trail of Tears)시켰던 것이 인디언 보호 관리의 시초이다. 1851년 미국 의회는 인디언 지원법을 제정했고, 1868년에는 인디언 보호구역을 설정하여 강제로 이주시켰다. 그런 과정에 1876년~1881년 사이에 미 육군은 인디언과 전쟁하여 인디언 대학살을 감행했다.7) 1890년 인디언 원주민은 영토를 잃고 운디드니 학살로 최후로 대규모 무장 투쟁을 벌였으나 실패하고 말았다.

요컨대, 인디언들은 1776년 미국이 건국되기 이전은 물론이고 그 이후에도 자신들의 영역을 수호하기 위해 미국과 전쟁을 벌였다. 미국은 전쟁으로 인디언의 영토를 침략하고 여기에 저항하는 인디언을 학살하고 이들의 영토를 강제로 수탈했다. 그리고 보호구역을 만들어 인디언들을 미국사회와 격리시켰다.

---

6) 참고로 미국내 인디언은 202종족이 있으며, 보호구역은 310개소, 그 면적은 225,410평방 킬로미터이다.

7) Sioux War/Great Plain War/Battle of Little Bighorn/Nez Perce War 그후 인디언 정책은 1934년 인디언 지원 특별법안 통과, 1935년 인디언 뉴딜 정책 발표.

〈그림 1〉 미국의 영토확장 지도8)

2.2 영국령에 대한 미국의 영토팽창(1812년 전쟁)

미국은 1812년 제임스 매디슨 대통령이 영국에 대해 프랑스로 가던 미국 선박들을 나포하여 수출에 타격을 주었다고 하여 선전 포고했다.9) 전쟁 초기에는 인구 700만 명에 달하는 미국이 소수 영국군이 주둔하고 인구 50만 명 미만의 캐나다를 상대로 수적으로 우세하여 전세가 유리했다. 영연방파의 본거지인 뉴잉글랜드 지방은 전쟁에 협조하지 않았다. 그러나1814년 영국은 나폴레옹 전쟁을 종결시키고 본격적으로 정예부대 6,000명을 영국에서 5,000km나 떨어진 미국 메릴랜드에 상륙시켰다. 영국의 육해군은 체서피크 만(灣) 해안을 황폐화시켰고, 워싱턴 D.C.의 공공건물들을 불태웠다. 메릴랜드의 맥헨리 요새도

---

8)「미국의 영토확장 지도」, http://upload.wikimedia.org/wikipedia/commons /9/94/U.S._Territorial_Acquisitions.png(검색일: 2013년 12월 5일).
9)「1812년전쟁」, http://ko.wikipedia.org/wiki/1812%EB%85%84_%EC%A0% 84%EC%9F%81(검색일: 2013년 12월 7일). 이하 관련 내용은 「1812년전쟁」 을 참고했음,

처참하게 파괴되었다. 한편, 미국군도 미국 선박들이 영국 상선을 방해함으로써 선전하고 있었으나, 영국은 여전히 해상통제권과 미국 해안을 봉쇄하고 있었다. 결국 전투의 성과는 미국과 영국 3대3으로 별다른 성과 없이 끝났다. 미영 양국 군은 이리 호(湖), 온타리오 호, 샘플레인 호의 지배권을 확보하기 위해 격전을 벌였다. 그 결과 1814년 시점에서 미국은 디트로이트를 탈환했지만, 영국이 여전히 미시간 호를 지배하고 있었으며, 새롭게 미시시피 강 북쪽 유역을 점령했다. 전쟁은 1814년 12월 24일 벨기에 겐트에서 조약을 조인하고 종결되었다. 그러나 통신사정이 나빠 겐트조약 체결을 알지 못했던 미영 양 진영은 뉴올리언스에서 치열한 전투를 벌였다. 이 전투에서 영국군은 2,037명이 전사했고, 미국군은 21명이 전사했다. 이 전쟁을 지휘한 앤드루 잭슨이 미국의 영웅이 되었다. 이 전쟁은 승패가 분명하지 않았으나, 미국에 대해 민족주의를 강화하는 계기가 되었다.[10] 그 후 1846년 미국은 영국과 오리건조약을 체결하고 미국의 북서부를 통치하게 되었다. 다시 1872년 영국이 밴쿠버 섬 남쪽 바다 부분으로 최종 경계선으로 확정하여 지금의 캐나다와 미국의 경계선을 결정했다.

요컨대, 영국은 캐나다지역을 식민지로 지배하고 있었는데, 미영 양국은 국경지대를 유리하게 확보하기 위해 서로 전쟁으로 대립하고 있었던 것이다. 최종적으로 양국은 오리건 조약[11]을 통해 국경을 결정했

---

10) 이때 미국 백악관이 잿더미가 되었는데, 매디슨이 희게 칠하여 오늘날까지 이어지고 있음.
11) "스페인·러시아·미국·영국 사이에 태평양 북서부 오리건을 둘러싸고 소유권을 주장했다. 모든 나라들이 자기 나라 사람들이 그곳을 탐험했거나 정착했다는 주장이었다. 스페인은 영국과의 눗카 만 협약(1790), 미국과의 대륙횡단 조약(1819)으로 소유권을 포기했다. 미국과 영국은 1818년 북위 42°와 북위 54°40′ 그리고 로키 산맥 서쪽을 경계로 하는 '오리건지역'을 확정 짓고, 이 지역을 공동소유하기로 합의했다. 러시아는 그 후 미국

고, 미국은 현 미국의 북서부지역을 확보했던 것이다.

2.3 멕시코령에 대한 영토팽창

① 텍사스의 분리 독립

미국이 1803년 에스파냐(스페인) 제국으로부터 루이지애나 주를 구입한 이후, 미국인들은 서부지역으로 정착지를 옮겨갔다. 1819년, 미국인 사업가 모세 오스틴은 텍사스에 이주민 정착사업을 결심했다. 1820년 스페인으로부터 300명이 머물 수 있는 공유지를 불하받았다. 1821년에 그가 사망한 후, 아들 스티븐 F. 오스틴이 그 토지를 상속하여 뉴올리언스에서 300명을 산 펠리페 주변의 육지와 바다 근처에 이주시켰다. 그러나 1821년에 독립한 멕시코 공화국을 건설한 산타 안나가 스페인이 인정한 불하를 인정하지 않았다. 오스틴은 3년 동안의 노력으로 모든 새 정착민은 가톨릭교회로 개종하는 조건으로 불하를 인정받았다.[12] 이들 앵글로계 정착민을 텍시언이라 불렸다.[13] 오스틴은 멕시코 공화국으로부터 1825년, 1827년, 1828년 세 번에 걸쳐 새로운 이주민 영입과 그에 대한 책임을 지는 교환 조건으로 새로운 토지를 불하받았다. 그러나 그 기간에도 허용된 식민지 이주민 이외에도 미국인들이

과 영국과 개별적인 조약으로 소유권을 포기했다(1824~25). 미국의 제임스 K. 포크를 대통령은 오리건의 단독 지배를 주장했다. 그 사이에 미국은 멕시코와의 전쟁(1846~47), 1846년 영국은 아일랜드 분쟁 때문에 자연스럽게 오리건조약을 체결하게 되었다. 이 조약으로 영국은 컬럼비아 강 운항권을 보장받았고, 북위 49°선을 따라 경계선을 확정했다. 다시 1872년 밴쿠버 섬 남쪽 바다 부분으로 최종 경계선을 확정했다."「오리건문제」, http://preview.britannica.co.kr/bol/topic.asp?mtt_id=67262(검색일: 2013년 6월 24일).

12) 「텍사스혁명」, http://ko.wikipedia.org/wiki/%ED%85%8D%EC%82%AC%EC%8A%A4_%ED%98%81%EB%AA%85(검색일: 2013년 6월 4일).

13) 상게, 「텍사스혁명」 참조.

들어오고 있었다.

1827년 미국의 존 퀸시 애덤스 대통령은 텍사스 매입을 위해 100만 달러를 멕시코에 제시했지만 거절당했다. 1829년 앤드루 잭슨 대통령이 다시 500만 달러를 제시했지만, 멕시코 정부는 거절했다. 이처럼 미국은 텍사스에 대한 영토적 관심이 높았다.

1829년 스페인이 독립한 멕시코[14]를 점령하기 위해 침략해왔으나. 멕시코 대통령은 탐피코에서 스페인 침략군을 빠르게 물리치고 국가적 영웅이 되었다. 1830년 산타 안나는 국경을 넘어 멕시코로 유입되는 많은 미국인 이민자들을 경고했다. 이러한 상황을 극복하기 위해 오스틴과 정착민은 멕시코 대통령 산타 안나를 지지하면서 더 많은 투자를 원했다. 오스틴은 코아우일라에서 주 분할 탄원서를 냈다. 그러나 이를 인정받지 못하고 반란 선동자로 체포되어 18개월간 감옥신세를 졌다. 1824년 산타 안나는 텍사스에 미국 이민자가 급증하는 것은 미국이 이 지역을 지배하려는 음모라고 간주했다. 그래서 주의 헌법을 폐지하고 연방원리 중앙집권적 헌법을 선하여 주 의회를 해산시키고 주 시민군의 무장을 해제시켰다. 그리고 불법으로 정착한 미국인들의 추방을 명했다.

텍사스는 멕시코 공화국이 에스파냐 제국으로부터 독립하여 30년간 멕시코 영토로서 지배한 곳이다. 로마가톨릭을 국교로 하고 있는 멕시코 정부는 개신교도의 미국인들이 늘어나는 것을 원하지 않았다.

1835년 미국인 정착인 텍시언들이 멕시코가 시행한 노예제도 폐지

---

14) 「텍사스 혁명」, http://ko.wikipedia.org/wiki/%EB%A9%95%EC%8B%9C%EC%BD%94-%EB%AF%B8%EA%B5%AD_%EC%A0%84%EC%9F%81(검색일: 2013년 7월 12일). "1810년 수도사 미겔 이달고가 스페인에서 독립을 선언했고, 11년간의 전쟁 끝에 1821년 스페인 장군 아구스틴 데 이투르비데와 산타 안나가 멕시코를 지지하여 전쟁에 승리한 멕시코가 독립되었다."

를 거부하고 곤살레스에서 멕시코의 코아우일라이테하스 주의 분리 독립을 목표로 무장혁명을 일으켰다.[15] 1836년 텍사스 혁명으로 멕시코로부터 분리하여 오스틴을 대통령으로 하는 텍사스 공화국의 독립을 선언했으나, 멕시코 정부는 이를 인정하지 않았다. 산타 안나는 오스틴에 대한 체포령, 민병대의 무장 해제 요구, 불법 이민자들의 추방을 명했다. 오스틴은 곤살레스에서 군인들을 모병하고, 미국으로부터 자원병들을 받아들이고,[16] 미국은 중장비의 포대를 지원했다.[17] 결국 미국의 지원은 받은 텍시언들은 곤살레스에서 멕시코의 주 임시정부를 선언하고 헨리 스미스를 주지사, 미국의 앤드루 잭슨 대통령과 오랜 친구인 샘 휴스턴을 정규군 총사령관으로 임명했다.

산타 안나는 멕시코군에게 텍사스로 몰려드는 미국 민병대를 즉결 처형시킬 것을 명했다. 또한, 미국 대통령 앤드루 잭슨에게 "멕시코 정부와 싸우는 어떤 미국인이 발견되건 해적으로 간주할 것"이라고 강한 항의 편지를 보냈다. 그러나 산타 안나 대통령이 지휘하는 멕시코군은 샘 휴스턴 군대에 의해 패하여, 결국 강압적으로 멕시코로부터 분리하여 샘 휴스턴을 대통령으로 하는 텍사스를 독립시켰다.[18] 그러나 멕시코 정부는 워싱턴에 포로가 된 산타 안나를 멕시코 대통령에서 퇴위시키고 텍사스 공화국의 독립을 승인하지 않았다. 산타 안나는 1838년 패스트리 전투에서 영웅이 되어 다시 선거에 의해 멕시코 대통령이 되었고, 그는 텍사스를 수복하기 위해 샌안토니오를 점령했다. 그 후 텍

---

15) 「텍사스 혁명」, http://ko.wikipedia.org/wiki/%EB%A9%95%EC%8B%9C%
EC%BD%94-%EB%AF%B8%EA%B5%AD_%EC%A0%84%EC%9F%81(검색
일: 2013년 7월 12일).
16) 상게, 「텍사스 혁명」 참조.
17) 상게, 「텍사스 혁명」 참조.
18) 상게, 「텍사스 혁명」 참조.

사스와 멕시코 양자 간의 충돌은 계속되었다.

요컨대, 미국은 텍사스 지역을 멕시코로부터 분리하여 미국에 병합하기 위한 목적으로 멕시코를 공격하여, 텍사스 지역을 하나의 주 임시정부로 분리시킨 후 텍사스 공화국을 선언했던 것이다.

② 미국의 텍사스 합병

1837년 텍사스 공화국은 멕시코에서 독립을 쟁취하고, 샘 휴스턴 대통령은 처음으로 투표로 미국과 합병을 결정했다. 1837년 워싱턴 D.C.에 파견된 텍사스 공화국 대사가 미국의 마틴 밴 뷰런 대통령에게 합병을 제안했지만, 미국은 멕시코와의 전쟁을 우려하여 거절했다.

1838년, 텍사스 공화국 대통령 미라보 라마는 독립 유지와 영토 확장을 주장하여 대통령 취임 후 일단 합병 제안을 철회했다. 1839년 프랑스, 1840년 네덜란드와 영국, 1841년 벨기에도 텍사스 공화국을 승인하고 미국과의 합병을 반대했다.

그러나 미국 대통령이 된 존 타일러가 취임 초기에는 합병을 주저하다가, 1843년 텍사스가 영국의 중개로 멕시코 정부에 접근하려는 움직임을 보고 태도를 바꾸어 통합을 추진했다. 이에 대해 멕시코 산타 안나 대통령은 텍사스의 합병은 "선전 포고와 같다"고 미국에 경고했다. 그럼에도 불구하고 타일러는 1844년 4월 대통령 직권으로 텍사스 합병 조약을 체결했다. 그러나 상원 3분의 2 이상의 찬성을 얻지 못해 비준되지 못했다.[19]

---

19) 상게, 「텍사스 혁명」 참조. 합병에 반대한 것은 텍사스주가 노예를 인정하는 주였기 때문에 미국의 여러 주 사이에서 논쟁을 불러일으켰기 때문이다. 미국에 텍사스의 합병은 대외적으로 멕시코와의 적대관계, 대내적으로는 노예제도의 확대에 따른 남북 대립이 격화된다고 하는 이유가 있었다.

1844년 미국 대통령이 된 제임스 K. 포크는 영토 확장을 주장하며 텍사스의 합병에 적극적이었다.[20] 그래서 1845년 2월 텍사스 합병을 위해 법안을 바꾸어 비준시켰다.[21] 텍사스 공화국도 비준함으로써 텍사스가 미국의 주가 되었다.

멕시코는 1845년 텍사스가 미국의 주로 승인되자 미국과 외교관계를 단절했다. 1846년 미군의 도발로 리오그란데에서 충돌이 생겨 미군 16명이 멕시코군에게 살해당하는 사건이 일어나자 미국이 멕시코에 선전 포고했다. 미국은 1846년 8월 뉴멕시코를 점령하여 텍사스 정부가 행정적 조치를 취했다.[22] 1847년 2월 5일 미국이 푸에블로 데 타오스를 점령함으로써 멕시코가 평화협정을 요청하고 전쟁은 종결되었다. 1848년 3월 양국은 미국이 멕시코의 문화와 가치관을 존중하고, 텍사스를 매입한다는 내용으로 강화조약[23]을 체결하고 멕시코-미국전쟁을 종결시켰다. 멕시코는 텍사스와 뉴멕시코를 미국영토로 승인했지만, 리오그란데 동쪽의 뉴멕시코는 할양하지 않았다. 이 전쟁으로 캘리포니아와 오늘날의 미국 남서부지역을 확보했다.[24] 전쟁 후 1848년~49

---

20) 앨런 브링클리 지음, 황혜성 외 공역, 『미국인의 역사2』, 비봉출판사, 1998, 39-42쪽.
21) 1845년 2월 상원 27대 25의 근소한 차이로, 하원에서는 132대 76으로 선택권을 대통령에게 부여한다고 결의하였다.
22) 패트리샤 넬슨 리메릭 지음, 김봉중 옮김, 『정복의 유산』, 전남대학교출판부, 1998, 264쪽.
23) 「과달루페 이달고 조약」, http://ko.wikipedia.org/(검색일: 2013년10월20일) 참조. "이 조약으로 미국은 겨우 1,825만 달러를 지급하고 멕시코로부터 뉴멕시코, 캘리포니아, 콜로라도, 와이오밍 주 등을 할양받아 한반도 넓이의 15배에 달하는 300제곱킬로미터의 영토를 넓혔다."
24) 「과달루페 이달고 조약」, http://ko.wikipedia.org/(검색일: 2013년10월20일) 참조. "미국 남서부 지역, 현재의 캘리포니아, 네바다, 유타 전역, 애리조나(이후 개즈던 매입에 의해 합병된 남부 지역을 제외한 주요 부분), 콜로라도(구 텍사스 공화국의 경계 이서), NM(개즈던 매입 지역을 제외한

년 사이에 캘리포니아 골드러시가 시작되어 미국 서부로 이주가 한층 가속화되었던 것이다.[25)]

요컨대, 미국의 역사에서는 「1845년의 텍사스 합병으로 독립된 텍사스 공화국이 오랫동안 모색해오던 미국과의 자발적인 합병을 이루었다.」라고 한다. 사실은 그렇지 않다. 미국은 스페인에서 멕시코가 독립한 이후 멕시코 지역에 미국인들이 지속적으로 이주했고, 미국 정부는 텍사스를 지원하여 멕시코로부터 텍사스의 분리 독립을 선동했다. 최종적으로 미국은 텍사스의 독립을 인정하지 않는 멕시코에 대해 전쟁을 감행하여 독립을 인정하도록 한 후 미국의 26번째 주로 편입시켰던 것이다. 결국 미국이 무력으로 멕시코영토를 분할한 것이다.

2.4 스페인령에 대한 미국의 영토팽창[26)]

① 플로리다

미국의 제임스 매디슨 대통령이 1810년 서부 플로리다를 미국령으로 선포하였다. 미국 군대가 플로리다를 수차례 침입하면서 1818년 영국과 조약[27)]을 체결하여 레드 강 분지를 습득하였다. 그리고 미국은 스페인에게 플로리다 구매를 오랫동안 요구해왔다. 스페인은 1818년부터 오랫동안 반도 전쟁에 시달리고 있었기 때문에 재정적으로 플로

리오그란데 강 서쪽), 와이오밍(구 텍사스 공화국의 경계 이서 및 북위 42도선 이남)을 할양받았다. 양국은 이후 매입된 개즈던을 제외하고 그곳을 멕시코와 미국의 국경으로 삼는다는 데 합의했다. 이 지역은 멕시코가 1821년 스페인으로부터 독립하여 1848년까지 멕시코 영토였다. 멕시코 전체 면적의 3분의 1에 해당한다."

25) 전국역사교사모임 지음, 『처음 읽는 미국사』, 청아문화사, 2010, 169쪽.
26) 「미서전쟁」, "http://ko.wikipedia.org/w/index.php?title=미국-스페인_전쟁&oldid=9246792"(검색일: 2013년 7월 9일).
27) 앵글로-아메리칸 조약(1818년).

리다에 군사력과 정부를 구축할 수 없는 상황이었다. 동부 플로리다에
근거지를 둔 인디언 세미놀들이 일상적으로 국경을 넘어 미국의 마을
과 농장을 습격했다. 스페인은 이를 제어할 능력이 없어서 뉴스페인(오
늘날의 뉴멕시코)과 미국 간의 국경을 우려하였다.[28] 앤드루 잭슨은
세미놀들을 추적하여 스페인령 플로리다로 들어가 스페인의 요새를 기
습하였다. 1817년-1818년 앤드루 잭슨은 조지아 개척 미국민에 대한
세미놀의 약탈을 멈추기 위해 한층 더 스페인 영토를 침범했다. 이렇게
해서 미국은 동부 플로리다를 전적으로 통제하였다.[29]

스페인은 북미대륙에서 힘이 약화해 있어서 1819년 플로리다에 개
척민을 보내거나 주둔을 시킬 여유가 없었고, 플로리다 서부지역 식민
지의 반란으로 협상을 시작할 수밖에 없었다. 스페인은 영국의 도움을
요청했지만 거부당하고, 결국 미국 제임스 먼로 대통령과 조약을 체결
하여 플로리다를 할양하기로 결정하고,[30] 국경분쟁이 종결되었다. 미
국은 남미의 스페인 식민지에서 혁명 움직임에 대해 미국이 관여하지
않을 것과 텍사스 새바인 강 서쪽 지역과 다른 스페인 영토에 대해 더
이상 영토취득을 하지 않는다는 조건으로 스페인에 총 500만 달러의
보상금을 지불하고 플로리다와 로키산맥에서 태평양까지를 미국영토

---

28) Vanderheide, Albert. Priest led party of emigrants to Wisconsin's frontier
territory. http://www.godutch.com/(검색일: 2013년 5월 8일).
29) 제1차 세미놀 전쟁.
30) 「애덤스-오니스조약(Adams-Onis Treaty)」, http://ko.wikipedia.org/wiki/%EC%
95%A0%EB%8D%A4%EC%8A%A4-%EC%98%A4%EB%8B%88%EC%8A%A
4_%EC%A1%B0%EC%95%BD(검색일: 2013년 6월 8일). "국무 장관인 존
퀸시 애덤스와 스페인 외무 장관 루이스 데 오니스에 의해 애덤스-오니스
조약(Adams-Onís Treaty)이 체결됐다. 이 조약으로 로키산맥과 태평양까
지 미국 영토를 설정하여 텍사스의 새바인 강의 국경 분쟁을 해결했고,
스페인의 동부 플로리다와 사바인 자유주의 할양과 오리건 컨트리에 대한
모든 권리도 포기하는 내용을 규정했다."

로 확보했다.[31]

요컨대, 미국은 스페인령 플로리다에 대한 영토 확장 의욕을 갖고 있었다. 미국이 강압적인 형태로 영토 확장정책을 추진하고 있었기 때문에 스페인은 부득이 플로리다를 포기하지 않을 수 없었다. 그런데 미국은 형식적으로는 매각이라는 형태를 취했던 것이다.

② 오리건 컨트리의 분할

오리건 컨트리는 '북위 42도 북쪽, 북위 54도 40분 남쪽, 그리고 로키산맥의 서쪽에서 태평양까지의 북미 서쪽 지역'을 가리킨다.[32] 원래 미국, 영국, 프랑스, 러시아, 스페인이 영유권을 주장하던 곳이었다. 미국은 1792년 컬럼비아 강을 발견하여 탐험했다고 하여 영유권을 주장했고, 영국도 컬럼비아 강을 탐험했다고 하여 영유권을 주장했다. 스페인은 18세기 후반 태평양을 탐험했다는 이유로 영유권 주장을 했다. 러시아는 자국민들의 정착촌이 알래스카에서 오리건까지 펼쳐져 있다고 하여 영유권을 주장했다. 프랑스와 스페인은 "18세기 양국의 서쪽과 북위 42도선을 따라 영토 분할"을 주장하고 있었다.[33]

미국은 스페인이 북미대륙에서 힘이 약해져 스페인 영토에 대한 영토야욕이 강했기 때문에 스페인령 플로리다를 획득하기 위해 수시로 침범했다. 결국, 스페인은 1819년 애덤스-오니스 조약을 체결하여 플로리다를 미국에 할양하고 북위 42도 이북의 모든 영유권 주장을 포기한

---

31) 「애덤스-오니스조약(Adams-Onís Treaty)」, http://ko.wikipedia.org/wiki/%EC%95%A0%EB%8D%A4%EC%8A%A4-%EC%98%A4%EB%8B%88%EC%8A%A4_%EC%A1%B0%EC%95%BD(검색일: 2013년 6월 8일).

32) 「오리건 컨트리」, http://ko.wikipedia.org/wiki/%EC%98%A4%EB%A6%AC%EA%B1%B4_%EA%B5%AD%EA%B0%80(검색일: 2013년4월12일).

33) 상게의 「오리건 컨트리」 참조.

다고 규정함으로써 오리건 컨트리를 포기하는 것으로 국경분쟁을 끝내었다.[34] 프랑스는 7년전쟁에 패배하여 종래의 주장을 사실상 포기했다. 러시아는 1824년 미국과의 조약, 1825년 영국과의 조약으로 영유권 주장을 포기했다.

그 사이에 미국과 영국은 1818년 앵글로-미국 회담에서 북위 49도를 따라 서쪽 로키산맥까지의 땅을 양국의 경계로 연장하는데 협의했다. 양국은 로키산맥의 서쪽에서 태평양까지의 땅을 '공동 점유'하기로 합의했다. 여기서 양국이 영유권 주장으로 충돌하여 오리건 국경 분쟁이 발생했다. 미국 대통령 제임스 K. 포크가 북위 49도 선에 평행하게 경계를 설정한다고 한 것에 대해 영국이 거부했다. 그 후 미국 내에서 오리건의 북쪽 경계인 북위 54도 40분까지 모든 영역을 통합할 것을 요구하기도 했다. 그러나 멕시코-미국 전쟁 때문에 미국의 군사자원이 멕시코 쪽에 집중되면서 1846년 6월 미 국무장관 제임스 뷰캐넌과 영국 사이에 오리건 조약[35]이 체결되었다.[36]

오리건 조약은 북미의 미국과 영국의 경계를 밴쿠버 아일랜드를 제외하고 북위 49도선에 평행하는 것으로 결정했다. 밴쿠버 아일랜드는 영국령이 되었다. 캐나다 성립 이후 북위 49도 선은 워싱턴과 브리티시 컬럼비아 주 동안(東岸)의 미국과 캐나다 국경이 되었다. 미국령이 된

---

34) 「애덤스-오니스 조약(Adams - Onis Treaty), http://ko.wikipedia.org/(검색일: 2013년 4월 12일).
35) Oregon Treaty 또는 Treaty of Washington. 허드슨 베이 회사는 컬럼비아 강을 이용할 권리를 유지했다.
36) 「애덤스-오니스 조약(Adams - Onis Treaty), http://ko.wikipedia.org/(검색일: 2013년4월12일). "1840년대 초 일부 오리건 주민이 3명의 행정 직원과 1명의 최고 행정관으로 임시공화국을 설립했다고 주장했다. 오리건은 한 정치 파벌이 세운 독립국가로서 계속적인 오리건의 정치적 발전을 희망했지만, 미합중국 가입에 대한 압력은 1848년까지 점점 수위가 높아졌다."

부분은 1848년 8월 오리건 준주가 되었다.[37]

이 조약은 후안 데 푸카 해협의 경계를 주요 수로로 정의했다. 영국과 미국은 조지아 해협의 주요 항로의 위치와 해석의 차이로 같은 섬을 점령했다. 영국은 미국과의 애매했던 조약으로 1846년 이후 샌환제도의 공동점유를 주장하였다. 1859년 양국은 조지아 해협의 불명확한 경계로 인해 샌환제도의 영유권을 둘러싸고 전쟁을 했다. 영국은 컬럼비아 강 하구까지를 주장했고, 미국은 북위 49도 선을 주장했다. 결국은 1872년 중재로 이들 모두가 완전히 미국영토에 편입되었다.[38]

요컨대, 미국은 오리건 지역을 차지하기 위해 북미에서 권력이 쇠퇴해지고 있던 스페인과는 전쟁을 통해 포기하도록 했고, 영국과는 지금의 캐나다 지역과의 국경선을 결정하는 과정에서 최종적으로는 전쟁을 통해 미국이 원하는 형태로 결정했다. 이처럼 미국은 자신들이 영토로서 확장하려는 대상에 대해서는 평화적으로 해결이 되지 않을 경우 무력을 사용하는 한이 있더라도 목적을 달성하려고 했던 것이다.

3. 평화를 가장한 해외영토의 강제 병합에 의한 영토팽창

3.1 하와이 왕국의 강제 합병

미국은 북아메리카 대륙에서 원주민 인디언의 지역과 다른 열강 즉 스페인, 영국 등이 지배하는 식민지 지역에 대해 강압적인 방법으로

---

37) 전게, 「애덤스-오니스조약(Adams-Onís Treaty」 참조.
38) 전게, 「애덤스-오니스조약(Adams-Onís Treaty」 참조.

영토를 확장했다. 최종적으로는 소기의 목적을 달성하기 위해 전쟁이라는 방법도 유감없이 발휘했다. 이렇게 북미대륙에서의 영토 확장을 대체로 마무리한 미국은 해외로도 영토 확장을 추진했다.

하와이 왕국은 태평양 한가운데에서 1782년 카메하메하 1세 이후 왕조체계를 유지해온 독립된 군주국가였다. 미국인으로서는 19세기에 최초로 전도사가 하와이에 건너갔다. 그다음은 사업가가 사업 목적으로 건너가 열대과일과 사탕수수를 재배했다. 미국은 1887년 하와이 왕국과 호혜통상조약을 체결하고 진주만(Pearl Harbor)을 해군기지로 확보했다. 19세기 후반에는 많은 미국인들이 이민하여 사탕수수와 파인애플을 재배하여 성공했다. 이로 인해 조선과 일본 등의 아시아인을 포함해 외국 이민자들도 증가하였다.

그런데 1890년 미국이 관세법을 개정하게 되어 하와이 거주 미국인들이 제당업에 타격을 받게 되자 미국과의 합병을 주장했다. 1891년 이런 분위기 속에서 즉위한 릴리우오칼라니 여왕이 미국 농장주들의 면세혜택을 폐지하는 헌법을 개정하려고 했다. 1893년 일부 미국과 유럽 사업가들이 지리적, 경제적 이유로 미국과 합병을 위해 미군을 배경으로 쿠데타를 일으켰다. 이들이 여왕을 하야시키고 공화국을 설립한 후, 미국인을 중심으로 한 미국과의 합병운동이 일어났다. 결국 1897년 6월 16일, 매킨리 미국 대통령과 하와이 공화국이 합병조약을 체결했다.[39] 이 조약이 1898년 7월 7일 미국 의회에서 비준되어 하와이 공화국이 미국에 합병되었다.[40]

---

39) 프란시트 휘트니 외 지음, 이경식 옮김, 『미국의 역사』, 미국국무부 발행, 주한미대사관 공보과, 2004, 253-259쪽.
40) 「하와이주」, http://ko.wikipedia.org/(검색일: 2013년 10월 7일). "미국 합병 직후에는 준주(準州)였으나, 제2차 세계대전 후 주(州) 승격운동이 활발해져 1959년 8월 21일 알래스카에 이어 미국의 50번째 주가 되었다."

요컨대, 하와이 왕국에 미국인들이 사업차 들어가서 미국인들이 중심이 되어 혁명을 일으켜 군주국을 없애고 하와이 공화국으로 만든 후 이를 미국에 합병시켰다. 이것은 미국이 멕시코에 미국인들을 보내어 그들이 중심이 되어 텍사스를 멕시코에서 분리 독립을 시킨 후 미국에 편입한 것과 거의 흡사하다.[41] 외형적으로는 하와이 왕국이 원하여 평화적으로 미국의 일개 주가 된 것과 같은 형태를 띠고 있다. 사실은 미국이 하와이 왕국을 강제적으로 없애고 합병한 것이었다.

3.2 구아노 제도의 무주지 점유

1855년 미국은 농업용 비료와 화약을 만드는 데 필요한 질산의 원료인 구아노가 대량으로 퇴적된 섬들이 태평양에 있다는 것을 알게 되었다. 1856년 8월 미국은 연방 의회에서 구아노를 채취하기 위해 「어떤 섬, 바위, 산호초이건 다른 나라 정부의 법적 통제하나 다른 나라 시민의 점령하에 있지 않은 구아노 매장지를 미국 시민이 발견했을 때는 평화롭게 점유하고, 그 섬이나 바위, 산호초를 점령했을 때는 언제든지 미국 대통령의 재량에 따라 미국이 소유했다고 판단한다(「구아노 제도법 제1절).」[42]라는 '구아노 제도법(Guano Islands Act)'을 제정했다. 즉 구아노 제도법은 미국 시민이면 누구나 외국정부의 관리하에 있지 않은 구아노가 매장된 섬을 영유할 수 있도록 한 것이다. 권익 보호를

---

41) 먼저 다른 국가로 이민을 간 미국인들을 중심으로 미국과 합병운동이 일어난다. 그 다음 단계로 미국인들이 중심이 된 공화국을 세우고, 이 공화국이 미국에 자신들을 합병해달라고 요청하면 미국이 이를 받아들여주는 형식이다.

42) 「구아노 제도법」, http://ko.wikipedia.org/wiki/%EA%B5%AC%EC%95%84%EB%85%B8_%EC%A0%9C%EB%8F%84%EB%B2%95(검색일: 2013년 12월 1일). 본문의 구아노 관련 내용은 구아노 제도법을 참고로 했다.

위해 미국 대통령이 군을 활용할 수 있고, 미국의 사법이 적용되도록
했다.[43]

구아노 제도법에 의해 미국이 점령하지 않은 구아노가 매장된 섬에
대해 영토로 주장할 수 있는 근거가 마련된 것이다. 이 구아노법은 미
국이 섬을 점령하여 구아노가 고갈되면 점유를 계속할 필요가 없다는
것으로, 쓸모가 없어진 후 영토처리를 어떻게 할지에 대해서는 정하지
않았다. 당시의 국제법으로는 무주지(terra nullius)가 되는 것이었다.
당시 미국은 도서지역 영토에 대한 생각은 도서지역은 국가가 영토취
득의 의도가 없어도 정부가 소유할 수 있다는 것이다. 이렇게 해서 미
국국민에 의해 100개가 넘는 섬에 대해 영유권이 선언되었다. 대부분
의 섬은 자원 고갈로 영유를 포기했고, 현재는 베이커 섬, 쟈비스 섬,
하울랜드 섬, 킹맨 섬, 존스턴 섬, 팔미라 섬 그리고 미드웨이 환초만이
미국의 관리하에 놓여있다.

현재 존슨 환초는 1858년 미국과 하와이 사이에 영토분쟁이 있었으
나, 1898년 미국이 하와이를 병합함으로써 해결되었다. 그러나 나바사
섬은 지금도 미국과 아이티 간에 분쟁지역이 되고 있고, 세라닐라 뱅크
와 바호 누에보 뱅크는 더욱 복잡하게 얽혀 미국을 포함한 3개국이 영
유권을 주장하고 있다. 1971년 미국은 온두라스와 조약을 맺고 스완
제도가 온두라스의 영토임을 인정했다.

요컨대, 미국은 구아노가 매장된 섬에 대해서는 미국국민이면 누구
나 점유할 수 있도록 법을 제정하여 외국이 선점하지 않은 도서지역까
지 미국이 통치하는 미국 영토로 만든 것이었다.

---

43) 「구아노 제도법」, http://ko.wikipedia.org/wiki/%EA%B5%AC%EC%95%84%
EB%85%B8_%EC%A0%9C%EB%8F%84%EB%B2%95(검색일: 2013년 12월
1일).

4. 영토매입에 의한 영토 확장

4.1 루이지애나(1783-1848)의 매입

미국은 영토 확장의 대상을 정하고 그것을 헐값으로 매입하든가, 그 것이 허용되지 않으면 전쟁이나 강제조약을 통해 영토를 확장했다.

미국은 독립 후 얼마 지나지 않아 프랑스령의 루이지애나를 구매했 다. 미국 최초로 영토를 확장하는 일대 사건이었다. 미국의 개척민들이 작물을 운반하기 위해 미시시피 강의 수로를 이용하는데, 강 입구의 프랑스령 뉴올리언스를 통과해야 하기 때문에 통행료를 지불해야 했 다. 그래서 미국의 3대 대통령 토머스 제퍼슨은 의회를 설득하여 뉴올 리언스를 1,000만 달러 상한으로 매입하기로 결정했다. 토머스 제퍼슨 은 프랑스에 사절단을 파견했고, 나폴레옹은 "쓸데없는 땅을 팔아 군비 를 확보한다"고 하여 양국이 '뉴올리언스 매입'에 관한 협상으로 1803 년 루이지애나 전체를 1,500만 달러에 매각하기로 합의했다.[44] 미국정 부는 우선 금 3백만 달러로 계약했고, 잔금은 런던의 배링스 은행과 암스테르담의 호페은행으로부터 대부하여 지불했다. 미국은 루이지애 나 매입으로 미국영토를 거의 두 배로 확장했다.[45]

그런데 스페인은 1803년 미국이 매입한 루이지애나 영토를 인정하 지 않았다. 스페인은 루이지애나가 미시시피와 뉴올리언스로 구성되어 있다고 생각했고, 반면 미국은 로키산맥 정상까지 모든 것을 매입했다 고 주장했다. 결국 미국은 스페인의 요구를 인정하여 서쪽으로 새바인 강까지라고 했지만, 스페인은 아로요 혼도 경계까지라고 주장하였

---

44) 「루이지애나 매입」 참조, http://ko.wikipedia.org/(검색일: 2013년 12월 10일).
45) 「루이지애나 매입」 참조, http://ko.wikipedia.org/(검색일: 2013년 12월 10일).

다.[46) 루이지애나의 일부는 1818년 레드 강 분지와 교환하는 대가로 영국에게 할양되었다. 이 땅의 대부분은 1819년 플로리다 매입의 대가로 스페인에 할양되었다. 그러나 이것은 그 후 미국이 텍사스 합병과 멕시코 할양을 통해 재매입을 하였다.

요컨대, 미국은 프랑스로부터 대체로 양국이 평화적인 방법으로 루이지애나를 매입했다. 그런데 스페인과의 경계지역에 대해서는 주장하는 부분이 서로 달라 미국이 강압적으로 플로리다와 함께 미국이 원하는 대로 확보했던 것이다.

4.2 개즈던의 매입

1853년 미국은 남부에 대륙횡단철도 건설을 위해 멕시코와의 국경지대 30,000제곱마일(77,700km²) 지역을 멕시코로부터 1,000만 달러(현재의 2억 6,300만 달러)로 매입했다.[47) 이 지역은 길라 강 남쪽과 리오그란데 강 서쪽지역의 산악 고원지대로서 지금의 뉴멕시코 주와 애리조나 주가 여기에 해당한다.

4.3 알래스카의 매입과 쿠바

당시 알래스카에는 2,500명의 러시아인 혼혈, 8천 명의 토착인, 1만여 명의 러시아 모피회사 직원이 거주하고 있었고, 관할 영역 밖에는 5만여 명의 에스키모와 인디언이 살고 있었다. 유럽인들은 알래스카에서 이용하기 편리한 섬과 해안에 23개의 교역소를 설치했다.[48) 미국에

---

46) 「애덤스-오니스조약」, http://blog.naver.com/PostView.nhn?blogId=braveattack&logNo=10132530076(검색일: 2013년 5월 24일).
47) 「개즈던 매입」, http://ko.wikipedia.org/wiki/%EA%B0%9C%EC%A6%88%EB%8D%98_%EB%A7%A4%EC%9E%85(검색일: 2013년10월13일).
48) 「알래스카주」, http://ko.wikipedia.org/wiki/%EC%95%8C%EB%9E%98%EC

게 러시아는 남북전쟁 내내 소중한 동맹국이었다. 미국은 러시아와 영국(지금은 캐나다의 영토)이 인접해 있었기 때문에 영국을 제압하는 데 러시아를 필요로 했다. 알래스카는 영국에게는 전략적 가치가 없었기 때문에 거의 미국에 둘러싸여 있어 미국에 매입될 수 있는 지역이었다.[49]

러시아 제국 차르 알렉산드르 2세는 재정적으로 어려운 상황에 있었고, 또한 영국 해군이 공격하면 방어가 어려워 쉽게 점령당하는 것을 우려하여 알래스카를 미국에 팔기로 결정했다. 러시아는 1867년 3월 초 주미 러시아공사 에두아르트 스테클로 하여금 미국 국무 장관 시워드 사이에 협상하도록 했다. 미국 정부는 평상시에 영토 확장 야욕을 갖고 있었기 때문에 아시아와의 무역을 위한 선박 연료 충전기지로 활용하기 위해 1,600,000km²를 $720만(지금의 1억 1,130만 달러)으로 매입했다.

또한, 미국은 쿠바에 대해서도 루이지애나를 프랑스로부터 매입했듯이 마드리드 주재 미국공사를 통해 1억 5,000만 달러로 의사를 타진했으나 스페인의 거부로 실행되지 못했다.

요컨대, 북미대륙에서 스페인이 쇠퇴한 후 미국은 강자로서 영토확장 의욕을 강하게 갖고 있었다. 미국의 안보나 미국인의 삶에 직접적인 영향이 없는 지역까지 영토확장을 시도했다. 그 결과 알래스카는 러시아와 의견이 일치하여 매입할 수 있었으나, 쿠바는 스페인이 미국의

%8A%A4%EC%B9%B4_%EC%A3%BC(검색일: 2013년 9월4일). "알래스카의 날은 알래스카가 러시아에서 미국으로 공식 이전된 1867년 10월 18일을 기리는 날이다. 현재 알래스카는 3월 마지막 월요일에 시워드의 날로 알래스카 매입을 기리고 있다."

49) 프란시트 휘트니 외 지음, 이경식 옮김, 『미국의 역사』, 미국국무부 발행, 주한미대사관 공보과, 2004, 253-259쪽.

세력 확대를 원하지 않았기 때문에 매입을 거부했던 것이다.

5. 전쟁에 의한 미국의 쿠바와 푸에르토리코, 괌, 필리핀의 영토확장

미국은 점차로 쇠퇴해가는 스페인을 대신해서 세계적 패권국가로 부상하기 시작했다. 북아메리카 대륙에서 영토 확장을 완성한 미국은 남북전쟁으로 노예문제 등 국내문제를 해결하고 본격적으로 제국주의 정책으로 해외영토에 눈을 돌렸다.

쿠바는 스페인의 식민지 지배를 받고 있었는데, 「유럽 열강이 아메리카 대륙의 어떠한 나라라도 억압하고 통제하려고 한다면, 이는 미국에 대한 적대행위로 간주될 것」이라고 성명한 미국 먼로 대통령50)의 영향으로 스페인의 통치로부터 자치권을 얻기 위해 때때로 투쟁했다.51) 미국은 쿠바에 스페인으로부터의 분리 독립을 재정적으로 지원했다. 1895년 쿠바 독립군은 스페인에 대항하여 무장봉기를 일으켰다.52) 1896년 스페인은 본국에서 진압군(웨일러 장군)을 파견하여 반

---

50) 「먼로주의」, http://ko.wikipedia.org/wiki/%EB%A8%BC%EB%A1%9C%EC%A3%BC%EC%9D%98(검색일: 2013년 12월 4일). 1823년 12월 2일 먼로 대통령이 「① 미국은 유럽 열강의 국내문제나 열강 사이의 세력다툼에 개입하지 않는다. ② 미국은 아메리카 대륙의 기존 식민지와 보호령을 인정하고 간섭하지 않는다. ③ 장차 아메리카 대륙에서의 식민지 건설을 엄금한다. ④ 유럽 열강이 아메리카 대륙의 어떠한 나라라도 억압하고 통제하려고 한다면, 이는 미국에 대한 적대행위로 간주될 것이다.」라고 주창한 내용이다.

51) 「미서전쟁」, http://ko.wikipedia.org/wiki/%EC%8A%A4%ED%8E%98%EC%9D%B8-%EB%AF%B8%EA%B5%AD_%EC%A0%84%EC%9F%81(검색일: 2013년 6월14일).

란군의 보급로를 차단하기 위해 쿠바의 일반 민중과 반란군을 격리시
켰다. 1897년 30만 명 이상의 쿠바인들이 스페인군의 집단수용소에 강
제 이주되어 10만 여 명이 목숨을 잃었다. 이러한 상황 속에서 미국은
쿠바 독립을 지원했다.[53]

미국은 이 기회에 스페인의 잔존 해외영토인 필리핀, 푸에르토리코,
괌 등을 병합하려고 했다.[54] 1898년 2월 쿠바 거주 자국민 보호를 명목
으로 아바나 항에 미국 전함 메인호를 파견했다. 친스페인계 쿠바인들
은 스페인에 충성을 다짐하고 아바나에서 소요를 일으켰다. 독립군(미
국계)과 스페인군 간에 전투가 계속되던 중에 원인 모를 폭발이 일어나
미 해군 266명이 사망했다.[55] 미국은 1898년 4월 스페인 측의 공격이
라고 단정하고 선전포고를 했다.[56] 이로 인해 미국과 스페인 전쟁은
그해 8월까지 스페인과 쿠바와 필리핀에서 전개되었다.[57]

미국은 쿠바는 물론이고, 미 동양함대를 필리핀에 파견했다. 이때 필
리핀 독립군은 미국의 편에서 스페인군을 공격했다. 또한, 1898년 미
해군 전함들은 푸에르토리코의 해안을 정찰하고, 산후안 항구를 봉쇄
했다. 그리고 3,300여 명 미군이 구아니카에 상륙하여 푸에르토리코인
레지스탕스들과 함께 섬을 점령했다. 그리고 미국 순양함 찰스턴호는
괌을 점령했다. 미국과 스페인 전쟁은 미국이 기습적으로 공격하였기
때문에 스페인이 패할 수밖에 없었다.[58] 파리 강화조약에서 미국은 스

52) 상게, 「미서전쟁」 참조.
53) 상게, 「미서전쟁」 참조.
54) 프란시트 휘트니 외 지음, 이경식 옮김, 『미국의 역사』, 미국국무부 발행,
    주한미대사관 공보과, 2004, 253-259쪽.
55) 상게, 「미서전쟁」 참조.
56) 양재열, 『한국인을 위한 미국사』, 혜안, 2005, 159쪽.
57) 상게, 「미서전쟁」 참조. 미국-스페인전쟁(영어: Spanish-American War) 또
    는 미서전쟁(美西戰爭).

페인에 2,000만 달러를 지불키로 하고, 스페인은 쿠바를 포기하고 필리핀[59]·괌·푸에르토리코[60]를 미국에 할양했다. 미국 정부가 이 4개 지역을 보호국(1901년~1934년)으로 점령 통치하였다. 그런데 쿠바가 1902년 정식으로 독립하여 미군정이 종료되었으나, 타국과 동맹을 맺을 수 없고, 관타나모를 영구히 미국에 임대하는 등 쿠바정부에 많은 제한을 부과했다. 이 전쟁으로 스페인은 제국으로서의 지위를 상실했고, 미국은 태평양 지역까지 영향력을 확장하며 유럽 열강과 대등하게 경쟁할 수 있게 되었다.

요컨대, 미국은 쿠바가 스페인으로부터 독립을 요구하는 상황을 이용하여 쿠바는 물론이고 스페인의 식민지였던 필리핀, 푸에르토리코, 괌에서 스페인을 몰아내고 미국이 점령통치를 시작했다. 이로 인해 미국은 태평양 지역까지 영향력을 미쳤다. 미국은 스페인과의 전쟁에서 필리핀[61]을 식민지화하기 위해 일본의 조선침략을 묵인했다. 이것이 당시 미국의 영토인식이었다.[62]

---

58) John M. Gates, War-Related Deaths in the Philippines, Pacific Historical Review, College of Wooster, August 1983.

59) 상계,「미서전쟁」참조. "스페인은 1521년 포르투갈의 마젤란이 세계 일주 항해 도중에 세부 섬에 상륙하면서 필리핀의 식민통치를 시작했다. 19세기 말 민중을 압제하는 종교권력에 항거하여 필리핀 독립운동가들은 스페인 식민통치 권력과 결탁하여 각지에서 민중항쟁을 일으켰다."

60) 상계,「미서전쟁」참조.「푸에르토리코는 원래 스페인 영토였는데, 1898년 미국-스페인 전쟁에서 미국이 전격적으로 푸에르토리코를 침략, 점령에 성공하였고, 공식적인 평화조약에서 미국이 스페인으로부터 정식으로 푸에르토리코를 매입하게 되었다. 푸에르토리코 독립당은 독립운동단체이며, 사회자유주의와 사회민주주의를 표방하면서 푸에르토리코 민중민주당이 독립에 대한 의지가 쇠퇴하였다고 판단한 독립운동 지도자들이 모여 1946년 10월 20일 창립하였다. 독립당은 푸에르토리코의 미군철수운동, 반전운동을 계속 이어나가고 있다.」

61) 필리핀은 1946년 미국으로부터 독립을 함.

6. 미국의 영토인식과 독도와의 관련성

미국은 얄타협정에서 소련의 참전 대가로 쿠릴열도와 사할린 전부를 소련에 양도한다고 약속을 했다. 사실 그 이전에 쿠릴열도와 사할린은 원래 아이누 민족의 땅이었는데, 일본과 러시아 양 제국이 분할 지배했다. 1855년 1차 국경조약에서는 쿠릴열도의 남방 4도를 일본영토로 인정하고, 사할린을 공동으로 관리하기로 합의하였다. 1875년 제2차 국경조약에서 러일 양국은 사할린은 러시아, 쿠릴열도 전부는 일본이 지배하기로 합의했다.[63] 그런데 1905년 일본이 러시아를 침략하여 사할린 남부를 할양하여 일본영토가 된 상황이었던 것이다. 미국은 러시아와 일본 간의 영토문제에 개입하여 참전의 대가로 사할린 남부는 물론이고, 쿠릴열도 전부를 소련영토로 인정했던 것이다.[64] 여기에는 힘의 논리에 의해 영토를 확장하는 '영토팽창론'만 있고, 원래부터 소속된 국가에 영유를 인정한다는 '고유영토론'의 개념은 어디에도 찾아볼 수 없었다.

앞에서 언급한 것처럼 미국이 필리핀을 점령하기 위해 일본의 '조선' 지배를 쉽게 인정한 것에서도 알 수 있듯이, 영토팽창론은 존재하지만 고유영토론은 존재하지 않았다.[65] 또한, 대일평화조약을 체결하는 과정에 연합국이 SCAPIN 677호로 독도를 한국영토로 인정하여 한국이 실효적으로 관리하고 있는 것에 대해 미국은 제1차에서 5차까지는 한

---

62) 1905년 가쓰라-태프트밀약으로 미국과 일본 사이에 미국은 필리핀 지배, 일본은 조선 지배를 상호 인정했다.

63) 西口光, 早瀨壯一, 川邑重光, 『日ソ領土問題の真実』, 新日本出版社, 1981, 21-51쪽.木村汎, 『北方領土』, 時事通信社, 1989, pp.4-15.

64) 芹田健太郎, 『日本の領土』, 中公叢書, 2002, pp.28-30.

65) 최장근, 「일본의 영토 팽창주의와 한국의 고유영토 수복주의」, 『동아시아 영토분쟁의 패러다임』, 제이앤씨, 2011, 11-54쪽.

국영토로 명기해오다가. 제6차 초안에서 일본의 로비를 받아 독도를 일본영토로 인정하려고 했던 것이다.[66] 그 이유는 미소가 대립하는 냉전체제 속에서 일본이 공산진영에 들어가는 것을 막기 위해 독도의 소속을 쉽게 일본영토로 변경하려고 했던 것이다.[67] 여기에는 미국의 영토팽창론은 존재하지만, 고유영토론은 존재하지 않았다.

미국은 영국을 비롯한 유럽 열강들이 북아메리칸 인디언의 고유영역을 침략하여 새롭게 건국된 나라이다. 그런데 미국은 영국 식민지로부터 「독립」된 나라라고 한다. 사실 그 이전에 스페인, 프랑스, 네덜란드, 영국이 먼저 북아메리칸 인디언의 고유영역을 침략했던 것이다. 영국 식민지가 다시 유럽 열강들의 식민지 지역을 통합하여 본국 영국으로부터 독립을 선언하여 미국을 건국한 것이다. 여기에는 인디언의 고유영토가 전적으로 무시되고 있다. 이것이 오늘날 미국의 영토인식이다. 미국은 인디언의 고유영토를 침략하여 건국한 나라이기 때문에 '영토팽창론'은 존재하지만,[68] '고유영토론'은 존재하지 않는다.

이러한 영토인식을 갖고 있는 미국이 제2차대전 직후 한국의 독립과 독도문제에 깊숙이 관여하고 있다. 한국은 독도에 대해 고유영토론을 가지고 있다. 그런데 미국은 고유영토론에 대한 인식이 결여되어 있었다. 그래서 미국은 같은 제국주의적인 입장에 있었던 일본의 「무주지 선점론」을 인정하려고 했다. 일본은 신라시대 이후 조선영토로서 관리해오던 독도에 대해 러일전쟁 중에 은밀히 시마네현에 편입하여 「무주지 선점」이론에 의해 국제법상으로 일본의 새로운 영토가 되었다고 주

---

66) 김병렬, 「대일강화조약에서 독도가 누락된 전말」, 『독도 영유권과 영해와 해양주권』, 독도연구보전협회, 1998, 165-195쪽.
67) 최장근, 「대일평화조약에서 영토처리의 정치성」, 『일본의 영토분쟁』, 백산자료원, 2005, 33-71쪽.
68) 에밀리 로젠버그 지음, 양홍식 옮김, 『미국의 팽창』, 동광서, 2003, 79-84쪽.

장한다.

이러한 부분이 미국의 영토인식과 일본의 영토인식이 합치하는 부분이다. 그러나 한국의 고유영토론과 미국의 영토인식과는 합치된 부분이 그다지 많지 않다. 이는 과거는 물론이고, 미래에도 미국이 독도 영토문제 해결에 개입하게 된다면 그것에 미치는 영향이 적지 않을 것으로 판단된다.

7. 맺으면서

본 연구는 미국의 영토 형성과정을 분석하면서 미국의 영토인식을 검토했고, 그것이 향후 독도문제에 미칠 영향에 관해 고찰했다. 이상의 내용을 요약하면 다음과 같다.

첫째, 미국은 유럽에서 북아메리카 대륙에 도항하여 원주민 인디언의 토지를 착취한 제국주의자들에 의해 18세기에 건설된 국가이다. 새롭게 건국된 미국은 매입과 전쟁, 협박에 의한 합병과 같은 방법으로 프랑스, 스페인, 영국, 멕시코, 러시아 제국으로부터 영토를 획득하였다. 따라서 미국의 영토인식에는 고유영토론이 존재하지 않는다.

둘째, 미국에는 고유영토론이 존재하지 않고, 현행 국제법이 제국주의적 방식으로 영토를 취득한 미국이 중심이 되어 제정된 것이기 때문에 「무주지 선점」론에 의한 영토취득론만을 인정하고 고유영토론을 무시하는 경향이 있다. 고유영토론을 가지고 있는 국가들과는 영토인식이 상반된다. 사실은 고유영토론이 무주지 선점론의 우위에 있어야 하지만, 이를 인정받지 못하고 있다.

넷째, 미국이 과거 독도문제에 관여하였을 때에도 제국주의적인 무주지 선점론을 주장하는 일본의 입장을 전적으로 부정하지 않았다. 그 때문에 고유영토론을 갖고 있는 한국의 입장을 적극적으로 지지하지 않았다.

다섯째, 오늘날 국제사회에서 헤게모니를 쥐고 있는 미국이 고유영토설을 전적으로 우선시하는 영토인식을 갖고 있지 않고 있기 때문에, 현행 국제법에 고유영토론에 의한 영토점유의 정당성에 관한 정의가 결여되어 있다.

여섯째, 지금은 제국주의적 유산을 완전히 청산해야 할 시점이고, 소수자의 인권과 주권을 존중해야 하는 시대에 살고 있다고 할 수 있다. 따라서 제국주의적인 유산을 내포하고 있는 현행 국제법은 수정 보완되어야 한다. 이것이야말로 독도문제를 비롯하여 세계 도처에 존재하는 영토문제를 해결하기 위한 당대의 시급한 과제이다.

마지막으로, 지금 국제사회에는 독도처럼 영토문제에 해당하거나, 쿠릴열도나 센카쿠제도처럼 영토분쟁에 해당하는 지역들이 많다. 미국은 국제사회에서 정치적, 경제적 주도권을 쥐고 있는 국가로서 영토분쟁이나 영토문제를 다루는 국제기구에서도 커다란 영향력을 행사할 개연성이 높다. 따라서 국제사회에 미치는 미국의 영향력은 지대하다고 하겠다.

에필로그

독도는 일제의 식민지 시대를 제외하면 유사 이래 타국이 점유한 적이 없는 한국의 고유영토이다. 그런데 일본은 한국의 고유영토인 독도에 대해 1905년 무주지 선점으로 일본영토가 되었다고 주장한다. 여기에서 한일 간에는 '고유영토론'과 '영토팽창론'이라는 영토인식의 차이가 존재함을 알 수 있다. 영토문제를 해결하는 하나의 기준은 영토팽창론은 근대의 제국주의 산물이기 때문에 절대로 '고유영토론'에 우선되어서는 안 된다는 것이다. 오늘날 한일간의 독도문제는 제2차 세계대전 직후 미국이 한국의 '고유영토론'을 무시하고 일본의 '영토팽창론'을 부정하지 않아서 생긴 고도의 정치적 행위의 산물이다.

그래서 본서는 미래 한일 간의 독도문제 해결에 있어서 '고유영토론'에 상극하는 영토인식을 갖고 있는 미국이 일본의 영토팽창론에 의해 생긴 독도문제에 대해 일본 입장을 두둔하는 일이 절대로 있어서는 안 된다는 것을 경고하기 위한 집필의도를 갖고 「한국영토 독도의 '고유영토론'과 미국과 일본의 '영토팽창론'에 관해 논증했다.

제1부 「독도의 고유영토론」의 제1장에서는 근대 대한제국 시기에 한국이 독도를 관할한 사실과 일제의 통감부가 독도가 한국영토임을

부정하지 못했다는 것을 고증했다. 제2장에서는 고지도와 고문헌에 등장하는 독도명칭의 옛 명칭「우산도·석도·독도」의 생성 배경을 고찰하면서 이들 섬들이 오늘날 독도와 동일한 섬임을 고증했다. 제3장에서는 고지도상에 등장하는 다양한 형태의「우산도」의 성격을 고찰하여 고지도상의「우산도」와 고문헌상의「석도」가 오늘날의「독도」와 동일한 섬임을 고증했다. 제4장에서는 독도 명칭으로서 고지도, 고문헌 속의 '우산도'가 칙령 41호의 '석도'로 전환되는 과정을 고찰하여 조선시대의 '우산도'와 대한제국기의 '석도'가 오늘날의 독도임을 고증했다.

제2부「일본의 영토팽창론」의 제5장에서는 독도에 대한 한일 양국의 영토 인식을 고찰하여 일본이 독도에 대해 영유권을 주장하는 것은 영토 내셔널리즘에 의한 것임을 고증했다. 제6장에서는 일본은 한국의 독도 고유영토를 부정하기 위해 '영토문제의 발생시점·위치·크기·속도」에 대해 편견을 갖고 있음을 논증했다. 제7장에서는 일본이 한국의 고유영토 독도를 부정하기 위해 독도의「가치·명칭·실효적 관리」에 대해 편견을 갖고 있음을 논증했다. 제8장에서는 한일협정에서 일본정부가 사실상 한국의 독도 실효적 관할을 인정한 이후 독도 영토주권에 대한 도발을 자제해왔는데, 최근에 와서 다시 도발을 하기 시작한 요인은 시모조 마사오(下條正男)를 중심으로 하는 죽도문제연구회의 선동활동임을 고증했다. 제9장에서는 시마네현의 죽도문제연구회가 한국영토 독도를 부정하고「죽도=일본영토」라는 논리를 조작하는 방식이 일정한 패턴을 갖고 있음을 규정했다.

「제3부 미국의 영토팽창론」의 제10장에서는 미국 건국과정을 보면, 유럽 각국이 원주민인 아메리칸 인디언의 삶의 터전을 식민지 지배한 것을 다시 영국이 전쟁으로 통합하여 새롭게 건국한 나라가 미국이기 때문에 미국은 '고유영토론'에 대한 이해가 결여되고 '영토팽창론'의 영

토인식만을 갖고 있음을 고증했다. 제11장에서는 미국은 건국 이후에
도 꾸준히 영토를 확장했기 때문에 '고유영토론'과 상극하는 '영토팽창
론'적인 인식을 갖고 있음을 고증하여, 그것이 독도에 미칠 악영향을
경계해야 한다고 밝혔다.

이상의 내용들은 한국연구재단의 등재학회의 학술지에 발표한 논문
들을 집대성한 것이다. 본서 내용의 초출일람은 다음과 같다.

○ 제1장 : "근대한국의 독도관할과 통감부의 인식-「석도=독도」 검증
의 일환으로", 한국일어일문학회, 『일어일문학연구』제72집,
2010.02.28.

○ 제2장 : "독도명칭「우산, 석도, 독도」의 생성배경 -독도문제의 본질
과 그 해결을 위한 과제", 백산학회, 『백산학보』제93집,
2012.08.30.

○ 제3장 : "고지도상의「우산도」명칭에 관한 연구 -「석도=독도」 규명
을 중심으로-",한국일본근대학회, 『일본근대학연구』제36집,
2012.05.31.

○ 제4장 : "독도명칭; '우산도'가 '석도'로 전환되는 과정의 고찰", 근간

○ 제5장 : "독도의 지위와 영토내셔널리즘과의 관계", 대한일어일문학
회, 『일어일문학』제50집, 2011.05.31.

○ 제6장 : "독도문제의「발생시점·위치·크기·속도」의 편견에 관한
연구", 한국일본문화학회,『일본문화학보』제55집, 2012.11.30.

○ 제7장 : "독도의「가치·명칭·실효적 관리」에 대한 편견 연구 -무인
고도(無人孤島)라는 독도의 특징적 관점을 중심으로-", 한
국일본근대학회,『일본근대학연구』제38집, 2012.11.30.

○ 제8장 : "일본정부의 독도주권 도발의 재 점화", ≪일어일문학연구≫

제87집, 한국일어일문학회, 2013.11.30.

○ 제9장 : "시마네현 죽도문제연구회의 「죽도=일본영토」 논리조작 방식", 근간

○ 제10장 : "미국건국에서 보는 영토인식과 독도문제에 미칠 영향", 근간

○ 제11장 : "'고유영토론'과 상극하는 미국의 영토형성과 독도문제에 관한 인식", 근간

참고문헌

제1장 근대 한국의 독도 관할과 통감부의 독도 인식

김병렬(1998), 「대일강화조약에서 독도가 누락된 전말」, 독도보전협회, 『독도 영유권과 영해와 해양주권』 독도연구보전협회, 165-195쪽.

송병기편(2004), 『독도 영유권자료선집』자료총서34, 한림대학교아시아문화선집, 1-278쪽.

신용하(1996), 『독도, 보배로운 한국영토 -일본의 영유권 주장에 대한 총비판』, 지식산업사, 188쪽.

이한기(1969), 『한국의 영토』서울대학교출판부, 299쪽.

최장근(1998), 『일본영토의 분쟁』백산자료원, 33-71쪽.

_____(2008), 『독도문제의 본질과 일본의 영토분쟁 정치학』, 제이앤씨, 123-128쪽.

「세계일보」(2009), 1월 7일,

「조선일보」(2009), 1월 3일.

V.V.アラージン(2005), 『ロシアと日本 : 平和条約への見失われた道標一ロシア人から88の質問への回答一』, モスクワ : (Sotsium Publ. www.sotsium. ruinfo@sotsium.ru), pp.125-129.

外務省編(1976), 『日本外交年表並主要文書 上』明治百年史叢書1, 原書房, p.536.

高野雄一(1962), 『日本の領土』東京大学出版会, pp.347-349.

每日新聞社編(1952),『対日平和条約』每日新聞社, pp.3-21.

水津満(1987),『北方領土の鍵』謙光社, p.179.

제2장 독도 명칭 「우산도 · 석도 · 독도」의 생성 배경

박병섭(2010),『한말 울릉도 독도어업-독도 영유권의 관점에서-』, 한국수산
　　　　개발원, 2010, 68쪽.

_____(2011),「일본의 독도 영유권 주장에 대한 관점」,『한일 양국의 관점에
　　　　서 본 울릉도 독도 국제심포지움』, 대구한의대학교 안용복연구소주
　　　　체, 2011년 12월 2일, 대구한의대학교 학술정보관619호, 156쪽.

송석하,「古色蒼然한 歷史的 遺跡 鬱陵島를 찾아서」,『國際報道』제3권1호(동
　　　　권10호), 國際報道聯盟, 1948년 1월, 328쪽.

신용하(1996),『독도의 민족영토사 연구』, 지식산업사. 179-180쪽.

정병준(2010),『독도 1947』, 돌베개, 150쪽.

川上健三 저, 권오엽 역(2010),『일본의 독도논리 -竹島의 歷史地理學的研究-』,
　　　　백산자료원, 316-321쪽.

최장근(2010),『일본의 독도·간도침략 구상』, 백산자료원, 90-91쪽.

_____(2012),「고지도상의 「우산도」 명칭에 관한 연구 -「석도=독도」 규명을
　　　　중심으로-」.

外務省アジア局(1953),『竹島行漁の変遷』, p.37.

葛生修亮(1901),「韓國沿岸事情」,『黑龍』제1권 제2호, p.13.

內藤正中·金柄烈(2007),『歷史的檢証独島·竹島』岩波書店, p.42.

_____·朴炳涉(2007),『竹島＝独島論争一歴史から考える一』新幹社, pp.67-68.

_____(2011),「1905年の竹島問題」, 北東アジア文化研究34호, p.11.

外務省通商局(1905),『通商彙纂』第50号,「鬱陵島概況」, 1905년 9월 3일, pp.49-51

『新修 島根県史』史料編(近世下) 島根県浜田市立図書館 소장, 1967, pp.328-335.

『對馬島宗家文書』, 한국국사편찬위원회 소장, 고문서목록 #4103.

「韓國鬱陵島現況」, 『官報』, 明治38(1905)년 9월 18일.

「日本海中の一島嶼(ヤンコ)」, 『地學雜誌』 제13권 제149집, 1891년 5월, p.301.

「남선경제신문」, 1947년 8월 27일.

「國際新聞」, 1905년 5월 1일.

「大韓每日申報」, 1906년 7월 13일, 1913년 6월 22일.

「울릉도외도」, http://blog.naver.com/teruteru123/120010781124 (2012년2월
　　20일 검색).

제3장 「우산도=석도=독도」를 위한 고지도상의 「우산도」 명칭 연구

김호동(2009.2), 「조선 숙종조 영토분쟁의 배경과 대응에 관한 검토-안용복
　　활동의 새로운 검토를 위해」, 『대구사학』 94.

박병섭(2010), 「한말의 울릉도 어업과 독도 영유권 문제」, 『獨島研究』8호,
　　210쪽.

_____(2010), 『한말 울릉도·독도 어업-독도 영유권의 관점에서-』, 한국해
　　양수산개발원, 68쪽.

_____(2011), 「일본의 독도 영유권 주장에 대한 관점」, 『한일 양국의 관점
　　에서 본 울릉도 독도 국제심포지움』, 154쪽.

이상태(2007), 『사료가 증명하는 독도는 한국땅』, 경세원.

신용하(1996), 『독도의 민족영토사연구』, 지식산업사, 23-322쪽.

정영미 역(2010), 『竹島考 상·하』, 경상북도·안용복재단, 205~211쪽.

최장근(1998), 『일본영토의 분쟁』, 백산자료원, 31-380쪽.

_____(2008), 『독도문제의 본질과 일본의 영토분쟁 정치학』, 제이앤씨, 17
　　-305쪽.

_____(2010), 『일본의 독도·간도침략구상』, 백산자료원, 11-130쪽.

홍성근·문철영·전영신·이효정(2010), 『독도! 울릉도에서는 보인다』, 동북
　　아역사재단.

池内敏(1998), 『近世日本と朝鮮漂流民』, 臨川書店, p.14.

＿＿＿(2010), 「일본 에도시대(江戶時代)의 다케시마(竹島)·마츠시마(松島)
　　인식」, 『獨島硏究』6, 영남대학교 독도연구소, p.201.

川上健三(1966), 『죽도の歷史地理學的硏究』, 古今書院, 1966, p.100.

○「울릉도지도」

　　http://cafe.daum.net/lovery416/Kfw4/2?docid=1KmgV|Kfw4|2|20100424192425
　　&srchid=IIMVWkZ3300&focusid=A_1456AE104BD2C6C098B883(2012년
　　1월 18일 검색).

○「울릉도와 독도를 표시한 조선지도목록」

　　http://blog.naver.com/cms1530/10033241907(2012년 1월 18일 검색).

○「울릉도 검찰사 이규원의 보고서와 울릉도외도 (鬱陵島外圖)」

　　http://blog.naver.com/PostView.nhn?blogId=cms1530&logNo=10010622279
　　(2012년 1월 19일 검색).

○「독도에 대한 사실들」

　　http://blog.naver.com/cms1530/10033192287.

제4장 독도 명칭; 「우산도」가 「석도」로 전환되는 과정의 고찰성

김정원 번역, 「겐로쿠(元錄)9 병자(丙子)년 조선 배 착안(着岸) 한권의 각서」,
　　영남대학교 독도연구소 편 『독도연구』창간호 부록, 2005.12, 292쪽.

박병섭(2010), 「한말의 울릉도 어업과 독도영유권문제」, 「독도연구」8호, 68쪽.

＿＿＿(2011), 「일본의 독도영유권 주장에 대한 관점」, 『한일 양국의 관점에
　　서 본 울릉도 독도 국제심포지움』, 154쪽.

송병기(1999), 『울릉도와 독도』단국대학교출판부, 1-267쪽.

_____(2004), 『독도영유권 자료선』한림대학교 아시아문화연구소, 1-278쪽.

신용하(1996), 『독도의 민족영토사 연구』지식산업사, 1-337쪽.

梁泰鎭編(1979), 『韓國國境領土關係文獻集』甲子文化社.

_____(2004), 『한국 독립의 상징 독도』백산출판사, pp.1-298.

이상태(2007), 『사료가 증명하는 독도는 한국땅』경세원, p.92.

최장근(2012.05), 「고지도상의 '우산도'명칭에 관한 연구 -'석도=독도' 규명을 중심으로-」, 『일본근대학연구』한국일본근대학회, 222-225쪽.

川上健三(1966), 『竹島の歴史地理的研究』古今書院, pp.1-296.

島根県広報文書課編(1953), 『竹島関係資料』第1巻.

下条正男(2005), 『竹島ーその歴史と領土問題』竹島・北方領土返還要求運動島根県民会, pp.1-171.

高野雄一(1962), 『日本の領土』東京大学出版会, pp.1-419.

田村清三郎(1996), 『島根県竹島の新研究』復刻板, 島根県総務部総務課, pp.1-161.

内藤正中・朴炳渉(2007), 『竹島＝独島論争』新幹社, pp.1-342.

朴炳燮(2010), 「明治時代の鬱陵島漁業と竹島＝獨島問題(二)」, 『北東アジア文化研究』32号, p.210.

○「1900.06 우용정의 "울도기"와 우용정의 시찰 전후 사정」, http://blog.naver.com/cms1530?Redirect=Log&logNo=10033938929(검색일: 2013년 9월 3일)

○「6월3일 재차심문, 배계주와 일본인 福間 대질심문」 http://blog.naver.com/cms1530?Redirect=Log&logNo=10033938929(검색일: 2013년 9월 3일)

○『황성신문(皇城新聞)』1899년 9월 23일, 「別報 第二百十八號 01면 01단」 소장: 국립 고궁박물관.

○『황성신문(皇城新聞)』1899년 9월 3일 http://botw.egloos.com/10932146(검색일: 2013년 9월 3일),

○「우산도와 죽도는 다른 섬」

http://gall.dcinside.com/list.php?id=dokdo&no=7367&page=1&bbs=(검색일: 2013년 8월 15일)

○「울릉도에서의 일본인의 과세문제」

http://blog.naver.com/cms1530?Redirect=Log&logNo=10033938929(검색일: 2013년 8월 20일).

○「1900년 울릉도·독도 행정지침서 일부 공개」,

http://www.kbmaeil.com/news/articleView.html?idxno=262809(검색일: 2013년 9월 1일),

○「한아문화연구소(소장 유미림) '울도군 절목' 사료 공개」,

http://www.anewsa.com/detail.php?number=382192&thread=09r02(검색일: 2013년 9월 1일)

○「황성신문 울도군 배치 전말」

(http://gall.dcinside.com/list.php?id=dokdo&no=8450(검색일: 2013년 8월 20일)

○「 第2回 '韓国古地図の于山島は独島'という真っ赤な嘘」

http://www.pref.shimane.lg.jp/soumu/web-takeshima/takeshima04/takeshima-dokdo/takeshima-dokdo_2.html(검색일: 2013년 9월 1일)

○ 박세당의「울릉도」

http://gall.dcinside.com/list.php?id=dokdo&no=9694(검색일: 2013년 5월 12일).

○「울릉도/독도연표」, 독도박물관

http://www.dokdomuseum.go.kr/(검색일; 2013년 9월 16일)

○「박세당(朴世堂), 서계잡록(西溪雜錄, 1659) 울릉도 : 동해안에서 울릉도가 보인다」

http://botw.egloos.com/10928279(검색일: 2013년 9월 1일)

○「울릉도와 독도를 표시한 조선지도 목록」
　　http://blog.naver.com/cms1530/10033241907(검색일: 2012년 1월 18일).

제5장 일본의 영토 내셔널리즘과 독도 영토주권의 도발

나이토 세이추(內藤正中) 저, 곽진오·김현수 역, 『한일 간의 독도·죽도 논
　　쟁의 실체 -죽도·독도 문제 입문 일본 외무성 「죽도(竹島)」비판-』,
　　도서출판 책사랑, 2009.
동북아시아문화학회 편, 「전후 동아시아의 영토 내셔널리즘에 관한 비교연
　　구」, 『제18차 동북아시아문화학회, 대련수산학원 공동 국제학술대
　　회』, 2009년 5월 21~24일, 중국 대련수산학원, 161-163쪽.
박병섭, 「일본 중학교 사회과 교과서와 독도」, 『日本 竹島＝独島問題研究Net』,
　　2011년 3월 11일.
신용하, 『독도의 민족영토사 연구』, 지식산업사, 1996.
유미림, 『한일 양국의 독도교육 현황과 향후 과제」, 『Dokdo Research Journal』,
　　24쪽.
이한기, 『한국의 영토』, 서울대학교출판부, 1969, 60-140쪽.
최장근, 「제5장 일본정치의 구조적 특수성과 방향성」, 『일본문화와 정치』,
　　학사원, 2010, 135-165쪽.
_____, 「대한제국의 울릉도/독도 영유권 조치-칙령 41호 '석도=독도' 검증의
　　일환으로-」, 『일본의 독도·간도침략 구상』, 백산자료원, 69-92쪽.
박영길, 「카메룬과 나이지리아 해양경계부근 유전 공동개발 합의」, 「KMI 독
　　도해양영토브리핑」11-151호(2011년 3월 28일) 참조.
玄大松(2006), 「領土ナショナリズムの誕生」, ミネルバ書房, p.273.
田村清三郎, 『島根県竹島の新研究』, 島根県総務部総務課, 1965, pp.40-115.
川上健三, 『竹島の歴史地理的研究』, 古今書院.

「竹島問題研究会」, www.pref.shimane.lg.jp/soumu/web-takeshima/.

「독도연구소」, http://www.dokdohistory.com/.

제6장 독도의 「발생시점·위치·크기·속도」에 대한 일본의 편견

권오엽(2009) 「우산국과 종교」, 『독도와 안용복』, 충남대학교출판부, 70-98쪽.

박병섭(2011) 「일본의 독도 영유권 주장에 대한 관점」, 『한일 양국의 관점에서 본 울릉도, 독도 심포지움』, 대구한의대학교 안용복연구소 주체, 2011년 12월 2일, 대구한의대학교 학술정보관, 143-165쪽.

신용하(1996) 『독도의 민족영토사 연구』, 지식산업사, 17-322쪽.

최장근(2010) 「현 일본정부의 '죽도문제' 본질에 대한 오해」, 『일본문화연구』 제47집, 2010, 279-298쪽.

_____(2011) 『일본의 독도 영유권 조작의 계보』, 제이앤씨, 337-372쪽.

_____(2012.5) 「고지도상의 '우산도' 명칭에 관한 연구 -'석도=독도' 규명을 중심으로-」, 『일본근대학연구』제36집 근간 발행 예정.

池内敏(2008.2) 「安竜副と鳥取藩」, 『鳥取地域史研究』第10号, pp.17-29.

_____(2007) 「隠岐川上家文書と安竜副」, 『鳥取地域史研究』第9号.

_____(2009.3) 「安竜副英雄傳説の形成ノート」, 『名古屋大學文學部研究論集』 史學55, pp.125-142.

奥原碧雲(1906) 『竹島及鬱陵島』松江：報光社.

_____(1906) 『竹島経営者中井養三郎氏立志伝』.

_____(1907) 「竹島沿革考」, 『歴史地理』第8卷 第6号.

川上健三(1966) 『竹島の歴史地理学的研究』, 古今書院, pp.1-291.

_____(1953) 『竹島の領有』, 日本外務省条約局.

島根県編, 田村清三郎(1954) 『島根県竹島の研究』, pp.1-83.

下条正男(2005) 『「竹島」その歴史と領土問題』, 竹島・北方領土返還要求運動

島根県民会議.

_____(2004)『竹島は日韓どちらのものか』文春親書377.

田村清三郎(1965)『島根県竹島の新研究』島根県総務部総務課, pp.1-159

内藤正中・金柄烈(2007)『歴史的検証 独島・竹島』, 岩波書店, pp.46-61.

_____・朴炳渉(2007)『竹島=独島論争』, 新幹社, pp.51-198.

제7장 독도의 「가치·명칭·실효적 관리」에 대한 일본의 편견

권오엽, 「우산국과 종교」, 『독도와 안용복』, 충남대학교출판부, 2009, 70-98쪽.

최장근, 『일본의 독도 영유권 조작의 계보』, 제이앤씨, 2011, 337-372쪽.

나이토 세이추 저, 권오엽·권정 역, 『獨島와 竹島』, 제이앤씨, 2005.

_____ 저·곽진오·김현수 역, 『한일간 독도·죽도논쟁의 실체』, 책
      사랑, 2008.

박병섭, 「일본의 독도 영유권 주장에 대한 관점」, 『한일 양국의 관점에서 본
      울릉도, 독도 심포지움』, 대구한의대학교 안용복연구소 주체, 2011
      년 12월 2일, 대구한의대학교 학술정보관, 2011, 143-165쪽.

신용하, 『독도의 민족영토사 연구』, 지식산업사, 1996, 30-37쪽.

大西輝男, 권오엽·권정 옮김, 『獨島』, 제이앤씨, 2004, 263-264쪽.

『官報』제1716호, 光武 4년 10월 27일자.

池内敏, 「安竜副と鳥取藩」『鳥取地域史研究』第10号, 2008.2, pp.17-29.

_____, 「隠岐川上家文書と安竜副」『鳥取地域史研究』第9号, 2007.

_____, 「安竜副英雄傳説の形成ノート」, 『名古屋大學文學部研究論集』 史學
      55, 2009.3, pp.125-142.

奥原碧雲, 『竹島及鬱陵島』松江：報光社, 1906.

_____, 『竹島経営者中井養三郎氏立志伝』, 1906

_____, 「竹島沿革考」, 『歴史地理』第8巻 第6号, 1907.

川上健三, 『竹島の歴史地理学的研究』, 古今書院, 1966, pp.1-291.

_____, 『竹島の領有』, 日本外務省条約局, 1953.

島根県 편 (田村清三郎), 『島根県竹島の研究』, 1954, pp.1-83.

島根県広報文書課編, 「中井養三郎履歴書」(1910年 隠岐島庁 提出), 『島根関係資料』第1巻, 1953.

下条正男, 『'竹島' その歴史と領土問題』, 竹島・北方領土返還要求運動島根県民会議, 2005.

_____, 『竹島は日韓どちらのものか』文春親書377, 2004.

田村清三郎, 『島根県竹島の新研究』, 島根県総務部総務課, 1965, pp.1-159.

内藤正中・金柄烈, 『歴史的検証独島・竹島』, 岩波書店, 2007, pp.46-61.

_____ ・朴炳渉, 『竹島=独島論争―歴史から考える―』, 新幹社, 2007, pp.53-71.

○ 독도연구소 http://www.dokdohistory.com/(검색일: 2012년 1월 30일).

○ 「竹島問題」, 일본외무성(검색일: 2009년 5월 10일),

○ http://www.mofa.go.jp/mofaj/area/takeshima/(검색일: 2012년 1월 30일).

제8장 일본정부의 독도주권 도발의 재점화

독도연구보전협회편(1998), 『독도 영유권과 영해와 해양주권』, 독도연구보전협회, 165-195쪽.

_____(1999), 『독도 영유권자료의 탐구(재2권)』, 독도연구보전협회, 23-96쪽.

독도학회 편(2003), 『한국의 독도 영유권 연구사』, 독도연구보전협회, 315-358쪽.

동북아역사재단편(2009), 『일본국회 독도관련 기록모음집 제1부 1948-1976』, 동북아역사재단 참조.

송병기(1999), 『鬱陵島와 獨島』, 단국대학교출판부, 112-132쪽.

_____(2004), 『독도 영유권 자료선』자료총서34, 한림대학교 아시아문화연

구소, 237-241쪽.

신용하(1996), 『독도의 민족영토사연구』, 지식산업사, 164-171쪽.

최장근(2005), 『일본의 영토』, 백산자료원, 33-71쪽.

_____(2008), 『독도의 영토학』 대구대학교 독도영토학연구소 독도연구총서1, 대구대학교출판부, 188-232쪽.

_____(2010.8), 「한일협정에서 확인된 일본의 독도 영유권 주장의 한계성」, 『일어일문학』제47집, 대한일어일문학회, 429-447쪽.

_____(2012.5), 「고지도상의 '우산도'명칭에 관한 연구 -'석도=독도' 규명을 중심으로」, 『일본근대학연구』제36집, 한국일본근대학회, 221-240쪽.

_____(2012.5), 「일본정부의 대일평화조약에서 '죽도' 영토확립의 억측 주장」, 『일본문화학보』제53집, 한국일본문화학회, 261-277쪽.

川上健三(1966), 『竹島の歴史地理学的研究』, 古今書院, pp.209-211.

高野雄一(1962), 『日本の領土』, 東京大学出版会, pp.347-349.

田村清三郎(1996), 『島根県竹島の新研究』復刻板, 島根県総務部総務課 참조.

島根県(2005), 「竹島問題研究會」, http://www.pref.shimane.lg.jp/soumu/web-takeshima/.

毎日新聞社編(1952), 『対日平和条約』, 毎日新聞社刊 참조.

外務省(2008), 「竹島問題」, 「パンフレット'竹島問題を理解するための10のポイント'」.

제9장 시마네현 죽도문제연구회의 「죽도=일본영토」 논리조작 방식

나이토 세이추, 『독도와 죽도』, 제이앤씨, 2000.

송병기, 「地方官制 編入과 石島」, 『鬱陵島와 獨島』단국대학교출판부. 112-132쪽.

_____, 「광무(光武)4년(1900) 칙령(勅令) 제41호」, 『독도 영유권 자료선』자료총서34, 한림대학교 아시아문화연구소, 2004, 237-241쪽.

신용하, 「일본 메이지 정부 내무성과 태정관의 조선왕조의 독도 영유권 재확인」, 『독도의 민족영토사연구』, 지식산업사, 1996, 164-171쪽.

최장근, 「대일평화조약에 있어서 영토처리의 정치성」, 『일본의 영토』, 백산자료원, 2005, 33-71쪽.

_____, 「일본정부의 대일평화조약에서 '죽도' 영토확립의 억측 주장」, 『일본문화학보』제53집, 한국일본문화학회, 2012년 5월. 261-277쪽. 동북아역사재단 편, 『일본국회 독도관련 기록모음집 제1부 1948-1976』, 동북아역사재단, 2009 참조.

_____, 「한일협정에서 확인된 일본의 독도 영유권 주장의 한계성」, 『일어일문학』제47집, 대한일어일문학회, 2010.8, 429-447쪽.

_____, 「죽도문제연구회의 일본적 논리 계발」, 『독도의 영토학』대구대학교 독도영토학연구소 독도연구총서1, 대구대학교출판부, 188-232쪽.

_____, 「고지도상의 '우산도'명칭에 관한 연구 -'석도=독도' 규명을 중심으로」, 『일본근대학연구』제36집, 한국일본근대학회, 2012.5, 221-240쪽.

川上健三, 「竹島の島根県編入」, 『竹島の歴史地理学的研究』, 古今書院, pp.209-211.

_____, 「わが国における島名の混乱」, 『竹島の歴史地理学的研究』, 古今書院, pp.29-30.

http://www.mofa.go.jp/mofaj/area/takeshima/

高野雄一, 「サンフランシスコ平和条約（日本国との平和条約）」, 『日本の領土』, 東京大学出版会, 1962, pp.347-349.

田村清三郎, 『島根県竹島の新研究』復刻板, 島根県総務部総務課, 1996.

島根県, 「竹島問題研究會」, http://www.pref.shimane.lg.jp/soumu/web-takeshima/.

下條正男, 「竹島の「真実」と独島の≪虚偽≫」, http://www.pref.shimane.lg.jp/soumu/web-takeshima/takeshima04/takeshima-dokdo/takeshima-dokdo_1.htm

每日新聞社編,『対日平和条約』, 每日新聞社刊, 1952.

「竹島問題」,「パンフレット「竹島問題を理解するための10のポイント」」, 外務省.

內藤正中・金柄烈,『史的検証竹島・独島』, 岩波書店, 2007.

＿＿＿＿＿・朴炳渉,『竹島=独島論争』, 新幹社, 2007.

大西俊輝,「울릉도 도항금지」,『獨島』, 제이앤씨, 2004, 71-72쪽.

제10장 미국 건국으로 보는 영토인식과 독도문제에 미칠 영향

강준만(2010),『미국사산책1』, 인물과 사상사, 67쪽.

독도박물관,「울릉도/독도연표」, http://www.dokdomuseum.go.kr/(검색일: 2013년 7월 30일).

동북아역사재단 편(2009),『일본국회독도관련기록모음집 제1부 1948-1976년』, 동북아역사재단, 1-1345쪽.

네이버지식사전,「미국의 역사(콜럼버스 이전시대)」, http://cafe.naver.com/yuhakdalin/305(검색일: 2013년 8월 4일)

송병기(1999),『울릉도와 독도』단국대학교 출판부, 15-251쪽.

신용하(1996),『독도의 민족영토사 연구』, 지식산업사, 23-322쪽.

오오니시 토시테루(2011)『독도개관』, 인문사, pp.148-149.

위키피디아,「미국의 영토확장」, http://ko.wikipedia.org/wiki/(검색일: 2013년 7월 30일).

유종선(1995),『미국사100장면』, 가람기획, p.64.

아루가 나츠키, 유이 다이자부로 지음, 양영철 옮김(2008),『미국의 역사』, 삼양미디어, 126쪽.

전국역사교사모임(2010),『처음 읽는 미국사』, 청아문화사, 67쪽.

프란시트 휘트니 외 지음, 이경식 옮김(2004),『미국의 역사』, 미국국무부, 17쪽.

하워드 진 지음, 조선혜 옮김(1986), 『미국민중저항사』, 일원서각, 11쪽.

外務省,「外務省公開マイクロフィルム番号」, b'0008, pp.0195-0196.

下條正男(2004)『竹島は日韓どちらのものか』文春新書377, pp.7-188.

高野雄一(1962)『日本の領土』, 東京大学出版部, pp.334-349.

内藤正中・朴炳渉(2007)『竹島＝独島論争』, 新幹社, pp.11-342.

日本外務省,「竹島問題」,「米軍訓鍊場に対する指定(官報)」(PDF), http://www.mofa.
　　　　　go.jp/mofaj/area/takeshima/g_beigun.html(검색일: 2013년 7월 30일)

毎日新聞社編(1952)『対日平和条約』, 毎日新聞社, 1952의 부속지도 참조.

Hale, C.(2008), "When Hawaii Had a King", Smithsonian Magazine, February
　　　　　2008, p.21.

Kinzer, Stephen(2006) America's Century of Regime Change from Hawaii
　　　　　to Iraq, Times Books, p.163.

제11장 「고유영토론」과 상극하는 미국의 영토형성과 독도문제에 관한 인식

패트리샤 넬슨 리메릭 지음, 김봉종 옮김, 『정복의 유산』, 전남대학교출판부,
　　　　　1998, 264쪽.

하워드 진 지음, 조선혜 옮김, 『미국민중저항사』, 일원서각, 1986.

강준만, 『미국사산책1』, 인물과 사상사, 2010, 288쪽.

앨런 브링클리 지음, 황혜성 외 공역, 『미국인의 역사2』, 비봉출판사, 1998,
　　　　　39-42쪽.

프란시트 휘트니 외 지음, 이경식 옮김, 『미국의 역사』, 미국국무부 발행, 주
　　　　　한미대사관 공보과, 2004, 253-259쪽.

에밀리 로젠버그 지음, 양홍식 옮김, 『미국의 팽창』 동광서, 2003, 79-84쪽.

양재열, 『한국인을 위한 미국사』, 혜안, 2005, 159쪽.

전국역사교사모임 지음, 『처음 읽는 미국사』, 청아문화사, 2010, 169쪽.

아루가 나쓰키, 유이 다이자부로 지음, 양영철 옮김, 『미국의 역사』, 삼양미
　　　디어, 2008, 108-111쪽.

西口光, 早瀬壯一, 川邑重光, 『日ソ領土問題の真実』, 新日本出版者, 1981,
　　　pp.21-51,

木村汎, 『北方領土』, 時事通信社, 1989, pp.4-15.

芹田健太郎, 『日本の領土』, 中公叢書、2002, pp.28-30.

김병렬, 「대일강화조약에서 독도가 누락된 전말」, 『독도 영유권과 영해와 해
　　　양주권』, 독도연구보전협회, 1998, 165-195쪽.

최장근, 「대일평화조약에서 영토처리의 정치성」, 『일본의 영토분쟁』, 백산자
　　　료원, 2005, 33-71쪽.

_____, 「일본의 영토 팽창주의와 한국의 고유영토 수복주의」, 『동아시아영
　　　토분쟁의 패러다임』, 제이앤씨, 2011, 11-54쪽.

○ 〈5대양 6대주와 제국주의 시대 식민지 개관〉 http://cafe.daum.net/internationale
　　　/Jzlt/8348?docid=3345977180&q=%BD%BA%C6%E4%C0%CE%B1%C7%C
　　　0%C7%20%BD%C4%B9%CE%C1%F6%B1%B9%B0%A1(검색일: 2013년 2
　　　월 4일).

○ 〈네세시티 요새 전투(1739)〉, http://economy.hankooki.com/lpage/economy
　　　/201007/e2010070217000769890.htm(검색일: 2013년 12월 5일).

○ 〈1812년전쟁〉, http://ko.wikipedia.org/wiki/1812%EB%85%84_%EC%A0
　　　%84%EC%9F%81(검색일: 2013년 12월 7일).

○ 〈오리건문제〉, http://preview.britannica.co.kr/bol/topic.asp?mtt_id=67262
　　　(검색일: 2013년 6월 24일).

○ 〈텍사스혁명〉, http://ko.wikipedia.org/wiki/%ED%85%8D%EC%82%AC%
　　　EC%8A%A4_%ED%98%81%EB%AA%85(검색일: 2013년 6월 4일).

○ 〈미서전쟁〉, http://ko.wikipedia.org/w/index.php?title=미국-스페인_전
　　　쟁&oldid=9246792"(검색일: 2013년 7월 9일).

○ 〈애덤스-오니스조약(Adams-Onís Treaty〉, http://ko.wikipedia.org/wiki/
%EC%95%A0%EB%8D%A4%EC%8A%A4-%EC%98%A4%EB%8B%88%EC
%8A%A4_%EC%A1%B0%EC%95%BD(검색일: 2013년 6월 8일).

○ 〈오리건 컨트리〉, http://ko.wikipedia.org/wiki/%EC%98%A4%EB%A6%
AC%EA%B1%B4_%EA%B5%AD%EA%B0%80(검색일: 2 013년 4월 14일).

○ 〈애덤스-오니스조약〉, http://blog.naver.com/PostView.nhn?blogId=brave
attack&logNo=10132530076(검색일: 2013년 5월 24일).

찾아가기

저자약력

최장근(崔長根)

1962년 경북 출생
대구대학교 일본어일본학과 졸업
일본 大東文化大學 국제관계학과 수학
일본 東京外國語大學 연구생과정 수료
일본 中央大學 법학연구과 정치학전공 석사과정졸업(법학석사)
일본 中央大學 법학연구과 정치학전공 박사과정졸업(법학박사)
서울대학교 국제대학원 연수연구원 역임
서울대학교 국제대학원 책임연구원 역임
동명대학교 교양학부 교수 역임
일본 中央大學 사회과학연구소 객원연구원
미국 머레이주립대학 방문교수
현재 대구대학교 일본어일본학과 교수
현재 대구대학교 독도영토학연구소 소장

주요학회활동
- 간도학회
- (사)한국영토학회
- 한국일본문화학회
- 동아시아일본학회
- 동북아시아문화학회
- 조선사연구회
- 독도학회
- 한국일어일문학회
- 대한일어일문학회
- 한일민족문제학회
- 일본지역연구회

주요저서
- 『한중국경문제연구』 백산자료원
- 『왜곡의 역사와 한일관계』 학사원
- 『일본의 영토분쟁』 백산자료원
- 『간도 영토의 운명』 백산자료원
- 『독도의 영토학』 대구대학교출판부
- 『독도문제의 본질과 일본의 영토분쟁 정치학』 제이앤씨
- 『일본문화와 정치』(개정판) 학사원
- 『일본의 독도·간도침략 구상』 백산자료원
- 『동아시아 영토분쟁의 패러다임』 제이앤씨
- 『일본의 독도 영유권 조작의 계보』 제이앤씨
- 『일본 의회 의사록이 인정하는 '다케시마'가 아닌 한국영토 독도』 제이앤씨
  그 외 다수의 공저와 연구논문이 있음.

대구대학교 독도영토학연구소총서 ⑦

한국영토 독도의 '고유영토론'
-미국과 일본의 영토팽창론을 경계하다-

초판인쇄 2014년 2월 20일
초판발행 2014년 2월 28일

저 자 최장근
발 행 인 윤석현
발 행 처 제이앤씨
편 집 주은혜
책임편집 김선은
등록번호 제7-220호

주소 서울시 도봉구 창동 624-1 북한산 현대홈시티 102-1106
전화 (02)992-3253(대)
전송 (02)991-1285
전자우편 jncbook@hanmail.net
홈페이지 http://www.jncbms.co.kr

ⓒ 최장근, 2014. Printed in KOREA

ISBN 978-89-5668-855-8 93340   정가 29,000원

본 저서는 경상북도 독도연구기관 통합협의체의 지원금으로 인쇄되었음.